알기쉽게 풀어쓴

단숨에 읽는
세계사

FAST READING OF
WORLD HISTORY

알기 쉽게 풀어쓴

단숨에 읽는 세계사(핸드북)

초판 1쇄 발행 2017년 10월 10일
초판 2쇄 발행 2018년 07월 10일

지 은 이 열린역사연구모임
펴 낸 이 고정호
펴 낸 곳 베이직북스

주   소 서울시 마포구 양화로 156,1508호(동교동 LG팰리스)
전   화 02) 2678-0455
팩   스 02) 2678-0454
이 메 일 basicbooks1@hanmail.net
홈페이지 www.basicbooks.co.kr

출판등록 제 2007-000241호
I S B N 979-11-85160-79-5 03900

FAST READING OF WORLD HISTORY

알기쉽게 풀어쓴

단숨에 읽는
세계사

열린역사연구모임 엮음

한국사
능력검정시험
연계

한권으로
끝내주는
통합형 세계사
길라잡이

머리말

인류 문명을 간결한 글로 농축된 역사의 정수와 인류문명의 파노라마

예부터 수많은 사람들이 짧은 시간 안에 가능한 많은 역사의 진실과 지식을 얻으려고 노력해왔습니다. 빠른 시간 안에 가능한 많은 역사적 지식을 얻으려는 것은 한국뿐만 아니라 전 세계적으로도 보편적으로 나타나는 오래된 전통이기도 합니다.

이 책에서 서술 및 접근 기법은 기전체를 통한 종합적인 관점에서 서술되었으며, 이러한 역사서로 중국에서는 《사기》, 《한서(漢書)》등 25사가 정사로 전해지고, 우리나라의 경우는 《삼국사기(三國史記)》와 《고려사(高麗史)》가 이에 해당합니다.

흔히 인물 중심의 종합적 역사 서술 방식을 〈기전체〉라고 하며, 역사적 사실을 연(年), 월(月), 일(日)처럼 시간 순서로 기록해 나가는 서술 방식을 〈편년체〉라고 하며, 사건 경과 중심의 기록 중심으로 하는 서술 방식을 〈기사본말체〉라고 합니다.

이 책은 모래알처럼 수많은 역사적 사건들을 농축하고 종합하여 편집하였으며, 또한 6000년에 걸친 역사의 발자취를 단숨에 읽어내려 갈 수 있도록 구성되어 있습니다. 《단숨에 읽는 세계사》는 이런 '속독'의 정신을 계승하고 있으며 이를 드러내고 있습니다. 현대 독자들의 요구에 부응하는 것은 물론 더 높은 수준의 독서를 위해 필자는 다음과 같은 혁신과 변화를 시도했습니다.

과학적이고 간결한 서술 체계

통사의 서술 체계의 정수를 받아들이는 동시에 '주요 연표', '세계사적 성과', '인물 탐구' 등의 보조 학습용 정보란을 도입했습니다. 이렇게 다양한 각도와 방면에서 역사를 해석하고 그 중에서도 핵심이 되는 중요 사항들을 하나하나 보여줌으로써 독자가 짧은 시간 내에 세계사의 전모를 새롭게 인식하고 파악할 수 있도록 배려하였습니다.

보다 간결하고 쉬운 문체

한정된 지면 속에 세계사의 윤곽을 드러내고 내용 또한 풍부해지도록 구성하였습니다. 이 책은 꼼꼼하게 본문을 정리했고 생소하고 어려운 표현은 가급적 피했습니다. 명쾌하고 매끄러운 문장으로 독자들이 쉽게 이해하고 받아들일 수 있게 꾸

몄습니다. 간결한 내용과 적절한 지면이 결합되었기 때문에 독자 여러분의 소중한 독서 시간을 절약해줄 것입니다.

적절한 이해를 위한 글과 그림 및 사진 배합

시대 변화와 문화 차이 등으로 인해 역사는 현대인에게 어쩔 수 없이 거리감을 주게 됩니다. 그러나 구체적인 그림은 이런 거리감을 없애 독자를 역사에 가까이 접근할 수 있게 해줍니다. 또한 다양한 각도에서 전방위에 걸쳐 다른 시대의 사회적 모습이나 인문 정신을 재현해주고, 문자가 결코 전달할 수 없는 언어의 불충분한 점을 메워줍니다. 이 책은 500여 장의 그림과 사진을 배합하고 있습니다. 그 중에는 역사 유적, 유명한 인물들의 초상, 역사적인 명화, 진귀한 문물, 자연 풍경, 직접 그린 지도 등은 그 자체만으로도 이미 풍부한 내용을 갖고 있는 자료들입니다. 그뿐 아니라 이 사진들은 상당히 전형적이면서도 강렬한 시각적 충동을 일으키는 자료들입니다.

혁신적인 판형과 가독성을 고려한 미적 편집체제

시각적인 미를 추구하는 동시에 판형에도 심혈을 기울여 혁신을 가했습니다. 그림 및 사진과 글, 역사와 현실, 엄숙함과 활발함 등 서로 대립되는 것들을 유기적으로 결합했습니다. 이런 결합을 통해 풍부하면서도 충실한 내용이 질서정연하게 구성된 세계사를 독자들이 편안한 마음으로 읽을 수 있도록 했습니다. 또한 세계사 학습 능률을 높여 짧은 시간 내에 가능한 많은 역사 지식을 얻을 수 있도록 했습니다.

　이렇듯 이 책은 서술 체계, 글과 그림 및 사진의 배합, 판형 디자인의 유기적인 결합을 통해 웅장한 세계사를 이 작은 지면 속에 농축해 놓았습니다. 이는 독자들에게 마치 역사의 현장으로 되돌아간 듯한 느낌을 줄 것입니다. 바로 이 책에서 역사상의 인물들이 생생하게 살아 숨쉬고 고대 문명이 오색찬란하게 빛나고 있습니다. 진실하게 살아 숨쉬는 인류의 여정과 역사적 사건들이 바로 지금 여러분 눈앞에 펼쳐지게 될 것입니다.

열린역사 연구모임

이 책의 특징 및 구성

본서는 역사적 사실에 근거하였음은 물론이거니와 간단명료한 서술기법을 기반으로 접근하였습니다. 동시에 주요 연표, 브라운박사의 인물탐구, 세계사적 성과 등의 정보란을 함께 엮어 중요한 사항과 부수적인 사항을 보충자료로 활용토록 구성하였으며, 또한 독자들이 책을 단기간에 독파할 수 있도록 이해하기 쉬운 간결한 문체로 구성하였습니다.

간단명료한 편집체제를 통한 역사에 대한 명확하고 체계적인 서술
이 책은 역사적 사실에 대한 간단명료한 서술을 기반으로 하고 있습니다. 동시에 연표, 주요인물, 세계적 성과 등의 정보란을 함께 사용하여 중요한 사항과 부수적인 사항을 분명히 나누었고 글의 맥락을 명확히 하였습니다.

풍부한 사진과 그림으로 다채로운 독서 공간 창출
500여 장에 달하는 정교한 그림과 사진, 훌륭한 글은 독자 여러분께 참신한 시각적 즐거움을 줌과 동시에 사고와 상상의 공간을 넓혀 줄 것입니다.

역사 지식을 순식간에 내 머리 속에 넣어줄 이상적인 입문서
평범하면서도 물 흐르듯 술술 넘어가는 표현으로, 간단명료하고 핵심을 찌르는 언어로 역사를 서술했습니다. 또한 정보의 양은 대폭 늘리고 읽어야 할 양은 줄임으로써 현대인들의 독서습관과 디자인에 대한 수준 높은 수요에 부합시켰습니다.

예술적인 개념을 밑바탕으로 한 지식과 디자인의 완벽한 결합
판형 및 편집 디자인, 사진 및 그림과 글의 배치에서 문화와 예술성의 유기적인 결합을 중시하였고 이러한 개념을 책의 제작 전 과정에 관철시켰습니다.

차례

머리말 4

이 책의 특징 및 구성 6

Chapter 1
세계 문명의 시작

01 선사시대, 인류의 첫걸음　　　　　　　　　　　18
  두발걷기를 하는 오스트랄로피테쿠스 • 19
  손재주가 뛰어났던 호모 하빌리스 • 20
  유럽과 아시아에 나타난 호모 에렉투스 • 20
  호모 사피엔스, 집단 사냥과 언어의 사용 • 22
  호모 사피엔스 사피엔스, 예술의 탄생 • 23

02 이집트 문명, 나일강의 선물　　　　　26
  고왕국, 피라미드의 건축 • 26
  중왕국, 노예제 사회로 접어들다 • 29
  신왕국, 대외확장의 시기 • 32

03 메소포타미아 문명, 오리엔트의 기원　　　　37
  수메르, 아카드, 고바빌로니아 왕국 • 37
  아시리아, 오리엔트의 통일 • 40
  히타이트, 금속문명의 주인공 • 43
  이스라엘, 종교의 세계를 만들다 • 45
  페니키아, 문자와 항해의 창조자 • 48

04 인더스 문명, 하라파와 모헨조다로　　　　　51
  하라파와 모헨조다르, 인더스 문명의 서막 • 51
  베다시대, 브라만교와 카스트제도 • 54

05 황하 문명, 동아시아의 시발점　　　　　　58
  하(夏) 왕조, 부자세습제를 시작하다 • 58
  상(商) 왕조, 갑골문자의 등장 • 61
  서주(西周), 《주역(周易)》과 봉건제의 탄생 • 64

06 에게 문명, 유럽사의 뿌리가 되다　　　　　68
  크레타, 지중해를 수 놓은 문명 • 68
  미케네, 이주민이 만든 그리스 • 70
  호메로스 시대, 신의 시대에서 인간의 시대로 • 73

Chapter 2
강력한 제국의 출현

01 오리엔트, 통일왕조의 등장   78
아시리아, 메소포타미아를 지배하다 • 78
칼데아인, 신바빌로니아를 세우다 • 81
페르시아, 오리엔트의 통일제국 • 83

02 그리스, 서양 역사의 뿌리   89
그리스, 도시국가를 세우다 • 89
페르시아 전쟁과 펠로폰네소스 전쟁 • 95
알렉산드로스, 헬레니즘 시대를 열다 • 99

03 로마, 세계 제국의 건설   105
이탈리아 반도, 로마의 등장 • 105
로마의 팽창과 포에니 전쟁 • 107
카이사르와 옥타비아누스 • 112

04 인도문명의 개화   120
열국시대, 사상의 대변화 • 120
마우리아 왕조, 불교사상의 개화 • 123

05 중국, 춘추전국(春秋戰國)시대와 진(秦)의 통일 125
춘추전국시대, 봉건제의 해체와 제자백가 • 125
진시황, 천하통일과 중앙집권제 • 129
강성한 한(漢), 로마와 비견되는 동방의 제국 • 131
위진(魏晉) 시대, 중국 한족의 쇠퇴와 북방종족의 성장 • 134

06 동서양 민족대이동의 시대   138
5호16국 시대와 게르만족의 대이동 • 138
파르티아, 동서교역로를 장악하다 • 142
쿠샨 제국, 대승불교를 일으키다 • 143
기독교의 성장과 로마의 멸망 • 146

Chapter 3
중세 봉건시대의 각축전

01 수당(隋唐) 제국과 북방제국　　　　　　　　152
　　수와 당, 중국 봉건사회 발전의 최고봉 ● 152
　　송(宋)의 문치주의와 요(遼), 금(金)의 융성 ● 155

02 짧고 찬란했던 인도의 중흥　　　　　　　　159
　　굽타왕조, 힌두교와 마누법전 ● 159
　　하르샤왕조, 인도문화의 완성 ● 162

03 아랍, 이슬람의 세계　　　　　　　　　　165
　　무함마드, 이슬람교를 창시하다 ● 165
　　칼리프 시대와 군벌 왕조 ● 167
　　몽골의 침공과 아랍 제국의 붕괴 ● 170

04 동유럽, 비잔틴 문명의 봉건 영주국　　　172
　　동로마, 비잔틴 천년제국 ● 172
　　러시아, 세계사 무대에 등장하다 ● 176

05 서유럽, 중세 봉건제　　　　　　　　　　179
　　프랑크 왕국, 서유럽의 중심 ● 179
　　샤를마뉴 제국의 유산 ● 182
　　영국의 형성 ● 185
　　십자군전쟁, 유럽과 오리엔트의 경쟁 ● 188

06 몽골, 세계 제국의 건설　　　　　　　192
　　칭기즈칸, 몽골제국을 세우다 ● 192
　　유라시아 대륙 정복과 4한국(汗國) ● 195

Chapter 4
제3의 문명, 아프리카와 아메리카

01 검은 대륙, 아프리카　　　200

사하라 이남의 아프리카 • 200

반투족, 아프리카 역사를 수놓다 • 201

02 옥수수가 만든 중남미문명　　　203

마야, 문자를 남긴 문명 • 203

아스테크, 멕시코인들의 나라 • 205

잉카, 건축과 과학의 문명 • 207

Chapter 5
르네상스와 계몽시대

01 르네상스와 종교개혁　　　212

서유럽 국가, 근대의 문을 열다 • 212

르네상스, 휴머니즘의 시대 • 214

종교개혁, 사상의 족쇄를 풀다 • 217

02 이슬람 세계의 부침과 명(明) 왕조의 영욕　　　220

이슬람 국가들의 성쇠 • 220

오스만 제국, 비잔틴 정복과 아랍통일 • 223

명의 해금(海禁)정책과 서구의 침탈 • 225

03 상업과 교역의 시대　　　229

지리상의 대발견, 세계사 지형의 확장 • 229

포르투갈과 스페인, 대서양 시대의 개막 • 232

프랑스, 영국, 네덜란드의 해상 패권경쟁 • 234

러시아의 부흥과 유럽 무대로의 등장 • 238

Chapter 6
산업혁명과 자본주의의 도래

01 시민혁명과 시민국가   244

    영국, 청교도혁명과 명예혁명 · 244

    미국, 독립전쟁과 시민혁명 · 248

    프랑스 대혁명, 시민국가의 건설 · 251

    산업혁명, 대량생산 시대의 도래 · 255

    프러시아의 독일통일 · 258

    이탈리아, 로마제국의 재현 · 262

    러시아, 유라시아 강국으로 성장 · 265

02 동방세계의 변화   269

    청(淸) 제국의 번영과 쇠퇴 · 269

    일본, 에도시대와 쇄국정책 · 271

    무굴, 몽골족이 세운 인도제국 · 273

03 신흥 제국주의 등장   275

    제2차 산업혁명과 제국주의 시대 · 275

    내전 이후 미국의 성장과 팽창 · 278

    일본, 메이지 유신과 산업부흥 · 281

04 노동계급과 혁명사상의 등장   285

    노동자계급의 성장 · 285

    과학사회주의의 탄생 · 287

05 제국주의의 식민지배   290

    노예무역과 아프리카 분할 · 290

    오스만 제국의 전락 – '근동 지역의 병자' · 292

    인도의 재난, 영국의 식민지배 · 294

    중국, 서구 열강들의 각축장 · 296

    라틴아메리카의 수난과 열강들의 전쟁 · 299

Chapter 7
세계대전, 제국주의의 파국

01 제1차 세계대전   304
  3국 동맹과 3국 연합의 대결 · 304
  세계대전의 전개과정 · 307
  세계대전의 결과와 영향 · 310

02 러시아 혁명   314
  10월혁명과 최초의 사회주의 국가 · 314
  신경제정책 · 316
  사회주의 경제부흥 · 319

03 제1차 세계대전 이후의 세계정세   322
  베르사유 – 워싱턴 체제 · 322
  자본주의의 경제적 위기 · 324

04 반제국주의 혁명   327
  중국, 신해혁명과 공산혁명 · 327
  인도, 간디와 비폭력운동 · 329
  터키, 케말파샤의 유럽식 근대혁명 · 332

05 제2차 세계대전   337
  이탈리아, 파시즘 정권 · 337
  일본, 군국주의와 침략전쟁 · 339
  독일, 히틀러와 나치스의 등장 · 342
  세계대전의 발발과 전개과정 · 345
  반파시즘 동맹과 미소(美蘇)의 참전 · 347
  세계적 차원의 전쟁양상 · 351
  세계대전의 종결 · 354

Chapter 8
20세기, 냉전과 데탕트

01 신생 독립국가의 등장   360
     인도와 파키스탄의 분화 • 360
     중국 내전과 중화인민공화국의 건국 • 364
     아프리카의 신생 독립국가들 • 367

02 냉전과 이념대결   370
     얄타체제와 냉전의 개막 • 370
     사회주의 진영과 바르샤바 조약기구 • 373
     자본주의 진영과 북대서양 조약기구 • 375
     냉전과 이념전쟁의 격화 • 378

03 냉전의 종결, 데탕트의 시대   381
     미국 주도의 자본주의 • 381
     사회주의 국가의 변화 • 384
     제3세계의 비동맹회의 • 387
     양진영의 분화와 충돌 • 390
     동유럽의 격변과 소련 해체 • 392

부록   397

들어가는 글

우리의 조상들은 대략 지금으로부터 200~300만년 전 아프리카 남부에 나타났던 고대 유인원이었다. 이렇게 인류는 남방의 고대 유인원(오스트랄로피테쿠스)에서 시작해 직립인(호모 에렉투스), 초기 지혜인(호모 사피엔스)과 말기 지혜인(호모 사피엔스사피엔스) 단계를 거쳐 현대 인류로 발전했다.

인간은 도구를 만든다는 점에서 동물과 다르다. 인류가 노동을 하면서 처음 사용한 도구는 주로 돌이었다. 그래서 학자들은 당시를 일컬어 '석기 시대'라고 한다. 이 시대는 '구석기 시대'와 '신석기 시대'로 나뉜다.

구석기 시대는 약 250만년 전부터 1만 5000천년 전까지다. 이때를 '구(舊) 석기'라고 부르는 것은 당시 인류가 석기를 만들 때 주로 타제석기를 이용했고 석기를 만드는 방법 또한 아주 간단했기 때문이었다. 구석기 시대에 인류는 오랜 탐색 끝에 불을 사용하기 시작했다. 아프리카 케냐에 인류가 최초로 불을 사용한 흔적이 남아 있다. 이는 지금으로부터 142만 년 전의 것으로 알려져 있다. 중국에서는 50만 년 전 북경원인(北京猿人)이 이미 불을 사용했다. 구석기 시대의 인류는 천연 식물을 주식으로 삼았고, 채집과 사냥은 중요한 생활 수단이었다. 구석기 시대 중기에는 성별에 따른 분업이 나타나 남자는 사냥과 수렵을 담당하고, 여자는 채집에 종사했다.

약 1만 5000년 전, 제4기 마지막 빙하기가 끝났다. 전 지구의 기후가 온난해지면서 구석기 시대의 적지 않은 대형 동물들이 멸종되었다. 그러나 작은 동물들과 조류는 오히려 증가했고 이 때문에 인류가 사냥하는 대상도 변화하기 시작했다. 이런 상황에 적응하기 위해 인류는 변화된 노동 도구를 만들었다. 그렇게 석기를 더 정교하게 제작하는 과정에서 마제석기가 나타나면서 인류는 신석기 시대에 진입했다.

농업 생산은 인류 발전 역사상의 대혁명이다. 이를 계기로 인류는 식물의 채집자에서 식물의 생산자가 되었다. 동시에 농업 생산은 의식주 문제를 해결하는 실마리로 작용하였을 뿐만 아니라 동시에 인구의 증가도 촉진시켰다. 이로부터 세밀한 사회 분업이 이루어졌고 최초의 문명이 탄생하였다.

고대 4대 문명의 발상지

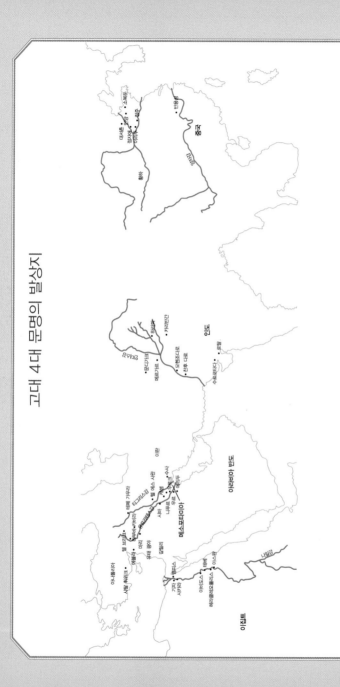

초기 정착 사회 분포도

이런 인류 초기의 사회는 기원전 1만~2만년 사이에 형성되었는데 티그리스 · 유프라테스강 유역, 나일강 유역, 인 더스강 유역, 황하강 유역의 네 지역에 집중되어 있다. 이렇게 해서 '4대 고대문명'이 형성되기에 이르렀다.

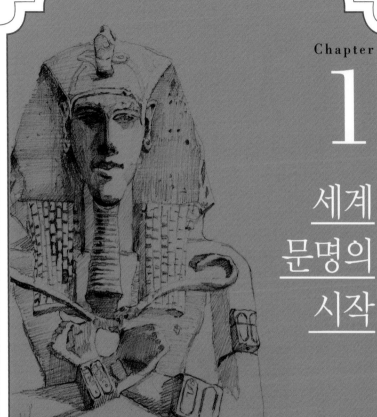

Chapter

1

세계
문명의
시작

인류 최초의 문명 중심지는 대부분 큰 강 유역이었다.
그곳에 충분한 물과 비옥한 토지가 있었기 때문이다. 메소포타미아 평원(바빌로니아 일대)의 티그리스강과 유프라테스강
유역, 이집트의 나일강 유역, 중국의 황하 유역과 고대 인도의 인더스강 유역.
이 네 국가의 각 지역에서 인류의 초기 문명이 발생되었기 때문에 오늘날 이들을 '고대 4대 문명의 발상지'라고 부른다.
이보다 조금 늦게 출현한 고대 그리스 문명은 유럽 역사에 큰 영향을 미쳤고 더 나아가서는 인류 역사에 큰 영향을 주었다.

선사시대, 인류의 첫걸음

01

　지금으로부터 약 500만년 전에 두발걷기를 하는 유인원이 지구 상에 나타났다. 다른 유인원들이 네발걷기를 고집하고 있을 때, 이들은 뒷발로 땅을 딛고 일어나 처음으로 두발걷기를 시도하였다. 인류학자들은 네 발로 걷는 유인원을 호모노이드라고 부르는 반면에 두발걷기를 시도한 유인원을 이들과 구별하기 위해 호미니드라고 부른다.

　두발걷기는 포유류 동물 가운데 인류가 유일하게 지닌 체질적인

도널드 요한슨이 에티오피아에서 발견한 호미니드 화석의 두개골 석고 모형을 들어 보이고 있다. 그는 이 화석에 루시라는 이름을 붙여 주었다

인류의 어머니, 루시

루시는 아프리카의 에티오피아 하다르에서 발견된, 약 320만년 전 여성이다. 키 1m20cm, 뇌용량은 450mm 정도였다. 오늘날 현생인류 뇌용량의 3분의 1 정도 크기였다. 루시의 나이는 19살 정도로 추정되는데 현재까지 발견된 인류화석 중 현생인류와 가장 많이 닮았다. 그래서 사람들은 루시를 인류 최초의 어머니, 성경의 이브라고도 한다. 루시와 그녀의 형제자매들은 오스트랄로피테쿠스 가운데 가장 진화가 빠른 인류였다. 이들은 어정어정 걷던 다른 호미니드에 비해 매우 발달한 두발걷기를 시작하였다.

특징이다. 그런데 인류는 왜 무거운 머리를
들고, 약한 허리와 다리로 큰 몸을 지탱한
채 걸음도 느리고 쉽게 넘어질 수 있는 두발
걷기를 선택하게 되었을까?

두발걷기를 하는
오스트랄로피테쿠스

호미니드가 나무에서 내려와 땅에 발을 딛
고 일어선 이유는 기후의 변동 때문으로 보
고 있다. 이들은 온난한 기후 덕분으로 나무
에서 열매를 따먹으며 편하게 생활했었지만
어느 날 갑자기 추위가 닥쳐오자 많은 과일
나무가 얼어 죽으면서 먹잇감이 부족해졌
다. 네발걷기를 고집하던 호모노이드는 먹
잇감을 구하러 땅에 내려왔지만 오히려 사
나운 짐승의 먹잇감이 되기 십상이었다. 벌

이 가상의 그림은 케난트로푸스 플라티옵스의 두개골을 바탕으로 넓고
평평한 얼굴을 복원한 것이다

떡 일어선 유인원만이 멀리 망을 볼 수 있었고, 앞발을 자유롭게
손처럼 사용해서 먹잇감을 안고 재빠르게 나무 위로 달아나 생존
할 수 있었다. 결국 두발걷기를 하던 호미니드만이 살아남아 최초
의 현생인류가 되었다.

두발걷기를 시도한 최초의 인류는 남아프리카 요하네스버그 타
웅동굴 주변에서 살았다. 그래서 이들을 '남방의 원숭이'란 의미
로 오스트랄로피테쿠스라고 부르게 되었다. 그런데 이들은 여전
히 아프리카 대륙을 벗어나지 못하였음을 알 수 있다. 유럽이나
아시아 대륙에서는 여전히 이들 인류의 화석이 발견되지 않고 있
으며, 한민족의 주요무대인 만주나 한반도에서도 아직까지 이들

약 2,000,000년
우리의 직계 조상인 호모 에렉투스를 포함하여 최초의 인간 등장

약 1,800,000년
호모 에렉투스가 아프리카에서 아시아로 이주하기 시작

800,000년
호모 에렉투스가 유럽에서 살았던 최초의 증거

500,000년
호모 에렉투스가 불을 사용했다는 최초의 증거

700~400,000년
호모 사피엔스로 진화(다중 기원설)

200~100,000년
호모 사피엔스가 아프리카에 모습을 드러내기 시작(단일 기원설)

150~35,000년
유럽에 네안데르탈인이 존재

의 발자취가 발견되지 않고 있다.

손재주가 뛰어났던 호모 하빌리스

지금으로부터 약 300만년 전에 새로운 인류가 다시 등장하였는데 이들은 손재주가 있는 인류였다. 그래서 호모 하빌리스라고 하는데 우리말로는 손쓴사람, 재주있는 사람이라고 부른다. 이들 손쓴사람은 자연 상태의 나무나 뼈, 돌을 사용하여 찍개와 같은 도구를 만들었다. 도구를 만드는 일은 목적의식을 갖고 만들 도구를 미리 설계하였기 때문에 노동이라고 불렸다. 최초의 노동하는 인간을 호모 하빌리스라고 부른다.

호모 하빌리스가 도구를 만든 이유는 사냥이나 채집하는 데 맨손보다 도구의 사용이 훨씬 효율적이기 때문이다. 긴 막대기를 이용하여 열매를 따먹거나, 흙을 파서 벌레를 잡아먹거나, 뿌리식물을 캐내기가 쉬웠을 뿐만 아니라, 짐승의 공격을 막아내고, 고기를 자르는 데 아주 편리하였기 때문이다.

육식을 하게 되면서부터 인간은 풍부한 단백질을 섭취하여 두뇌가 발달하고 신체적으로 튼튼해졌다. 하지만 이들은 아프리카를 벗어나지 못하였다. 주변에 여전히 풍부한 식량이 존재하였고, 허리가 아직은 굽은 신체구조는 장거리 여행을 하기에 진화가 덜 된 상태였기 때문이다.

유럽과 아시아에 나타난 호모 에렉투스

도구를 만들어 사용하던 인류는 드디어 허리를 세우고, 두 발을 나란히 하고 똑바로 걷는 걸음걸이를 선택하기에 이르렀다. 지금으로부터 약 190만년 전 허리를 세운 곧선사람, 호모 에렉투스가 지

구상에 출현하였다.

호모 에렉투스는 손기술이 발달
하여 날이 있는 주먹도끼와 같은
도구를 만들어 사용하였으며, 중국
운남성의 원모인(호모 에렉투스)은
인류역사상 처음으로 170만년 전
에 자연 상태의 불을 가져다가 사
용하였다. 불의 사용은 도구의 사
용에 뒤이은, 인류역사를 바꾼 두
번째 획기적인 사건이다.

현생 인류의 조상으로 생각되는 에렉투스의
얼굴을 복원한 그림

곧선사람(호모 에렉투스)은 불을
사용하면서 추위를 막고, 짐승의 살코기나 물고기, 조개 등을 익혀
먹을 수 있었다. 이것은 인류에게 건강과 장수를 가져다주는 원동
력으로써 작용하여 급격한 인구증가를 불러오게 되었다.

한편으로는 갑작스런 인구팽창은 먹잇감의 부족을 야기하기에
이르렀다. 인류는 생존을 위해 살고 있던 터전을 버리고 먹잇감을

호모에렉투스는 불을 피우는 방법을 발견했다

찾아 고향을 떠날 수밖에 없었다. 불의 사용은 인류에게 건강, 장수, 가족의 증가라는 긍정적인 단초를 제공하였지만 인구이동의 계기로 작용하게 됨으로써 아프리카 대륙에만 존재하였던 인류는 유럽과 아시아 대륙으로 퍼져 나가게 되었다.

호모 사피엔스, 집단사냥과 언어의 사용

유럽과 아시아 대륙에 나타난 인류는 호모 사피엔스, 곧 슬기사람이라고 부른다. 이들은 1856년에 독일의 뒤셀도르프의 네안데르탈 계곡의 동굴에서 슬기사람의 뼈가 발견이 되었기 때문에 네안데르탈인이라고도 부른다. 대략 25만년 전부터 3만 5천년 전까지 지구상에서 활동하였던 것으로 추정하고 있다.

슬기사람의 가장 큰 특징은 언어의 사용이다. 고기를 익혀 먹게 된 인류는 아래턱과 위턱을 이용하여 맘껏 고기를 씹었는데 이때의 충격이 뇌에 지속적인 자극을 주었으며, 풍부한 단백질의 제공은 뇌용량을 키웠다. 또한 허리를 세우고 머리를 들기 위해 목뼈를 발달시킨 인류는 다양한 목소리를 내게 되었다. 여기에다 집단적인 사냥은 목소리를 여러 가지 신호로 바꾸도록 하였다. 이로부터 인류는 약속된 신호, 즉 언어를 탄생시키게 되었다. 인간에게 언어의 사용은 인류역사를 바꾼 세 번째 획기적인 사건이다.

슬기사람은 약속신호인 언어를 바탕으로 집단사냥을 하였으

구석기시대의 주요한 도구

원숭이사람	손쓴사람	곧선사람	슬기사람	슬기슬기사람
자연돌	찍개	주먹도끼	결합식 도구 조립식 도구	기계식 도구 복합식 도구
	단면석기	양면석기	창, 작살, 팔매돌	활, 어망

며, 이때 사용한 도구는 짐승을 사로잡기 위한 팔매돌, 여러 명이 협동하여 사냥하기 위한 창, 물고기를 잡는 작살 등 결합식 도구가 대표적이었다. 돌과 나무, 그리고 끈이 결합된 결합식 도구는 그 크기가 작아졌지만 위력은 점점 증가하여 신무기로 탄생하게 되었다.

네안데르탈인의 두개골 화석. 이랑이 진 이마와 튀어 나온 턱이 특징이다

슬기사람은 결합식 도구로 다양한 종류의 짐승을 사냥하고 강을 거슬러 오는 연어 등을 잡아먹으며 지구전역으로 빠르게 퍼져나갔다. 동북 아시아에서 발견된 슬기사람은 대표적으로 중국 남부의 원모인, 북경의 주구점인, 만주의 금우산인과 묘후산인이 있으며, 한반도에는 검은모루인, 점말동굴인, 전곡리인들을 꼽을 수 있다.

호모 사피엔스 사피엔스, 예술의 탄생

호모 사피엔스 사피엔스는 슬기슬기사람이라고 부르는데, 이전의 슬기사람보다 지능이 뛰어났기 때문에 슬기가 하나 더 붙었다. 이들 인류의 화석은 처음으로 프랑스 남부의 '레 제지' 마을의 크로마뇽이라고 하는 바위 거주지에서 발견되었기 때문에 크로마뇽인

브라운 박사의 인물 탐구

네안데르탈인

네안데르탈인은 15만~3만5천 년 전 빙하기 때 유럽에서 살았다. 코가 크고, 평균 신장은 160센티미터로 작은 편이었지만 몸집이 단단했으며, 추운 기후에 잘 적응했다. 네안데르탈인은 당시 기준으로 봤을 때 최고의 도구 제작자였다. 그들은 동물뼈와 사슴 뿔, 나무로 만든 망치를 이용하여 다양한 도구를 만들었고, 동물을 죽이거나 가죽을 벗겨내고 나무를 깎는 데도 사용했다. 뛰어난 사냥꾼이기도 했던 네안데르탈인은 창을 만들어 말이나 사슴, 매머드를 사냥했다. 네안데르탈인은 대부분 동굴에서 살았지만 일부는 동물가죽과 나뭇잎, 나무껍질로 둥그런 천막을 만든 다음 나무 기둥을 받쳐 놓고 살기도 했다. 흥미로운 사실은 죽은 사람을 땅에 묻기 시작한 최초의 인류가 바로 네안데르탈인으로 알려져 있다는 것이다.

인류발전 단계의 특성 변화

원숭이사람	손쓴사람	곧선사람	슬기사람	슬기슬기사람
벌떡 일어난	도구 만드는 재능 있는 손재주 있는	등뼈세운 불을 쓴 고행 떠난	지혜로운 언어 사용하는	예술하는

이라고도 부른다.

슬기슬기사람은 대략 5만년 전에 출현하여 네안데르탈인과 치열하게 경쟁을 하였고, 3만5천년 전경에는 네안데르탈인을 누르고 지구의 주인이 되어 오늘날 우리 현생인류의 직계조상이 되었다. 이들이 지구상의 주인이 될 수 있었던 요인은 크게 3가지를 꼽을 수 있다. 첫째는 손가락의 발달, 둘째는 활의 발명, 셋째는 유전적인 우수성이다.

슬기슬기사람인 크로마뇽인이 자기보다 힘도 세고 신체도 건장한 슬기사람인 네안데르탈인을 대신하여 지구의 주인이 된 것은 손가락의 발달 때문이었다. 네안데르탈인은 엄지와 네 개의 손가락이 마주 보지 못하였기 때문에 창은 쥘 수 있어도 활을 쏘지 못하였다. 그러나 크로마뇽인은 엄지와 네 손가락이 마주볼 수 있었고, 손가락의 마디가 자유자재로 움직임으로써 활과 같은 정교한 도구의 제작기술을 발달시켜 최후의 승자가 될 수 있었다.

슬기슬기사람이 사용한 활은 인류가 발명한 최초의 기계식 도구였다. 슬기사람은 창으로 대표되는 결합식 도구를 사용하였고, 크로마뇽인은 기계식 도구인 활을 이용하였다. 창과 활은 사거리에서 각각 30m와 100m로 차이가 나고, 속도와 파괴력도 하늘과 땅의 차이였다. 결국 사냥도구의 차이가 냉혹한 생존경쟁의 세계에서 크로마뇽인의 손을 들어주었던 것이다.

약 2만5천 년 전에 상아로 만든 부적과 숭배물. 체코 모라비아 지방의 돌니 베스토니체에서 발굴되었다

그리고 체질-유전학적으로 슬기슬기사람은 슬기사람에 비해 병균과 환경의 변화에 강한 신체를 가졌으며, 우수한 출산력, 높은 생존율, 다양한 사고능력도 지녔다. 따라서 두 집단이 만나면서 곧바로 우열이 가려졌다. 결혼

을 통해 만났다면 여러 세대를 거치면서 슬기사람이 소멸되었을 것으로 보고 있으며, 전염병을 교환했다면 병균에 대해 열성인 슬기사람이 멸종을 한 것으로 보인다.

현생인류인 크로마뇽인은 모계혈연을 중심으로 무리를 지어 생활하였고, 기계식 도구인 활의 발명으로 지구의 주인으로 우뚝 서게 되었다. 그리고 크로마뇽인은 주술적인 차원의 형상과 언어를 처음으로 그림으로 남겨 후손에게 자신의 경험과 역사를 물려준 인류였다. 예술을 하는 인류, 활을 사용하는 인류, 지구의 정복자가 된 크로마뇽인은 오늘날 현대 인류의 직계조상으로써 이들이 신석기시대 농경혁명의 주인공이 되었던 것이다.

02 이집트 문명, 나일강의 선물

Gift of Nile

고왕국, 피라미드의 건축

기원전 4000년경 오늘날 이집트에 해당하는 지역에서 고대 이집트 문명이 시작되었다. 이집트는 모래가 많은 지역에 위치해 있고 나일강이 남북을 관통하고 있어 국민의 95% 이상이 나일강 유역에 집중적으로 거주하였다. 나일강은 아프리카 중부의 백(白)나일강과 수단의 청(靑)나일강에서 발원해서 합쳐진 강이다. 이렇게 합쳐지는 과정 중에 삼림지대와 초원지대를 거치기 때문에 부식질이 풍부한 데다가 매년 7월부터 11월에 범람하여 강 유역에 비옥한 침적물이 퇴적되었다. 이런 특징 때문에 나일강은 이집트의 젖줄이 되었으며, 고대 사람들에게 나일강은 '하늘이 내린 선물'이라고 일컬어졌다.

이집트 문명은 햄(Ham)어

피라미드와 스핑크스의 앞 모습

를 구사했던 북아프리카의 토착민들과 샘(Sam)어를 구사하던 서아시아인들이 일으켜 세웠다. 한편 고대 이집트에서 전해 내려온 수많은 문물을 살펴보면 현대와 고대 이집트인 사이에 신체적 유사점이 상당히 많다는 사실을 알 수 있다. 이는 이집트 서부에는 사하라 사막, 동부에는 아랍 사막, 남부에는 누비안 사막과 폭포, 북부에는 지중해가 위치해 있다는 지리적 유사성에서 기인한다. 이렇듯 지형과 자연 환경이 폐쇄적이다 보니 이집트인의 활동성은 현저히 낮을 수밖에 없었다.

기원전 6000~5000년경에 이집트의 농업은 상당한 발전을 이루었으며 사람들은 이미 청동기를 사용했다. 이후 오랜 기간 동안 발전을 거듭하여 이집트에는 대립되는 두 개의 왕국이 출현한다. 하나는 나일강 분지 남부에 위치했던 '상(上)이집트'이며, 다른 하나는 나일강 분지 북부와 삼각주에 위치했던 '하(下)이집트'이다.

기원전 3100년경, 상이집트의 국왕 메네스(Menes)가 하이집트를 정복하면서 이집트를 통일하여 제1왕조를 수립하였다. 그 후, 그리스인이 이집트를 정복하기 전까지, 이집트는 31개 왕조의 흥망성쇠를 겪었다. 기원전 3100년에서 2686년까지를 초기 왕조시대라고 부르는데 31개 왕조 중에서 제1왕조, 제2왕조가 이 시대에 속한다. 제3왕조에서 제6왕조까지는 고왕국 시대로 시기적으로는 기원전 2686년에서 2181년까지의 기간에 해당된다.

메네스는 이집트를 통일한 후, 하이집트 삼각주에 위치한 멤피스(Memphis)에 수도를 건설하였고, 세습적인 전제왕조를 수립하였다.

이집트의 국왕은 '궁전에 사는 사람'이라는 뜻의 '파라오(Pharaoh)'라 불렸다. 파라오는 신격화된 통치자로 지고지상의 절대 권력자였으며, 이집트의 전 국토가 명의상 파라오의 소유였다. 또한 파라오는 군대의 최고 통수권자인 동시에 사법 영역에서 최

브라운 박사의 인물 탐구

- 메네스(기원전 3100년경), 상이집트의 국왕. 상이집트와 하이집트를 처음으로 통일하였으며, 제1왕조를 창건하였다.
- 쿠푸(기원전 2900년경), 이집트의 파라오로 그의 피라미드는 세계에서 가장 크다.

 주요 연표

기원전 4000년경
이집트 문명이 형성되기 시작했다.

기원전 3100년경
메네스가 이집트를 통일하고 멤피스에 수도를 세웠으며 제1왕조가 시작되었다.

기원전 2900년경
쿠푸 피라미드 건설에 착수했다.

기원전 2181년경
고왕국 시기가 끝나고 이집트가 제1중간기로 진입했다.

종 결정권을 쥐고 있는 최고 법관이기도 했다. 파라오 아래에는 재상과 대신이 있었으며 이들은 주로 사법, 행정, 경제와 종교 등을 관장하였고 파라오를 책임졌다. 파라오는 군사, 정치, 사법권을 한 몸에 장악한 전제군주였다.

고왕국 시기에 고대 이집트의 노예제 경제는 큰 발전을 이루었다. 수리관개 체계 역시 크게 발달하면서 농업 생산량이 막대하게 증대했다. 게다가 나일강 유역이 원래부터 비옥한 침적토였기 때문에 통치계급과 수공업자들은 이곳에서 막대한 잉여 농업 생산물을 얻을 수 있었다. 수공업 부문도 이미 크게 번성했는데 주로 건축, 채광, 야금과 금속 가공, 조선, 양조, 방직업이 주류를 이루었다. 기원전 2900년경, 이집트인들은 이미 견고한 청동기를 주조해냈다. 국내교역 또한 확대되었으나 아직 화폐는 출현하지 않아 물물교환 수준에 머물렀다. 대외무역은 국가가 장악하고 있었는데 당시 대외무역이란 대개 외국 약탈을 수반하는 것이었다.

고왕국 시기에 이르러 피라미드가 세워지기 시작했다. 피라미드 중에서 가장 큰 쿠푸 피라미드가 바로 이때 건설되었기 때문에 고왕국 시기를 피라미드 시기라고도 한다. 피라미드는 고대 이집트 파라오의 무덤으로, 그 형상이 중국의 한자인 '金'자를 닮았다고 해서 중국인들은 이를 금자탑(金子塔)이라고 부른다. 나일강 하류의 평원 위에 수많은 거대 피라미드가 세워졌는데 가장 큰 쿠푸왕의 피라미드는 기원전 2900년경에 세워졌다. 이 피라미드는 오늘날의 카이로 서부 기자지구에 위치해 있으며 230만개의 화강암 벽돌을 쌓아 만들었고, 사용한 벽돌의 평균 무

게가 2.5톤, 저변이 230m, 높이가 147m에 달했지만 4800년 동안 풍화작용과 침식작용을 겪어, 현재는 저변이 225m, 높이가 138m 정도 된다. 1889년 프랑스의 에펠탑이 세워지기 전까지는 줄곧 이 쿠푸 피라미드가 세계에서 가장 높은 건축물이었다.

쿠푸 피라미드 양쪽에는 카프레왕과 멘카우레왕의 피라미드가 자리잡고 있다. 카프레 피라미드 앞에는 유명한 스핑크스가 있는데 그 높이가 20m, 폭이 50m에 이른다. 이 스핑크스는 단 하나의 화강암으로 조각된 것이며 벌써 4700년간 그 자리를 지켜오고 있다.

피라미드는 고대 이집트 문명의 상징으로 이집트인의 지혜의 결정체다. 그러나 피라미드 건립은 수많은 평민들의 부담을 가중시켰으며 국가의 인력과 재력을 탕진시켰다. 결국 피라미드 건설은 이집트 국내의 각종 모순을 심화시킨 계기가 되고 말았다.

나일강 유역 지도
나일강변의 비옥한 옥토가 고대 이집트 문명을 낳았다.

고왕국 시기 말, 왕권이 쇠락하고 지방귀족들의 세력이 강화되면서 고왕국은 다시는 통일을 이룰 수 없었다. 이후 이집트는 혼란스러운 국면에 빠져들면서 제1중간기에 들어서게 된다.

중왕국, 노예제 사회로 접어들다

고왕국이 붕괴되면서 전제군주제도 함께 사라지자 이집트는 수많은 소국으로 분열되어 심각한 혼란에 빠진다. 백여 년 지속된 이 시기를

기원전 2040년경
제11왕조가 일어나 이집트를 재통일하면서 이집트가 중왕국 시기로 진입했다.

기원전 19세기
이집트인들이 지중해(나일강변)와 홍해를 연결하는 지협을 건설했다.

기원전 18세기
중왕국 시기가 끝을 맺고 이집트가 제2중간기에 접어들었다.

'제1중간기'라고 부른다. 혼전의 결과 합종연횡이 계속되었고 결국 비교적 세력이 강한 몇 개국만 살아남았다.

이 중에서 이집트의 남부에서 일어난 테베(Thebes)가 제11왕조를 건립하고 오랜 전쟁을 거쳐 결국 이집트를 재통일하였다. 이것이 바로 이집트 중왕국 시기(기원전 2040~1786년)의 시작이다. 중왕국 시기의 이집트는 테베에 수도를 정하고 수호신도 태양신 라(Ra)에서 아문(Amun)으로 바꾸었다.

중왕국 시기 이집트의 재통일을 이루어낸 왕은 제11왕조 중기의 멘투호테프 2세(Mentuhotep Ⅱ)로 그는 즉위 초 왕권을 강화하고 지방 권력을 약화시키는 데 온 힘을 쏟았다. 그러나 원래 상당한 세력을 장악하고 있던 귀족들은 고왕국 말기부터 제1중간기 사이에 합종연횡을 통해 점차 함부로 좌지우지할 수 없는 강력한 지방 세력을 형성해 갔다. 새로운 왕권은 아직 이들을 효과적으로 제어할 수 없었다. 게다가 군주의 권리는 신에게 받은 것이라는 왕권신수설(王權神授說)이 무너진 뒤 그 공백을 메워 줄 만한 새로운 이론이 나오지 않았다. 이에 지방귀족들은 군사력 보강에 힘썼고 중앙의 통제를 달가워하지 않았다.

제12왕조를 세운 아메넴헤트 1세(Amenemhet Ⅰ)는 귀족 세력을 공략하고 왕권을 강화하는 정책을 폈다. 몇 대에 걸친 노력 끝에 이 정책이 효과를 보이기 시작하면서 결국 지방 세력은 심각한 타격을 받았고 이에 전제군주 왕권은 점차 강화되었다. 왕권이 강화되면서 차차 살아난 국력이 대외적으로도 확장되기 시작했는데 특히 남부의 누비아(Nubia) 지역으로의 확장이 두드러졌다.

국가의 재통일은 이집트 사회와 경제에 변화를 가져왔다. 수리

세계사적 성과 수에즈 운하의 전신인 지중해와 홍해를 잇는 지협 건설

이집트 국왕의 황금 옥좌

관개 시스템도 한층 더 발전하여 수많은 옥토를 개간할 수 있었고, 수공업 방면에서는 청동기의 사용이 더욱 보편화되었다. 가장 눈길을 끄는 것은 지중해와 홍해 사이를 연결하는 지협(배가 드나들 수 있는 일종의 수로)의 건설이다. 이것은 수에즈 운하의 전신으로 수에즈 운하보다 3700여 년이나 빨리 건설되었다. 바로 이때부터 이집트 상선이 지중해에서 나일강 입구로 들어간 후 홍해에 진입하여 멀리 인도양까지 항해할 수 있게 되었다.

따라서 중왕국 시기의 이집트는 바빌론과 상업적으로 긴밀한 관계를 맺게 되었고 지중해의 크레타(Crete)섬과의 무역도 확대되었다.

중왕국 시기와 고왕국 시기에는 중요한 차이점이 있다. 바로 고왕국의 전제군주가 주로 기존의 씨족귀족에 의지해 전제정치를 폈

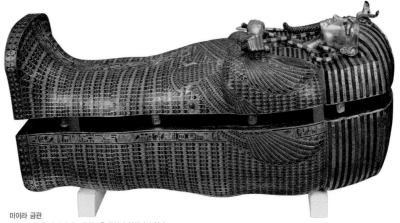

미이라 금관
이집트 파라오의 미이라는 호화로운 금관에 안치되어 있다.

던 것에 비해 중왕국 시기에는 주로 신흥 지방 노예주에 의지한 전제정치를 행했다는 점이다. 그 당시에 비(非)씨족귀족인 평민계급이 중흥기에 있었기 때문이다. 이집트 사회와 경제가 발전하면서 원래 씨족귀족이 아니었던 평민들이 실력을 증강해 나갔고 이는 정치적인 요구로 이어졌다. 이들의 출현은 중왕국 시기 이집트 사회, 경제 발전의 중요한 현상이라고 할 수 있다.

그러나 중왕국 시기의 번영은 일시적인 것에 지나지 않았다. 노예제를 기반으로 하는 경제의 발전을 도모하였으므로 사회 전체의 빈부격차는 더욱 심각해졌으며 평민계급의 출현은 수많은 일반 서민들을 파탄과 빈곤으로 내몰았고 심지어 이들은 노예로 전락하기도 했다. 그뿐 아니라 통치자들도 단결은 커녕 왕실 내 권력 암투에만 정신이 팔려 모순은 나날이 심각해지고 있었다. 이런 문제들이 모두 중왕국을 몰락의 길로 내몰았다고 볼 수 있다. 제13왕조 때 이집트는 다시 사분오열의 혼란 상태에 빠져들었고 이것이 제2중간기(제13왕조~제17왕조)의 시작이 되었다.

신왕국, 대외확장의 시기

제2중간기로 접어든 이집트는 심각하게 분열되어 있었다. 뿐만 아니라 힉소스(Hyksos)인들의 침략과 통치까지 받자 내우외환에 시달렸다.

힉소스인들은 셈족 중에서도 유목민 출신으로 이들이 처음으로 나타난 곳은 시리아와 팔레스타인 일대로 보인다. 이 일대의 목장에 가뭄이 들면서 힉소스인은 이집트의 초원지대를 침략했다. 이 당시 이집트의 상황은 이미 통일국가라고는 할 수 없을 정도로 심각했기 때문에 힉소스인들은 이집트를 침략한 후 그 입지를 확고히 할 수 있었고 급기야 통치정권까지 세우기에 이르렀다. 여기서 강조해야 할 점은 힉소스인들이 대규모 공세로 단시간 내에 침략한 것이 아니라 장기간에 걸쳐 점진적으로 침투했다는 사실이다.

힉소스인들이 이집트를 침략하기 시작한 때는 대략 기원전 1750년경으로 이집트가 제2중간기에 접어든지 이미 30여 년이 지난 뒤였다. 힉소스인들은 군마를 이용해서 당시 보병으로만 전쟁을 치루었던 이집트인들을 격파했다. 결국 나일강 분지의 북부를 점령한 힉소스인들은 정권을 세워 이로부터 약 140년 동안 이집트를 통치했다.

힉소스인들이 통치하던 시기에 이집트인들은 끊임없이 반란을 일으켰다. 그들은 말과 전차의 사용법을 익혔고 외래에서 침해 들어온 이민족들

테베의 룩소르(Luxor) 신전
중정(中庭) 두 번째 탑의 문, 신왕국 제19왕조, 기원전 1250년

에게 대항하는 과정 속에서 단결했다. 결국 기원전 16세기 중엽에 이집트인들은 힉소스 정권을 전복시키고 침략자를 내쫓는 데 성공한다. 독립과 통일을 다시금 쟁취한 이집트는 이후 신왕국 시기에 접어들었다.

반(反)힉소스 투쟁으로 민족주의가 성행하면서 지방 세력은 쇠퇴하였고 파라오들도 역사상 그 유례를 찾아보기 힘들 정도로 굳건한 통치 기반을 닦

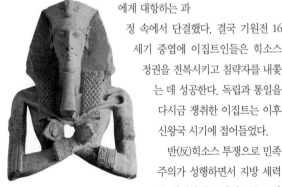

아크나톤 두상
신왕국 시기의 파라오인 아멘호테프 4세다. 그는 전 이집트는 오직 아톤 신만을 숭배할 수 있다고 제창했으며 '아톤의 찬란한 빛'이라는 의미의 아크나톤으로 개명했다.

주요 연표

기원전 1750년
힉소스인들이 이집트를 침략하고
이집트에 통치 정권을 세웠다.

기원전 16세기 중엽
이집트가 신왕국 시기에 접어들었다.

기원전 13세기 초
이집트와 히타이트 간의 패권 경쟁
이 최고조에 달했다. 이 시기의 상
징적인 전쟁이 바로 카데시 전투다.

을 수 있었다. 또한 일개 지역의 왕국에 지나지 않았던 이집트는 대외적으로 세력을 확장하는 과정 속에서 대제국으로 성장했다. 이집트 제국이 건립된 것은 투트모세 1세(Thutmose Ⅰ) 때로 투트모세 3세(Thutmose Ⅲ)에 이르러서는 그 세력 판도가 최고조에 달했다. 투트모세 3세는 시리아의 통치권을 장악해 바빌로니아와 아시리아를 놀라게 했고 결국 이들은 모두 이집트 제국과 우방 관계를 맺었다. 이때 이집트 제국의 통치 범위가 나일강 남부의 제4폭포 이외 지역까지 미쳤다.

신왕국 시기에 이집트 사회와 경제는 큰 발전을 이루어 각종 수공업과 야금, 방직, 유리 제조 등의 방면에서 모두 큰 성과를 얻었다. 특히 건축업의 발전이 눈여겨 볼 만한데 테베 부근의 '아문' 신전이 바로 이 시기에 세워졌다. 신전 전체가 차지하는 면적이 1만 5000여 평으로 정전(正殿)은 136개의 거대한 돌기둥으로 만들어졌으며 가운데 부분은 그 꼭대기에 사람 100명이 설 수 있을 정도로 높이 21m에 달하는 12개의 거대한 기둥으로 되어 있다.

신왕국 시기의 가장 유명한 사건은 아크나톤(Akhnaton)의 개혁이다. 여기서 아크나톤은 파라오 아멘호테프 4세(Amenhotep Ⅳ, 기원전 1379~1362년)를 말한다. 그가 개혁을 단행한 원인을 처음부터 살펴보자.

신왕국 시기의 왕권은 여전히 신권과 결합되어 있었다. 왕권은 신권의 보호를 받았고 신권은 왕권의 허가를 받고 있었던 것이다. 그

아크나톤과 그의 아내가 태양신 아톤의 보호 아래 딸과 즐거운 시간을 보내고 있는 정경을 표현한 부조. 이는 생명의 빛이 직접 이 황제 부부의 얼굴 위로 비추이고 있다는 것을 상징한다.

런데 신권을 장악한 사제 계층의 힘이 강
력해지면서 왕권을 위협하게 되었다.
당시 이집트인들은 다신교를 신봉하
고 있었으나 주신은 여전히 '아문(Amun)'
신이었다. 이 때문에 아문 신전은 신권을 장악
했을 뿐 아니라 정치와 경제 부문에서도 최고의 위
력을 발휘하며 파라오 다음가는 대지주이자 대노예주가
되었다. 신권을 장악한 아문 신전 사제들의 세력이 막강해지
면서 이들은 정치적 야심을 품게 되었다. 사제들은 때로는 지방
귀족과 결탁하고 또 때로는 왕권과 결탁하여 지방귀족을 견제하
는 등의 방식으로 중간에서 이익을 취했다.

그러나 신권이 왕권에 위협을 가하고 심지어는 왕권을 조종하
기에 이르자 아멘호테프 4세(아크나톤)는 어쩔 수 없이 사제 계층
의 과도한 팽창을 제한하는 조치를 취하게 된다. 그는 아톤
(Aton) 신으로 아문 신을 대신했으며 다신교를 폐지하고 일신교
를 제정했다. 동시에 새 수도 아마르나를 세웠으며 아문 신전의
재산을 몰수했다. 그러나 이 개혁은 반대 세력의 강한 저항에
부딪쳐 실패하고 말았다. 결국 아크나톤 사후 그의 계승자는
수도를 다시 테베로 옮겨야 했으며 아문 신에 대한 신앙도 회
복했고 몰수했던 신전의 재산까지 다시 돌려줘야 했다.

그러나 아크나톤의 개혁은 이 개혁을 통해 인류 역사상
최초로 일신교 사상이 출현했다는 점에서 중대한 의의를
갖는다. 일신교 사상의 출현은 인류 문명이 혼란스럽게
분산된 수준에서 고도로 집중된 수준으로 변화했다는
것을 상징적으로 보여준다.

이처럼 국내 개혁에 바빴던 아크나톤은 서아
시아 지역의 문제에 끼어들 겨를이 없었다.

왕권을 수호하는 신 호루스(Horus)의 상

브라운 박사의 인물 탐구

- 🔵 **아흐모스 1세**(기원전 16세기 중엽) 이집트 제18왕조를 세웠다.
- 🔵 **아크나톤**(기원전 14세기 초) 이집트의 파라오였으며 '아크나톤 개혁'을 단행했다.
- 🔵 **람세스 2세**(기원전 1304년~기원전 1237년) 이집트의 파라오였으며 히타이트와 카데시 전투를 벌였다.

그러나 당시 이 지역의 패권을 장악하고 있던 것은 히타이트 (Hittite)였기 때문에 팔레스타인에서 이집트와 히타이트 간의 전쟁은 사실상 불가피한 것이었다. 때문에 람세스 2세(Ramses Ⅱ, 기원전 1304~1237년) 재위 기간에는 이집트와 히타이트 간의 충돌이 극에 달했고, 마침내 카데시 전투가 일어났으나 양쪽 다 큰 피해만 입은 채 끝나고 말았다. 결국 양국은 기원전 1283년 조약을 체결하였다. 이는 약 100년 간 지속되었던 패권 전쟁이 막을 내렸음을 뜻하는 것이었다.

패권 다툼으로 무력을 남용하며 전쟁을 일삼은 결과는 국력의 쇠퇴로 이어졌다. 패권 경쟁이 막을 내린 지 얼마 지나지 않아 히타이트는 '해상민족'에 의해 해체되었고 이집트는 다행히 '해상민족'의 침략을 견뎌내기는 했지만 결국 다시는 일어나지 못했다. 기원전 12세기 중엽 국력이 쇠퇴할 대로 쇠퇴한 이집트는 끊임없이 주변 민족의 침입을 받아 기원전 1085년, 제20왕조가 막을 내리면서 결국 신왕국 시기도 끝나게 되었다. 이로써 이집트는 후왕국 시기에 접어들었다.

세계사적 성과 테베 부근의 아문 신전 ➡ 아크나톤의 개혁(인류 역사상 최초로 일신교 사상을 제창)

03 메소포타미아 문명, 오리엔트의 기원

Mesopotamia

수메르, 아카드, 고바빌로니아 왕국

'메소포타미아'는 고대 그리스어로 '두 강 사이에 위치한 지역'이라는 뜻으로 '두 강 유역'이라고 부르기도 한다. 여기서 두 강이란 터키에서 발원한 티그리스강과 유프라테스강을 말한다. 이 두 강에 의해 일대 지역이 남과 북으로 나뉘었는데 남부를 바빌로니아, 북부를 아시리아라고 불렀다. 바빌로니아는 다시 남부의 수메르, 북부의 아카드로 나뉘어졌다.

수메르인은 티그리스강과 유프라테스강의 물을 이용하여 세계 최초로 메소포타미아 문명을 일으켰다. 기원전 3000년경에 수메르

지역에는 일련의 독립국가들이 나타났다. 이들은 패권 쟁탈을 위해 끊임없이 전쟁을 일으키면서 스스로 국력을 약화시키기만 했다. 그러던 기원전 24세기경 남부에서 올라온 셈족이 이 독립국가들을 정복했다. 당시 셈족을 이끌던 지도자는 사르곤(Sargon)이었다. 그는 아카드 지방을 근거지로 수메르 지방의 모든 도시국가를 정벌하고 페르시

아카드의 군왕 청동기상
정성스럽게 딸은 머리와 말아 올린 수염이 아카드 군왕의 준수한 모습을 보여준다.

브라운 박사의 인물 탐구

- 사르곤(기원전 약 2371~2316년), 아카드의 국왕으로 최초로 티그리스강과 유프라테스강 유역을 통일했다.
- 우르남무(기원전 약 2113~2096년), 우르의 왕으로 구티인을 쫓아내고 우르 제3왕조를 수립했으며 세계 최초의 법전인 《우르남무법전》을 반포했다.
- 함무라비(기원전 약 1792~1750년), 티그리스강과 유프라테스강 유역을 통일하고 고대 바빌로니아 왕국을 세웠으며 《함무라비 법전》을 반포했다.

주요 연표

기원전 3500년
수메르인들이 문명의 문턱으로 진입

기원전 3000년
티그리스강과 유프라테스강 유역에 도시국가들이 출현

기원전 2350년경
사르곤이 티그리스강과 유프라테스강 유역을 통일하고 아카드 왕국을 건설

기원전 2113년
우르남무가 구티인들을 내쫓고 우르 제3왕조를 수립

기원전 1830년경
함무라비가 티그리스강과 유프라테스강 유역을 통일하고 고대 바빌로니아 왕국을 세움

기원전 1595년
고대 바빌로니아 왕국이 히타이트에 의해 멸망

아만에서 지중해에 이르는 방대한 제국을 건설하였다. 그는 자신을 '사르곤(아카드어로 '온 세상의 왕'이라는 뜻)'이라 칭했으며 중앙집권적인 통치체제를 이룩했는데 당시 명문(銘文)에는 이렇게 적혀 있었다. "그 외에는 세상 그 어느 누구도 말을 할 수 없다."

하지만 아카드 왕국도 결코 오래가지 못했다. 동북 지방에서 온 구티인이 사르곤의 손자를 상대로 전쟁을 일으켜 아카드 왕국을 멸망시킨 것이다. 그러나 구티인은 통일 국가를 건설하지 못하였고 이 틈을 타서 수메르의 각 도시국가들이 점차 되살아나기 시작했다. 결국 도시국가 우르(Ur)가 부흥하면서 구티인을 쫓아냈고 우르왕 우르남무가 우르 제3왕조를 세웠다(우르 제1, 2왕조는 수메르 초기 왕조 시대에 존재했다). 이것이 대략 기원전 2113년의 일이다.

이 시기에는 중앙집권화가 더욱 강화되었다. 우르남무는 현존하는 세계에서 가장 오래된 법전을 공포하였는데 이것이 바로 《우르남무법전》이다. 그러나 대략 기원전 2029년에서 2006년경 동남부에서 온 엘람(Elam)인과 아모리(Amorite)인들이 티그리스강과 유프라테스강 유역에 침략해 들어오면서 우르 제3왕조도 무너졌다. 이후 이 지역은 여러 나라로 갈라져 분열 국면에 처했다.

엘람인들은 침략 후 동부의 산지로 돌아갔지만 아모리인들은 이 지역에 정착해 수메르-아카드 문화를 받아들였다. 아모리인들은

세계사적 성과

중앙집권 제도의 실행 : 신권과 왕권이 결합되어 인류 정치 제도의 새 장을 열었다. ➡ 화폐의 사용 : 은으로 만든 화폐 사용은 당시의 경제가 이미 상당한 수준에 이르러 있었다는 것을 보여준다. ➡ 문자의 발명 : 쐐기문자는 인류 역사상 가장 오래된 문자중 하나로, 인류가 문명 시대에 들어섰음을 보여준다. ➡ 역법의 제정 : 수메르인들이 달의 운행 규칙에 따라 역법을 제정하였다. ➡ 수학 : 수메르인과 바빌로니아인들이 10진법과 60진법을 발명했다. 바빌로니아 수학자는 당시에 이미 사칙연산(덧셈, 뺄셈, 곱셈, 나눗셈)과 다원방정식을 풀 줄 알았고 삼각형, 사각형, 사다리꼴의 면적을 구할 수 있었다. ➡ 함무라비 법전

국가를 지속적으로 세우기는 했지만 이들 국가도 이전과 다를 바가 없었고 티그리스강과 유프라테스강 유역의 통치권을 둘러싼 혼전은 끊이지 않았다.

바빌로니아는 유프라테스강 중류에 위치해 있는 서아시아 무역의 요충지다. 바빌로니아에 도시가 나타난 것은 보다 이른 시기의 일이지만 도시국가는 기원전 1894년 아모리인에 의해 세워졌다. 오랜 전쟁 끝에 바빌로니아의 함무라비(기원전 약 1704~1662년) 시대에 바빌로니아 제국이 세워졌다. 함무라비는 중앙집권 제도를 확립하였고 군주의 권리는 신에게서 받은 것이라는 왕권신수설을 널리 알리는 데 힘썼다. 또한 스스로를 '모든 신들의 왕'이라고 칭하는 등 강력한 왕권을 선보였다. 그러나 그의 조상들이 그러했듯이 함무라비가 세운 바빌로니아 제국도 결코 안정적이지는 않았다. 노예 폭동이 연이어 일어났고 외래 민족의 잦은 침입을 겪어야 했다. 이런 내우외환 속에서 고대 바빌로니아 왕국은 결국 기원전약 1595년 북방민족인 히타이트인의 침입으로 멸망하고 말았다.

수메르 도시국가 시기에는 신전이 경제의 중심지였다. 신전은 방대한 토지를 소유하고 있었는데 이 토지들은 도시국가의 국유 재산이었다. 신전경제는 농업, 목축업, 어업으로 세분화되어 있었으며 수공업과 상업도 신전경제에 의해 좌우되었다. 이후 왕권이 강화되면서 신전의 토지 재산도 점차 왕실 재산이 되어갔다. 우르 제3왕조에 이르러서는 청동기 사용과 수리관개 설비가 한층 더 발전했다. 또 파종기가 설치된 쟁기가 처음으로 나타났으며 국왕은 전국토의 5분의 3에 이르는 토지를 직

수메르 점토
문양이 서로 연결되어 있는 이 점토 조각에는 몇 가지 산수 문제가 기술되어 있다. 기원전 1700년경.

접 관장했다. 또한 이때 은(銀)이 공식적인 화폐 역할을 하고 있었다. 고대 바빌로니아 왕국 시대가 되자 국왕은 왕실 소유의 토지를 왕실에 일정한 의무를 지는 사람에게 경영하게끔 했다. 당시 이미 토지사유제가 상당히 발달해 있었으며 임대제와 고용제도 존재하고 있었다.

아카드 왕국 시대에 중앙집권적 통치체제가 수립되었으나 아직 미성숙한 상태였다. 중앙집권적 통치체제는 그 후 우르 제3왕조와 바빌로니아 왕국 시대를 거쳐 발전을 거듭하면서 함무라비 시대에 이르러 완성된다. 함무라비 시대에는 지방 총독도 국왕이 파견하였으며 심지어 하급 관리도 황제의 명에 따라 임용되었다.

수메르-바빌로니아 문명 시대에는 작물과 물자가 아주 풍부하게 생산되었다. 가장 중요한 농산품은 보리와 대추야자 열매였는데 보리술은 사람들이 가장 좋아하는 음료였고 대추야자 열매는 주식이었다. 야채로는 누에콩, 완두, 마늘, 양파, 무와 호박 등이 있었고 참외, 석류, 무화과와 사과 등의 과일도 있었다. 수공업도 상당히 발달해서 청동기, 금은공예품과 주조 분야는 이미 상당한 수준에 올라 있었다.

아시리아, 오리엔트의 통일

'아시리아(Assyria)'는 그리스인들이 아수르인들이 세운 도시국가 아수르를 일컫던 말로 원래는 지명이었다. (보통 아시리아로 많이 쓰이기 때문에 이 책에서는 지명인 아수르와 아수르인을 제외하고는 아시리아로 표기한다)

기원전 3000년경 즉, 셈족의 한 갈래였던 아카드인이 메소포타미아 중부에 정착했을 무렵 셈족에 속하는 또 다른 부족이 티그리스강 상류로 이동해왔다. 이들이 아수르(Assur) 지역을 중심으로

함무라비 두상
기원전 2000년경 재위에 오른 위대한 고대 바빌로니아 국왕으로 메소포타미아 전체를 그의 통치하에 두었다.

발전해 나갔기 때문에 고대인들은 이들을 아수르인이라고 불렀다. 아수르인들이 살던 지역은 원래 메소포타미아 북부의 고지대로 지세가 높고 기후가 건조하며 목초지가 대부분이었다. 때문에 그들은 주로 목축과 사냥으로 생계를 이어갔으며 농업은 그다지 발전을 이루지 못했다.

아시리아 역사는 초기 아시리아와 중기 아시리아 그리고 역사상 가장 번영한 전성기인 아시리아 제국 시대로 나뉜다. (여기서는 초기 아시리아와 중기 아시리아에 대해서만 논하고 아시리아 제국은 제3장에서 자세히 다루기로 한다)

초기 아시리아 시대(기원전 약 3000~1500년)에 도시국가 아시리아는 메소포타미아와 유사한 제도를 실시했다. 귀족의회와 왕이 있었는데 왕권은 아카드 시대에 이르러서야 강력해졌다. 이

아시리아 군대 보병상
이 아시리아 보병은 몸에 철제 기갑을 두르고 있고 손에는 긴 창을 들고 있다. 왼손에는 채색 꽃무늬가 들어간 방패를 들고 있다.

당시에 이미 무역이 상당히 발달해 소아시아, 시리아, 메소포타미아 남부, 아르메니아 등과 상업적으로 긴밀한 관계를 맺고 있었으며 서아시아에 상업 식민지를 건설하기도 했다. 니네베(Nineveh), 아수르, 아르벨라(Arbela) 등은 모두 무역으로 부유해진 아시리아의 도시들이다. 아시리아의 문화는 메소포타미아인, 아카드인, 히타이트인 그리고 후르리인의 영향을 받았다. 메소포타미아인들에게서 역법, 농업 기술과 공예를 배웠고 그들의 쐐기문자를 이용해 자기들의 언어를 표기했다. 건축과 군사 기술 방면에서는 히타이트인들을 모방했다.

티그리스강과 유프라테스강 유역은 수많은 도시국가와 정착 부족 그리고 유목 부족들이 각축을 벌이던 곳으로 역사적으로 정복자와 피정복자가 자주 바뀌었다. 아시리아는 초기에 수메르인, 아

주요 연표

기원전 3000년
아수르 건립으로 아시리아의 역사
가 시작되었다.

기원전 15세기
아수르인이 미탄니를 제패하고 부
흥기를 이룬다.

기원전 12세기 말
아시리아가 최전성기를 맞았다.

카드인, 아모리인, 히타이트인, 카시트인, 후르리인의 간섭을 많이 받았지만 다행히 독립을 유지할 수 있었다.

샴시 아다드 1세(Shamsi-Adad I) 때에 이르러 아시리아가 대외 확장을 시작하자 에슈눈나, 마리 등의 도시국가가 아시리아를 군주의 나라로 섬겼다. 초기에는 함무라비조차도 아시리아에 복종했을 정도였다. 그러나 샴시 아다드 1세가 세상을 떠나자 아시리아는 쇠락하기 시작했다. 기원전 16세기경, 후르리인이 티그리스강과 유프라테스강 유역의 북부에 미탄니 왕국을 세웠는데 아시리아는 100여 년간 이 미탄니 왕국의 압제에 시달렸다. 그 후 미탄니 왕국이 히타이트의 공격을 받아 몰락하고 이 틈을 탄 아시리아가 다시 부흥하여 중기 아시리아 시대(기원전 약 1500~900년)로 접어든다.

중기 아시리아 시대에는 왕권이 강력해져 전제군주제가 이루어지면서 국왕이 관리를 임명했고 국가가 부양하는 상비군도 나타났다. 귀족의회는 제구실을 하지 못하는 실정이었다. 이 시기에 나온 《중기 아시리아 법전》은 당시 아시리아 사회가 이미 바빌로니아 수준으로 발달해 있었다는 것을 보여준다.

티글라트 필레세르 1세(Tiglathpileser I, 기원전 1115~1077년) 재위기간에 아시리아의 국력은 최고조에 달했다. 그는 서아시아 일대를 약탈하고 북쪽으로 진격을 계속해 흑해까지, 서쪽으로는 페니키아까지 원정을 갔을 정도였다. 그러나 이런 전성기는 오래 가지 않았다. 아람족의 공격으로 아시리아의 국력이 크게 쇠약해진 탓이었다.

장기간의 무력 투쟁 속에서 아수르인은 무예를 숭상하게 되었고 강력한 군대를 발전시켰다. 이들은 카시트인에게서 말과 전차를

브라운 박사의 인물 탐구

● 샴시 아다드 1세(기원전 1815~
  1783년), 아시리아의 국왕으로
  대외확장에 힘을 쏟았다.

● 티글라트 필레세르 1세(기원전
  1115~1077년), 아시리아의 국
  왕으로 재위 기간 동안 아시리
  아가 최전성기를 맞이했다.

세계사적 성과   《중기 아시리아 법전》, 제철 기술의 습득

사용하는 법을 배웠고 히타이트인으로부터 제철 기술을 배워 이를 더 발전시켰다. 그러나 결국 이는 아시리아가 무력을 남용하고 전쟁을 일삼게 될 것임을 알려준 복선이 되고 말았다.

히타이트, 금속문명의 주인공

고대 아시아 서부지역은 동쪽으로는 이란 고원이 솟아 있고 서쪽으로는 서아시아까지 닿아 있었으며 다양한 원시부락들이 모여 살고 있었다. 티그리스강, 유프라테스강 유역과 이집트 사람들이 문명의 문턱을 넘었을 무렵에도 이 원시부락들은 여전히 낙후되어 있었다. 그러나 고대 역사상 최초로 무력을 통해 제국을 세운 것은 바로 이 히타이트인들이었다.

기원전 3000년 말엽부터 아나톨리아 지역에는 하티어(hattic language)를 구사하는 하티인이 살고 있었다. 그런데 기원전 2000년경 오리엔트에서 일어난 민족 이동의 한 갈래가 이곳에 이주하면서 하티인을 정복하고 몇 개의 소국을 세웠다. 히타이트라는 이

주요 연표

기원전 19세기
히타이트 국가 형성

기원전 16세기
히타이트의 델리피누스가 개혁을
단행하고 왕권을 공고히 했다.

기원전 13세기
히타이트가 시리아에서 이집트와
패권 경쟁에 들어가, 카시스 전투를
거치고 나서야 평화협정을 맺었다.

름은 여기서 기원한다. 히타이트는 초기에는 소국의 집합체에 지나지 않았으나 고대 바빌로니아 시대 후기에 이르러 점차 강성해지기 시작했다. 라바르나스 2세(Labarnas Ⅱ) 재위 기간 중 정식으로 '히타이트'라는 명칭을 국명으로 사용했다. 그 계승자인 무르실리스 1세(Mursilis Ⅰ)는 기원전 1595년 고대 바빌로니아 왕국을 멸망시키고 약탈한 전리품들을 가득 싣고 돌아왔다. 히타이트는 무르실리스 정벌에 힘입어 당시 주변지역의 강대국으로 우뚝 설 수 있었다.

무르실리스 1세가 궁정 모략 속에 죽음을 당한 후 히타이트는 왕위를 둘러싼 정쟁의 나락으로 빠져들었다. 그 후 기원전 16세기 말, 히타이트의 국왕 델리피누스가 개혁을 단행하였다. 히타이트 역사상의 일대 사건이 된 이 개혁으로 왕위 계승 원칙이 확립되어 왕권이 강화되었다. 이에 따르면 장자에게 우선적인 왕위 계승권이 주어졌고 장자가 없을 때는 차남이 계승하는 식의 순차적인 계승을 원칙으로 했다. 만약 아들이 없을 경우에는 사위가 계승하게 했다. 이 개혁으로 왕실 내부의 관계가 조정되었으며 왕권이 공고해져 히타이트도 번성하게 되었다.

기원전 15세기 말에서 기원전 13세기 중엽은 히타이트가 최전성기를 구가하

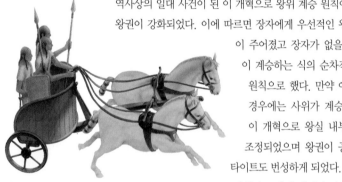

히타이트인의 전차 모형
당시 중동 국가들이 광범위하게 이런 전차를 모방 제조했으며 수세기 동안 전차는 교전 중 결정적인 작용을 했다.

세계사적 성과 제철 기술의 발명과 사용, 히타이트는 서아시아에서 가장 먼저 제철 기술을 발명한 국가였다. ➡️《히타이트 법전》제정 ➡️ 히타이트는 이집트 문명, 티그리스강과 유프라테스강 유역 문명 그리고 에게해 지역의 문명 교류의 교량역할을 했다.

던 시기이다. 이 기간 동안, 히타이트인들은 미탄니 왕국을 멸망시켰고 이집트 파라오 아크나톤이 개혁을 단행하는 때를 틈타 시리아에 있는 이집트 영토들을 빼앗았다. 이집트 제19왕조의 파라오들은 모두 히타이트와 전쟁을 벌였다. 히타이트 국왕 무와탈리스는 이집트의 람세스 2세와 전투를 벌이다 카데시성에서 전사했는데 이를 '카데시 전투'라고 부른다. 이 전투로 인해 양쪽이 입은 손실은 엄청난 것이어서 기원전 1283년(혹자는 기원전 1296년이라고도 한다)경 히타이트 국왕과 이집트 파라오는 휴전협정을 맺게 된다. 이 두 왕이 체결한 조약의 원본이 지금도 남아 있다.

기원전 13세기 말, '해상민족'이 지중해 동부지역을 석권하면서 히타이트도 해체되었고 기원전 8세기경, 히타이트의 잔여 세력마저도 아시리아에 의해 완전히 사라지고 말았다.

이스라엘, 종교의 세계를 만들다

이스라엘 유다 왕국은 기원전 2000년경, 팔레스타인에서 일어났다. 기원전 3500년경부터 아시아 서부를 유랑하던 셈족이 지중해 동부 해안으로 끊임없이 이동해왔는데 그 중 한 부류인 가나인이 팔레스타인에 정착했다. 기원전 2500년경, 가나인은 이미 씨족사회에서 국가로 발전해 있었다. 당시 이집트와 티그리스강, 유프라테스강 유역의 중간에 정착한 그들은 이 양대 고대 문명의 세례를 받을 수 있었다.

기원전 2000년경 셈족의 또 다른 부류인 유목민족 히브리인(Hebrews)들이 팔레스타인으로 이동해왔다. 후에 이들은 유대인(Jews)이라고 불렸다. 《성경》의 기록에 따르면 히브리인의 조상은 아브라함으로 그가 이 민족을 이끌고 팔레스타인으로 왔다고 한다. 그리고 아브라함의 손자 야곱이 하나님에게서 이름을 받아 히

브라운 박사의 인물 탐구

🔎 **아브라함**(기원전 약 2000년), 히브리인들의 조상으로 이들을 이끌고 팔레스타인에 도착했다.

🔎 **모세**(기원전 13세기), 히브리인들을 이끌고 이집트를 탈출하였고 '십계'를 반포했다.

🔎 **다윗**(기원전 1000~960년), 이스라엘 유대 왕국의 왕으로 남북을 통일하였고 이스라엘에 수도를 건설했다.

🔎 **솔로몬**(기원전 960~930년), 이스라엘 유대 왕국의 왕으로 전설에 의하면 현명하고 총명한 군주였다고 한다.

브루를 이스라엘로 바꾸었다고 한다. 이 때문에 고대에는 히브리인을 이스라엘인으로 부르기도 했다.

후에 히브리인의 일부가 이집트에 정착하여 수 백년을 살았다. 이들은 정착 초기에는 이집트인들과 분리되어 살았으며, 훗날 이집트의 압제를 받게 되어 많은 시달림을 받았다. 결국 이들은 기원전 약 1330년부터 1250년에 걸쳐 모세를 따라 이집트를 떠나 팔레스타인으로 돌아갔다. 이집트를 탈출하는 도중 모세는 사람들에게 여호와(Jehovah)만을 유일신으로 섬기라고 설득하며 그들과 '십계'를 맺었다. 이것이 바로 유대교의 정신적인 신조가 되었다.

이스라엘인들은 팔레스타인에서의 오랜 투쟁 끝에 가나인들의 근거지를 상당수 점령했고 점차 가나인과 하나의 부족으로 융합되어 갔다. 그러나 이스라엘인들의 운명은 순탄하지 않아 가나인 정복을 완성하지도 못한 채 '해상민족'의 하나인 필리스틴인의 침략을 받게 되었다. 이것이 기원전 1200년경('팔레스타인'이라는 단어가 바로 이 '필리스틴'에서 유래한 것이다)의 일이었다. 필리스틴과의 투쟁을 통해서 이스라엘인들은 점차 국가를 형성하게 되었다.

기원전 약 1020년에서 기원전 1000년에 이르는 기간 동안 히브루 부락 북방의 이스라엘인(북방은 이스라엘, 남방은 유대라고 불린다.)들은 사울을 왕으로 내세웠는데 이것이 히브리인들에 의한 건국의 시초가 되었다. 사무엘을 계승한 것은 히브루 부락

출애굽 노선도
지도의 붉은 선이 이스라엘인들이 이집트를 탈출해 걸어간 경로를 표시한 노선이다.

남방의 유대인 지도자인 다윗(기원전 약 1000~960년)이었다. 다윗의 재위 기간 동안 히브리인들은 통일을 공고히 했고 다윗은 필리스틴과의 투쟁을 이끌었다. 결국 이들은 통일된 이스라엘 유대 왕국을 세웠고 예루살렘을 수도로 정했다. 이후 예루살렘은 이스라엘 유대인들의 성지가 되었다.

다윗 사후에 그의 아들 솔로몬(기원전 960~930년)이 즉위했는데 이 기간 동안 이스라엘 유대 왕국은 노예제를 기초로 하여 큰 번영을 이루었다. 그러나 솔로몬은 이러한 번영에 도취하여 오만불손하고 방탕무도한 삶을 살았고 결국 그가 죽은 후 이스라엘 유대 왕국은 둘로 나뉘어졌다. 이렇게 해서 이스라엘 왕국으로 불린 북부는 사마리아에 도읍을 정했고, 유대 왕국으로 불리던 남부는 예루살렘에 수도를 정하게 되었다. 그러나 이스라엘 왕국은 기원전 722년 아시리아에 의해 합병되면서 역사에서 사라졌다.

다윗 조각상
발아래 있는 것은 다윗에게 살해당한 골리앗의 머리다.

유대 왕국은 수많은 재난을 겪다가 아수르인, 이집트인, 고대 바빌로니아 왕국, 페르시아 제국, 알렉산더 제국, 로마인들에게 차례로 정복당했다. 기원전 589년, 신바빌로니아 국왕 네부카드네자르 2세가 예루살렘을 공략했고 이때 사로잡힌 유대인들은 바빌로니아로 끌려가게 되었는데 이를 '바빌로니아 유수'라고 부른다. 기원전 539년, 페르시아인들이 신바빌로니아를 정복했다. 알렉산더 사후 유대인들은 다시 프톨레마이오스 왕조 시대의 이집트 통치하에 놓이게 되었고 마지막에는 로마인들이 팔레스타인을 집어 삼키게 되면서 유대인들은 정처없이 세계 각지를 떠돌게 되었다. 비록 유대인들은 조국을 잃었으나 오늘날까지도 다른 민족에 동화되지 않

세계사적 성과 유대교와 그 경전 《구약 성경》

주요 연표

기원전 21세기
이스라엘 유대 왕국이 형성되었다.

기원전 13세기
모세가 이집트의 이스라엘인들을
데리고 이집트를 탈출했다.

기원전 10세기
이스라엘 유대 왕국이 통일되어 전
성기를 맞이했다.

기원전 8세기
이스라엘 왕국이 멸망했다.

기원전 6세기
예루살렘이 공략당하고 유대 왕국
이 멸망했다.

기원전 1세기
유대인이 세계 각지를 유랑하며 오
늘에 이르게 되었다.

은 채 그들의 종교 신앙과 습속을 보존해오고 있다.

히브리인(혹은 이스라엘인)들이 가장 자랑스러워하는 것이 바로
그들의 종교, 유대교다. 유대교는 '바빌로니아 유수' 때 형성되었
는데 이스라엘인들은 예수가 반드시 악인을 벌주고 자신들을 구원
해줄 것이라고 굳게 믿는다. 이 유대교의 경전이 바로 《구약 성서》
이다. 이후 유대교는 기독교로 발전하여 세계적인 종교로 성장하
였다. 그러나 대다수 이스라엘 유대인들은 여전히 유대교를 신봉
하고 있다.

페니키아, 문자와 항해의 창조자

페니키아는 레바논산 동쪽에 위치해 있다. 또한 남쪽으로는 팔레스
타인에 근접해 있고 북쪽으로는 서아시아에 이르는 지중해 동북부
의 폭이 좁고 긴 연해지대다. 페니키아인은 셈족의 한 부류로 기원
전 약 3500년경 이곳(대략 오늘날의 레바논)으로 이동해 왔다. 페니
키아인들은 통일된 국가를 수립해 본 적은 없으나 수많은 독립 도
시국가들을 세웠다. 그리스어로 '페니키아'는 '자홍색'이라는 뜻으
로 이는 당시 주민들이 소라에서 자홍색으로 염색할 수 있는 염료
를 얻어낸 것 때문에 붙여진 이름이다.

기원전 약 3000년경부터 페니키아에는 도시국가들이 지속적으
로 생겨났는데 우가리트, 비블로스, 시돈, 티레가 이에 해당된다.
이 소국들 간에는 전쟁이 끊이지 않았고 무역에서도 이해관계에 얽
혀 충돌을 일으켰기 때문에 이곳에서는 한 번도 통일이 이루어지지

세계사적 성과 상업과 항해 활동이 세계 문명의 교류를 촉진시켰다. 특히 동방문명이 서
방으로 전해지는 데 큰 역할을 했다. ➡ 선형 표음문자의 발명은 페니키아
인들이 세운 가장 큰 공헌이다.

않았다. 이런 도시국가에서는 보통 귀족정치가 이루어졌고 국왕은 권력이 그다지 강하지 않아 귀족의회의 제약을 받아야 했다. 문명 시대에 접어들어서도 통일을 이루지 못한 관계로 종종 외래 민족의 통치에 놓였다. 기원전 2000년에는 이집트의 통치를 받았으며 기원전 1000년 이후에는 다시 아시리아, 알렉산더 제국에 지배당했다.

페니키아에는 평원과 큰 강이 없어 농업과 목축업은 발달할 수 없었다. 그러나 이곳은 고대 동방의 상업무역 중심에 위치해 있었고 지중해에 인접해 있었기 때문에 교통이 편리했다. 또한 산에서 생산되는 목재는 조선업에 유리했기 때문에 페니키아인들은 일찍부터 해상무역에 종사하게 되었다.

페니키아는 상공업과 항해술이 크게 발달하였다. 기원전 2000년경부터 크레타섬, 이집트와 무역을 했으며 지중해 서부로 가는 항로를 개척해 북아프리카 연안 지중해 지역과 스페인 남부 그리고 지중해의 수많은 섬과도 무역 관계를 맺었다. 페니키아인들은 지브롤터 해협을 넘어갔음은 물론 남쪽으로는 아프리카 서해안까지 닿았으며 북쪽으로는 영국제도까지 올라갔다. 고대 세계에서 페니키아인들은 가장 우수하고 용감한 항해자였던 것이다.

상업과 항해 루트를 따라 식민 활동도 활발해졌다. 페니키아인들의 식민 활동은 기원전 1000년을 전후로 해서 시작되었으며 키프로스섬, 시실리섬, 북아프리카 해안과 스페인 남부에 모두 식민지를 건설했다. 이들

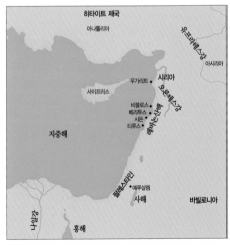

페니키아 각 도시는 지중해 동안안 지대에 위치해 있어 쇠사슬 모양의 분포를 보여준다.

식민지 중에서 가장 중요한 곳은 티루스의 페니키아인이 북아프리카에 세운 카르타고다. 후에 이 식민지는 지중해의 강국으로 발전해 로마와 경쟁하게 되며 로마와 서양 전체 역사에 깊은 영향을 끼쳤다.

04 인더스 문명, 하라파와 모헨조다로

Harappa Moenjo Daro

하라파와 모헨조다르, 인더스 문명의 서막

여기서는 오늘날의 인도가 아니라 인도 대륙 전체의 문화를 이야기해 보고자 한다. 인도의 북부는 히말라야산, 그 외의 3면은 바다로 둘러싸여 하나의 독립국을 형성하고 있다. 고대 인도 문명은 바로 이런 환경에서 탄생했다.

1920년대 전에는 줄곧 고대 인도 문명이 아리아인의 침략 이후

모헨조다로 치밀하게 설계된 도시

모헨조다로의 무용가

에야 발전한 것이라고 생각해왔다. 그러나 1922년 고고학자들이 인더스강 유역에서 유적을 발견하면서 그전의 잘못된 관점을 완전히 뒤엎어 버렸다. 이 유적의 발견은 인도의 역사를 1000여 년이나 앞당겨 놓았다. 수 십년의 노력 끝에 고고학자들은 거대한 면적의 문화 유적을 사람들 앞에 찾아 내놓았는데 이것이 바로 '하라파 문화'다.

하라파 문화는 두 개의 축을 갖고 있다. 하나는 인더스강 하류의 모헨조다로이고, 다른 하나는 인더스강 상류의 하라파다. 이 둘은 거리상으로는 500km 정도 떨어져 있고 남북으로 서로 마주보고 있다. 하라파 문화는 기원전 약 2500년부터 기원전 1750년까지 존재했다. 이집트와 수메르의 고대 문명보다는 조금 늦었지만 이에 못지 않게 위대한 고대 문명이었다.

하라파 문화는 문명 시대에 진입한 후의 문화로 이미 문자를 갖고 있었다. 그러나 아쉽게도 아직은 이 문자를 해독하지 못하고 있다. 하라파 경제는 농업을 중심으로 돌아갔는데 당시 심을 수 있었던 농작물의 종류가 상당히 풍부했고 농기구로는 청동기와 철기를 함께 사용했다. 각종 수공예품은 당시 공예가들의 기술 수준이 높은 편이었음을 보여준다. 방직과 도기 제조도 중요한 수공업 분야였으며 무역 방면에서 이미 티그리스강, 유프라테스강 유역과 상업적인 교류를 하고 있었다.

하라파의 도시들은 상당한 번영을 구가했다. 대도시뿐 아니라 중소도시도 모두 성채와 시가지들을 갖고 있었다. 그러나 수많은 도시들 중에서 규모가 비교적 큰 도시는 몇 곳밖에 없는데 그 중 가장 큰 도시가 바로 하라파와 모헨조다로다.

📖 주요 연표

기원전 2500년경
인더스강 유역의 최초 문명, 하라파 문화가 탄생했다.

기원전 1750년경
하라파 문화가 갑자기 멸망했으나 그 원인은 아직 밝혀지지 않았다.

세계사적 성과
치밀한 구조, 완비된 시설, 정비된 도로와 하수도 시설 등의 모헨조다로는 고대 문명의 걸작이라고 할 수 있다.

모헨조다로 고대 도시의 유적 몇 군데는 현대인들조차도 탄성을 자아내게 한다. 도시는 사각형이며 둘레가 약 5km 정도 된다. 성채는 정치 중심지였는데 높은 성벽으로 둘러싸여 있고 내부에는 고층건물들과 의사당이 있으며 백명 정도가 함께 사용할 수 있는 대규모 '목욕탕' 이 있다. 시

하라파에서 발견된 작은 도장. 윗부분의 문자는 아직 해독되지 못했다.

가지는 주민들의 거주지로 넓은 길이 놓여 있고 하수도 시설도 완비되어 있으며 가로등도 설치가 되어 있었다. 욕실과 배수설비가 모두 잘 갖추어진 집도 있지만 간단한 방밖에 없는 집도 있는 것으로 보아 당시에도 빈부격차가 심각했다는 것을 알 수 있다. 학자들은 공공 건축물, 곡물 창고와 유적의 규모를 근거로 하여 당시 도시의 인구를 계산해냈다. 이에 따라 당시 하라파와 모헨조다로의 인구를 3만 명 정도로 추산하고 있다. 이는 하라파와 모헨조다로가 번화한 도시였음을 알려준다.

이 부조에 새겨진 것은 고대 훤두교의 모든 신들 중 3대신인 브라마(Brahma), 비슈누(Vishunu) 그리고 시바(Shiva)다.

하라파 문화의 주인공은 당시 인도의 토착민이지 아리아인은 아니었다. 그러나 하라파 문자가 아직까지 해독되고 있지 못해 대부분의 이야기들은 모두 추측에 지나지 않는다. 하라파 문명은 약 600~700년 동안 계속되다가 기원전 1750년경에 갑작스럽게 사라졌다. 그 원인에 대해서는 학자마다 의견이 달라 일치된 결론을 내릴 수가 없는 실정이다. 지진, 흙과 모래 사태 등과 같은 자연 재해가 하라파 문명 쇠망의 원인이라고 하는 사람도 있고, 또 외래 민족의 침입이 하라파 문명의 멸망을 초래했다고 보는 사람도 있다. 또 생태환경의 악화가 쇠락을 가져왔을 것으로 보기도 한다. 하라파 멸망의 수수께끼는 여전히 풀어야 할 숙제로 남아 있다.

베다시대, 브라만교와 카스트제도

하라파 문화가 소멸된 후, 인도는 '베다 시대'에 들어섰다. '베다 시대'라는 명칭은 바로 이 시기의 전설에 관련된 자료가 모두 '베다' 문헌에 풍부하게 수집되어 있기 때문에 지어진 것이다. '베다'는 '지식'이라는 의미를 갖고 있는데 오랫동안 축적되어 내려온 대량의 문헌이 집성된 것으로 총 4부로 구성되어 있다. 《리그베다》, 《사마베다》, 《야주르베다》, 《아타르바베다》가 바로 그것들이다. 그중 가장 초기의 것인 《리그베다》가 반영하고 있는 시기를 '초기 베다'(기원전 약 1500~900년)로 부른다. 나머지 3부가 반영하고 있는 시기는 '후기 베다(기원전 약 900~600년)'로 불린다.

'베다'의 편찬자는 자칭 '아리안'인데 이는 '고귀한 사람'이라는 뜻이다. 아리아인들이 구사하던 범어는 인도유럽어족에 속한

세계사적 성과 '베다' 문헌은 당시 역사를 연구하는 중요 문헌일 뿐 아니라 문학적 가치를 지니고 있는 서사시다. ➡ 브라만교

다. 이들은 기원전 1500년에서 1200년 사이에 인도를 침략해 인도 주민을 정복하고 그곳에 정착했다.

베다 시대의 질그릇

고대 그리스의 호메로스의 서사시 《일리아드》, 《오디세이》처럼 '베다' 역시 인도 아리아인의 서사다. '베다'를 통해 우리는 당시 인도의 사회·경제적 상황을 이해할 수 있다. 아리아인들은 인도에 정착한 직후에도 처음에는 씨족사회제를 유지했다. 그러나 점차 사회경제가 발전하고 사유재산이 축적되어 가면서 국가가 생기게 되었고 군대를 이끌던 자가 세습군주로 변하게 되었다. 왕권과 신권이 결합된 통치도 행해졌다. 그러나 후기 베다시대의 국왕은 전제군주와는 많은 차이를 보인다. 노예제가 발전하고 사회가 분화되면서 후기 베다시대의 인도는 민족적 특색이 가미된 체제를 형성하게 되는데 이것이 바로 카스트 제도와 브라만교다. 카스트 제도는 간단하게 말하면 사람을 브라만, 크샤트리아, 바이샤, 수드라의 4등급으로 나누는 것으로 이 등급에 따라 권리와 의무가 달라지는 절대적인 불평등 관계였다.

브라만은 종교의식을 주관하고 정치에 참여할 수 있었으며 엄청난 정치권력을 향유했다. 크샤트리아는 무사계층으로 군권을 쥐고 있었고, 바이샤는 평민으로 농업, 목축업과 상업에 종사했으며 정치권력은 갖지 못했다. 수드라는 지위가 가장 낮아 천대를 받는 사람들로 농업, 목축업, 어업, 사냥 등 천한 업종에 종사했다. 이들은 위의 세 등급과 달리 종교의식에 참가할 권리조차 갖고 있지 못했고 '종교적으로 소생할 수 없는 종족'에 속했다. 카스트 제도가 생기기 전에는 한 가족이 서로 다른 직업을 갖는 것이 가능했고 신분은 상승도 하락도 가능한 유동적인 것이었다. 그러나 카스트 제도가 생겨나면서 한 사람의 사회적 지위가 완전히 출신가정에 의해 결정되었으며 이 신분이 자자손손, 대대로 변함없이 세습되었다.

주요 연표

기원전 1500년경
아리아인이 인도에 침입하기 시작
했다.

기원전 900년경
초기 베다 시대가 끝나고 후기 베
다 시대가 시작되었다.

기원전 600년경
베다 시대가 막을 내리고 인도는
열국 시대로 접어들었다.

서로 다른 카스트 사이에는 원칙적으로 결혼도 금지되었으며 법률
적으로도 서로 다른 카스트에 속하는 사람들은 절대적인 불평등
관계에 놓이게 되었다. 이후 카스트 제도는 더욱 심화되어 인도 사
람들의 무거운 족쇄가 되었다.

　초기 베다 시대 아리아인의 종교는 기본적으로는 단순한 자연종
교에 지나지 않았고 제사도 간단한 편이었다. 이렇게 단순했던 종
교가 점차 완전한 체계를 갖춘 브라만교로 발전하게 된다. 브라만
교의 최고신은 범천으로, 브라만교는 범천이 세계의 정신이며 최
고 주재자이고 우주의 창조자로 세계 만물은 모두 범천에 의해 창
조되었다고 보았다. 브라만교는 영혼이 윤회한다는 '업력윤회설
(業力輪回說)'을 만들어냈고 인생의 고통과 기쁨이 모두 전생의 공
과 업보에 의해 결정된다고 봤다. 착한 사람은 반드시 복을 받고
내세에서는 끝없는 부귀영화를 누리게 되지만 악한 자는 반드시
벌을 받고 내세에서도 끝없는 고통과 고난을 맛보게 된다는 것이
었다. 이런 설명은 사람들의 사고를 마비시켜 현재에 안주하게 하
고 희망을 다음 생에 걸게 만들었다. 설사 지금의 상황이 만족스럽

지 못하더라도 이를 참고 토해내지 못하게 하는 데 큰 효과가 있었
다. 브라만교는 점점 신비화하면서 인도 역사에 큰 영향을 끼쳤다.
브라만교와 카스트 제도는 인도인을 속박하는 밧줄이 되었다.

　기원전 600년경, 베다 시대가 막을 내리고 인도는 열국 시대로
접어들었다.

황하 문명, 동아시아의 시발점

05

Ancient People on Yellow Earth

하(夏) 왕조, 부자세습제를 시작하다

중국은 장구한 문명의 역사를 갖고 있는 나라다. 구석기 시대와 신석기 시대의 문화가 모두 중국 역내에서 광범위한 범위에 걸쳐서 나타나 세계적으로도 중요한 지위를 차지하고 있다. 신석기 문화를 기초로 중국의 황하 문명은 인류의 문명 시대로의 진입을 선두에서 이끌었다.

그러나 중국의 문명사를 과연 어느 시기부터 서술해야 할 것인지 오랫동안 논란이 있어 왔다. 황제를 중국사 서술의 출발점으로 보는 사람이 있는가 하면 상대(商代)를 그 시작으로 봐야 한다고 주장하는 사람도 있다. 왜냐하면 상대 역사는 이미 고고학 자료와 갑골문 자료로 증명이 되었기 때문이다. 그러나 이보다 더 많은 사람들이 중국 문명사의 기점을 하 왕조가 시작된 기원전 21세기경으로 보고 있다. 이런 견해는 어느 정도 설득력이 있는 것으로 고고학적으로도 점점 증명되고 있다.

중국 문헌에서는 하와 상, 주나라가 항상 같이 언급된다. 공자는 상나라가 하나라의 예법을 계승하면서도 어느 정도의 변혁을 가했으며, 주나라 역시 상나라의 예법을 그대로 이어받지 않고 변화를 가했다고 분명히 밝히고 있다. 중국은 1996년 하(夏), 상(商), 주(周)나라의 시대를 구분하는 프로젝트를 시작했다. 역사학, 고고학, 천문학 등 200여 명의 학자들이 5년 동안 함께 이 프로젝트에 몰두한 결과 이제 비교적 명확하게 이 시대를 구분할 수 있게 되었다.

하 왕조를 세운 것은 홍수를 다스리던 영웅 우(禹)였다. 기원전 21세기, 황하의 중·하류 지역은 홍수가 범람해 재해가 빈번하게 일어났다. 하 부락의 수령이었던 요(堯)가 우의 아버지 곤(鯀)에게 홍수를 다스리도록 명했으나 실패하고 말았다. 이에 요를 계승한 순(舜)은 재위에 오른 후 다시 우에게 각 부락민들을 이끌고 13년 동안 홍수를 다스리게 하였다. 그 결과는 성공적이었다. 결국 물꼬가 트여 홍수로 인한 불안을 말끔히 씻어내게 되었고 백성을 안심시킬 수 있었다. 또한 우는 순 임금의 명을 받들어 화하족(華夏族)을 이끌고 나가 삼묘족(三苗族)을 격파했다. 화하족은 이를 계기로 삼묘족을 멀리 내쫓고 중원에서의 지위를 확고히 했다. 순 임금이

브라운 박사의 인물 탐구
_____

💬 우(禹, 기원전 21세기경), 하 왕조의 건립자. 상고 시대에 홍수를 다스린 영웅

💬 계(啓, 기원전 21세기경), 우의 아들이며 아버지를 이어 왕위를 계승했다. 이는 원시의 씨족 선출제식 양위가 세습제로 변화했음을 보여주는 것이다.

💬 걸(桀, 기원전 17세기경), 하 왕조의 마지막 왕, 패악무도하여 결국 상나라의 탕왕에게 나라를 빼앗겼다.

하 왕조 도읍지의 궁전 복원도
궁전 면적은 1만㎡에 달했고 중심부인 대전 앞에는 넓은 뜰이 있었다. 사방에 회랑이 있었고 남쪽에는 세 개의 대문이 있었다. 전체적으로 이 궁전은 '우진각 이중지붕(四阿重屋)' 식의 궁전이다.

사망한 후, 우는 순의 뒤를 이어 받아 도산(塗山)에서 각 제후(각 부락의 원래 수령)들과 회의를 열었다. 전해 내려오는 바에 따르면 당시 1만개나 되는 부락의 제후들이 왔다고 한다. 회계(會稽, 지금의 절강성 소흥)에서도 다시 한번 회합을 가졌는데 늦게 도착한 제후들은 죽음을 당했다. 우는 각지의 제후들에게 각 지방의 토산물과 청동을 바치게 하였다. 이렇게 조공으로 받은 청동을 녹여서 솥으로 만들었고 그 위에 각 지방이 조공으로 바쳐야 할 토산물을 그림으로 새겼다. 이 모두가 하나라의 왕이 모든 제후들의 위에 있는 '천자'임을 보여주는 것이었다.

우가 사망한 후 그 아들인 계(啓)가 제후들의 옹립을 받아 왕위를 계승하였다. 전통적인 씨족 선출방식의 양위가 세습제로 바뀌었음을 보여주는 이 사건은 아주 중대한 의의를 갖는다. '태강실국(太康失國)'(계가 왕위를 물려받은 후 왕권에 도전하는 정변이 몇 번 일어났으나 이를 무사히 잘 넘기고 왕권을 강화했다. 그러나 만년에 이르러 정치에는 소홀한 채 향락에 빠져 지냈다고 한다. 계가 사망하고 그의 아들 태강(太康)이 왕위를 물려받았다. 그러나 태강 역시 주색과 향락에 빠져 정사를 소홀히 한 까닭에 왕실 내부의 모순이 심각해졌고 이민족도 이 틈을 타 강력한 무력을 바탕으로 하여 하나라를 대신하게 되었다. 이것이 바로 '태강실국'이다)과 '소강중흥(小康中興)'(소강(小康)은 태강 이후로 도탄에 빠져 있던 하나라를 중흥시킨 임금이다. 오랜 고생 끝에 제후들의 옹립을 받아 하 왕조 제6대 왕의 자리에 오른 소강은 이후 하나라의 중흥을 이끌었는데 이를 '소강중흥'이라고 한다)이 일어났다. 소강 이후 7명

세계사적 성과 농업에서 큰 발전이 있었고 수리관개가 시작되었다. ➡ 청동기 시대에 진입하였으며 수공업도 비교적 발달하였다. ➡ 원시 씨족 선출방식의 양위가 세습제로 변화했다.

의 왕을 거쳐 공갑(孔甲)이 왕위를 계승했다. 그러나 이때부터 하 왕조는 쇠락의 길을 걷게 되었고 제후들도 더 이상 하왕에게 복종하지 않았다. 이후 다시 2명의 왕을 거쳐 걸(桀)이 왕위에 올랐다. 그는 패악무도했으며 사치스러운 궁궐을 건축해 백성들의 피 같은 세금을 축냈다. 이뿐 아니라 안에서는 백성들을 억압하고 밖에서는 군사를 일으켜 전쟁을 일삼았다. 이렇게 되자 제후들도 하나 둘 하나라를 등지고 떠나 상나라의 제후 탕(湯)을 지지하기에 이른다. 결국 제후들과 함께 하를 멸망시킨 탕이 상 왕조를 세웠다. 학자들은 고고학적 발견과 연구 결과에 따라 하 왕조가 기원전 2070년에 건국되어 기원전 1600년경에 멸망했다고 보고 있다.

이리두(二里頭)에서 출토된 술잔

하 왕조의 활동 범위는 대략 서쪽으로는 금산(今山) 서남부와 하남(河南) 서부에 이르고 동쪽으로는 하남(河南), 하북(河北), 산동(山東) 3개성 교착지에 다다랐으며, 남으로는 호북(湖北)에 인접했고 북으로는 하북(河北)까지 닿아 있었다.

하나라 경제의 중심은 농업으로 우가 홍수를 다스리고 백익(伯益)이 우 임금의 신하로 치수사업을 도왔다고 전해진다. 우물을 팠다는 이야기는 당시 이미 수리관개가 이루어지고 있었음을 보여준다. 수공업 방면에서는 전통적인 석기 제조 이외에도 청동기와 도기 제작이 이루어져 독립적인 생산부문으로 성장해 있었다. 뿐만 아니라 상 왕조 때 갑골문이 있었던 것으로 보아 하 왕조 때에 이미 문자가 장기간의 발전과정을 거쳤음을 알 수 있다.

상(商) 왕조, 갑골문자의 등장

상은 원래 오랫동안 하 왕조와 공존해 온 하 왕조의 제후국이었다. 그러나 기원전 약 1600년경, 탕이 병사를 일으켜 하를 멸망시키고 상 왕조를 세우게 된다. 상 왕조가 제20대 왕인 반경(盤庚) 때에 은

상나라 탕왕의 초상

(殷, 오늘날의 하남성 안양)으로 수도를 옮겼기 때문에 상 왕조를 은이라고 부르기도 한다.

상 왕조는 정권이 공고해진 후 오랫동안 대외정벌을 벌여 변경을 개척하고 영토를 확장했으며 노예와 재산을 약탈했다. 상의 제23대 왕 무정(武丁)은 아주 중요한 위치를 차지하고 있다. 어렸을 적 일반 민가에서 자란 무정은 하층민의 고통을 잘 알고 있었다. 이 때문에 그는 농업과 목축업의 생산 현황에 관심을 기울였고 상 왕조는 이에 힘입어 국력이 날로 강성해졌다. 무정은 여러 차례 군사를 일으켜 변방지역의 제후국들을 돕기도 했다. 이런 이유로 뒷날 '고종(高宗)'이라는 존칭을 받았다.

상 왕조의 마지막 왕인 주(紂)는 패악무도했을 뿐 아니라 술과 여자에 빠져 지냈으며 충성스럽고 선량한 이들을 잔인하게 살해했다. 기원전 1046년, 주(周)의 무(武)왕이 상나라가 혼란에 빠진 틈을 타 공격을 해왔다. 이때 벌어진 목야(牧野, 지금의 하남성 지현(汲縣) 서남에서 10km쯤 떨어진 들판) 전투에서 주는 상나라에 치명타를 가했다. 결국 상은 멸망하고 말았고 주나라가 대신 일어나 부흥기를 맞게 되었다.

상 왕조는 국왕이 국가의 모든 대권을 한 손에 장악하고 있었고 왕 아래 일군의 중앙, 지방의 문관들이 있었다. 상당한 규모의 상비군이 있어 언제든 수천 수만의 군대를 출동시킬 수 있었고 무기는 대부분 청동기로 제조한 것이었다.

 주요 연표

기원전 약 1600년
탕왕이 하나라를 멸망시키고 상 왕조를 세웠으며 박에 도읍을 정했다.

기원전 1046년
무왕이 상나라를 멸망시키고 주 왕조를 세웠며 호(鎬)(섬서성 서안시의 서남쪽)에 도읍을 정했다.

세계사적 성과 갑골문, 중국 문자가 이미 성숙한 단계까지 발전했음을 보여준다. ➡ 청동기 주조 기술에 큰 발전이 있었다. 특히 사모무대방정은 세계적으로도 보기 드문 청동솥이다.

사양방존(四羊方尊)
거대한 사각형 모양의 주둥이에 목은 길고 어깨 부분은 구부러졌으며 허리와 배 부분은 얇다. 조형 설계와 예술적 장식이 완벽하게 결합되어 있다.

상나라에는 엄격한 형법이 존재했는데 이를 '탕형(湯刑)'이라 불렀다. 상 왕조는 당시 세계에서도 보기 드문 노예제 대국이었다. 농업, 수공업, 목축업 등 모든 분야에서 광범위하게 노예를 사용했다. 이 밖에도 노예를 이용해 순장(殉葬, 신분이 높은 사람이나 남편이 죽으면 그 주변 사람들을 같이 묻었던 습속을 말한다)을 하고 제사를 지내기도 했다. 농업은 어느 정도 발전을 이루어 당시 이미 소에 걸어 사용하는 쟁기가 있었다. 수공업은 더 발달되어 금속이 가공되었고 청동기, 배, 수레 제조가 이루어지고 있었다. 청동기 제조는 상당한 수준에 올라 있었는데 청동솥인 사모무대방정(司母戊大方鼎)은 당시 세계 어느 곳에서도 찾아볼 수 없을 정도의 크기로 그 무게가 875kg, 전체 높이가 133cm, 길이는 110cm이다. 이는 상 왕조 때 중국의 청동기가 최전성기에 도달해 세계적으로도 선두에 서 있었음을 보여주는 것이다. 상 왕조는 도기 제조에서도 새로운 기술적 진보를 이루어내 유약을 바른 도자기를 만들어내는데, 이미 원시 도자기의 특징을 갖고 있었다. 화폐도 출현하였는데 조개껍질로 만든 화폐뿐 아니라 청동

브라운 박사의 인물 탐구

- **탕**(기원전 16세기), 상 왕조를 세웠으며 박에 도읍지를 정했다.
- **판경**(기원전 14세기), 상의 제20대 왕으로 은(殷), 지금의 하남성 안양)으로 수도를 옮겼다.
- **무정**(기원전 13세기), 상의 제23대 왕으로 상 왕조 역사상 가장 중요한 왕이다. '고종'으로 추대되었다.
- **주**(기원전 11세기), 상 왕조 말기의 왕(제31대 왕)으로 패악무도했다. 결국 주나라 무(武)왕에게 나라를 빼앗겼다.

주홍색을 칠한 대형 소뼈에 새긴 글
상나라의 갑골문은 점을 칠 때 거북이의 등 혹은 동물의 뼈 위에 새긴 상형문자로 복사라고도 부른다. 하남(河南) 안양(安陽) 은허(殷墟)에서 대량으로 출토되었다.

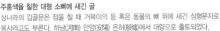

으로 만든 화폐도 함께 통용되었다. 이 외에도 역법을 사용하고 있었다. 상나라 역법에 따르면 1년은 12개의 달로 큰 달은 30일, 작은 달은 29일이었다. 또한 윤년을 두었는데 윤년은 13개월이었고 평년은 12개월이었다.

이전에는 학자들이 전통 문헌에 근거해 상나라 역사를 이해할 수밖에 없었지만 1899년 갑골문 연구와 뒤이어진 고고학상의 발견으로 상나라 연구에 필요한 대량의 사료를 확보하게 되었다. 갑골문은 거북이 등껍데기와 동물의 뼈에 새긴 문자로 그 내용이 점을 본 기록이기 때문에 복사(卜辭)라고도 불린다. 지금까지 10여 편의 조각이 발견되었으며 그 안의 5000개 단어 중 이미 1000여 개가 해독되었다. 갑골문은 중국 문자의 발전이 당시 이미 상당한 수준에 올라 있었으며 중국의 문자가 서양의 표음문자와는 다른 길을 걷기 시작했다는 것을 보여준다.

📝 주요 연표

기원전 1046년
무왕이 상을 무너뜨리고 주 왕조를 설립하였는데 이를 '서주(西周)'라고 부른다.

기원전 841년
'공화' 원년(귀족과 평민 사이의 모순이 주의 10대 왕인 여(厲)왕 때 심각해지면서 주나라 사람들이 폭동을 일으켜 여왕을 내쫓고 대신 주공과 소공을 옹립하여 왕 대신 국정을 보게 했다. 역사상 이를 '공화행정(共和行政)'이라고 한다), 중국은 이때부터 정확한 기년(紀年)을 갖게 되었다.

기원전 771년
유(幽)왕이 피살당한 후 평(平)왕이 왕위에 올랐고 수도를 낙양(洛陽)으로 옮겼다. 이로써 서주(西周) 시대는 막을 내리고 동주(東周) 시대가 시작되었다.

서주(西周), 《주역(周易)》과 봉건제의 탄생

전해 내려오는 바에 따르면 주의 조상은 하 왕조 때 농업을 관장하는 자리인 후직(后稷)에 올랐던 기(棄)라고 한다. 그의 자손들은 대대로 하 왕조의 후직 자리에 올랐으나 하나라가 몰락한 후, 야만인들의 나라로 도망갔다. 이후 공류(公劉)가 빈(豳, 섬서성 빈현, 순읍현 일대)에 정착하였고 그 후로 10여 대의 자손이 대대로 이곳에 살았다. 그러다 고공단보(古公亶父, 후에 주태왕으로 추대되었다)가 주원(周原, 지금의 섬서성 기산현)으로 옮겨갔는데 주(周)라는 이름은 바로 여기서 나온 것이다.

고공단보의 아들인 계력(季歷) 때에 이르러 주는 점차 발전을 이루게 된다. 그러나 이때까지도 주는 상과 종속관계를 맺고 있었다. 계력의 아들 희창(姬昌, 周文王)이 왕위를 이어받으면서 주의 국력이 연일 강성해지자 상왕은 희창을 서방 제후의 우두머리인 '서백 (西伯)'에 임명했다. 서백은 우방들과 연합하여 수많은 적대 제후 국들을 정벌했고 다시 풍(豐, 오늘날의 서안 서남)으로 수도를 옮 겼다. 그러나 서백은 아직 상을 상대하기에는 역부족이라고 느끼 고 있었기 때문에 겉으로는 여전히 상에 복종하였다. 문왕이 사망 하고 그 아들인 희발(姬發)이 왕위를 계승했다. 이 왕이 바로 무(武) 왕으로 상나라는 그의 손에 멸망하게 된다. 상을 쓰러뜨린 무왕은 호(鎬, 지금의 서안 서남)에 도읍을 정했는데 이것이 기원전 1046 년의 일이었다.

주의 천자는 제후들의 지도자로 '공주(共主)'로 불렸다. 그러나 제후들은 모두 상당한 자치권을 갖고 있어서 각 제후들에 대한 중 앙의 통제는 하 왕조에서부터 상 왕조, 주 왕조에 이르기까지 부단 히 강화되었다. 광활한 지역을 정벌한 후, 통치자는 자신의 친형제 나 성은 달라도 큰 공을 쌓은 신하에게 토지를 하사하고 그곳에 파 견하여 통치하게 했다. 파견된 사람은 그 지역의 토지와 백성을 하 사받고 제후국을 세웠다. 제후는 주 왕조가 분봉해준 제후국 안에 서 토지를 다시 경대부(卿大夫)에게 분봉했고 경대부는 다시 자신 이 분봉 받은 토지를 하급 관리에게 분봉하였다. 이것이 바로 서주 시대의 봉건제도(封建制度)다. 주 설립 초기에 대규모로 봉건제도 를 실시했는데 전해지는 바에 따르면 71개국을 분봉했다고 한다. 그 중 왕과 같은 성씨를 가진 제후가 53명으로 제(齊), 노(魯), 연 (燕), 위(衛), 진(晉) 등이 가장 중요한 제후국들이었다.

한편 무왕은 상 왕조 주왕의 아들인 무경(武庚)을 은나라의 제후 로 봉하고 관숙(管叔)과 채숙(蔡叔)을 주변지역의 제후로 봉해 무 경을 감시하게 하였다. 무왕이 사망한 후, 무왕의 동생인 주공이 섭정을 하게 되자 관숙과 채숙은 주공이 왕위를 찬탈하려 하는 것 이 아닌가하는 의심을 품게 되었고 결국 무경과 결탁하여 반란을

브라운 박사의 인물 탐구

- 무왕(기원전 11세기). 문왕의 아 들로 이름은 희발이며 상나라를 멸망시키고 주 왕조를 열었다.

- 주공(기원전 11세기). 무왕의 동 생으로 이름은 희단(姬旦)이다. 주 왕조에 큰 업적을 남겼으며 예악(禮樂)을 만들어냈다.

- 유왕(기원전 8세기). 어리석기 로 유명했던 왕이다. 첩 포사를 총애한 것이 화근이 되어 후에 신후와 견융에게 살해당했다.

- 평왕(기원전 8세기). 유왕의 아 들로 즉위 후 동쪽의 낙읍으로 천도하였다. 서주 시대를 끝내 고 동주 시대를 열었다.

구정(九鼎)
서주 시대 가장 신성한 예기(禮器)로 국 가 사직과 왕의 권력을 상징했다.

일으켰다. 이에 주공은 병사를 이끌고 동쪽지방 정벌에 나섰다. 이 과정에서 무경과 관숙을 사형에 처하고 채숙은 놓아주고 반란을 평정하였다. 동쪽지방에서 주공은 주나라의 통치 지위를 굳건히 하기 위하여 낙양(洛陽)을 건설하여 은나라의 백성들을 이곳으로 이주시키고 강력한 군대를 파견해 주둔시켰다. 상 왕조의 또 다른 귀족 미자(微子)를 송나라의 제후로 봉함과 동시에 수많은 제후를 봉하였다. 주공은 여기서 그치지 않고 주 왕조를 위한 예법도 제정 했다. 이렇듯 주공은 주 왕조의 중요한 공신으로 후대인들에게 큰 존경을 받았다.

7년 동안의 섭정 끝에 주공은 무왕의 아들인 성(成)왕에게 왕위 를 물려주었다. 그 후 성왕과 그의 아들 강(康)왕의 재위기간 동안 주 왕조는 최전성기를 구가했다. 그러나 여(襄)왕에 이르러 몰락하 기 시작한다. 기원전 841년에는, 백성들의 폭동이 일어나고 여왕 은 주나라 관리들에 의해 쫓겨났다. 쫓겨난 여왕을 대신해서 주공 과 소공이 섭정을 하게 되었는데 이를 '공화'라고 부른다.

여왕이 사망한 후, 왕위에 오른 것은 선(宣)왕이었다. 그의 재위 기간 동안 주나라는 다시 한번 중흥을 맞이한다. 선왕이 죽고 그의 아들 유(幽)왕이 왕위에 올랐으나 첩 포사(褒似)를 총애했던 그는 신후(申后) 왕비와 의구(宜臼) 태자를 폐하기에 이른다. 이에 큰 불

세계사적 성과

봉건제와 종법제 : 중국 역사상 최초로 거행되었다. 종법제는 장자계승제 를 확립시켰는데 전해지는 바에 따르면 주공이 창조한 것이라고 한다. 이 장자계승제는 3000여 년 동안 지속되었으며 가장권과 정권을 결합한 '가 천하(家天下) 사상의 근원이 되었다. ➡ 경천보민(敬天保民)사상, 인간의 의지로 하늘의 명을 헤아린다는 고대 사회에서 나온 걸출한 사상 ➡ 오행 (五行), 팔괘(八卦), 《주역(周易)》, 초기 유물주의사상과 변증법의 출현 ➡ 주례(周禮), 근대에 이르기까지 수 천년 동안 중국을 지배한 하나의 행위 규범

만을 품은 신후(申侯) 왕비의 아버지가 기원전 771년 견융(犬戎)과 연합하여 주를 공격하고 유왕을 죽이면서 서주 시대가 막을 내리게 되었다. 그후 의구 태자는 즉위하여 평(平)왕이 되었고 낙양으로 도읍을 옮기면서 비로소 동주 시대가 시작되었다.

06 에게 문명,
유럽사의 뿌리가 되다

European Illuminati

크레타, 지중해를 수 놓은 문명

인류 최초의 문명이 서아시아의 티그리스강, 유프라테스강 유역과 이집트의 나일강 유역에서 발생한 후, 지중해 동부지역은 이 두 문명의 양분 아래 새로운 문명의 중심으로 탄생하게 된다. 이것이 바로 에게 문명이다. 에게 문명은 에게 지역의 청동기 문명을 가리키는 것으로 크레타섬과 그리스의 미케네, 이 두 지역을 중심으로 하고 있다. 바로 이 때문에 '크레타-미케네 문명'으로도 불린다.

에게해에는 480여 개의 크고 작은 섬들이 있는데 그 중 가장 큰 것이 크레타섬이다. 기원전 2000년경, 씨족 사회에서 국가로 발전한 크레타 문명은 당시 고대 바빌로니아, 이집트와 유사한 정치조직을 갖고 있었다.

크레타 문명의 가장 눈에 띄는 특징은 왕궁 건축에 있다. 모든 도시국가는 왕궁을 중심으로 형성되었다. 크레타 문명의 경우 왕궁의 건축에 따라 초기 왕궁 시대와 후기 왕궁 시대로 구분되는데 기원전 1700년이 분기점이 된다. 그런데 크레타섬의 모든 왕궁은 만들어지는 대로 파괴되었다. 지진이 원인이었을 수도 있고 폭동으로 파괴된 것일 수도 있다. 원인이 무엇이든

미노스 왕궁 북문

간에 기원전 1400년에 마지막 왕궁이 무너지고부터는 다시는 재건되지 않았다.

초기 왕궁 시대(기원전 2000 ~1700년)에 부흥하기 시작한 도시들은 주로 크레타섬 중부와 동부지역에 분포해 있었다. 그 중 가장 유명한 것이 북부의 크노소스와 남부의 파이스토스로 초기 왕궁 시대의 말기에는 크노소스가 섬 전체를 통일

미노스 왕궁 안의 전경

하였다. 이때 이미 문자가 출현했는데 이 문자는 초기에는 상형문자였다가 후기 왕궁 시대에 표음문자, 즉 선형문자A로 발전했다. 그러나 아쉽게도 이 문자는 아직까지 해독되지 못하고 있다.

크레타섬의 사회, 경제는 이 시기에 중대한 발전을 이루었다. 농업 분야에서는 주로 곡물, 올리브, 포도를 생산했고 수공업 분야에서는 정교함을 그 특징으로 하여 계란 껍질처럼 얇은 도기까지 제작해냈으니 놀랄 만한 일이라 하겠다. 상업 방면에서 크레타인은 일찍부터 항해와 해상무역에 종사하기도 했다. 특히 여기서 짚고 넘어가야 할 것은 크레타섬의 방위는 전적으로 해군이 책임졌기 때문에 그 안의 도시국가들이 방어진을 따로 치지 않았다는 것이다. 이는 동방 각국의 도시들과 다른 점이었다.

후기 왕궁 시대(기원전 1700~1380년)는 크레타 문명의 새로운 번영기였다. 이때 크레타 섬을 통치한 것은 크노소스의 미노스 왕조였는데 당시 각 도시의 왕궁이 그 어느 때보다 더 웅장한 모습으로 모두 재건되었다. 그 중 크노소스 왕궁은 서기 1900년 영국의 고고학자 에번스가 발굴해냈다. 그의 발굴로 지하에 3000여 년 동

📖 주요 연표

기원전 2000년경
에게 문명이 탄생하여 크레타섬에 도시국가가 출현했다.

기원전 1700년
초기 왕궁 시대가 끝나면서 크레타 섬의 수많은 도시와 왕궁이 파괴되었으나 그 원인은 오늘날에도 수수께끼로 남아 있다.

기원전 1450년
크레타 문명이 그리스인들에 의해 멸망하면서 에게 문명의 중심도 미케네로 이동했다.

안이나 파묻혀 있던 왕궁이 다시 빛을 보게 되었는데 이 왕궁이 바로 그리스 신화 속의 '미노스 왕궁'이다. 왕궁은 산을 뒤로 하고 세워졌으며 무질서한 듯하면서도 질서가 느껴지고 구성이 비대칭적이다. 또한 너무나 뛰어난 정교함 때문에 이 왕궁은 '미궁'이라는 영예를 안기도 했다. 궁전 안에는 수도관과 욕실 설비가 갖추어져 있었고 벽에는 갖가지 훌륭한 부조와 벽화들이 가득하다. 또한 아름다운 도자기와 방직물, 금은보석, 상아 등의 사치품이 진열되어 있어 크노소스 왕궁은 당시의 크레타 문명의 번영을 잘 보여주고 있다.

미노스 왕조는 에게해에서 해상 패권을 확립하고 동부 지중해의 해상무역망을 통제했다. 뿐만 아니라 당시의 수도 크노소스는 대략 10만의 인구를 갖고 있는 의심할 바 없는 지중해 최대 도시였다.

기원전 1450년경, 그리스어를 구사하는 사람들이 크노소스 왕궁을 점령하면서 크레타섬은 갑작스런 멸망의 재난에 휩싸이게 되었다. 그 후 크노소스 왕궁이 재건되기는 하였으나 그 규모는 예전에 미치지 못했고 크레타 문명이 쇠락하자 에게 문명의 중심은 그리스 본토의 미케네로 이동했다.

미케네, 이주민이 만든 그리스

미케네인은 유럽에서 그리스로 건너온 민족으로 인도유럽어족에 속하는 언어를 구사했다. 기원전 2000년경, 그들은 펠로폰네소스 반도에 정착했다. 이 당시 크레타섬은 이미 문명 시대에 접어들어 있었으나 미케네는 낙후되어 아직 국가도 출현하지 않은 상태였

세계사적 성과 비범하고 뛰어난 정교함을 자랑하는 수공예품 ➡ 각 도시 왕궁의 재건, 고대에는 보기 드문 일로 그 중에서도 크노소스 왕궁이 유명하다.

다. 이 미케네 문명은 펠로폰네소스 반도 동북부의 미케네성에서 이름을 따온 것이다.

크레타 문명은 상형문자와 선형문자A, 미케네인의 문자는 선형문자B였다. 이 선형문자B는 전자인 선형문자A에서 발전한 것으로 그리스 문자의 최초 서법이 되었다. 앞에서 언급한 것처럼 대략 기원전 1450년, 그리스어를 구사하는 사람들이 크노소스에 거점을 확보했는데, 이들은 선형문자A를 버리고 선형문자B를 사용하다가 나중에 이를 그리스로 가져갔다.

미케네인은 기원전 1600년경에야 국가를 수립했다. 그 후 선진 문명 지역과의 교류를 통해 미케네의 경제, 문화도 급속한 발전을

브라운 박사의 인물 탐구

아가멤논(기원전 13세기), 미케네의 왕, 그리스 연합군을 이끌고 트로이와의 전쟁을 일으켰다.

사자문
미케네 성새의 입구, 방위 기능을 갖고 있으며 종교적 색채를 강하게 띠고 있음을 알 수 있다.

주요 연표

기원전 1600년경
미케네인이 국가를 수립했다.

기원전 1450년경
미케네 그리스인이 크레타 문명을 멸망시켰다.

기원전 1250년경
트로이 전쟁에서 그리스 연합이 트로이를 격파했다.

기원전 1200년경
도리아인의 침입으로 미케네 문명이 무너지고 그리스는 '호메로스' 시대에 진입했다.

이루게 된다. 미케네 문명은 크레타 문명의 양분을 충분히 흡수하였으나(성루를 둘러싼 거대한 담, 말이 끄는 전차를 즐겨 타고 무력을 숭상한 것 등) 자신만의 독특한 면모도 갖고 있었다.

미케네는 통일 국가가 아닌 일련의 도시국가로 그 중 가장 강대한 도시국가가 바로 미케네였다. 그 외에 주요 도시국가로는 스파르타, 파로스, 그리스 중부의 아테네와 테베 등이 있었다. 미케네의 주요 유적은 성루인데 성은 거대한 성벽을 갖고 있어 크레타섬의 왕궁과는 상당한 차이를 보인다. 그 유명한 '사자문'이 바로 미케네 성루의 대문이다. 여기서 짚고 넘어가야 할 것이 바로 미케네 문명이 번영하던 시기에 일어났던 '트로이 전쟁'이다. 호메로스 서사시 《일리아드》는 트로이 전쟁에 관한 이야기로 내용은 다음과 같다. 트로이의 왕자 파리스가 스파르타에서 아름다운 왕후 헬레네를 납치해서 트로이로 돌아왔다. 이에 격노한 그리스인들은 아가멤논 왕의 지휘에 따라 트로이로 진격한다. 이 전쟁은 그리스 군대가 끈질기게 트로이 성을 공격하는데도 성문이 열리지 않아 10년을 끌다가 결국 책략가 오디세우스가 '목마' 계책을 내놓고 나서야 그리스인은 트로이를 격파할 수 있었다는 것이다. 이 이야기는 물론 전설에 지나지 않는다. 전쟁 발발의 실제 원인은 미케네를 중심으로 하는 그리스 연합과 트로이 사이의 경제적인 이익을 둘러싼 충돌이었기 때문이다.

트로이 전쟁이 끝난 후 기원전 약 1200년 경, '도리아'라고 불리는 또 다른 그리스인들이 그리스 중부와 펠로폰네소스 반도를 침입했다. 도리아인의 사회는 낙후되어 있었기 때문

스파르타 부근에서 발견된 금잔, 미케네 예술의 정수라고 할 만하다.

세계사적 성과　미케네 성, 그 중 유명한 사자문 ➜ 선형문자B

에 그들은 미케네 문명을 멸망시킨 이후에도 국가를 성립시키지는 못했다. 이 때문에 그리스 본토에는 한동안 상대적으로 낙후한 상태가 계속되었는데 선형문자B가 전수되지 못하고 끊겨버린 것도 이 당시였다. 이런 이유로 이 시대를 '암흑 시대'라고 부르는데 호메로스의 서사시가 이 시기의 역사를 반영하고 있어 '호메로스 시대'라고도 일컫는다.

호메로스 시대, 신의 시대에서 인간의 시대로

도리아인은 그리스 중부와 펠로폰네소스 반도를 침략해 한 시대를 풍미했던 찬란한 미케네 문명을 멸망시켰다. 그 후 그리스 문명은 300여 년에 달하는 문명 쇠퇴기를 맞이했는데 기원전 8세기의 고전 시대에 이르러서야 그리스 도시국가들은 다시금 부흥하기 시작했다.

 주요 연표

기원전 10세기경
그리스 지역에서 철기를 사용하기 시작했다.

　이 시기의 역사 연구에 주로 쓰이는 문헌이 바로 호메로스의 서사시다. 이 시기가 '호메로스 시대'라고도 불리는 것도 바로 이런 까닭이다. 호메로스는 기원전 약 850년경의 사람으로 앞 못 보는 음유시인이었다고 전해진다.

　호메로스 서사시는 《일리아드》, 《오디세이》 두 작품으로 되어 있다. 이 두 작품은 호메로스 개인의 작품이 아니라 수많은 사람들의 입을 통해 오랫동안 전해진 이야기를 호메로스가 수정, 정리한 것이다. 《일리아드》는 그리스인이 마지막으로 트로이 성을 공격하는 과정을 서술하고 있고, 《오디세이》는 트로이 전쟁에 참가한 영웅 오디세우스가 전쟁이 끝난 후에 바다에서 10년 동안을 떠돌다가

브라운 박사의 인물 탐구

💬 **호메로스**(기원전 9세기), 고대 그리스의 음유시인으로 호메로스 서사시를 편찬하고 개정했다.

세계사적 성과 호메로스 서사시 ➡ 제철 기술의 습득

마침내 조국으로 돌아가는 과정을 묘사하고 있다. 호메로스의 서사시는 호메로스 시대의 그리스 사회를 연구하는 데 필요한 중요한 문헌일 뿐 아니라 세계 문학의 보고 중에서도 빠뜨릴 수 없는 불후의 명작이다.

호메로스 시대의 사회와 문명 수준은 미케네 문명과 비교하면 상당히 떨어진다. 그럼에도 불구하고 여기서 주의해야 할 두 가지가 있다. 하나는 이 시기에 그리스인들이 철을 사용하는 법을 배웠다는 것이다. 지중해 지역에서 가장 먼저 철을 사용했던 것은 히타이트인이었다. 히타이트가 기원전 13세기에 '해상민족'에 의해 해체된 후, 그들의 제철 기술이 소아시아로 전해졌으나 미케네 문명은 여전히 철을 사용할 줄 몰랐다. 그러나 도리아인들이 철 사용법을

도자기 위에 그려진 호메로스의 서사시 〈오디세이〉
영웅 오디세우스가 동료들을 이끌고 배에서 내려 상륙하는 모습

습득한 후, 이 기술을 그리스 지역으로 가져갔고 이는 이후 그리스 지역 발전에 큰 의의를 남겼다. 나머지 하나는 전체 문명 수준에서는 미케네인에 뒤떨어졌던 도리아인들이 미케네 폭군들의 궁전과 성을 파괴함으로써 자유로운 그리스 문명을 위한 기초를 닦아주었다는 점이다.

기원전 8세기, 에게 문명이 멸망한 후 그리스 지역에는 다시 도시국가가 출현했고 이로써 호메로스 시대는 그 막을 내렸다.

강력한
제국의
출현

긴고 긴 역사 시대에 인류의 각 문명은 서로 단절되어 있었다. 그러나 생산력이 일정 수준에 이르자 서로 단절되어 있던 이
지역들은 관계를 맺기 시작했다. 교역을 맺는 지역들의 범위가 지속적으로 확대되면서 그 내용도 점점 풍부해졌다. 물론
어떤 때는 평화롭게 교류했지만 또 어떤 때는 전쟁을 통해 격렬하게 맞붙기도 했다. 어찌하였든 이러한 과정 속에서 각 민
족은 서로에 대해 이해하게 되었고 이를 통해 좋은 것은 배우고 부족한 부분은 메워 나갔다. 이는 쌍방의 발전을 촉진시킨
계기가 되었다. 중국인이 영광스럽게 여기는 '실크로드'가 바로 이 여정의 한가운데에 있었다.

01 오리엔트,
통일왕조의 등장

Ups and downs of West Asian
and North African Countries

아시리아, 메소포타미아를 지배하다

아시리아 왕의 소조

기원전 11세기, 아시리아의 티글라트 필레세르 1세가 권좌에 앉아 있던 무렵, 아람족의 공격을 받아 한때 쇠퇴하기도 했지만 아시리아의 국력은 최전성기에 도달해 있었다. (예외없이 고대 각 지역의 문명 중심지들은 약속이나 한 듯이 모두 쇠락했다. 인더스강의 하라파 문화는 일찍 소멸했고 아리아인의 침략을 받은 인도는 초기 베다 시대에 들어갔다. 티그리스강과 유프라테스강 유역의 고대 바빌로니아 왕국은 히타이트에 의해 멸망했다. 이 히타이트는 이집트와의 패권 경쟁으로 국력이 쇠퇴해 결국 '해상민족'에 의해 해체되었다. 이집트는 비록 침입을 견뎌냈지만 결국 다시 일어서지 못했고 이후 다시는 되돌이킬 수 없는 쇠락의 길을 걸었다. 크레타 문명 후의 미케네 문명도 도리아인의 침입으로 전멸하면서 그리스의 '암흑 시대'가 시작되었다. 중국의 주나라 때의 상 왕조만이 유일하게 쇠락하지 않은 나라일 것이다. 중국의 서주 시대에 해당하는 때 아시리아는 다시 일어났다)

당시의 아시리아는 천재일우의 기회를 만난 상황이었다. 국제 정세를 봐도 주변에 어느 곳 하나 강적이 될 만한 세력이 없었다. 국내에서는 철기의 사용이 사회와 경제를 한층 더 발전시켰음은 물론 이를 바탕으로 예리한 무기를 확보할 수 있게 되었다. 이는 영토 확장을 위한 좋은 조건이 되었다. 아시리아는 기원전 10세기 말엽부터 200여 년에 달하는 긴 정벌에 나서 서아시아와 북아프리카를 넘나드는 노예제 대제국을 건설하였다. 티그리스강과 유프라테스강 유역 남부와 북아프리카, 이 두 문명 중심지를 자기들의 통치하에 두고 철기 시대의 제일 강국으로 거듭난 것이다.

인간의 얼굴에 날개를 가진 숫소상
인간의 두상에 긴 날개를 가진 이 거대한 숫소는 기원전 710년에 아시리아 국왕 사르곤 2세가 세운 것으로 웅장한 왕궁의 입구를 지키고 있다.

아시리아 국왕, 아슈르나시르팔 2세(기원전 883 ~859년경)와 그 아들 살만에세르 3세(기원전 859 ~824년)가 벌인 정벌로 북으로는 아르메니아, 남으로는 페르시아만까지 모두 아시리아의 창칼 아래에 들어왔다. 기원전 8세기 중엽, 아시리아는 제국 시대로 진입한다. 아시리아 제국의 진정한 창시자는 바로 국왕 티글라트 필레세르 3세(재위 기원전 745~727년)였다. 그는 남으로는 바빌로니아를 침략했고 우라르트국의 일부 영토를 합병했다. 서쪽으로는 시리아를 정벌했으며 기원전 732년 다마스쿠스를 함락해 서아시아를 자신의 통치하에 두었다. 한편 기원전 722년, 귀족 출신의 사르곤이 자력으로 아시리아의 국왕이 되었다. 아카드의 '사르곤' 국왕과 구별하기 위해 아시리아의 사르곤 왕은 사르곤 2세라고 부른다. 사르곤 2세는 이스라엘을 격파하고 우라르트국을 정복했으며 메디아 왕국과 전쟁을 벌였다. 그 아들 세나케리브(기원전 704~681년)는 바빌론을 무너뜨렸다. 기원전 7세기, 아시리아는 다시 이집트를 정복해 세계 역사상 처음으로 아시리아는 티그리스강과 유프라테스강 유역, 이집트, 소아시아, 시리아, 팔레스타인을 처음으로 하나의 정권 아래 통일시켰다. 이런 아시리아인의 무력 확장은 피비린내 나는 잔혹한 방식으로 진행되었다. 일단 아시리아 군대가 도착하면 그 지역

📜 **주요 연표**

기원전 9세기
아시리아가 대외확장의 길에 들어서 차차 대제국으로 성장해나갔다.

기원전 671년
아시리아가 이집트를 정벌했다.

기원전 612년
칼데아인들이 세운 신바빌로니아 왕국과 메디아 왕국이 연합하여 아시리아의 수도 니네베를 함락시켰고 이에 아시리아가 무너졌다.

아시리아 궁전 벽의 화살에 맞은 거대한 사자 부조

의 모든 것을 죽이고 태우고 약탈할 정도로 악랄했다고 한다. 성이
함락되면 성 안의 백성들을 모조리 다 학살했다. 피부를 벗기고 불
기둥에 못 박고 날카로운 말뚝에 찌르는 등등 그 잔학함이 머리를
쭈뼛하게 할 정도였다. 바로 이 때문에 고대 서아시아 민족은 아시
리아인에게 뼈에 사무치는 원한을 갖게 되었다.

아시리아 제국 시기, 아시리아의 사회, 경제는 크게 발전했다.
뿐만 아니라 철기의 사용과 함께 전쟁이 가져다 준 전쟁 포로를 노
동력으로 삼아 아시리아는 생산력을 높일 수 있었다. 광활한 국토
는 상업 무역 활동의 거대한 근거지가 되었으나 아시리아인들은
무력을 숭상하고 학문을 경시하였기 때문에 문화적으로는 어떤 업
적도 남기지 못했다.

칼데아인, 신바빌로니아를 세우다

기원전 1085년, 테베의 아문교 제사장 헤리홀이 이집트 정권을 탈취해 제21왕조를 세웠다. 이로써 신왕국 시기가 끝나고 이집트는 후기 왕조 시대(기원전 1085~322년)에 접어들었다.

이 시기, 이집트는 늘 이민족의 통치와 압제에 시달렸는데 리비아인, 누비아인, 아시리아인이 차례로 이집트를 통치했다. 아시리아 제국의 통치가 무너진 후 이집트가 제26왕조를 건설해 국가를 통일하면서 한때 부흥의 기세를 올리기도 했다. 그러던 기원전 525년, 페르시아 국왕 캄비세스가 이집트를 정복했다. 그 후 기원전 332년, 알렉산드로스 대제가 다시 이집트를 정벌했다. 이로써 이집트 문화는 그리스 문화에 가려 과거의 영광을 잃고 말았다.

기원전 612년, 티그리스강과 유프라테스강 유역에서는 칼데아인이 세운 신바빌로니아 왕국과 메디아 왕국이 연합하여 아시리아의 수도 니네베를 함락시켰다. 아시리아가 멸망하자 그 유산을 신바빌로니아 왕국과 메디아 왕국이 나눠가졌다.

칼데아인은 셈족의 한 부류로 그들은 기원전 약 1000년경 티그리스강과 유프라테스강 유역 남부로 이동해 그곳의 선진문화를 흡수했다. 기원전 626년, 아시리아는 칼데아의 왕, 나보폴라사르를 시켜 바빌로니아를 지키게 하였으나 그는 오히려 신바빌로니아

 주요 연표

기원전 626년
신바빌로니아 왕국이 수립됐다.

기원전 539년
신바빌로니아 왕국이 페르시아에 의해 멸망했다.

기원전 525년
페르시아인이 이집트를 정벌했다.

기원전 332년
알렉산드로스 대왕이 이집트를 정복했다.

고대 이집트의 곡물 수확 모습을 그린 그림

세계사적 성과 이집트의 종교, 천문학, 수학, 의학, 상형문자 그리고 미이라, 피라미드 신바빌로니아 왕국의 천문역법, 신바빌로니아의 역법은 특히나 정교하고 세밀했다. 신바빌로니아 왕국의 '공중화원'

긴 뿔을 가진 이 뱀 형상의 용은 바빌론의 신(마르두크)의 상징이다.

바벨탑 유화

《성경》에 따르면 인류는 하나의 언어를 사용했다고 한다. 그들은 높은 탑을 쌓아 천당에 닿을 수 있기를 희망했다. 그러나 신은 인류가 단결하는 것을 막기 위해 수많은 종류의 언어를 만들어 그들이 다시는 자유롭게 왕래하지 못하도록 만들었다. 때문에 이 미완성의 탑은 거대한 폐허로 변하고 말았다.

왕국을 세워 아시리아의 통치에 반기를 들었다. 신바빌로니아 왕국은 아시리아를 멸망시킨 후, 티그리스강과 유프라테스강 유역 남부, 시리아, 팔레스타인과 페니키아를 얻었다. 기원전 605년, 네부카드네자르 2세(기원전 605~562년)가 신바빌로니아 국왕으로 즉위하였다. 그 후 기원전 586년 네부카드네자르 2세는 이집트의 유대 왕국으로 진격하여 예루살렘을 함락시켰다. 이때 그는 유대 왕국의 관리와 백성들을 바빌로니아로 끌고 왔는데 이것이 바로 '바빌로니아 유수' 다. 네부카드네자르 2세가 권좌에 있던 시절, 신바빌로니아 왕국은 태평성대를 맞이했다. 그는 정성을 다해 바빌론을 세계에서 가장 번영한 도시로 건설했고 성 안에 '공중화원'을 만들었다. 정사각형 모양의 이 '공중화원' 은 매 변의 길이가 120m, 높이가 25m에 달해 당시로서는 세계의 7대 불가사의에 꼽

힐 만한 것이었다. 그러나 신바빌로니아 왕국은 오래가지 못하고 기원전 539년, 페르시아인에 의해 멸망한다.

페르시아, 오리엔트의 통일제국

페르시아는 이란 고원 남서부에 위치해 있으며 페르시아만에 근접해 있다. 페르시아는 기원전 6세기 중엽까지 부흥하다가 그 후 점차 대제국으로 발전했는데 그 범위가 유럽, 아시아, 아프리카에 걸쳐 있었다.

페르시아 제국의 창시자는 키루스 2세(기원전 약 600~530년)다. 그는 기원전 550년 직접 군을 통솔해 메디아 왕국을 전복시키고 아케메네스 왕조를 열었다. 이보다 조금 앞선 기원전 558년에 키루스 2세는 페르시아의 왕을 자처하며 페르세폴리스에 도읍지를 정했다. 메디아 왕국을 무너뜨린 후 그 수도였던 엑바타나는 페르시아 제 2수도가 되었다. 기원전 549년, 키루스 2세는 엘람을 정복하고 엘람의 수도였던 수사를 페르시아 제3의 수도로 만들었다.

페르시아 제국이 흥성했을 때, 지중해 동부의 국제 정세는 다음과 같았다. 신바빌로니아가 티그리스강과 유프라테스강 유역, 시리아 그리고 팔레스타인 지역을 장악하고 있었고, 리디아 왕국이 소아시아를 지배하고 있었다. 그리스인이 이미 그리스 반도에 도시국가를 세운 상태였고 에게해의 섬들과 소아시아 남서부의 이오니아 지방이 번창하면서 그리스인들의 세계를 형성하고 있었

페르시아 제국 통치하의 바빌론

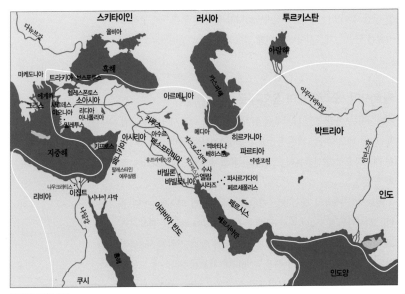

페르시아 제국의 영토

다. 페르시아의 번성을 목격하게 된 이들은 서로 연합하여 살 길을 찾고 있었다. 페르시아는 먼저 신바빌로니아 왕국을 섬멸할 계획이었으나 그들은 상당히 강력한 상대였기 때문에 우선 소아시아로 진군했다. 기원전 546년, 페르시아인은 리디아 왕국을 쓰러뜨리고 리디아가 소아시아에서 소유하고 있던 전 영토와 과거 리디아와 결맹을 맺었던 그리스의 모든 도시국가들을 점령했다. 기원전 539년, 티그리스강과 유프라테스강 유역으로 쳐들어간 페르시아는 손쉽게 신바빌로니아 왕국을 무너뜨렸다. 신바빌로니아 왕국을 섬멸한 후, 키루스 2세는 유화 정책을 취하여 바빌로니아 사람들이 원래의 종교 생활을 유지할 수 있도록 허락했다. 뿐만 아니라 네부카드네자르 2세에 의해 바빌론으로 끌려온 유대인들까지 풀어주고 그들이 예루살렘으로 돌아갈 수 있게 해주었다. 이렇게 해서 페르시아는 서아시아 전역을 손에 넣게 되었다.

페르시아 제국은 서쪽으로 영토를 확장한데 이어 동쪽으로도 여러 차례 군대를 보냈다. 키루스 2세는 기원전 530년 군을 이끌고 중앙아시아 정벌 길에 올라 박트리아(대하), 소그디아, 호레즘을 제국의 판도에 병합시켰다. 키루스 2세는 중앙아시아의 유목민족 마사게타이인과의 전투 중에 사망했고 그 아들 캄비세스(기원전 530~522년)가 왕위를 계승했다. 캄비세스는 기원전 525년 이집트를 정복했고 여기서 누비아와 리비아로 계속 진군해 들어갔다. 페니키아인이 북아프리카에 세운 식민지 카르타고까지 공격할 계획이었으나 이는 성공하지 못했다. 페르시아의 판도는 이미 소아시아, 티그리스강과 유프라테스강, 팔레스타인, 이집트, 이란 고원 그리고 광활한 중앙아시아 지역으로까지 확대되어 있었다. 페르시아는 유럽, 아시아, 아프리카를 아우르는 대제국을 건설한 것이다.

캄비세스가 이집트와 리비아에서 군대를 일으켰을 때, 기원전 522년 승려 가우마타가 국내에서 정변을 일으켜 페르시아 정권을 탈취했다. 이에 페르시아 역내 각 지방의 인민들이 호응하면서 페르시아 제국은 바람 앞의 등잔불 같은 상황에 처하게 되었다. 먼 곳에 있던 캄비세스는 급히 군대를 철수하고 길을 떠났으나 도중에 급사하고 말았다. 한편 국내에서는 다리우스(기원전 522~485년)가 다른 페르시아 귀족들과 연합하여 가우마타와 그 세력을 제거하고 정권을 다시 탈취해 페르시아 왕의 자리에 올랐다. 7개월간 계속되었던 가우마타의 폭동이 실패로 끝난 것이다. 다리우스는 왕좌에 오른 후, 각지의 폭동을 잔혹하게 진압했고 이 모든 과정을 고대 페르시아어, 엘람어, 바빌론의 설형문자 등 세 가지 문자로 비시툰산에 새겨 놓았다. 이것이 바로 '비시툰 비문'이다.

다리우스는 왕권을 잡은 후 인더스강 유역(기원전 517년)과 발칸 반도의 트라키아를 차례차례 정벌했다. 이렇게 해서 페르시아

📎 주요 연표

기원전 550년
페르시아가 메디아 왕국을 멸망시켰다.

기원전 546년
페르시아가 리디아 왕국을 쓰러뜨렸다.

기원전 539년
페르시아가 신바빌로니아 왕국을 무너뜨렸다.

기원전 525년
페르시아가 이집트를 섬멸했다.

기원전 522년
페르시아 국내에서 가우마타가 폭동을 일으켰다.

기원전 330년
페르시아 제국 멸망

페르세폴리스에서 페르시아인들은 각 속주에서 온 대표들과 함께 넓은 계단을 오르고 있다. 겹겹이 보호대를 껴입은 그들은 국왕에게 공물을 바쳤다.
1. 메디아인과 연꽃을 손에 든 페르시아인
2. 작은 종마를 진상하는 아시리아인
3. 금가루로 보이는 조공품을 바치는 인도인
4. 숫양을 진상하는 실레지아인
5. 낙타를 조공으로 바치는 박트리아인
6. 거대한 당나귀를 진상하는 스키타이인

는 고대 세계에서 가장 먼저 아시아, 유럽, 아프리카를 아우르는 대제국을 건설했다.

페르시아 제국의 수립은 고대 동방 역사상 새로운 시대의 개막을 알리는 것이었다. 페르시아는 이란 고원, 티그리스강과 유프라

米底人与拿着莲花的波斯人。

进献矮种马的亚述人。

进献贡品(可能是金粉)的印度人。

테스강 유역, 소아시아, 시리아, 팔레스타인과 트라키아 그리고 이집트를 통치하게 되었을 뿐 아니라 또 하나의 문명-그리스에 인접하게 되었다. 이러한 국면은 각지의 문화 교류를 촉진시켰으나 페르시아는 사실상 덩치만 큰 불안한 집합체에 지나지 않았다. 특히 경제, 문화, 민족적인 유대감이 부족했다. 결국 페르시아 제국의 통치는 오래가지 못했다. 기원전 5세기 초, 페르시아 제국은 세 번에 걸쳐 그리스를 공격했으나 모두 실패로 돌아갔다. 결국 페르시아 제국은 기원전 330년, 마케도니아의 알렉산드로스 군대에 의해 멸망했다. 제국은 산산이 무너져 내렸고 서아시아, 북아프리카 문명이 모두 사라졌다. 이제 그리스 시대가 개막된다.

세계사적 성과 ┃ 처음으로 성(省) 제도를 시행. 고대 서아시아, 북아프리카 문명권에서는 유일하게 이 제도를 실행에 옮겼다. ➡ 조로아스터교(배화교)

02 그리스, 서양 역사의 뿌리

Origin of Western Civilization

그리스, 도시국가를 세우다

기원전 11세기, 도리아인이 그리스 중부와 펠로폰네소스 반도를 침입해 에게 문명을 파괴했다. 이로써 그리스 지역의 문명은 300여 년 동안 쇠퇴기를 맞게 된다. 그러던 중 기원전 8세기에 다시 그리스 도시국가 시대가 도래했다. 그리스 도시국가는 모두 하나의 도시를 중심으로 하여 주변부인 농촌과 결합되어 있었다. 자주적이고 독립적인 1국가 1도시 체제였다.

기원전 750년에서 700년까지 그리스는 후발 문명으로서 동방 문명이 수 천년 동안 이룬 성과물을 광범위하게 흡수하면서 거기에 자신의 특성을 가미했다. 그리스인들은 페니키아 자모를 개조하여 그들의 문자를 만들어냈다. 또 기원전 776년에는 제1회 올림픽을 개최했고 호메로스 이후 헤시오도스가 세계 문학의 보고에 빠뜨릴 수 없는 역작을 남겼다. 고대 그리스 문명의 최대 특징은 바

아폴론과 다프네(1622~1624년, 베르니니)

'아폴론과 다프네' 조각은 베르니니가 당시 로마의 유력한 추기경이었던 보르게세를 위해 만든 것이다. 그리스 신화에서 소재를 가져온 이 작품 속에서 사랑에 빠진 아폴론이 정신없이 다프네를 쫓고 있다. 그러나 아름다운 소녀는 어쩐 일인지 얼음처럼 차가운 모습으로 온 힘을 다해 그를 피해 도망가고 있다.

강력한 제국의 출현 **89**

그리스 유역은 좁고 길며 평야지대가 적어 풍성한 수확을 거두기가 어렵다. 이렇게 불리한 조건 때문에 수많은 펠로폰네소스와 아티카 주민들은 에게해 지역으로 건너가 새로운 보금자리를 찾았다.

로 그리스가 인구가 적은 소국에서 왕국, 제국으로 발전해 나갔던 다른 문명과는 달리 오랫동안 작은 도시국가들이 공존하는 상태를 유지했다는 것이다. 게다가 그리스 문명의 번영도 이런 도시국가 체제 아래에서 이루어졌다. 이런 체제는 그리스인들로 하여금 고대 세계에서 공민의 권리가 가장 발달한 민주정치를 실현할 수 있게 해주었다. 이런 민주정치는 근대에 이르기까지 인류가 희망했던 정치체제 그 자체였다.

그리스는 해외에도 적극적으로 식민지를 건설했다. 그리스 역내에는 산이 많고 토지가 적어 일단 인구가 증가하면 도시국가로는 감당할 수가 없었기 때문에 해외이주를 통해 이를 해결할 수밖에 없었다. 이런 분위기가 형성되자 강제이주민 외에도 상인, 파산한 농민, 뜻을 이루지 못한 정치꾼들이 모두 타향살이를 선택했다. '대규모의 식민'은 이렇게 시작되었다. 이런 식민은 고대의 민족이동과도 다르고 근대 자본주의의 식민 침략과도 차이가 있다. 원래의 국가는 모국, 식민 활동을 통해 새로 세운 나라는 자국으로 이들은 서로 독립적이고 평등한 관계에 있었다. 통계에 따르면 당시 각지에 건립된 식민 도시국가는 최소한 139개에 달했다. 이렇게 큰 규모의 식민지는 엄청난 결과를 갖고 왔다. 그들은 식민 활동을 통해 그리스 도시국가가 발전 과정에서 맞닥뜨린 모순을 해결했고 이는 다시 전체 그리스의 상품경제 발전을 촉진했다. 이는 정치와 문화 방면의 성과로 이어졌다.

초기 그리스 도시국가의 정치체제는 그 도시국가의 상품경제 발

📝 주요 연표

기원전 700년경
그리스 지역에 새로운 국가가 나타났다.

기원전 776년
제회 올림픽이 그리스에서 거행되었다.

기원전 594년
솔론이 아테네의 '집정관 겸 조정자'로 당선되어 개혁을 시작했다.

기원전 560년
아테네의 참주가 된 페이시스트라투스가 30여 년 동안 아테네의 참주정치를 시작했다.

기원전 508~기원전 507년
클레이스테네스 개혁

전 정도에 크게 좌우되었다. 상품경제가 발달한 도시일수록 왕권은 허약했으나 그렇지 못한 도시의 왕권은 강한 편이었다. 상품경제의 발전과 대규모의 식민을 토대로 하여 부를 축적한 계층이 출현했다. 주로 평민들로 구성되어 있었던 이 계층의 출현은 평민과 귀족 간의 투쟁을 몰고 왔다. 평민이 투쟁에서 승리를 거두기도 했는데 이는 그리스에서 민주주의가 자생할 수 있었던 원인 중 하나였다.

기원전 8세기에서 6세기까지 귀족과 평민 간의 투쟁은 아직 초기 단계에 머물러 있었다. 때문에 도시국가에서는 보편적으로 귀족정치가 이루어지고 있었다. 점차 평민과 귀족 간의 대립투쟁이 깊어지면서 민주정치의 요소도 점점 확대되기 시작했다. 그리스 도시국가에 '참주정치'가 출현한 것은 이 시기였다. 참주는 정변을 통해 국가권력을 탈취하는 독재자로 그 지위는 군주와 비슷했다. 참주는 평민의 지지를 얻고 통치기반을 공고히 하기 위해 보통 씨족귀족들을 공격하고 상공업과 노예주들을 보호했으며 하층민들의 경제를 개선하는 정책을 폈다. 이런 이유로 초기 참주정치는 상공업과 소농경제의 발전 그리고 민주정치의 수립을 촉진했다.

그리스의 수많은 도시국가 중에서 스파르타와 아테네는 반드시 짚고 넘어가야 한다.

스파르타는 그리스에서 가장 큰 도시국가였다. 스파르타인은 기원전 9세기경 국가를 건설했다. 기록에 의하면 스파르타 건국 초기, 리쿠르고스가 국정을 살피고 입법제도를 정했다고 한다. 여기서부터 스파르타의 정치제도가 마련되었는데 이를 리쿠르고스 개혁이라

전투 중의 막간을 이용하여 긴 창을 손에 쥔 두 명의 병사가 체스를 두고 있다.

고 한다.

스파르타는 역사상 그 예를 찾을 수 없을 정도로 군사력을 중시하고 학문을 경시했다. 모든 스파르타 남성 공민은 어려서부터 엄격한 체육, 군사 훈련을 받아야 했고 성인이 된 후에는 일생동안 군영에서 살아야 했다. 평생 오직 전투와 훈련에 참여하는 것밖에 할 수 없었다. 또한 국가를 위해 몸을 바치고 죽음을 두려워하지 않도록 교육을 받았다. 만약 60세 이전까지 사망하지 않으면 그때서야 집으로 돌아가 평민 생활을 누릴 수 있었다. 이렇게 비인간적인 제도 속에서 스파르타는 전체적으로 분위기가 침체되어 있었고 사람들은 불만이 있어도 제대로 말도 할 수 없었다. 문화적으로도 어떤 업적 하나 남기지 못했다. 그러나 이런 비인간적인 제도가 그리스에서 가장 전투력이 강하고 규율이 엄격한 군대를 만들어낸 것도 사실이다. 전투력이 강한 군대를 배경으로 둔 덕택에 스파르타는 펠로폰네소스 반도를 제패할 수 있었던 것이다.

기원전 8세기 중엽에서 7세기 중엽까지, 스파르타는 근방의 메세니아와 두 차례에 걸친 대규모 전쟁을 치렀는데 이를 메세니아 전쟁이라고 부른다. 메세니아를 정복한 후, 스파르타는 포로를 모두 노예화했고 비정상적일 정도로 잔혹한 통치와 착취를 일삼았다. 기원전 6세기 말, 스파르타는 펠로폰네소스 반도의 각 도시국가들을 규합하여 펠로폰네소스 동맹에 가입시켰다. 물론 스파르타가 바로 이 동맹의 핵심이자 리더였다. 스파르타는 이 동맹을 이용하여 그리스 도시국가 중에서 막강한 지위를 차지하게 되었다.

그리스의 모든 도시국가 중에서 아테네는 스파르타 다음가는 도시국가였다. 전해 내려오는 바에 따르면 아테네도 한 영웅의 개혁

세계사적 성과 100년의 개혁을 거쳐 아테네는 민주정치 수립의 기초를 닦았고 이는 후세에 큰 영향을 미쳤다.

에 힘입어 건국되었다고 한다. 이것이 바로 테세우스의 개혁이다. 그러나 아테네는 협의를 거쳐 건국된 도시국가로 정복을 통해 건국된 스파르타와는 달랐다. 테세우스의 개혁으로 씨족제도가 파괴되면서 도시국가 아테네의 시초가 되었다. 그러나 그의 개혁은 결국 귀족 독재를 초래하였고 이는 평민과 귀족간의 투쟁의 씨앗을 남긴 꼴이 되었다.

상품경제의 발전과 대규모 식민지 건설은 상공업 경영으로 부를 쌓은 계층을 출현시켰다. 이 계층은 평민들로 구성되어 있었다. 그들은 점차 귀족들의 독재에 불만을 갖게 되었고 결국 귀족 통치를 뒤집어 엎어야 한다고 요구하게 되었다. 솔론의 개혁은 바로 이런 움직임 속에서 탄생하였다. 젊은 시절의 솔론은 각지를 돌아다니며 견문을 넓히고 풍부한 지식을 쌓았다. 기원전 594년, 솔론은 '집정관 겸 조정자'로 선출되어 개혁을 시작했다. 개혁 조치는 다음과 같았다. 첫째, '세이삭테이아'를 반포하여 채무를 탕감시키고 부채노예제를 영원히 폐지했다. 둘째, 토지수입과 재산에 따라 공민을 4등급으로 나누었다. 이 4등급은 각자 서로 다른 정치적 권리를 갖고 있었다. 셋째, 새로운 정치기구를 설립했다. 그 예로 400인 회의를 들 수 있는데 이는 귀족회의의 권력을 제한하는 기구였다. 넷째, 상공업 발전을 촉진할 일련의 법규들을 제정했다. 이러한 개혁을 거쳐 아테네는 노예제 민주정치와 노예제 상공업의 길을 걷게 된다. 아테네의 번영은 바로 이 솔론의 개혁을 기반으로 이룩한 것이었다.

기원전 560년, 아테네의 참주가 된 페시스트라투스는 30여 년간 통치했다. 참주 자리에 있는 동안 그는 솔론의 개혁을 더 적극적으로 추진했다. 상공업자와 소농들에게 유리한 일련의 정책들을 택했고 대규모 시정부 건설안을 진행했다. 또한 문화 사업을 중시하여 호메로스의 서사시를 정리하기도 했다. 페시스트라투스 통치

아테네의 수호신-아테나
전성기를 구가하던 당시의 아테네 성채에서 발견되었다.

기간 동안, 씨족귀족의 권리는 더 약화되었고 반면 상공업자들과 농민들의 지위는 높아졌으며 아테네는 더욱더 번영을 구가하게 되었다.

페시스트라투스가 기원전 527년 세상을 떠나고 그 아들이 참주에 올랐다. 그러나 기원전 510년 무렵에는 국민들이 나서 참주정치를 전복시킨다. 이후 아테네는 클레이스테네스 개혁을 단행하는데 시기적으로는 기원전 508년에서 507년에 해당된다. 클레이스테네스도 몇 가지 개혁 조치를 내놓았는데 그 중에서도 유명한 것이 '도편추방제'이다. 클레이스테네스의 개혁은 새로운 지역조직으로 기존의 혈연조직을 대체하려는 것이었는데 이는 아테네가 국가의 최종 단계에 들어섰음을 드러내는 것이었다. 그의 개혁은 아테네의 모든 공민에게 국가의 최고 정치 사안에 참여할 수 있는 기회를 터 주었고 이로써 아테네의 민주정치는 기본적으로 완성되었다고 할 수 있다.

고대 그리스 아테네의 성채 유적

근 100년의 시간 안에 아테네는 일련의 민주개혁을 통해 그리스 도시국가 중 선도적인 위치에 서게 되었을 뿐 아니라 후세에도 깊은 영향을 끼쳤다.

페르시아 전쟁과 펠로폰네소스 전쟁

기원전 5세기에 이르면 그리스는 도시국가 발전기를 지나 이미 상당한 규모를 이루고 있었다. 이때는 마침 페르시아의 국력이 최전성기에 도달해 있을 무렵이었다. 반세기나 지속된 정벌(기원전 약 550~500년) 이후 페르시아는 이미 아시아, 아프리카, 유럽을 아우르는 제국으로 성장해 있었다. 이렇게 페르시아로 대표되는 고대 동방 세계와 그리스로 대표되는 고대 서방 세계가 맞붙게 되는데 이것이 바로 그리스-페르시아 전쟁이다.

기원전 500년, 소아시아의 그리스 도시국가 밀레토스가 페르시아의 통치에 반기를 들고 폭동을 일으켰다. 그러나 이 폭동은 진압되었고 주민들은 잔인하게 학살당했다. 기원전 492년, 페르시아 군주 다리우스가 해군을 이끌고 그리스를 침략하는데 그 구실이 바로 아테네가 과거에 밀레투스를 원조했다는 것이었다. 그러나 일은 뜻대로 되지 않았다. 페르시아 해군은 폭풍우를 만나 전군이 전멸하여 제대로 싸워보지도 못하고 패하게 되었기 때문이다. 그리스 측에서는 아테네와 스파르타가 선두에 서서 그리스의 수많은 도시국가들과 연합하고 하나의 지휘체계를 갖춘 그리스 연합군을 구성하여 페르시아의 침입에 대항했다.

다비드가 그린 〈테르모필레의 레오니다스〉

마라톤의 무명전사의 묘
마라톤 전투 중 희생된 192명의 아테네 전사들이 이곳에 잠들어 있다.

기원전 490년, 다리우스가 조카를 시켜 군을 이끌고 다시 한번 그리스 원정에 나서게 했다. 이때 페르시아 대군은 에리트레아를 공략한 후, 바로 아테네로 진격했다. 그러나 아테네 동북부 마라톤 평원에 있던 아테네 군대는 사기가 충천해 있었다. 죽기를 각오하고 아테네를 지켜낸 결과 아테네는 1만 명의 군대로 5만 명의 페르시아군을 무찌르는 대승을 거두었다. 이 소식을 병사 페이디피데스가 급히 아테네로 뛰어가 아테네의 원로들에게 전하고 쓰러져 사망했는데 오늘날의 마라톤은 여기서 유래되었다.

페르시아는 두 번의 실패를 겪었지만 국력은 여전했다. 이에 다리우스 사후 왕위를 물려받은 아들 크세르크세스가 기원전 480년 페르시아 50만 대군을 이끌고 다시 그리스를 침략했다. 그리스는 31개 도시국가가 연합하여 함께 이 침략에 맞섰다. 그리스의 테르모필레에서 스파르타의 왕 레오니다스가 300명의 스파르타 전사와 기타 몇몇 도시국가의 전사들을 이끌고 페르시아의 수십만 대군과 결전을 벌였다. 그러나 적과의 현저한 군사력 차이로 인하여 그리스를 지키던 전사들은 전멸했고 그리스는 테르모필레를 잃고 말았다. 크세르크세스는 이후 아테네를 공격하여 시 전체를 태워 버리기까지 했다. 기원전 480년 가을, 그리스와 페르시아 해군은 살라미스에서 또다시 교전을 벌이게 되었다. 이 살라미스 해전은 그리스-페르시아 전쟁의 전환점으로 그리스 해군은 유리한 지형을 이용하여 기동력을 발휘하면서 페르시아에 심각한 타격을 입혔다. 크세르크세스는 잔여부대를 이끌고 급히 도망쳤지만 다시는 대규모의 침략을 일으킬 수 없었다.

기원전 449년, 그리스와 페르시아는 조약을 맺었다. 이 조약에서 페르시아가 소아시아 그리스 각 도시국가의 독립을 인정하면서 그리스-페르시아 전쟁은 그 막을 내렸다. 그리스-페르시아 전쟁은 세계사의 한 획을 긋는 사건이다. 이 전쟁 이후 동서양이 병립하는 국제 정세가 형성되었다. 한편 그리스의 승리로 그리스 도시국가들은 지속적인 발전을 거듭했고 아테네는 전대미문의 번영을 구가하며 이후 서양 문명의 기원으로 자리잡았다.

그리스 전쟁 중, 아테네는 그리스와 에게해의 모든 섬들 그리고 소아시아의 몇몇 도시국가들과 동맹을 맺고 페르시아에 대항했다. 이에 역사는 이를 아테네 해상 동맹이라고 일컫는다. 아테네와 각 도시국가 간의 관계는 아주 특별했는데 각 도시국가가 아테네에 동맹금을 납부하고 아테네는 이 돈으로 해군을 조직했다. 그러나 이 동맹금은 후에 경제적인 약탈로 변모하고 말았다. 결국 동맹의 성격도 아테네의 패권으로 변질되었고 아테네는 이를 기반으로 더욱 번영하게 된다. 하지만 이런 침탈은 자연히 반발을 불러 일으켰다. 스파르타가 중심이 된 도시국가들이 아테네에 반항하면서 그리스 세계는 내부 분열에 빠지게 되었고 결국 펠로폰네소스 전쟁이 일어났다.

전쟁의 주역은 스파르타가 주축이 된 펠로폰네소스 동맹과 그리스가 주축이 된 아테네 해상 동맹이었다. 기원전 432년, 펠로폰네

브라운 박사의 인물 탐구

🔵 **페리클레스**(기원전 5세기). 고대 그리스의 정치가. '페리클레스 시대'에 아테네의 민주정치는 고대에서 가장 높은 수준으로까지 발전했다.

🔵 **데모크리토스** 고대 그리스 철학자. 그의 원자학설은 고대 유물주의의 최고였다.

🔵 **소크라테스** 고대 그리스 철학자. 그의 철학은 주로 인생과 관련된 윤리문제를 논했다.

🔵 **플라톤** 고대 그리스 철학자. 철저한 유심주의자였으면 후대에 큰 영향을 끼쳤다.

🔵 **아리스토텔레스** 고대 그리스의 백과사전식 학자. 자연과학과 사회과학 영역에서 큰 업적을 남겼다.

소스 동맹이 아테네 해상 동맹에 페리클레스(기원전 약 495
~429년)를 쫓아낼 것과 아테네 해상 동맹을 해체할 것을
요구했다. 아테네는 이를 거부했고 기원전 431년 스파르타
군대가 아테네를 침략하면서 전면전에 돌입했다. 전쟁은 기원
전 431년부터 404년까지 계속되었는데 두 단계로 나뉜다.

제1단계(기원전 431~421년)에서는 쌍방이 모두 승패를 주고받
았다. 그러나 불행히도 아테네에 급성 전염병이 돌아 전체 인구의
1/4이 목숨을 잃는 참변이 일어났다. 페리클레스도 이 병으로 세상
을 떠났다고 한다. 이후 정치적인 혼란에 빠져들던 아테네는 크게 쇠
퇴하자 기원전 421년, 쌍방은 조약을 맺었고 전쟁의 제1단계는
이렇게 마무리되었다. 그러던 기원전 415년, 아테네가 시실
리 섬의 시라쿠사에 원정을 나섰는데 아테네 해군은 큰 타격을 입
고 원정은 실패하고 말았다. 이후 수차례에 걸쳐 아테네를 침공한
스파르타는 기원전 405년의 아이고스포타미 해전 중 아테네 해군
을 전멸시켰고 아테네는 패배했다. 이에 기원전 404년, 쌍방이 화
해를 하면서 아테네의 해상 동맹은 해산되었다. 아테네는 수비를
위한 12척의 배만 남기고 펠로폰네소스 동맹에 가입하게 된다.

펠로폰네소스 전쟁 이후, 스파르타는 그리스 세계의 맹주가 되
었지만 이는 새로운 모순을 불러일으켰다. 스파르타에 패한 아테
네 해상 동맹은 스파르타의 독단에 불만을 품게 되었고 페르시아
가 중간에 끼어 이들을 더욱 이간질시켰다. 이렇게 해서 그리스의
각 도시국가들은 수십 년에 걸친 혼전을 시작하게 된다. 이 혼란으
로 그리스 도시국가들은 엄청난 국력의 소모를 겪었고 그리스의

세계사적 성과 고도의 민주정치 ➡ 철학상의 놀라운 성과 ➡ 이 당시의 자연과학은 고대
세계의 휘황찬란한 본보기였다. ➡ 예술, 조각과 소조, 건축상의 독특한
품격, 파르테논 신전과 원반 던지는 사람 등이 그 예다.

자유도 이 혼전의 재물이 되었다. 그리스 도시국가들이 혼전을 거듭하고 있던 바로 그때, 그리스 북부의 마케도니아가 조용히 일어나고 있었다. 그리스 고전 시대의 종말은 필연적인 것이었다.

일반적으로 기원전 5세기와 기원전 4세기는 모두 그리스 고전 시대에 속한다. 후대 사람들이 찬양해 마지않은 그리스 문명의 휘황찬란했던 성과는 모두 이 시대에 탄생한 것이었다.

알렉산드로스, 헬레니즘 시대를 열다

그리스의 도시국가들이 끊임없는 혼전 속에서 국민들을 혹사하던 그 때, 그리스 북부에서 마케도니아가 조용히 일어나고 있었다. 마케도니아는 그리스 북부에 위치해 있었는데 마케도니아인들은 순수 그리스인이 아니었다. 그러나 그리스인과 교류로 뒤늦게나마 문명화되었다. 마케도니아가 진정으로 강력해진 것은 필리프 2세 때였다. 어린 시절 테베에 인질로 잡혀가 있었던 그는 그리스 도시국가들의 특성을 잘 알고 있었다. 이 필리프 2세가 기원전 359년, 마케도니아 국왕으로 즉위하였다.

필리프 2세는 왕좌에 오른 후 과감한 개혁을 단행했다. 정치적으로는 왕권을 강화하고, 군사적으로는 상비군을 설치했으며 경제적으로는 화폐개혁을 실시했다. 이런 일련의 개혁에 힘입어 마케도니아는 발칸 반도의 강국으로 우뚝 서게 된다. 이미 강국이 된 마케도니아의 다음 행보는 당연히 정벌이었다. 이러한 상황에 맞닥뜨린 그리스의 도시국가들은 두 파로 갈라졌다. 반마케도니아파는 마케도니아의 지배를 받는 것에 반대하며 과거의 영광을 회복하고자 했다. 친마케도니아파는 오히려 마케도니아의 힘을 빌어 페르시아를 상대로 전쟁을 일으키고 싶어했다. 그리스-페르시아 전쟁의 원수를 갚고 다른 한편으로는 재물을 약탈할 수 있기 때문이었다. 그리

기원전 490년
마라톤 전투

기원전 480년
테르모필레 전투, 같은 해에 살라미스 해전

기원전 431년
펠로폰네소스 전쟁 발발

기원전 404년
그리스 고전시대의 종말을 알리는 펠로폰네소스 전쟁이 막을 내렸다.

알렉산드로스 대왕의 두상

스 도시국가들은 일치단결하지 못했고 마케도니아는 이 기회를 틈타 그리스에 침입했다. 기원전 349년, 필리프 2세는 군을 이끌고 남하하여 올림푸스를 점령했다. 기원전 340년, 아테네, 코린토스 등의 도시국가들이 마케도니아에 대항하기 위해 반마케도니아 동맹을 결성하였다. 그러나 기원전 338년의 카에로니아 전투에서 그리스 동맹은 참패했다. 이 전투 이후, 그리스 도시국가는 정치적인 독립을 잃은 채 마케도니아의 통치를 받게 되었다.

기원전 337년, 필리프 2세는 코린토스에서 그리스 회의를 소집하고 그리스 각 도시국가와 마케도니아 동맹을 결성했다. 맹주는 당연히 마케도니아였다. 이 동맹은 페르시아에 대한 전쟁 선포를 결정하고 필리프 2세를 군 최고 통수권자로 선출했다. 그러나 기원전 336년, 필리프 2세가 암살당하고 그 아들 알렉산드로스가 왕위에 올랐다.

기원전 334년 봄, 알렉산드로스가 아버지의 유지를 받들어 페르시아 원정에 나섰다. 알렉산드로스는 3만 명의 보병과 5000명의 기병을 이끌고 다르다넬스 해협을 건너 페르시아의 아시아 지역 영토를 밟았다. 그라니쿠스강 교전에서 페르시아 군대는 맥없이 무너졌고 덕분에 소아시아의 모든 그리스 도시국가들은 자유를 얻었다. 이어 기원전 333년, 알렉산드로스는 이수스 성에서 페르시아 대왕 다리우스 3세와 맞부딪친다. 다리우스가 전쟁을 앞두고 도망치자 페르시아군은 힘없이 무너졌고 다리우스의 어머니, 아내 그리고 딸이 모두 알렉산드로스의 포로가 되었다. 기원전 332년, 알렉산드로스는 페니키아의 티루스에서 완강한 저항에 부딪쳤지만 성을 포위한 지 7개월 만에 티루스를 함락시켰다. 이어서 이집트로 진격했다. 이집트에 도착한 알렉산드로스는 나일강 입구에 자신의 이름을 따서 알렉산드리아라는 도시를 건설하였다. 결국 기원전 331년, 알렉산드로스는 동쪽의 유프라테스강을 건너 니네

브라운 박사의 인물 탐구

- 🗣 **필리프 2세**(기원전 4세기), 마케도니아의 국왕. 그리스 세계에서 마케도니아의 패권을 확립했다.
- 🗣 **알렉산드로스**(기원전 4세기), 알렉산드로스 제국의 건립자
- 🗣 **유클리드** 헬레니즘 시대의 수학자. 그가 쓴 《기하원본》은 근대에도 교재로 쓰였다.
- 🗣 **아르키메데스** 헬레니즘 시대의 걸출한 물리학자. 부력의 원리를 발견했다.

베 부근의 가우가멜라에서 결전을 치렀다. 다리우스는 이때도 도 망쳤고 페르시아는 패배했다. 이 전투 이후 페르시아는 다시는 저 항할 수 없었다.

다리우스 3세는 서둘러 재기를 꾀했으나 그만 부하에게 살해당 하고 말았다. 한편 알렉산드로스는 파죽지세로 진격을 계속해 바 빌론, 수사, 페르세폴리스 등을 차례로 함락시켰고 페르시아는 멸 망했다. 기원전 327년 알렉산드로스는 인도 서북부 지역까지 진출 했으나 부하 장수들의 반대로 발길을 돌려 바빌론으로 돌아올 수 밖에 없었고 그의 동방원정은 이렇게 끝이 났다.

알렉산드로스는 동방원정을 통해 유럽, 아시아, 아프리카 세 대 륙을 아우르는 대제국을 건설했다. 이는 역사상 처음으로 동서를 하나로 관통한 것이었으며 동방과 서방 문명의 융합을 가능하게 했다. 알렉산드로스는 이집트 파라오와 페르시아 국왕의 합법적인

알렉산드로스 대제가 다리우스가 탄 전투마를 추격하는 모습의 그림

📖 주요 연표

기원전 337년
필리프 2세가 코린토스에서 전 그리스 회의를 소집했다. 이 회의에서 그리스와 마케도니아는 동맹을 결성하고 페르시아에 전쟁을 선포했다.

기원전 336년
필리프 2세가 암살당하고 알렉산드로스가 제위에 올랐다.

기원전 334년
알렉산드로스가 동방원정에 올랐다.

기원전 325년
알렉산드로스 원정이 막을 내렸다.

고대 그리스 수학자 유클리드와 그리스어로 씌어진 《기하원본》의 복사본

계승자임을 자처했으며, 다른 한편으로는 결혼을 통해 동서양 통치계급의 연합을 이끌어냈다. 그러나 그런 알렉산드로스도 기원전 323년, 악성 말라리아로 세상을 떠났다. 그의 사후 후계자 문제를 둘러싼 부하들 간의 쟁탈전이 일어나면서 알렉산드로스가 혼자 일구어낸 방대한 제국도 무참히 쓰러지고 말았다.

20여 년의 혼전 끝에 그의 부하들은 세 세력으로 나뉘어졌다. 톨레미-이집트(프톨레마이오스) 왕국, 셀류시드(셀레우코스) 왕조와 마케도니아 왕국이 바로 그것이었다. 이렇게 하여 번창했던 그리스 문명이 막을 내리고 그리스와 동방 문명이 혼합된 새로운 문명이 탄생했는데 이 시기를 헬레니즘 시대라고 부른다.

헬레니즘 시대의 문명은 동방과 서방의 요소를 종합한 새로운 형식의 문명이었다. 이 문명은 지중해 지역뿐 아니라 전 세계에 막대한 영향을 미치게 된다. 정치적으로는 동방의 전제군주 정치와 서방의 도시국가 체제가 하나로 결합되면서 동방에 그리스인들이

세계사적 성과 알렉산드로스의 동방원정과 알렉산드로스 제국 건설 ➡ 로도스섬의 태양신 거상 ➡ 알렉산드리아의 등탑 ➡ 유클리드의 《기하원본》 ➡ 아르키메데스의 부력의 원리 ➡ 새로운 철학 학파 형성

세운 것과 같은 자치 도시가 나타났다. 이에 따라 그리스의 민주 정치가 동방에 전해졌다. 경제적으로는 헬레니즘 시대에 동방이 번영하기 시작하면서 알렉산드리아가 전 헬레니즘 세계의 경제 문화 중심지가 되었다. 문화적으로는 동서방 문명의 우수한 성과가 충돌, 융합을 이루었다. 이 가운데 자연과학이 비약적인 발전을 이루었는데 천문학의 성과가 가장 컸으며, 아리스토텔레스의 '천동설'도 이때 나왔다. 수학 쪽에서는 유클리드의 성과가 가장 눈에 띄며, 철학 방면에서는 스토아학파, 에피쿠로스학파, 견유학파, 회의주의가 탄생했다. 예술 방면에서는 로도스섬의 태양신 거상, 알렉산드리아의 등탑, 밀로의 비너스가 모두 이 시기의 걸작들이다.

고대 그리스의 물리학자
아르키메데스

　고대 그리스 문명은 그리스 도시국가 시대, 고전 시대를 거쳐 헬

에피다우로스 극장 기원전 4~3세기
에피다우로스 극장은 산비탈 가장자리를 파서 만들었다. 반원형의 좌석에 벽돌을 평평하게 펴서 덮은 1만 4000명의 관중 수용이 가능한 극장이다.

레니즘 시대에 이르면서 성장기를 지나 번영에 이르고 다시 쇠락하는 과정을 밟았다. 물론 이때의 쇠락은 결코 문명의 발전 끝에 필연적으로 이어지는 그런 것이 아니라 그리스 본토의 쇠락에서 비롯된 것이었다.

알렉산드로스 제국이 붕괴할 즈음 로마가 이미 이탈리아 반도에서 일어나고 있었다. 로마는 동방의 모든 그리스 국가들을 정복하고 서방 문명의 로마화 시대를 열었다.

03 로마, 세계 제국의 건설

From Rep. to Splendid Empire

이탈리아 반도, 로마의 등장

고대 로마는 이탈리아 반도에서 발생했다. 아 페니노 산맥이 북에서 남으로 이탈리아 반도를 관통하고 북부에는 알프스 산맥이 자리잡고 있다. 대략 기원전 1000년경부터 이탈리아는 철기 시대에 진입했다. 고대 이탈리아의 주민 대다수는 인도유럽인으로 그 중 가장 중요한 부류는 이탈리아 중부의 라틴인이었다. 로마는 바로 이 라틴인이 세운 국가였다.

불을 뿜는 괴물
이 청동기상은 사자 머리에 양의 몸, 뱀의 꼬리를 가진 불을 뿜어내는 괴물 소조 작품이다. 동물을 좋아하는 로마인의 마음과 용맹스럽고 호전적이었던 그들의 성격을 엿볼 수 있다.

기원전 8세기부터 새로운 이민의 물결이 이탈리아를 향해 흘러왔다. 이 사람들 중에는 에투루리아인, 그리스인, 갈리아인들이 있었다. 에트루리아인이 과연 외래 민족인지 아니면 원주민인지는 아직도 확실한 결론을 내릴 수 없다. 그러나 어쨌든 그들은 기원전 8세기에서 6세기에 이르는 시기에 이탈리아에서 고도의 문명을 발전시켰다. 기원전 7세기에 그들은 이탈리아에 도시국가를 세웠다. 그러나 국왕이 있기는 했어도 왕권이 너무 약해 결국 귀족정치로 변화했다. 에트루리아의 도시국가들은 시종일관 통일된 국가를 형성하지 못하고 각자의 정권을 유지했다. 이후 로마가 일어나면서 에트루리아의 도시국가는 차례로 정복당한다.

강력한 제국의 출현 **105**

로마의 역사는 기원전 12세기까지 거슬러 올라간다. 기원전 27년에서 기원전 427년까지 로마는 고대 로마 제국의 발상지이자 수도였다. 기원전 750년에서 1870년까지 로마는 교황령이기도 했다. 1870년 이탈리아가 통일을 이룩한 후, 로마는 수도가 되었다.

로마는 기원전 753년(기원전 600년경으로 추정하기도 한다)에 건립되었다. 로마가 건립되기 전에는 씨족부락별로 분산되어 있었으나 연합과 통일의 과정을 거쳐 도시국가로 성장하였다. 왕정 시대(기원전 753~510년)는 로마가 원시사회의 공사제(公社制)에서 국가로 넘어가는 과도기였다. 전해지는 바에 따르면 왕정 시대에는 도합 7명의 왕이 있었는데 앞의 4명의 왕이 재위에 있었을 때 로마는 여전히 군사민주제 하에 있었다고 한다. 왕정 후기에 이르러 에트루리아인이 로마를 통치하게 되었는데 이것이 타르퀴니우스 왕조였다. 타르퀴니우스 왕조 시기에는 왕권이 강화되고 국왕이 최고의 통치자가 되었다. 소위 '파시즘'이 생겨난 것도 이 시기였다. 당시 국왕 주변에 머물던 12명의 시종들은 손에 나무 막대기 묶음을 쥐고 있었다. 그 나무 막대기 묶음에는 도끼날이 붙어 있었는데 이것이 절대 권력을 상징했기 때문에 전제독재의 대명사가 된 것이었다.(파시즘(Facism)이란 파쇼의 사상을 의미한다. 여기서 파쇼(Fascio)의 고대 라틴어 어원이 'Fasces'인데 바로 이 'Fasces'가 도끼날이 결합된 나무 막대기 묶음을 뜻했다)

왕정 시대의 제6대 국왕 세르비우스툴리우스는 사회발전과 대외확장의 필요성에 발맞추어 개혁을 추진하였다. 그 내용은 다음과 같았다. 첫째, 새로운 지역부락을 건립하여 기존의 혈연중심으로 조직된 씨족부락을 대체한다. 둘째, 켄투리아 회의, 즉 백인회의를 창립하여 쿠리아 회의를 대체한다. 셋째, 로마 주민을 재산의 많고 적음에 따라 5개 등급으로 나누고 각 등급별로 그에 상응하는 권리와 의무를 확정한다. 세르비우스 툴리우스의 이 개혁을 통해 로마는 씨족사회에서 국가로 발전하게 되었다.

왕정 시대의 마지막 통치자는 교만했던 타르퀴니우스(기원전 534~510년)였다. 폭군이었던 그는 대외적으로는 확장을 지속했고 국내에서는 정치적인 억압을 일삼았다. 이에 귀족과 평민들이 연합하여 그와 그 가족을 쫓아냈고 이후 로마는 공화국 시대에 접어들었다.

아기에게 젖을 먹이는 어미 늑대
이 에트루리아의 청동상은 기원전 480년에 주조된 것으로 로마시의 상징이다.

로마의 팽창과 포에니 전쟁

왕정 시대가 막을 내린 후 로마는 공화정 시대에 들어섰다. 이 시기에는 왕이 더 이상 존재하지 않았고 대신 두 명의 집정관이 임기 1년간 국정을 살폈다. 공화정 초기에는 원로원이 국가 권력의 중심이었고 집정관 자신도 원로원이었다. 켄투리아 회의는 비록 강력한 권력을 갖고 있었지만 최종 결의는 원로원의 비준을 거쳐야 했다. 원로원의 구성원은 모두 귀족이었으며 고대 로마 공화정도 실질적으로는 귀족 공화정이었다. 귀족은 왕정을 전복시킨 후 정권을 장악하면서 점차 평민을 압도하였다. 귀족은 정치적으로도 경제적으로도 평민을 억압했다. 평민 중 소수만이 상공업 경영을 통해 부를 쌓을 수 있었고 대부분의 평민은 빈곤한 생활을 면치 못해 노예로 전락하기도 했다. 이 때문에 평민과 귀족 간의 투쟁은 피하기 어려운 것이었다. 이런 상황에서 200년에 이르는 평민과 귀족 간의 투쟁이 전개되었다.

고대 로마 원로원 의원 부조

당시 로마의 군대는 귀족 기병에서 평민 보병으로 이행하고 있었다. 따라서 평민은 우선 단체로 군대에서 철수하는 방식으로 귀족들에게 위협을 가했다.

기원전 494년, 로마와 로마 부근의 부락 사이에 전쟁이 일어나자 평민들은 군대에서 '철수'해 농성을 벌이며 요구 조건을 내세웠다. 어찌해야 할 바를 몰라 당황한 귀족들은 결국 어쩔 수 없이 양보를 해야 했다. 평민의 권리를 보장하기 위해 평민들이 두 명의 보민관을 선출할 수 있게 허락한 것이다. 귀족들이 법률상의 관습법을 마음대로 해석했기 때문에 평민들은 성문법 제정을 요구했고 이 성과물이 바로 로마 역사상 최초의 성문법인 《12표법》이다. 비록 그 내용은 여전히 귀족의 권익 보호를 위주로 하고 있지만 귀족들이 마음대로 법률을 왜곡 해석해 직권을 남용할 수 없도록 제한하고 있다. 이후 평민과 귀족 간의 투쟁 속에서 새로운 성과가 끊임없이 나타났다. 기원전 445년, 귀족과 평민은 결혼하지 못한다는 금지령이 폐지되었다. 이어 기원전 367년에는 2명의 집정관 중 1명은 반드시 평민 출신이어야 한다는 규정이 생겼다. 기원전 326년에는 부채노예제를 폐지했고 기원전 287년, 평민 호르텐시우스가 집정관으로 임명되었다. 이렇게 평민과 귀족 간의 오랜 싸움은 평민의 승리로 끝나게 되었다.

평민과 귀족 간 투쟁의 결과로 평민은 법률상으로 로마 공민이

세계사적 성과

기원전 5세기, 로마가 '12표법'을 제정했다. 이는 로마 역사상 최초의 성문법이었다. ➡ 상승일로에 있던 로마는 정벌을 시작했고 방대한 로마 세계를 이룩했다.

정치, 사회적으로 갖는 모든 권리를 쟁취했다. 부채노
예제의 폐지로 로마의 공민 집단이 안정을 찾
으면서 로마는 방향을 바꾸어 외국 국적
의 노예를 부리기 시작했다. 국가의 고급
관직도 평민에게 개방되어 평민과 귀족의
관계는 상당 부분 개선되었다. 로마는 씨족귀족
독재에서 노예주귀족 독재라는 길을 걷게 된 것이다.

대내적으로 로마는 평민과 귀족 간의 투쟁을 겪었지
만 대외적으로는 끝없는 확장의 고삐를 늦추지 않았다.
본래 테베르 강가 작은 도시국가에 지나지 않았던 로마는
끊임없는 정벌 끝에 광활한 지역을 정복했고 결국 복잡다
단한 국가로 성장해 나갔다.

기원전 406년, 로마는 에트루리아의 베이오를 정복하면서
이탈리아 정복을 위한 첫발을 내디뎠다. 기원전 343년에서 290년
까지 로마는 세 차례의 전쟁을 통해 삼니움족을 정복하고 이탈리

승리의 여신
로마 제국의 황제는 전쟁에서의 승리
를 축하할 때 승리의 여신을 전차 앞
에 세워두었다.

고대 로마 콜로세움 유적 전경

📜 주요 연표

기원전 264년
제1차 포에니 전쟁 발발

기원전 218년
제2차 포에니 전쟁

기원전 149년
제3차 포에니 전쟁

기원전 215~168년
로마가 마케도니아를 상대로 세 차례에 걸친 전쟁을 일으켰다.

기원전 30년
로마가 톨레미-이집트 왕조를 정복했다.

아 남부까지 영역을 확장했다. 기원전 272년에는 그리스의 이민 도시국가 타렌툼을 정벌했다. 이로써 로마인은 포강 유역을 제외한 전 이탈리아를 손에 넣게 되었다. 이탈리아에서 안정적으로 자리를 잡은 로마는 더 적극적으로 영토를 확장하기 시작했다. 이 과정에서 로마가 처음으로 맞닥뜨린 적이 바로 북아프리카의 강국 카르타고였다. 카르타고는 페니키아인이 세운 식민지로 기원전 6세기에 이미 북아프리카 서부 해안, 스페인 남부, 발레아레스 제도, 사르데냐주, 코르시카섬과 시실리섬을 아우르고 있었다. 로마인이 카르타고인을 '포에니' 라고 불렀기 때문에 로마와 카르타고 사이의 전쟁도 '포에니 전쟁' 이라고 부른다.

포에니 전쟁은 100여 년에 걸쳐 모두 세 차례 일어났다. 그 중 제1차 포에니 전쟁(기원전 264~241년)은 로마와 카르타고가 시실리섬을 두고 일으킨 전쟁이다. 로마는 23년 동안의 힘든 전쟁을 통해 시실리를 점령했다. 그러나 카르타고는 패배를 인정하지 않았다. 결국 기원전 218년 제2차 포에니 전쟁이 발발하게 되었다. 카르타고의 명장 한니발은 스페인에서 군대를 이끌고 출발해 알프스 산맥을 넘어 바로 이탈리아로 진군했다. 기원전 217년 로마는 트라시메노 호수에서 패배했고, 그 이듬해 기원전 216년 칸나이 전투에서도 참패했다. 칸나이 전투 참패에 크게 놀란 로마의 국민은 복수를 불태우게 되었다. 전국의 17세 이상의 공민은 모두 군에 들어갔고 로마는 한니발과 공방전을 전개하는 한편 스페인으로 진격했다. 상황이 이렇게 되자 처음부터 끝까지 모든 것에 다 완벽하게 신경

카르타고 고성 유적지

을 쓸 수 없었던 한니발은 여기서 발길을 돌려 카르타고로 돌아가고 말았다. 이어 로마인은 명장 스키피오를 선출했다.

카르타고의 노천극장

기원전 202년 스키피오와 한니발의 결전이 자마에서 일어났다. 이 전쟁에서 생애 처음으로 패배를 맛본 한니발은 그 분을 참지 못하고 자살하기에 이르렀다. 기원전 201년 카르타고는 강제로 강화를 맺었고 전쟁 배상금 이외에도 해외의 모든 속지를 로마에 넘겨주었다. 이렇게 하여 카르타고는 독립적인 지위를 잃었고 로마는 서부 지중해에서의 해상 패권을 확립하게 되었다. 이로부터 반세기가 흐른 뒤 카르타고에 다시 번영의 기색이 엿보이자 로마는 당연히 카르타고가 재기하지 않을까 하는 두려움에 휩싸였고 결국 기원전 149년 로마가 제3차 포에니 전쟁을 일으켰다. 이 전쟁은 어느 모로 보나 약자를 정복하는 강자의 전쟁이었다. 기원전 146년 카르타고는 3년 동안 포위당한 끝에 5만에 달하는 주민이 노예로 팔리고 도시는 불모지로 변하게 되었다.

서부 지중해의 패권을 확립한 로마의 다음 진출 방향은 동방이었다. 알렉산드로스 사망 후 그가 건설한 제국은 사분오열에 빠져 세 개의 왕국으로 나뉘어져 있었다. 바로 마케도니아 왕국, 톨레미 이집트 왕국, 셀류시드 왕국으로 이들은 서로 자주 충돌을 일으키곤 했다. 뿐만 아니라 모두 내부 모순이 해결하기 어려운 심각한 상황에 있었기 때문에 로마는 한 세기가 지나기도 전에 동부 지중해를 지배할 수 있었다. 지중해 전체를 재패한 것이었다.

제2차 포에니 전쟁 동안 로마는 모두 세 차례의 마케도니아 전쟁

로마인과 카르타고인의 전투

(기원전 215~168년)을 일으켰다. 마케도니아 전쟁의 결과로 로마는 그리스와 소아시아를 손에 넣게 되었다. 기원전 190년에는 또 시리아를 상대로 전쟁을 일으켜 시리아를 로마의 속국으로 만들기도 했다. 기원전 149년에는 그리스의 모든 도시국가들이 반로마 폭동을 일으키기도 했으나 역부족이었고 결국 이 폭동도 실패로 막을 내렸다. 이렇게 해서 로마는 지중해 전체를 지배하게 되었고 유럽, 아시아, 아프리카 세 대륙을 장악한 지중해의 맹주로 성장했다.

로마는 정복지에 행정제도를 구축하여 현지인들을 지배했는데 로마에서 파견된 로마 총독이 이를 총괄했다. 로마는 장기간에 걸친 대외전쟁으로 엄청난 양의 토지와 재산 외에도 대량의 노예를 약탈해왔다. 이 때문에 로마의 노예제도 발달을 거듭했다. 그러나 대다수 노예의 생활은 극도로 비참했다. 조금의 자유와 어떤 지위도 허락되지 않는 '그저 말이나 할 줄 아는 도구'에 지나지 않았다. 노예제도는 로마 번영의 기초를 마련했지만 폭동의 씨앗을 남기기도 했다.

브라운 박사의 인물 탐구

- 🔎 마리우스(기원전 2세기), 고대 로마의 정치가. 군사개혁을 단행했다.
- 🔎 스파르타쿠스(기원전 1세기), 고대 로마 노예 반란의 지도자
- 🔎 카이사르(기원전 1세기), 고대 로마의 정치가. 로마의 사실상의 첫 번째 황제다.
- 🔎 옥타비아누스(기원전 1세기), 고대 로마의 첫 번째 황제

카이사르와 옥타비아누스

로마가 오랜 세월 동안 확장을 거듭하면서 생긴 대량의 전쟁포로는 로마 노예의 풍부한 공급원 구실을 했다. 그러나 로마의 노예제가 발전을 거듭하면서 노예와 노예주 사이의 모순도 점점 심각해져 각지에서 노예 폭동이 일어났다. 시실리의 노예 반란이 이런 상황에서 일어난 것이었다. 기원전 137년, 시리아에 적을 둔 노예 유누스가 이끄는 400명의 노예들이 반란을 일으켜 한때는 '안티오

크'라는 정권까지 수립했다. 유누스
가 이끈 이 폭동은 시실리 다른 지역
노예들에게서 큰 호응을 얻어 하루가
멀다하고 참가자가 늘어나 그 수가 20
만에 달했다고 한다. 그럼에도 반란
군은 패배를 거듭해 결국 기원전 132
년 로마군에 진압되고 말았다. 그로
부터 얼마 지나지 않아 제2차 시실리
노예 반란이 일어났는데 당시 로마는

로마 집정관 출행도

북부 게르만인과의 전쟁에서 승리를 거둔 직후였다. 때문에 전심
전력을 기울여 노예 반란 진압에 집중할 수 있었고 반란은 결국 진
압되었다. 두 번의 노예 반란은 실패로 돌아갔지만 로마의 통치자
에게 엄청난 충격을 주었다. 또한 이것은 로마의 대규모 사회 변혁
의 서막을 드러낸 사건이기도 했다.

　이 노예 반란에 대응하는 것이 바로 '그라쿠스 형제의 개혁'이
다. 기원전 133년 호민관에 취임한 티베리우스 그라쿠스는 곧바로
토지개혁에 착수했다. 당시의 로마는 토지 집중 현상이 심각해 대
부분의 농민들이 토지를 잃은 상황이었다. 이에 티베리우스 그라
쿠스는 토지개혁안을 제출하고 한 사람이 소유할 수 있는 토지의
최대 규모를 제한했다. 이 법안이 대규모의 토지를 소유하고 있던
원로원 귀족들의 반발을 불러일으킨 것은 당연한 것이었다. 결국
티베리우스 그라쿠스와 그 추종자 300여 명이 무고하게 맞아 죽는
참사가 일어나고야 말았다. 기원전 123년과 122년에는 티베리우
스의 동생 가이우스가 두 해에 걸쳐 호민관을 연임하게 되었다. 그
는 형이 제출했던 개혁안을 회복하려 했을 뿐 아니라 이탈리아 동
맹시 사람들에게 로마 시민권을 주는 법안과 카르타고에서의 식민
진행 법안도 제출했다. 하지만 그의 개혁안은 평민을 포함한 전 로

　주요 연표

기원전 82년
술라가 로마로 진입해 마리우스 잔
당을 섬멸하고 독재정치를 폈다.

기원전 73년
스파르타쿠스 반란

기원전 60년
카이사르, 폼페이우스, 크라수스가
'제1차 삼두동맹'을 결성했다.

기원전 48년
카이사르가 '종신호민관'에 당선되
어 독재정치를 행했다.

기원전 43년
옥타비아누스, 레피두스, 안토니우
스가 '제2차 삼두동맹'을 결성했다.

기원전 27년
옥타비아누스가 '아우구스투스'라
는 칭호를 받아 고대 로마의 첫 번
째 황제로 등극했다.

마인들의 반대에 부딪쳤다. 가이우스도 형처럼 살해당했고 그 추종자들은 사형에 처해졌다. 그라쿠스 형제의 개혁은 결국 실패로 끝났다.

그라쿠스 개혁이 실패한 후 로마 내부는 민주파와 귀족파로 갈라졌고 이 둘 간의 충돌이 끊이지 않았다. 이런 가운데 기원전 111년 유구르타 전쟁이 일어났다.

전쟁 초기 로마는 군사제도의 부패로 인해 연일 패배를 기록했다. 마리우스가 나타난 것은 바로 이때였다. 마리우스는 기원전 107년 집정관으로 당선되면서 유구르타 전쟁의 지휘권을 손에 넣는다. 그는 권력을 장악한 후 군사개혁에 착수해 로마의 민병제를 모병제로 바꾸는 한편 군단조직을 개혁했다. 이러한 개혁을 통해 로마 군대의 전투력은 크게 향상했고 이에 힘입어 로마는 기원전 105년 유구르타 전쟁을 승리로 이끈다. 이로부터 얼마 지나지 않아 마리우스는 또다시 테우토니족(뉴턴족)과 킴브리족을 물리쳐 게르만인의 위협에서 로마를 구해냈다. 따라서 그의 군사개혁은 그 의미가 크다고 하겠다. 모병제가 민병제를 대체하면서 병력 공급이 더 충실해졌고 이는 로마 사회를 안정시키는 작용을 했다.

이런 성공에 힘입어 마리우스는 로마 정치 무대의 정중앙에 서게 되었다. 그러나 원로원 귀족들은 신분이 비천한 그를 신임하지 않았다. 그를 옹호한 것은 민주파뿐이었다.

스파르타쿠스의 소조

로마는 개혁을 진행하면서도 이탈리아의 다른 '동맹자'들과 끊임없는 전쟁을 벌였다. 로마는 이탈리아를 정복한 후 이탈리아를 로마화했다. 그러나 대부분의 이탈리아 '동맹자'들은 지위가 오히려 더 악화되었다. 실질적으로는 로마에게 착취만 당하고 로마 공민권은 얻지 못하고 있었기 때문이다. 이것이 원인이 되어 불만에 가득찬 '동맹자'들은 기원전 91년 '동맹 전쟁'을 일으켰다. 동맹 전쟁에서 승리한 이탈리아인들은 로마 공민권을 얻을 수 있었다.

한편 전쟁 중 마리우스의 부하 술라가 두각을 나타내면서 그 명성이 마리우스를 뛰어넘을 정도가 되었다. 게다가 술라는 귀족 출신이었기 때문에 귀족파의 지지를 얻을 수 있었다. 술라는 기원전 88년 집정관에 선출되었는데 그때 마침 동방에서는 미트라다테스 전쟁이 일어났다. 마리우스와 술라는 지휘권을 둘러싼 쟁탈전을 벌였고 술라가 유리한 고지를 점하게 되면서 마리우스는 공공의 적으로 몰려 북부로 도망치고 말았다. 국내 정세를 정비한 술라는 동방으로 출병한다. 그러나 술라가 멀리 떠난 사이 마리우스가 킨나와 연합하여 로마를 공략하고 술라 당파에 대한 대대적인 학살을 자행했다. 그리고 기원전 86년 마리우스가 집정관으로 당선된다.

전쟁이 끝나고 술라가 급히 로마로 돌아왔을 때 마리우스와 킨나는 이미 모두 세상을 떠난 후였으나 잔여 세력은 아직 남아 있었다. 술라는 힘겨운 투쟁 끝에 기원전 82년 로마로 쳐들어갔고 이때 무수히 많은 귀족과 평민들이 살해당했다. 이렇게 피바다 속에 자신의 통치권을 세운 술라는 종신독재관으로 '선출' 되었는데 이는 이후 카이사르 등의 독재의 효시가 되었다. 기원전 79년 술라는 독재관에서 물러나 은둔에 들어갔고 이듬해 세상을 떠났다. 술라의 독재는 로마가 공화정에서 제정으로 넘어가고 있음을 암시하는 것

경기장에서 서로 싸우고 죽이는 모습의 그림

이었다.

기원전 73년 스파르타쿠스의 반란이 일어났다. 스파르타쿠스는 트라키아인 포로였는데 방탕한 생활을 일삼는 노예주들의 쾌락을 위해 노예 검투사 양성소에 들어가 거기서 검투사가 되었다. 그는 노예에 대한 비인간적인 대우에 불만을 품고 반란을 일으켰다. 반란 초기부터 수많은 노예들의 호응을 얻으면서 반란군의 규모가 급속히 몇 만으로 불어났다. 이탈리아 남부의 카푸아에서 북부의 알프스 산맥까지 반란군이 닿는 곳마다 적들은 맥없이 쓰러졌다. 종국에는 남하하여 시실리 노예들과도 손을 잡으려 하자 조급해진 로마 원로원은 반란 진압을 위해 크라수스를 군의 원수로 임명해 로마군단으로 소환시켰다. 크라수스와 스파르타쿠스가 벌인 결전에서 스파르타쿠스는 전사했고 반란군 6만이 사망했다. 그 외에 6000명은 포로가 되어 길거리에서 십자가에 못 박혀 죽었다. 스파르타쿠스 반란은 비록 실패했지만 로마 지도층에게 엄청난 충격을 안겨주었고 이후 노예 착취 방식에 변화를 일게 한 일대 사건이었다.

로마의 강경한 남편
한 갈리아인이 아내를 죽이고 난 후 적에게 투항하지 않고 자살하려고 하고 있다.

스파르타쿠스의 반란 직후 로마 정계에는 세 명의 인물이 등장했다. 부호인데다가 스파르타쿠스 반란 진압에 큰 공을 세운 크라수스, 술라의 부하로 해적 소탕에 공을 세운 폼페이우스, 야심만만한 몰락 귀족 가문 출신의 카이사르가 바로 그들이었다. 이 세 사람 중 카이사르는 강개하고 호탕한 성격으로 명성을 얻은 것 이외에는 아무런 정치적 밑천이 없었다. 기원전 70년 크라수스와 폼페이우스가 공동으로 집정관에 당선되었을 무렵 카이사르는 인간관계와 과거 술라에 저항하면서 쌓아두었던 명성을 이용해 정치적 밑천을 긁어모으고 있었다. 기원전 62년, 법관으로 선출된 카이사르는 정치에 개입하기 시작했고 후에 스페인 총독을 맡았다. 기원전 60년에는 로마로 돌아와 폼페이우스, 크라수스와 함께 동맹을 결

성했는데 이를 '제1차
삼두동맹'이라고 부른
다. 그러나 제1차 삼두
동맹은 세 사람이 잠시
타협한 결과물이었을
뿐 결코 진심으로 맺어
진 동맹은 아니었다. 기
원전 58년 카이사르가
임기 5년의 갈리아 총독
이 되었다. 카이사르는

카이사르가 암살당하는 모습의 그림

갈리아에서 보낸 5년 동안 변경을 개척하고 많은 재산과 노예를 약
탈했을 뿐 아니라 자기 자신을 위해 상당한 정치적 밑천을 축적해
두었다. 이윽고 기원전 56년 삼두동맹의 세 거두가 루카에서 협의
에 도달했고 카이사르의 갈리아 총독 임기를 연장했다. 그러나 이
후 크라수스는 기원전 53년에 파르티아 전쟁에서 사망했고 폼페이
우스는 기원전 52년 '동료 없는 집정관'에 선출되어 독재정치를
시작했다. 이런 상황에서 원로원이 카이사르를 공공의 적으로 선
포하자 카이사르와 폼페이우스 사이의 전쟁은 불 보듯 뻔해졌다.
기원전 49년 카이사르는 군대를 이끌고 로마로 돌아왔고 도망치던
폼페이우스는 이집트에서 피살되었다.

카이사르는 기원전 48년 종신호민관에 선출되었다. 기원전 45년
에는 다시 종신독재관으로 선포됨으로써 실질적으로는 로마의 첫
번째 황제가 되었다. 그러나 기원전 44년 그는 살해당했다.

카이사르가 사망한 후 로마 정국은 다시 혼란에 빠져들었다. 그
러나 곧 또 다른 세 명이 정치 무대의 중심에 나타났는데 옥타비아
누스, 안토니우스, 그리고 레피두스가 바로 그들이었다. 안토니우
스와 레피두스는 군권을 손에 쥐고 있었고 실력도 대단했지만 옥

옥타비아누스 상

타비아누스는 카이사르의 재산과 명성을 물려받았을 뿐이었다. 이 세 사람은 기원전 43년에 동맹을 결성했는데 이를 '제2차 삼두동맹'이라고 부른다. 제1차 삼두동맹과 마찬가지로 세 사람은 잠시 타협을 한 것일 뿐 각자 속셈은 따로 있었다. 십여 년의 암투 끝에 옥타비아누스가 최후의 승자가 되었고 레피두스는 군권을 박탈당했다. 이때 안토니우스는 이집트의 여왕 클레오파트라와 사랑에 빠져 헤어 나오지 못하고 있었다. 기원전 31년 옥타비아누스는 안토니우스와 결전을 벌였고 패한 안토니우스는 스스로 목숨을 끊었다. 이집트의 여왕 클레오파트라도 옥타비아누스를 유혹하는 데 실패하자 자살했다.

이렇게 해서 옥타비아누스는 군권과 정치권력을 한 손에 장악해 로마 최초의 황제로 등극했다. 동시에 공화정에서 제정으로 넘어

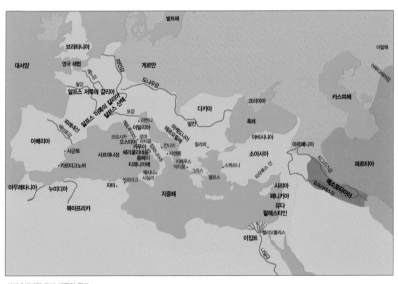

서기 2세기경 로마 제국의 판도

가면서 로마 제국 시대가 열렸다. 말할 것도 없이 옥타비아누스는 스스로를 '왕'이 아닌 '원수'로 자처했다. 로마는 이제 형식상으로만 '공화정'을 유지하고 있을 뿐 실질적으로는 전제군주정을 실시하고 있었다. 동방 제국과 다른 것이 있다면 로마의 '원수'는 결코 세습되지 않았다는 것이다. 원수제는 기원전 27년 옥타비아누스가 '아우구스투스(존엄한 자)' 칭호를 받은 때부터 시작되어 기원전 284년에 끝이 났다. 이 시기가 로마의 초기 제국시대에 해당된다.

04 인도문명의 개화

Mauryan Empire

브라운 박사의 인물 탐구

🔵 고타마 싯다르타 (기원전 6세
기), 석가모니, 불교의 창시자다.

열국시대, 사상의 대변화

기원전 약 600년경 인도는 '열국 시대'로 진입했다. '열국 시대'라고 부르는 것은 이 시기 인도에 크기도 발전 정도도 제각각이었던 국가들이 존재했기 때문이다. 불경에 따르면 당시 '16개국'이 있었다고 한다. 이때 고대 인도의 정치 중심지가 인더스강에서 갠지스강 유역으로 이동하면서 갠지스강 중하류 지역이 번성하기 시작하는데 이것은 열국 시대의 주요한 전환점이 된다. 이 열국들은 대

 주요 연표

기원전 600년경
인도가 '열국시대'로 진입했다.

기원전 566년
불교의 창시자인 고타마 싯다르타가 태어났다.

인간 세상에 태어난 싯다르타

부분 군주제도를 채택하고 있었고, 많지는 않지만 귀족공화제를 실시하고 있는 국가들도 있었다.

열국 시대 인도의 사회, 경제는 상당한 발전을 이루고 있었다. 철기가 이미 광범위하게 사용되고 있었고, 각 분야의 분업이 한층 더 세분화되어 있었다. 상업도

보리수나무
붓다가 바로 이 보리수나무 아래서 6년간 수행을 해 깨달음을 얻었다고 전해진다.

번영을 구가하기 시작했다. 이런 상황에서 상품경제의 발전은 사회 각 계층에 뚜렷한 분화를 가져왔다. 이 시기에는 귀족이면서도 궁핍한 생활로 병으로 쓰러지는 브라만들이 나타나는가 하면 이와는 반대로 일반 평민에 지나지 않는 바이샤들이 장사로 부를 축적하는 경우도 있었다. 심지어 가장 비천한 수드라조차도 재산을 모으는 경우가 있었다. 이런 경제적인 변화가 정치에도 반영되면서 브라만의 특권적인 지위에 대한 불만도 점점 깊어졌다. 불만이 표면으로 드러나면서 곳곳에서 봉기가 일어나기 시작했다.

사상적으로도 많은 학자들이나 논객들이 속출하는 가운데 사상과 문화의 발전이 꽃을 피웠다. 열국 시대에는 새로운 학설과 사조가 잇달아 나타나 발전했는데 이들 모두가 반브라만교 사상을 내포하고 있었다. 불경에 따르면 당시의 사상분파로는 '육십이견(六十二見)'과 '구십육외도(九十六外道)'가 있었다. 그중에서도 불경을 제외하고 가장 영향력이 컸던 것은 지나교에 속한 사상분파였다. 지나교인들은 세계는 영원히 변하지 않으며 세상에는 끝도 시

작도 없다고 생각했다. 또한 그들은 세상 만물이 모두 물질과 정신, 이 두 부분을 갖고 있다고 믿었다. 지나교의 최고 이상은 육체를 떠난 영혼이 윤회를 초월해 모르는 것이 없고, 할 수 없는 것도 없는 그런 상태에 이르는 것이었다. 지나교는 욕망을 이겨내는 방식으로 해탈에 도달해야 한다고 주장하면서 카스트의 차별에 반대했다.

불교의 창시자인 고타마 싯다르타는 카필라성(지금의 네팔 지역)의 석가족의 국왕인 정반왕의 아들이었다. 일반적으로는 기원전 566년에 태어난 것으로 알려져 있으며 29살 되던 해에 집을 떠나 수도의 길에 올랐다. 수년간 고행을 거친 그는 마침내 7일 밤낮으로 깊은 사색에 빠진 후 큰 깨달음을 얻게 되었고 이에 불교를 창시하게 된다. 사람들은 그를 '붓다', '석가모니'라는 존칭으로 불렀다. 불교는 윤회설을 받아들였지만 인간의 삶에서부터 그 교의를 설명했으며 결코 우주의 본질에 대해서는 논하지 않는다. 불교의 핵심 교의는 '사제(四諦)'로 고제(苦諦), 집제(集諦), 멸제(滅諦), 도제(道諦)가 이에 속한다. 고제는 인생 자체가 고통임을 뜻한다. 집제는 고통이 생기는 원인을 뜻하는데 불교에서는 고통이 생기는 근본적인 원인이 인간이 갖고 있는 수많은 욕망에 있다고 본다. 멸제는 불교의 목적이 바로 이 고통을 없애는 것임을 뜻하는 것으로 고통을 없애는 중요한 열쇠는 바로 욕망을 없애는 것이라고 본다. 도제는 불교에서 말하는 수행의 길과 그 사상을 말하며 팔정도(八正道)가 포함되어 있다.

불교와 브라만교의 가장 큰 차이는 '중생은 모두 평등하다'라는 주장에 있다. 불교에서는 카스트의 차이는 사회적인 산물일 뿐 결코 자연적인 상태는 아니라고 보는데 이는 불교의 긍정적인 면이라 하겠다. 불교는 이후 인도 이외의 지역에도 전해져 세계 3대 종교로 성장했다.

마우리아 왕조, 불교사상의 개화

열국 시대 후기에 각국은 끝없는 전쟁을 벌였다. 이 과정에서 마가다가 강대해지면서 각국을 통일했다.

마가다 역사상 첫 번째로 유명한 왕이 바로 빔비사라왕(기원전약 544~493년)이다. 그는 라자가하에 수도를 건설하고 결혼을 통해 각국과 우호관계를 유지했다. 빔비사라왕의 아들 아자타랴트루의 재위기간 동안 마가다는 갠지스강 유역의 강국으로 발돋움했다. 난다 왕조 시대에 이르렀을 때 마가다는 이미 갠지스강 유역을 통일한 후였고 서쪽의 인더스강 유역을 정벌할 계획을 갖고 있었다. 그러나 이 계획은 알렉산드로스의 동방원정으로 중단되었다. 알렉산드로스는 페르시아를 정복한 후 동진을 계속하여 인더스강유역에 다다랐다. 그러나 부하의 반대로 더 이상의 동진을 포기하고 바빌론으로 돌아갈 수밖에 없었다. 알렉산드로스가 떠나자마자 인도인은 마케도니아인에게 반기를 들었고 결국 알렉산드로스의 총독은 병사를 이끌고 도망치고 말았다. 이렇게 해서 인더스강 유역은 다시 인도인들의 수중에 들어가게 된다. 이때 인도인들의 반란 지도자였던 찬드라굽타는 기원전 324년 인도 서북부에서 스스로 왕이 되었다. 이후 그는 동부로 진격을 계속하여 난다 왕조를 무너뜨렸고 마가다를 합병시켰다. 찬드라굽타는 새로운 왕조를 건설했고 '마우리아' 집안의 양자 출신이었기 때문에 왕조의 이름을 '마우리아'라고 지었다. 마우리아 제국 역사에서도 그 명성이 자자한 아소카왕이 바로 이 찬드라굽타의 손자다. 왕위를 손에 넣기 위해 학살을 자행한 그가 마침내 황제의 옥좌에 오른 것은 기원전 269년의 일이었다. 그가 왕위에 오른 후 인도 남부지역으로 대규모의 정벌을 진행한 결과 남부의 몇몇 지역을 제외한 모든 지역이 마우리아 왕조의 영토로 편입되었다.

마우리아 제국은 전제군주 국가였다. 국왕이 군권과 정치권력을

하나의 돌기둥에 사자 네 마리의 머리를 조각한 것으로 아소카왕 시대의 사르나트 지역에서 나온 작품이다. 오늘날 이 네 마리 사자의 반신상은 인도의 상징이 되었다.

 주요 연표

기원전 324년
찬드라굽타가 스스로 왕이 되어 마우리아 왕조를 열었다.

기원전 269년
아소카왕이 즉위했다.

기원전 187년
마우리아 왕조가 멸망했다.

이 모래 암석 기둥은 기원전 3세기에 불교 신자였던 아소카왕의 명령에 따라 건축되었다. 아소카왕은 자신이 내린 칙령과 법규를 이 기둥의 윗면에 새겼다.

모두 장악했으며 전국을 성(省)으로 나누어 통치했다. 그러나 이런 제도는 중국의 진(秦), 한(漢)나라 시대에 만들어진 엄격한 군현제도(郡縣制度)에는 비할 바가 못되었다. 아소카왕은 제국 통일을 완성한 후 전쟁을 그만두고 학문을 진흥하는데 힘쓰며 나라의 통치 방침에 변화를 주었다. 제국의 영토는 넓었고 지역에 따라 백성들의 상황은 천차만별이었다. 또한 카스트의 모순도 심각했다. 이에 아소카왕은 불법을 크게 퍼뜨리고 인애와 자비를 널리 알렸다. 비폭력을 제창하며 본인 스스로 불교도가 되었다. 불교 경전에서는 아소카왕이 암살을 자행한 폭군에서 자비로운 군주로 변화하는 이 과정을 불법의 자비정신에 감화된 까닭이라고 밝히고 있다. 하지만 사실 아소카왕이 이런 이유 때문에 널리 불법을 알린 것은 아니었다. 그는 단지 불법을 이용해 제국을 안전하게 통치하고 싶었던 것 뿐이었다.

그러나 마우리아 제국의 통치는 안정되지 않았다. 아소카왕이 세상을 떠난 지 얼마 지나지 않아 분열에 휩싸인 제국은 기원전 187년 멸망했다.

중국, 춘추전국(春秋戰國) 시대와 진(秦)의 통일

From Feudalism to Provinces and Counties System

춘추전국시대, 봉건제의 해체와 제자백가

주나라의 유왕이 신후와 견융의 결탁 아래 살해당한 사실은 주의 천자(天子)가 천하의 주인으로서의 지위를 잃어버렸음을 상징한다. 유왕이 사망한 후 왕위에 오른 것은 평왕이었다. 그는 기원전 770년 수도를 동쪽의 낙읍(지금의 낙양)으로 옮겼는데 일반적으로 이때를 동주의 시작으로 본다. 동주 이후 중국의 역사는 '춘추전국' 시대에 접어들어 기원전 221년 진시황이 천하를 통일할 때까지 지속되었다.

이 시대는 두 가지 특징을 갖고 있다. 하나는 주나라 천자의 지위가 쇠락했다는 것이고 또 하나는 제후들이 끊임없이 패권을 다투었다는 것이다. 주의 천자와 각 제후의 관계는 본래 계약관계였다. 제후는 주의 천자에게 복종하고 조공을 바쳤으며 천자는 제후에게 토지를 '분봉' 해 주었다. 이미 상당한 자주권을 갖고 있던 제후들은 그곳에서 각자 통치를 했다. 그런

전차복원도, 춘추시대
춘추시대에는 전차가 성행했는데 당시 전차는 군대의 핵심이었다. 전장과 전쟁 규모가 커지고 군사 전술 수준이 높아지면서 다양한 기능을 골고루 갖춘 실전에 강한 전차가 발명되었다. 이와 동시에 전차와 하나의 세트를 이루는 전문 무기들도 속속들이 출현하게 되었다.

데 천자의 지위가 쇠락하자 천자는 이미 강대해진 제후를 통제할
방법이 없었다. 제후들 사이의 전쟁도 그치지 않았고 강대한 제후
는 약소 제후국을 병합하거나 조종했다.

춘추 시대에 패권을 다툰 제후국들은 제(齊), 진(晉), 초(楚), 오
(吳), 월(越) 등이었다. 제나라가 환공(桓公) 시대에 강성해지면서
환공은 제후들 중 가장 먼저 패권을 장악했다. 환공은 관중(管仲)
을 재상으로 임명하고 패권을 장악해 천하를 통일했다. 관중은 환
공에게 많은 책략을 가르쳤다. 그중에서 가장 중요한 것이 '존왕양
이(尊王攘夷)' 다. '존왕'은 주의 천자를 존중하고 받든다는 것으로
제후에게 변함없이 천하의 주인인 천자를 존중하고 받들 것을 호
소했다. '양이'는 이민족과 야만족 등 '중국'이 아닌 소수민족 부
락을 배척한다는 것이다. 환공은 '여러 제후들과 만나면서' 패권을
장악했다. 제후들과 맹약을 맺은 것은 다른 나라의 내란을 평정하
고 외환을 없애 주나라 왕실의 안정을 꾀하기 위해서였다. 초나라
와 결맹을 맺어 그들의 북침 야욕을 꺾기도 했다. 그러나 환공이
세상을 떠난 후 제나라는 몰락했다. 이를 대신한 것은 바로 진(晉)
나라였다. 진나라 문공(文公)은 여러 제후들을 이끌고 초나라 군대
를 성복에서 크게 물리쳤다. 이와 동시에 강성한 진나라는 심지어
동쪽으로 확장하려는 진(秦)나라의 움직임
도 막아버렸고 이에 진(秦)은 서융(西戎)에서
패자가 될 수밖에 없었다. 초나라는 소왕(昭
王) 때 오나라의 왕 합려(闔閭)에게 패했고
합려의 아들 부차(夫差)는 다시 월국(越國)을
물리쳤다. 이렇게 오나라는 한때 흡사 패자
가 된 듯했다. 그러나 월나라 왕 구천(勾踐)
은 패배의 굴욕을 되새기며 전심전력을 다
해 나라를 다스렸고 결국 오나라를 쓰러뜨

조나라의 장성

렸다. 그렇지만 이런 월나라의 강세도 일시적인 것에 지나지 않았다. 이렇게 춘추 시대의 대국들이 패자를 다투는 국면이 막을 내리자 전국(戰國) 칠웅(七雄) 간의 격렬한 전쟁이 일어났다.

춘추 시대에 오랫동안 패자의 자리에 올랐던 진나라는 후에 한(韓), 위(魏), 조(趙) 이 세 나라에 의해 나뉘어졌다. 또 장기간에 걸친 합병 끝에 제(齊), 초(楚), 연(燕), 조(趙), 위(魏), 진(秦)이 전국 칠웅(七雄)이 되었고 그 외의 십여 개 소국은 점차 쇠망해갔다. 이런 과정 속에서 주나라 왕은 보잘 것 없는 소국의 군주로 전락하게 되었다. 전국 칠웅은 춘추 시대의 패자와는 달리 더 이상 '존왕'의 기치 아래 패권을 장악하지 않았다. 칠웅은 계속하여 '현명한 인재'를 등용하여 법과 제도를 바꾸고 강성한 나라로의 성장을 꾀했다. 예를 들어 위나라는 이괴(李悝), 오나라는 오기(吳起), 진나라는 상앙(商鞅)을 등용했다. 각 국의 투쟁 속에서 점점 강대해진 진나라는 동쪽의 제후에게는 큰 위협 세력이었다. 이들은 날이 갈수록 강성해지는 진나라에 함께 대응하기 위해 연합했는데 이를 '합종(合縱)'이라고 부른다. 그러나 진나라는 이런 제후국들을 무너뜨리기 위해 동부에서 서부까지 이르는 제후국들이 진나라에 순종하는 체제를 만들며 '연횡(連橫)' 정책을 취했다. 동부의 여섯 나라는 모순

진나라 문공의 귀국 모습을 그린 그림

주요 연표

기원전 770년
주나라의 평왕이 동부의 낙읍으로 수도를 옮겨 동주시대, 즉 '춘추전국' 시대가 시작되었다.

기원전 481년
춘추시대가 끝나고 전국시대가 시작되었다.

기원전 221년
진나라가 여섯 제후국을 쓰러뜨리고 중국을 통일해 진 왕조를 수립했다.

이 거듭되고 있었기에 서로 단결할 수가 없었고 결국에는 진나라에 의해 하나하나 쓰러졌다. 기원전 221년 진나라가 여섯 나라를 통일하면서 전국 시대는 끝났다.

춘추전국 시대는 사회, 경제면에서도 중대한 변화를 겪었다. 철기를 광범위하게 사용하기 시작했으며 수공업도 발전하였다. 뿐만 아니라 농업과 수공업의 발전과 함께 상업도 발전하면서 각국을 돌아다니며 장사를 하는 대상인들도 나타났다. 이들은 각국을 돌아다니며 장사로 부를 축적한 상공업 노예주 계층은 귀족 노예주를 대신하는 신흥세력으로 성장하였다. 한편 정치제도 방면에서는 원래의 '봉건제'가 점차 쇠락의 길을 걸었고 대신 군현제(郡縣制)가 그 뒤를 이었다. 이는 중국 역사상 아주 중대한 사건으로 봉건제도가 중앙집권적인 전제군주제로 변화하게 되었음을 상징하는 것이었다.

춘추전국 시대에서 가장 눈길을 끌 뿐 아니라 사람들로 하여금

증후을편종(曾侯乙編鐘)

그 시대를 동경하게 만드는 것이 바로 '백가쟁명(百家爭鳴)'이다.
여러 학설이 끊임없이 나오면서 발전한 사상의 자유와 농후한 학
술적인 분위기 등은 역사 이래 그 예를 찾아볼 수 없는 것이었다.
위대한 일군의 사상가들이 나타나 왕성한 활동을 보인 것도 이때
였다. 공자(孔子)로 대표되는 유가(儒家), 묵자(墨子)가 대표하는 묵
가(墨家), 노자(老子)와 장자(庄子)가 대표하는 도가(道家), 상앙(商
鞅)과 한비(韓非)가 대표적인 법가(法家)는 그 중에서도 뛰어난 대
가들이었다. 이외에도 음양가(陰陽家), 명가(名家), 농가(農家) 등이
있었다. 전국 시대의 백가쟁명은 문화면에서 중국 역사상 그 예가
없을 정도의 번영을 이루며 세계 고대사에서도 상당히 중요한 위
치를 차지하고 있다.

초나라식 청동 사각 주전자, 춘추시대

진시황, 천하통일과 중앙집권제

기원전 221년 진나라가 여섯 제후국을 통일하였고 진의 왕정은
'황제'로 바뀌었다. 통일 제국을 이룩한 진시황은 '봉건제를 폐지
하고 군현제를 실시'했다. 국가의 영토를 다시는 제후들에게 분봉
하지 않고 중앙정부의 통제 하에 두
었으며 중앙정부에서 파견한 관리가
각 군현에서 사무를 맡아보았다. 진
은 중국 역사상 최초의 중앙집권화
왕조였다. 이 밖에도 진시황은 도량
형과 문자를 통일했다. 대외정책 방
면에서는 기원전 214년 몽염(蒙恬)이
흉노를 격파했다. 그 후 진 왕조는 기
존 여섯 개 제후국의 장성을 연결하
였는데 이 장성은 서쪽의 도하(洮河)

진시황릉 병마용 1호갱

진나라의 갱유곡(坑儒谷)
갱유곡은 진시황이 유생들을 암매장한 곳으로 서안(西安)시 림동(臨潼)구에 위치해 있다.

에서 시작하여 동쪽 요동(遼東)에 까지 이르렀다. 이 장성이 바로 '만리장성'이다.

진시황은 나라를 건국하자마자 극도로 포학한 통치를 시작했다. 장성을 부설하기 위해 보낸 사람만 30만에 이르렀다고 전해진다. 그리고 이와 동시에 진시황 왕릉 건축을 위해 또다시 70만 명을 보냈다. 이뿐이 아니었다. 진나라는 학문도 통제하였는데 이것이 바로 '분서갱유(焚書坑儒)'다. 잔혹하고 폭압적인 통치는 격렬한 반항을 불러일으켰다. 제국이 건설된 지 11년 후인 기원전 210년 진시황이 세상을 떠나고 호해(胡亥)가 왕위를 계승했다. 그러나 그 이듬해 진승(陳勝)과 오광(吳廣)이 대택향(大澤鄕, 지금의 안휘성 기현에 해당된다)에서 진나라의 폭정에 항거하며 반란을 일으켰다. 이어서 항우(項羽)와 유방(劉邦)이 일어났고 기원전 206년에는 유방이 함양(진나라의 수도)을 공격해 결국 진 왕조는 무너졌다. 유방과 항우는 천하를 두고 다시 쟁탈전을 벌이게 되는데 그 결과 기원전 202년 항우는 오강(烏江)에서 자결하고 유방은 장안에서 황제가 되었다. 황제가 된 유방은 한(漢) 왕조를 수립하였는데 이 왕조를 서한(西漢)이라고 부른다.

진의 통일은 겨우 십여 년 동안 유지되었다. 그야말로 나타나자마자 바로 사라진 격이었다. 멸망의 원인은 백성들에 대한 착취가

세계사적 성과 　진이 여섯 개의 제후국을 통일했다. ➡ 봉건제를 폐지하고 군현제를 실시했다. ➡ 문자와 도량형을 통일했다. ➡ 만리장성을 부설했다.

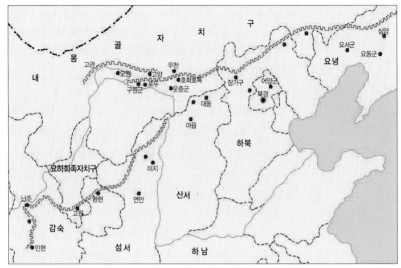
진의 만리장성

지나치게 잔혹했다는 데 있었다. 그러나 중국 역사에서 진은 중요한 위치를 차지하고 있다. 중국 역사 최초로 광대한 제국을 통일했으며 이후 수백 년 동안 지속된 중국 영토의 기초를 확립했다. 또한 만리장성을 축조했으며 북방 유목민족의 침입을 방지했다. 그리고 중화 문명의 지속적인 발전에도 중대한 역할을 했다.

　진이 도량형과 문자를 통일한 것은 중화민족의 완정성과 통일성 유지에서도 깊은 의미를 가진다. 또한 '봉건제를 폐지하고 군현제를 실시'한 것은 이후 사회로 계승되어 마침내 중국은 고도로 중앙집권화된 봉건으로 성장했다.

강성한 한(漢), 로마와 비견되는 동방의 제국

한 왕조는 건국 초기 수년 동안 전란을 겪었다. 정국은 불안했고

📝 주요 연표

기원전 221년
진나라가 여섯 개의 제후국을 멸망시키고 중국을 통일하였다. 정권을 획득한 승자는 '시황제'라고 불리게 되었다.

기원전 209년
진승과 오광이 반란을 일으켰다.

기원전 206년
진나라가 멸망했다.

경제는 파탄에 이르렀는 데다가 진나라의 극한 형벌과 엄격한 법은 사람들을 불안에 떨게 했다. 서한의 통치자는 통치를 공고히 하기 위해 국민의 부담을 줄이고 생활을 안정시킬 수 있는 정책들을 취하게 되었다. 토지겸병(토지를 일종의 고리대금으로 활용하는 것)을 제한하고 요역(노동력의 징발)을 줄이는 등의 조치들이 큰 효과를 보여 문제(文帝)와 경제(景帝) 때에 이르면 한나라의 상황은 크게 호전된다. 사회, 경제적으로도 번영의 기색이 나타나 '문경지치(文景之治)'의 때를 이룬다. 기원전 139년 한 무제(武帝) 유철(劉徹)이 즉위하였는데 그의 재위기간에 한나라는 최전성기에 도달했다. 한의 군현제는 중앙집권화를 더욱 강화시켰다. 비록 명의상으로는 제후를 봉했지만 제후들은 이미 크게 약해져 있었기 때문에 중앙에 그다지 큰 위협이 되지 못했다.

사상 방면에서는 동중서(董仲舒)는 "제자백가를 퇴출시키고 오로지 유가 학술만 존중한다(罷黜百家 獨尊儒術)."는 관점을 제기했다. 한 무제가 이를 받아들이면서 유가사상은 이때부터 약 2000년간 중국을 지배하게 되었다.

한 무제의 시호 '무(武)'에서 알 수 있듯이 그의 주요 업적은 군사상의 공적이었다. 한 왕조는 기원전 127년, 기원전 121년, 기원전 119년 이렇게 세 차례에 걸쳐 흉노족을 공격해 서쪽으로 내쫓았으며 이는 전체 유라시아 대륙의 민족 대이동을 일으켰다. 한 무제는 남쪽에도 수 차례에 걸쳐 병사를 보내 오늘날의 광동(廣東), 광서(廣西), 운남(雲南) 지역 일부를 한 제국의 판도로 편입

《막북지전(漠北之戰)》 한 왕조와 흉노족이 몽골의 동부지역을 두고 벌인 전투

시켰다.

서한 말기에는 토지겸병 현상이 날이 갈수록 심각해졌고 지주와 권세가들의 세력도 강력해졌다. 이런 상황에서 서기 8년 왕망(王莽)이 한 왕조를 찬탈해 스스로 나라를 세우고 국호를 '신(新)' 으로 바꾸었다. 왕망은 권좌에 오른 후 개혁에 힘써 농민에 대한 지주와 상인들의 착취를 제한했다. 그는 개혁을 통해 모순을 완화시키고 자 했으나 결국 실패로 돌아갔고 오히려 잘못된 판단으로 전쟁을 일으켜 백성들을 나락으로 내몰았다. 그러자 녹림(綠林)의 난(신나라 말기에 왕광(王匡), 왕봉(王鳳) 등이 녹림산에서 일으킨 난), 적미(赤眉)의 난(신나라 말기에 일어난 농민 반란으로 눈썹을 붉게 물들인 무리들이 일으켰다 하여 '적미의 난' 이라는 이름이 붙었다) 등 반란만이 들끓었다. 왕망과 그가 세운 신나라는 결국 반란 속에서 멸망하고 말았다. 이후 25년 유수(劉秀)가 황제에 올라 수도를 낙양으로 정했는데 이것이 '동한(東漢)' 의 시작이었다.

지동의(地動儀) 모형
지진의 유무, 발현 시각, 방향 등을 알기 위해 만든 일종의 지진계.

유수(光武帝)의 재위기간에 한나라는 옛 영광을 회복해 중흥을 이루었기 때문에 이를 '광무중흥(光武中興)' 이라고 부른다. 그러나 동한도 말기에 이르면 외척과 환관들이 권력을 잡고 황제는 유명무실해졌다. 황제는 그저 외척과 환관에게 좌우지되는 존재에 지나지 않았다. 이렇게 되자 외척 간, 외척과 환관 간의 권력 투쟁이 끊이지 않았고 조정은 점점 부패의 온상으로 변해갔다. 나라가 기울자 각지의 귀족들과 권세가들이 영웅을 자처하고 나서 서로 싸우는 일이 비일비재했다. 196년 조조(曹操)가 한 헌제(獻帝)를 옹립하고 수도를 낙양에서 허창(許昌)으로 옮기면서 동한은 사실상 멸망하게 된다. 마침내 216년 조조가 위왕에 봉해지면서 위나라의 건국이 이루어졌다. 이로써 동한은 완전히 사라지게 되었다.

사마천(司馬遷), 서한의 사학자로서 《사기(史記)》를 저술했으며 후세인들로부터 '역사가의 절창(絶唱)', '무운(無韻)의 이소(離騷)'

브라운 박사의 인물 탐구

- 동중서(董仲舒) 서한시대의 사상가. 한 무제에게 "제자백가를 퇴출시키고 오로지 유가 학술만 존중하자(罷黜百家 獨尊儒術)."는 주장을 폈다.
- 유철(劉徹) 한 무제(武帝) 재위 기간 중 수차례에 걸쳐 서역을 정벌하였다. 이중에서도 특히 중요한 것은 흉노족에 대한 공격이다.
- 조조(曹操) 동한 삼국시대의 저명한 정치가, 군사 전문가, 시인
- 제갈량(諸葛亮) 삼국시대 촉(蜀)나라의 재상, 저명한 정치가, 군사 전문가

📝 주요 연표

기원전 202년
한 왕조 수립

기원전 139년
한 무제, 유철이 황제의 자리에 올랐다.

8년
왕망이 정권을 찬탈하고 황제가 되어 국호를 '신'으로 바꾸었다.

25년
유수가 황제가 되어 수도를 낙양으로 옮기면서 '동한'이 시작되었다.

220년
조조가 한 헌제를 퇴위시키면서 한 왕조가 정식으로 멸망했다.

(이는 중국 현대 문학의 아버지로 불리는 노신(魯迅)이 한 말인데 원래 '절창'이란 비할 데 없이 뛰어난 시문(時文)을 뜻한다. 노신은 《사기》 이전에도 이후에도 《사기》에 견줄 수 있는 역사책이 없다며 사마천을 '역사가의 절창'이라고 찬양했다. '이소(離騷)'는 원래 초나라의 애국시인이었던 굴원(屈原)의 작품이다. 굴원은 간신들의 모함으로 조정에서 쫓겨난 후 망해가는 초나라를 차마 바라볼 수가 없어 '이소'를 쓰고는 멱라강에 몸을 던져 자살했다. 여기서 볼 수 있듯이 굴원은 결벽증에 가까우리만큼 불의를 참지 못했고 감정 또한 풍부했는데 이런 그의 성격이 작품에도 잘 드러나 있다. 노신이 사마천의 《사기》를 '이소'에 빗대어 찬양한 것은 사마천이 《사기》를 통해 역사 서술 체제를 창조한 것 뿐 아니라 그 서술에 있어서 풍부한 감성을 드러냈기 때문이다. 다만 '이소'는 운문체의 시지만 《사기》는 산문이기 때문에 노신은 《사기》를 가리켜 '음율이 없는 이소' 혹은 '산문체의 이소'라는 뜻으로 '무운의 이소'라고 격찬했던 것이다)라는 찬양을 받았다.

위진(魏晉) 시대, 중국 한족의 쇠퇴와 북방종족의 성장

서기 196년 조조가 한 헌제를 수도 허창으로 맞아들였고 이때부터 조조는 '천자를 등에 업고 권세를 부리기 시작했다.' 동한은 사실상 유명무실한 국가였다. 서기 200년 조조는 관도(官渡) 전투에서 원소(袁紹)를 격파하고 곧 북부지역을 통일했다. 유비(劉備)는 형주(荊州)를 점거하였고 손권(孫權)은 강남(江南)을 장악하였는데 이

세계사적 성과 한 제국의 통일 ➡ 동중서의 "제자백가를 퇴출시키고 오로지 유가학술만 존중해야 한다." ➡ 장형(張衡)의 지동의 발명 ➡ 채륜(蔡倫)의 제지술 발명 ➡ 장건(張騫)이 서역으로 출사하여 '실크로드'를 개척하였다.

들은 모두 지방 할거세력이었다. 야심이 컸던 조조는 '천하를 평정'하고 싶은 욕망에 가득 차 있었다. 유비는 황실의 후손으로 한 황실을 부흥시키려고 했다. 손권만이 강남 근처에 조용히 머물고 있었다. 그러나 조조의 세력이 너무나 컸기 때문에 손권과 유비는 어쩔 수 없이 연합해 조조에 대항할 수밖에 없었다. 서기 208년 쌍방이 적벽(赤壁)에서 맞붙었다. 이 전투에서 조조가 패하면서 조조, 유비, 손권은 세력 균형을 이루면서 대립하

도화원(桃花源)

도연명(陶淵明)의 붓 끝에서 청정무위(淸靜無爲)한 사상이 '거룩한 제도 아는 체도 하지 않는', 자연과 조화된 '도화원'으로 탄생했다. 노자와 장자는 도화원을 정치철학의 현실 구조로 여겼고 또한 역대 정치가들은 몸과 마음이 지쳤을 때 휴식을 취하기 위해 이곳을 찾았다. 위의 사진은 호남성(湖南省) 도원현(桃源縣)에 있는 전설적인 '도화원' 유적이다.

게 되었다. 이어 서기 220년 조조의 아들 조비(曹丕)가 한 헌제를 내쫓고 권좌에 올라 국호를 '위(魏)'로 바꾸었다. 다음해 유비도 사천에서 황제를 자칭하며 촉한(蜀漢)을 세웠고 손권도 229년에 오(吳)나라의 황제로 등극했다. 이 세 나라가 바로 '삼국(三國)'이다.

삼국 중에서 위나라와 촉한 사이의 갈등이 심각했는데 이는 유비가 말끝마다 '한 황실을 부흥시켜야 한다'고 했기 때문이었다. 촉한에 엄청난 공훈을 세운 제갈량은 수차례 중원의 북방 정벌에 나섰으나 성공하지는 못했다. 제갈량이 세상을 떠나고 나서 등극한 유선(劉禪)은 무능한 황제에 불과했다. 결국 262년 촉한은 위나라에 의해 무너졌다. 265년 사마염(司馬炎)이 위의 정권을 찬탈하고 황제가 되어 국호를 '진(晉)'으로 바꾸고 낙양에 수도를 정했는데 이것이 바로 '서진(西晉)'이다. 280년 서진이 오(吳)나라를 멸망시키면서 중국을 통일하였다.

삼국이 하나로 통일되면서 사마(司馬) 일가는 큰 성과를 올릴 기회를 맞이했다. 그러나 이들은 방탕하고 잔학했으며 극도로 부패

하남(河南)의 등봉숭악사탑(登封嵩岳寺塔)

본존여래좌상(本尊如來坐像), 운강석굴(雲崗石窟), 남북조시대

해 있었다. 이에 사천성 여기저기에서 반란이 일어났고 이는 '팔왕
의 난(八王之亂)'(진의 황족 8명이 관여한 내란이라고 하여 '팔왕
의 난'으로 불린다)으로 이어졌다. 흉노(匈奴), 선비(鮮卑) 등의 소
수민족이 이 기회를 틈타 남하했고 316년 서진이 멸망하면서 북방
은 소수민족 정권이 난립하는 상황에 이르렀다. 이 시기 전후로 16
개 정도의 나라가 난립을 했기 때문에 이때를 '5호16국(五胡十六
國)' 시대라고 부른다.

317년 사마예(司馬睿)는 남경(南京)에서 황제로 등극해 머물고 있었는데 이 나라가 '동진(東晉)'이다. 북방에서는 전진(前秦)과 북위(北魏)가 한 차례 장강(長江) 이북 지역을 통일했고 남방에서는 420년 송(宋)이 동진을 대신하게 되었다. 이후 이 지역은 송(宋), 제(齊), 량(梁), 진(陳)의 네 왕조를 거치게 된다. 그러나 589년 진이 수(隨)에 멸망당하면서 중국은 다시 한번 통일되었다. 이때를 가리켜 '삼국양진남북조(三國兩晉南北朝)' 혹은 '위진남북조(魏晉南北朝)' 시대라고 부른다.

서진이 잠시 통일을 이룬 때를 제외하고 중국은 300여 년에 이르는 대분열을 겪었다. 이 과정에서 일어난 정권 교체, 왕조의 흥망은 마치 바람 앞의 등불처럼 위태로웠다. 이 시기 할거세력들 사이의 끝없는 전쟁으로 특히 북방지역은 생산력이 크게 떨어졌으며 문화도 파괴되다시피 했다. 이 시기는 중국 역사상 가장 혼란스러웠던 시기라고 할 수 있을 것이다.

 주요 연표

196년
조조가 한 헌제를 허창으로 맞아들여 이때부터 '천자를 등에 없고 권세를 부리기 시작했다.'

200년
관도 전투

208년
적벽대전

220년
조비가 한 헌제를 폐하고 황제의 자리에 올라 위(魏)를 세웠다.

263년
촉한 멸망

265년
사마염이 정권을 찬탈해 황제가 되었는데 이것이 진(晉)이다.

280년
진(晉)이 오(吳)를 멸망시키고 중국을 통일했다.

316년
서진이 멸망하고 그 다음해 동진 시대가 시작되었다.

420년
동진이 멸망하고 송(宋), 제(齊), 량(梁), 진(陳) 네 왕조로 이어지는 남조(南朝)가 시작되었다.

589년
진(陳)이 멸망하고 수(隨)가 전국을 통일했다.

06 동서양
민족대이동의 시대

Violent Changes in Europe and Asia

5호16국 시대와 게르만족의 대이동

먼 옛날 인류는 음식물을 채집하는 단계에 머물러 있었다. 물론 이 것은 넓은 의미에서의 '채집'이었다. 그러던 것이 인류가 진보하면 서 식물 채집은 농사로, 동물 '채집(수렵과 사냥)'은 유목으로 바뀌 었다. 아시아와 유럽 대륙의 각 민족은 농사를 짓거나 혹은 유목을 했는데 이는 대체적으로 자연환경에 의해 결정되었다. 기후가 따뜻 하고 습하며 토양이 비옥한 지방은 농사에 알맞았지만 수초가 푸르 게 우거지고 땅이 척박한 곳은 방목에 적합했다. 이렇게 생겨난 두 세계, 즉 농경세계와 유목세계는 대체로 전자는 유럽과 아시아 대 륙의 남부에, 후자는 유럽과 아시아 대륙의 북부로 나누어졌다. 이 렇게 형성된 두 세계는 평화로운 교류를 하는 동시에 무력 충돌을 하면서 서로 영향을 주고받았다.

  일반적으로 농경 문명은 정착을 전제로 하기 때문에 비교적 수 준 높은 문명을 이룩한다. 이에 비해 유목 문명의 본질은 '수초가 푸르게 우거진 곳을 따라 거주'하는 데 있다. 따라서 상대적으로 유목 문명은 낙후될 수밖에 없다. 농경과 유목, 이 양대 세계의 발 전 정도가 일정 수준에 이르자 유목세계는 재물을 약탈하기 위해 계속 남하하면서 침략을 일삼게 되었고 농경세계도 변경지대를 평 정하기 위해 적극적인 군사 활동을 펴게 되었다. 이 때문에 무력

흉노인 복원도

충돌은 끊이지 않고 발생했다. 농경 문명은 종종 이런 무력 충돌 때문에 하루아침에 무너졌고 유목민족도 농경세계에 의해 쫓겨나면서 대규모 이동이 일어났다.

기원전 3세기 말에서 서기 3세기 초까지 아시아 동부는 대부분 중국의 진(秦)과 한(漢)나라의 판도 안에 포함되어 있었다. 남부는 농경지역이었고 북부의 초원지대와 사막지대는 유목민족의 세상이었다. 흉노(匈奴), 선비(鮮卑), 오환(烏桓), 월지(月氏), 오손(烏孫) 등이 이런 유목민족이었다. 당시 가장 강성했던 것은 흉노였는데 이들은 중국 대륙을 침략한 것은 물론 다른 유목민족도 제멋대로 침략했다. 흉노는 동쪽으로 진격하면서 동호(東胡)를 내쫓았고 이 동호는 오환과 선비로 나뉘어졌다. 흉노는 서쪽으로도 진출해 월지를 내쫓았고 월지는 계속 서쪽으로 갈 수밖에 없었다. 서쪽으로 이동하면서 월지는 오손을 격파했는데 후에 이 오손이 흉노와 연합하여 월지에게 복수를 가한다. 이에 월지는 둘로 나뉘어지게 되었는데 하나는 서쪽으로 이동한 대월지(大月氏)였고 또 하나는 기련산맥의 산악지대에 남아 강족(羌族)에 섞이게 된 소월지(小月氏)였다. 서쪽으로 이동한 대월지의 쿠샨(貴霜, 대월지는 이후 다섯으로 나뉘어지고 그중 가장 강했던 것이 쿠샨이었다)은 대하(大夏) 왕국의 토화라(吐火羅)와 연합하여 쿠샨(貴霜) 제국을 세웠다. 흉노는 남하하여 중국의 진, 한나라와 교전을 벌였으나 대부분은 패배했다. 이후 화친정책으로 이들은 잠시나마 평화를 유지하게 되었다. 그러나 무제 때 국력이 강성해진 한 왕조는 흉노에 대해 적극적인 공격 전략을 취했다. 한은 위청(衛靑)과 곽거병(霍去病)을 여러 차례 출병시켜 흉노를 공격했고 연이어 승리를 거두었다. 이에 안팎으로 곤경에 빠진 흉노는 결국 남북의 양파로 나뉘어지게 된다. 이중 남쪽의 흉노는 한 왕조에 투항해 한인(漢人)과 함께 살면서 점차 중국 민족에 융화되었

아틸라 두상
'신의 채찍'이라 불리던 흉노족의 왕 아틸라는 군을 이끌고 유럽 전역을 휩쓸어 로마인에게 엄청난 충격을 주었다.

서기 419년 서고트족이 프랑스 남서부 지방에 서고트 왕국을 세웠다. 이 부조의 아랫부분은 로마인에게 승리한 서고트족을 묘사하고 있다. 윗부분은 서고트 왕국이 정권을 수립하는 모습을 묘사한 것이다.

다. 북쪽의 흉노는 한 왕조, 선비와 같은 타민족의 공격을 받았다. 곳곳에서 공격을 당하는 상황에서 이들은 '멀리 물러나 퇴각' 할 수밖에 없었다. 이후 북흉노는 계속 서쪽으로 이동했고 가다 멈추다를 반복하면서 마침내 유럽 깊숙이까지 들어가게 되었다. 서쪽으로 이동하는 흉노의 압력에 못 이겨 다른 유목민족들도 마치 파도가 밀려가듯 연이어 유럽의 농경지역으로 들어갔다. 이것이 바로 유목민족의 대이동이다.

3세기에서 5세기는 위진(魏晉) 시대에 해당된다. 이때 북방 5개 유목민족인 흉노, 갈(羯), 선비, 저(氐), 강이 차례로 중국 북방에 들어갔다. 이들은 서진 정권을 무너뜨리고 연이어 16개의 정권을 세웠는데 이것이 바로 '5호16국(五胡十六國)'이다. 이들은 한족과 섞이면서 선진적인 한족의 문화를 받아들였고 점차 농경문명화 되었다.

4세기에서 5세기 초 중앙아시아의 유목민족인 에프탈족이 남쪽으로 이동하면서 사산조 페르시아, 인도(굽타 왕조) 등을 침략했다. 이들은 이후 페르시아와 인도의 선진 문화를 차례로 받아들이고 현지인에 동화되었다.

1세기, 동한(東漢)이 북흉노를 격파한 것을 시작으로 유목민족의 대이동이 일어났다. 아시아의 각 유목민족들뿐 아니라 유럽의 유목민족들도 동로마와 서로마 제국으로 몰려들었다. 이러한 이동은 유럽 문명의 발전 과정에 중대한 변화를 몰고 왔다.

고대 그리스와 로마인들은 주변의 낙후되고 개화되지 못한 민족들을 '만족(蠻族)' 혹은 야만인이라고 불렀다. 그들이 말한 야만인이란 주로 게르만족과 슬라브족이었다. 민족 대이동이 있기 전에 로마는 이 '야만' 인들과 교류하기도 했다. 이 '야만족' 중에 튜턴족과 킴브리족이 이탈리아에 침입하였고 로마도 이때부터 '야만' 적인 것을 받아들였다. 게르만족은 하나의 통칭으로 이들은 수많은 부족들로 갈린다. 크게는 동게르만족과 서게르만족으로 나눌 수 있으며 작센족, 수에비족, 프랑크족과 알라만족이 서게르만족에 속하고 고트족, 반달족, 룸바르드족이 동게르만족에 속한다. 이 중 고트족은 다시 동고트족과 서고트족으로 나뉜다.

흉노족의 이동은 유럽 민족의 대이동을 촉진시켰다. 372년 흉노는 엘람인을 격파했다. 이후 돈강을 건너 동고트를 침략했고 여기서 패배한 동고트왕은 자살했다. 이어서 375년 흉노는 서고트를 격파했고 이에 서고트족은 마침내 로마로 들어갔다. 이때부터 반달족, 수에비족, 알라만족, 부르군트족, 엘람족이 물밀듯이 로마로 몰려 들어갔다.

게르만족의 침입으로 로마는 동로마 제국(비잔틴)과 서로마 제국으로 나뉘어졌다. 이중 서로마 제국은 476년 끝내 게르만족에 의해 무너졌다. 서로마가 멸망한 후 그 영토는 '야만족' 천하가 되어버렸다. 그리고 서유럽과 북아프리카의 노예제 국가들이 무너지면서 봉건 시대가 시작되었다. 동로마 제국은 간신히 버텨가며 그 명맥을 1000년 더 유지했다.

4, 5세기에 대규모의 유목민족이 농경지역으로 이동한 것은 아시아와 유럽 대륙에서 보편적으로 일어난 현상이었다. 또한 이 시기는 세계 역사상으로도 아주 중요한 시기였다. 민족의 대이동은 농경지역과 유목지역의 교류를 촉진시켰고 인류 문명의 발전 과정 자체를 변화시켰다.

주요 연표

기원전 127년, 기원전 121년, 기원전 119년
서한이 세 차례에 걸쳐 흉노를 격파했다.

기원전 100년경
실크로드를 통해 로마와 중국 사이에 무역이 이루어졌다.

89년
동한의 군대가 3000리(1500km 정도)나 되는 긴 출정을 통해 북흉노를 격파했다. 이에 흉노족은 서쪽으로 이동했다.

395년
로마 제국 분열

476년
서로마 제국 멸망

기원전 2세기에 진흙으로 만든 파르티아의 전사 두상

파르티아, 동서교역로를 장악하다

안식국(安息國)이라고도 불리는 파르티아는 이란 고원 동북부와 카스피해 남동부 일대에 위치해 있었다. 이 지역은 원래 페르시아 제국의 영토였는데 알렉산드로스의 동방원정으로 페르시아가 멸망하면서 알렉산드로스 제국 판도에 편입되었다. 그러나 알렉산드로스 제국이 무너진 후에는 다시 셀레우시드 왕국의 속지가 되었다.

기원전 247년 셀레우시드 왕국과 이집트의 톨레미 왕조가 전쟁을 벌인 틈을 타 파르니족이라고 불리는 유목민족이 현지인과 함께 셀레우시드 왕국에 반기를 들었다. 이들이 독립을 해 세운 것이 바로 '파르티아'다. 파르니족의 왕이었던 아르사케스가 국왕이 되었다 (기원전 247~기원후 226년)

파르티아의 독립을 인정할 수 없었던 셀레우시드 왕국은 여러 차례 병력을 풀어 정벌에 나섰다. 파르티아는 패배를 하기는 했지만 독립국의 지위를 잃지는 않았다. 그런데 바로 이때 로마인들이 동쪽으로 서서히 진출하기 시작했다. 이 때문에 셀레우시드 왕국은 더 이상 동부의 파르티아를 신경 쓸 수가 없었다. 온 힘을 다해 서쪽에서 몰려오는 로마를 막아야 했다. 기회가 왔음을 안 파르티아는 이 틈을 타 서쪽으로 진출했다. 서쪽으로의 진출이 순조롭게 진행되어 파르티아는 기원전 155년과 기원전 141년 각각 메디아와 셀레우키아를 점령했다. 그 후 바빌로니아도 파르티아의 수중에 들어갔다. 전쟁은 계속 이어졌지만 이미 열세에 처해 있던 셀레우시드 왕국은 시리아 일대로 몰리고 말았다.

기원전 64년 로마가 셀레우시드 왕국을 쓰러뜨려 파르티아와 직접 대치하게 되면서 이 둘은 충돌을 피할 수 없게 되었다. 로마의 '제1차 삼두동맹' 중 한 사람이었던 크라수스가 바로 이 파르티아와의 전쟁 중에 사망했는데 이것이 기원전 53년의 일이다. '제2차 삼두동맹' 중 한 사람이었던 안토니우스도 과거에 파르티아와 전쟁을

📝 주요 연표

기원전 247년
아르사케스가 파르티아를 세웠다.

기원전 64년
로마가 셀레우시드 왕국을 쓰러뜨렸다.

기원후 226년
파르티아 왕국이 멸망했다.

벌인 적이 있었으나 그때는 로마와 파르티아가 각각 한 번씩 승리를 나눠가졌었다. 이후에도 파르티아와 로마는 때로는 충돌하고 또 때로는 평화로운 관계를 유지했다. 그러나 평화로울 때보다는 서로 전쟁을 벌일 때가 많았고 이런 관계는 200여 년이나 계속되었다.

파르티아는 분명히 페르시아의 계승자라고 할 수 있을 것이다. 경제적으로는 파르티아도 페르시아처럼 불균형 발전의 문제를 안고 있었다. 그러나 정치적으로는 아주 느슨했다. 페르시아는 각 성(省)별로 행정제도까지 실시하고 총독을 파견해 통치했다. 이에 비해 파르티아의 각 지방에서는 기본적으로 자치가 이루어졌고 왕권도 그다지 강하지 않아서 귀족들의 제약을 받았다. 언어와 문화면에서도 파르티아는 기본적으로 페르시아의 유산을 충실히 이어받았다.

쿠샨 제국이 일어난 후 파르티아는 점점 기울어갔다. 쇠약해져 있었던 데다가 국내에서도 반란이 그치지 않는데 로마와 다시 맞붙게 되어 안팎으로 곤경에 처해 있었다. 226년 마침내 파르티아는 멸망했고 사산조 페르시아가 파르티아를 대신하게 되었다.

석가여래좌상(釋迦如來坐像)
불교를 숭상한 쿠샨 왕조는 인도의 대승불교를 발전시키고 널리 퍼뜨렸다.

쿠샨 제국, 대승불교를 일으키다

대하국(大夏國)이라고도 불리는 박트리아는 힌두쿠시의 북쪽 산기슭과 아무다리아강 상류 일대에 위치해 있었다. 이 지역도 파르티아처럼 원래는 페르시아에 속했었지만 알렉산드로스 제국의 영토가 되었다가 다시 셀류시드 왕국의 속지가 되었다.

기원전 3세기 중엽, 박트리아의 셀류시드 총독이 독립을 선포하고 박트리아 왕국을 세웠다. 이를 그냥 보고 있을 수만은 없었던 셀류시드 왕국은 병사를 보내 정벌에 나섰다. 그러나 박트리아를 완전히 격파하지 못한 채 박트리아 왕국을 신하의 나라로 인정하고 조공을 바치게 했다. 기원전 2세기경 박트리아는 최전성기에 도달해 그 영토가 지금의 아프가니스탄과 파키스탄을 포함하게 되었고 인도 북서부까지 진출했다. 그러나 그 후 박트리아는 본토와 인도로 나뉘어졌고 다시 수많은 나라로 갈라지면서 멸망의 길을 걸었다. 박트리아 제국이 처음 독립해서 멸망하기까지 걸린 시간은 채 100년이 되지 않았다.

✎ 주요 연표

기원전 3세기 중엽
박트리아 왕국 수립

기원전 1세기 중엽
쿠샨 제국 건립

1세기 말
쿠샨 제국이 중국의 한 왕조와 전쟁을 벌여 패한 후 화해했다.

3세기
쿠샨 제국이 무너졌다.

흉노족이 서쪽으로 이동하면서 월지를 격파했고 이에 월지는 대월지와 소월지로 갈라진다. 계속 서쪽으로 이동할 수밖에 없었던 대월지는 박트리아 본토를 점령해 정착했다.

1세기 중엽에 월지의 한 갈래였던 '쿠샨'이 쿠샨 제국을 세웠다. 쿠샨 제국의 창시자는 쿠줄라 카드피세스였다. 왕위를 이어받은 그의 아들 비마 카드피세스(65~75년)가 남쪽에 위치한 인도로 진출해 갠지스강 상류를 점령했다. 비마 카드피세스의 뒤를 이은 카니슈카(78~102년)는 쿠샨 왕조에서 최고의 명성을 떨친 군주였다. 그는 비마 카드피세스 사망 후에 일어난 왕위 쟁탈전을 통해 쿠샨 왕조의 왕좌를 차지했다. 카니슈카의 재위기간 중 쿠샨 왕조는 서쪽의 파르티아를 격파하고 남쪽의 인도를 정복하며 최전성기를 맞이했다. 서기 90년에는 중국의 동한과 한 차례 맞붙었으나 패

세계사적 성과 쿠샨 왕조 시기, 불교가 크게 발전하면서 이후 널리 보급될 수 있는 기틀이 마련되었다.

해 화해했고 이후 쿠샨과 동한은 평화로운 관계를 유지했다.

쿠샨 제국도 내부적으로는 사회, 경제적 불균형에 시달리고 있었다. 정치적으로는 중앙집권제도를 실시하고 있었지만 불완전한 수준이었고 각 지방에 대한 중앙의 통치도 모두 달랐다. 서기 2세기의 쿠샨 왕조는 기본적으로 통일을 유지하고는 있었지만 3세기에 이르러 수많은 나라로 나뉘어졌고 결국 멸망했다.

쿠샨 왕조 시기에 불교가 널리 퍼지고 발전한 것은 일대 사건이었다고 할 수 있다. 카니슈카는 외래 민족의 신분으로 인도를 점령했기 때문에 브라만 계급상으로 그에게는 아무런 지위가 없었다. 이러한 이유 외에도 카니슈카가 불교를 믿은 것은 첫째, 불교가 '모든 중생이 평등하다'고 주장했기 때문이었고 둘째, 종교를 이용해 효과적으로 사회적 모순을 완화시키고 나아가서는 사회질서를 조율할 수 있었기 때문이었다. 바로 이 두 가지 때문에 카니슈카가 불교를 숭상하게 되면서 사찰을 짓고 불상을 조각하고 큰 규모의 법회를 열었다. 이렇게 해서 불교는 순식간에 크게 번성하게 되었다.

쿠샨 왕조 시기에 불교는 이미 '대승(大乘)'과 '소승(小乘)'의 두 파로 갈라져 있었다. 둘 사이에는 큰 차이가 있었지만 놀랍게도 카니슈카는 이 둘을 모두 받아들였다. 그 후 '대승' 불

쿠샨 제국은 '실크로드'가 지나가는 곳에 위치해 있었다. 이 때문에 쿠샨 왕조와 중국 사이의 무역은 크게 번성했다. 낙타를 탄 사람들은 재물을 싣고 이 길을 따라 동과 서를 오갔고 이는 동서방의 교류를 촉진시켰다.

탁트 이 바히 불교 유적
이곳은 고대 '실크로드'의 교통 요지에 위치해 있다. 서기 2세기경 쿠샨 제국의 카슈니카가 세워 5세기까지 번영을 지속한 불교 성지다.

니사는 파르티아의 수도였다. 니사 부근에서 발견된 뿔잔.

교는 북방을 거쳐 중국에 전해졌고 다시 한국과 일본으로 전해졌다. '소승' 불교는 남방을 거쳐 스리랑카에 전해졌고 다시 동남아 각국으로 전해지기에 이른다.

기독교의 성장과 로마의 멸망

옥타비아누스가 세상을 떠난 후 로마는 200여 년간 평화를 유지했는데 이는 역사적으로 상당히 보기 드문 일이다. 물론 그 사이에도 분쟁은 있었지만 그다지 중요하지 않았다. 68년 폭군 네로가 자살한 후 로마 정국은 잠시 혼란을 겪었다. 96년 네르바가 원수가 되어 안토니누스 왕조가 시작되었다. 192년까지 이어진 안토니누스 왕조는 정국이 안정되고 경제가 발전한 로마 제국 역사상의 '황금기'였다.

2세기 말부터 3세기 말까지 로마는 전면적인 위기를 겪었다. 노예제 경제가 이미 갈 때까지 간 상태였고 정치적으로도 혼란이 그치지 않았다. 193년 안토니누스 왕조가 막을 내리고 그 뒤를 이어 세베루스 왕조가 열렸다. 그러나 235년에 세베루스 왕조도 멸망하고 만다. 제국 바깥의 상황도 결코 낙관적이지 않았다. '유목민족의 대이동'이 이미 시작된 터였다. 프랑크족과 고트족이 서부 국경을 넘어 로마 제국에 진입했고 동부의 사산조 페르시아도 이미 번성하고 있었다.

혼란한 상황은 284년이 되어서야 호전되었다. 이 해에 즉위한 디오클레티아누스가 일련의 개혁 정책을 펴면서 어느 정도 제국의

브라운 박사의 인물 탐구

디오클레티아누스 로마 황제. 일련의 개혁을 단행했다.

콘스탄티누스 로마 황제. 콘스탄티노플로 수도를 옮겼다.

주요 연표

68년
로마의 폭군 네로가 자살했다.

96년
로마가 안토니누스 왕조 시대로 접어들었다.

284년
디오클레티아누스가 로마 정권을 얻어 일련의 개혁을 추진했다.

306년
콘스탄티누스가 즉위하여 제국의 수도를 로마에서 콘스탄티노플로 옮겼다.

392년
로마 황제 테오도시우스가 기독교를 국교로 확정했다.

395년
로마 제국이 동과 서 둘로 나뉘어졌다.

476년
서로마 제국이 멸망했다.

우뚝 솟아 있는 100피트 높이의 웅대한 이 성은 제국 시기 로마의 국력이 강성했음을 증명해준다. 그러나 두려움에 떨며 성과 성벽을 건설했을 그 초심이야말로 로마 패망의 조짐이었다.

세계사적 성과 ——— 기독교의 탄생 ➡ 로마의 법률제도, 로마인이 전 인류에게 물려준 소중한 유산 ➡ 로마가 남긴 판테온, 대형 원형 경기장 같은 독보적인 건축물

통치를 안정시켰다. 306년 재위에 오른 콘스탄티누스는 디오클레
티아누스의 '4분 통치제' 를 폐지하고 완전한 전제군주정을 실시
했다. 게다가 제국의 수도가 로마에서 동방의 비잔틴으로 옮겨
진 후 비잔틴의 이름도 콘스탄티노플로 바꾸었다.

395년 로마 황제 테오도시우스가 사망하고 그의 두 아들이
뒤를 이었다. 이렇게 해서 로마가 동부와 서부로 나뉘어졌는데
동부는 비잔틴 제국이라 불렸고 서부는 서로마 제국이라고
불렸다. 이때가 바로 로마가 '야만족' 들의 침입 하에 있었던
시기였다.

410년 서고트인이 로마를 함락시켰고 455년에는 반달족이 다시

오늘날 디오클레티아누스의 전경
황궁에서 내려다보면 아름다운 항구도시 스플리트를 볼 수 있다.

로마를 함락시켰다. 이어서 476년 게르만족 오도아케르가 로
마의 마지막 황제 로물루스를 내쫓으면서 서로마 제국
은 멸망했다. 그러나 동로마 제국, 즉 비잔틴 제국
은 1000년이나 더 지속되었다. 동로마 제국과 서
로마 제국은 운명이 달랐던 것이다.

로마 제국 시대의 또 다른 사건은 기독교의
탄생이라고 해야 할 것이다. 기독교는 본래 유
대교의 한 파였으나 어떤 방면에서는 이미
유대교를 뛰어넘어 있었다. 사상 면에서
기독교는 오직 유대 민족만이 여호와가
'선택한 민족'이라고 보는 유대교와는

피에타

달리 하느님은 모든 인간을 사랑하신다고 외쳤다. 이는 자연스럽
게 기독교의 기반을 대중적으로 확대하였다. 게다가 예수는 여호
와와 비교했을 때 더 다정하고 자상하며 친근한 느낌을 주었다. 예
수는 서기 원년에 태어났다고 한다. 기독교의 경전인 《신약성서》는

카타콤베

대략 1세기에서 2세기경에 책으로 만들어졌으며 그리스 문자로 씌어졌다.

기독교는 탄생 이후 혹독한 탄압을 받았지만 콘스탄티누스가 기독교에 대한 태도를 바꾸었고 313년에는 '밀라노 칙령'을 반포해 기독교의 합법성을 승인했다. 콘스탄티누스는 또 323년 제1차 공의회를 열어 기독교의 정통 교의를 제정했다. 이어 392년 로마 황제 테오도시우스가 법령을 반포해 정식으로 기독교를 국교로 확정했다.

3

중세
봉건시대의
각축전

로마가 무너진 후 르네상스에 이르기까지의 시기를 중세라고 부른다. 유럽 역사에서 중세는 소리 없는 암흑의 시대였다. 이 시기에 이루어진 동서교류에서 동방은 경제, 문화, 군사 등 어느 분야를 막론하고 모두 뚜렷한 우세를 보였다. 강성했던 당(唐) 제국은 전 세계에 영향을 미쳤고 떠오르던 아랍 제국들은 신속한 발전을 이루면서 유럽과 아시아, 아프리카를 아우르는 대제국으로 성장했다. 더우이 칭기즈칸이 세운 원(元) 제국의 말발굽은 도나우강까지 닿았다. 이렇게 엄청난 차이가 동양에 대한 유럽인들의 동경을 불러일으켰다. 그들은 중국과 인도가 황금으로 가득찬 국가라고 여겼고 이것이 유럽인이 새로운 항로를 개척하는 원동력이 되었다.

01 수당(隋唐) 제국과 북방제국

The Light of Orient

수와 당, 중국 봉건사회 발전의 최고봉

남북조의 대분열을 거치면서 중국은 다시 통일되었다. 581년 양견(楊堅)이 북주(北周)의 정권을 탈취하고 수를 세웠는데 그가 바로 수 문제(文帝)다. 589년 남조의 마지막 왕조 진(陳)이 수에 의해 무너지면서 316년 서진(西晉)이 멸망한 후부터 270여 년 동안 분열을 겪던 중국은 다시 통일을 이루었다.

하지만 수 왕조는 금세 막을 내렸다. 수가 이렇게 금방 무너진 것은 전적으로 방탕하고 잔학했던 수 양제(煬帝)의 탓이었다. 그는 자신의 즐거움을 위해 국력은 생각지도 않고 대규모 토목공사를 벌였고 수차례에 걸쳐 외국에 군대를 보내 백성들을 재난과 고통에 허덕이게 했다. 이 때문에 농민들이 일으킨 반란의 불씨는 너른 들판을 태우며 커져만 갔다.

이연(李淵)은 이런 상황을 틈타 일어났다. 그는 수 왕조의 귀족으로 조상의 벼슬을 물려받아 당 왕조의 국공(國公)이 된 인물이다. 618년 수 양제가 살해당한 후 이연은 양유(楊侑)를 폐하고 스스로 황제로 즉위해 국호를 당으로 고쳤다. 이후 몇 년 동안 당의 군대는 지속적으로 각지의 반란을 진압해 나갔다. 이 결과 623년 당은 기본적인 통일 전쟁을 끝마쳤다.

이연의 아들 이세민(李世民)은 현무문(玄武門)의 정변을

당 태종 상

일으켜 아버지가 자신을 왕위 계승자로 인정하게 만들었고 마침내 황제의 자리에 올랐다. 그가 바로 그 유명한 당 태종(太宗)이다. 황제 자리를 물려받은 후 경제 쇠퇴와 민생불안의 문제에 맞닥뜨린 태종은 국민들의 부역과 부담을 줄이고 생활을 안정시킬 수 있는 정책을 폈다. 오랫동안 심혈을 기울여 나라를 다스린 결과는 당나라의 번영으로 이어져 이를 '정관의 치(貞觀之治)'(정관은 당 태종의 연호다)라고 부른다.

태종의 뒤를 이은 것은 고종(高宗)이었다. 마음이 약하고 무능했던 고종은 손에 쥔 대권을 그대로 무측천(武則天)에게 넘겨주고 말았다. 무측천은 본래 당 태종의 후궁이었으나 고종 때 황후가 되었다. 고종이 사망한 후 무측천은 690년에 스스로 황제가 되었고 국호를 주(周)로 바꾸었다. 중국 역사상 유일한 여황제, 무측천은 이렇게 탄생했다. 무측천의 재위기간 동안 당나라의 사회, 경제는 지속적으로 발전해 태평성대의 기반을 마련했다. 서기 712년 이륭기(李隆基)가 왕위를 계승하였는데 그가 바로 현종(玄宗)이다. 현종이 통치에 애쓴데다가 몇 대에 걸쳐 쌓은 기반까지 더해져 당나라는 현종 재위기간에 마침내 최전성기에 도달하게 된다. 역사는 이 때를 가리켜 '개원의 치(開元之治)' 라고 부르고 있다. 그러나 현종은 점점 술과 여자에 빠져들었고 이 틈을 탄 소인배들이 정권을 잡고 국정을 어지럽히는 결과를 낳고 말았다. 마침내 서기 755년 안사(安史)의 난이 일어나자 반란군이 빠른 속도로 낙양을 공격하여 함락시켰다. 이 반란군들은 한때 당나라의 수도였던 장안(長安)까지 점령했을 정도였으나 현종은 장안이 함락되기 직전 빠져나와 사천(四川)으로 도망쳤다. 그 후 곽자의(郭子儀), 이광필(李光弼) 등이 노력에 힘입어 장안과 낙양을 수복하고 반란군을 평정한 당은 점차 회복세로 돌아섰다.

당 현종 상

무후보련도(武後步輦圖)

그러나 안사의 난으로 당 왕조는 쇠락의 길로 접어들게 되었다. 각 지방의 절도사(節度使, 당 나라 때 북방 이민족의 침입을 막기 위해 파견한 관리)들이 이 기회를 틈타 자신의 근거지에서 할거하면서 병력을 늘린 결과 번진(藩鎭, 절도사를 최고 권력자로 하는 지방 지배체제)이 난립하게 되었다. 이후 농민 반란까지 겹치면서 당은 하루가 다르게 쇠퇴해갔다.

907년 절도사 주온(朱溫)이 당의 소선제(昭宣帝)를 폐위시키고 스스로 황제가 되었다. 그리고는 국호를 양(梁, 이전에 존재했던 같은 이름의 왕조와 구별하기 위해 후(後)자를 붙여 후량으로 부른다)으로 고치고 변주(汴州, 지금의 하남성 개봉)를 수도로 정했다. 주온은 후량의 태조로 등극했고 당나라는 무너졌다. 결국 중국은 다시 한 번 분열 속으로 빠져들었는데 이것이 바로 '5대10국(五代十國)'이다.

수와 당 시대, 특히 당은 중국의 봉건 사회 발전의 최고봉을 이룬 시대였다. 당나라의 휘황찬란한 문명은 동시대의 세계 어디에서도 찾아볼 수 없는 독보적인 것이었으며 지금도 세계인들의 찬사를 받고 있다. 오늘날 중국인들이 모여 사는 해외 지역이 '당나라 사람들의 거리(唐人街)'라고 불리는 것도 여기서 유래한 것이다.

세계사적 성과   대운하 건설 ➡ 당시(唐詩) ➡ 회화, 건축, 당삼채 ➡ 《대연력(大衍曆)》 ➡
의학의 발전, 《千金方》

송(宋)의 문치주의와 요(遼), 금(金)의 융성

907년 주온이 당 소선제를 폐하고 스스로 황제 자리에 오르면서 5대10국 시대가 시작되었다. 5대 10국 이후로 요, 서하(西夏), 금, 그리고 북송(北宋), 남송(南宋)이 공존하는 시기가 시작된다.

960년 조광윤(趙匡胤)이 진교병변(陣橋兵變)을 일으켜 후주(後周) 정권을 탈취하고 북송을 세웠다. 조광윤은 국호를 송(宋)으로 짓고 개봉에 도읍지를 정한 후 북송을 연 황제가 되었다. 송의 태조와 태종은 재위기간 중 지방 할거세력을 하나하나 제거했다. 이렇게 중국 대륙을 평정한 후 북송은 두 차례에 걸쳐 요(遼)를 정벌하러 나섰다. 이것이 바로 고량하(高梁河) 전투와 옹희(雍熙) 전투다. 두 차례의 북벌이 모두 실패로 돌아가면서 요에 대한 송의 공격은 쌍방의 대치상황으로 변화했다.

당나라 이후 나타난 번진의 할거 현상을 감안한 조광윤이 전국을 통일하자마자 한 일이 바로 배주석병권(杯酒釋兵權, 조광윤은 황제가 된 후 새로운 나라를 세우는 데 도움을 주었던 장수들을 어떻게 처리해야 할 것인가를 두고 고심했다. 당 왕조의 지방 세력인 절도사들이 번진을 근거지로 하여 어떻게 할거했는지 너무나도 잘 알고 있었기 때문이다. 당시 조광윤은 개국을 도왔던 장수들을 하나하나 불러 주연을 베풀면서 높은 관직을 줄 테니 병권을 내놓으라고 압력을 가했고 이에 장수들은 하나 둘 병을 핑계로 군대의 요

주요 연표

581년
양견이 수 왕조를 세웠다.

618년
수 양제가 살해되고 이연이 황제가 되어 국호를 당(唐)으로 고쳤다.

690년
무측천이 황제가 되어 국호를 주(周)로 고쳤다.

907년
당 왕조가 멸망했다.

송 태조 조광윤의 초상

세계사적 성과 북송이 멸망하고 남송이 남쪽으로 이동하면서 양자강 이남 지역이 한층 더 발전하게 되었으며 중국의 경제 중심지도 남쪽으로 옮겨졌다. ➡ 과학상의 가장 큰 업적은 분명 인쇄술의 발명일 것이다. 이는 4대 발명 중 하나다. ➡ 문학상의 성과는 주로 송사(宋詞)에 있다. 소식(蘇軾), 신기질(辛棄疾) 등의 유명한 시인이 바로 이 송사의 발전 과정에서 출현했으며 걸출한 여류 시인 이청조(李淸照)도 이때 나타났다. 이 외에도 송대에는 서예, 회화, 도자기 방면에서 새로운 양상이 나타났다.

직에서 물러났다고 한다. 이것이 바로 '술잔으로 병권을 내놓게 했
다'는 의미의 '배주석병권(杯酒釋兵權)'이다)이었다. 이를 통해 장
수들의 병권을 도로 찾아온 그는 이 조치와 함께 몇 가지 다른 조
치를 실시해 북송 초기에 안정을 이룩했다.

송의 진종(眞宗), 인종(仁宗), 영종(英宗), 신종(神宗) 시기가 북송
의 중기에 해당된다. 이 시기에는 변법개혁(變法改革, '변법개혁'
은 모든 것을 다 바꾸는 것이 아니라 그 전의 법을 바꾸어 개혁을
하자는 의미다)이 최고조에 다다랐다. 경력신정(慶曆新政, '경력
(慶曆)'은 북송 인종의 연호다. 당시의 정치가 범중엄(范仲淹)이 재
정과 인재 등용에 관한 10가지 개혁 조치를 인종에게 올렸는데 이
것이 바로 '경력신정'이다. 경력신정은 왕안석의 변법에 선구적인
역할을 했다)과 왕안석(王安石)의 변법이 모두 이 시기에 전개된
것이었다.

1069년에는 왕안석이 변법을 단행했다. 왕안석이 변법을 단행
한 목적은 부국강병(富國强兵)으로 부국은 경제 영역의 임무였고
강병은 군사상의 변혁을 목적으로 하고 있었다.

한편 거란족은 역사가 오래된 민족이었다. 당나라 말기부터 5대
에 이르는 기간 동안 점점 강대해진 이 민족은 끝없는 대외 확장을
추진하고 있었다.

이런 와중에 916년 야율아보기가 오늘
날 내몽골의 시라무렌강 유역에서 거란
국을 세우고 요의 태조가 되었다. 926년
야율아보기가 병으로 사망하고 야율덕광
이 왕위를 계승해 요의 태종이 되었다.
947년에 요는 후진(後晉)을 멸망시키고
나라를 세웠는데 국호는 대요국(大遼國)
이었다. 982년 겨우 12살의 나이로 성종

진교병변 유적지(오늘날의 하남성 개봉 진교현)
문 앞에는 비석이 세워져 있는데 그 비석에 '송 태조가 정변을 일으켜 정권을
장악한 곳'이라고 씌어 있다.

(聖宗)이 왕위를 이어받자 그의 어머니인 승천황태후(承天皇太后)가 정권을 장악했다.

1004년 요의 성종과 소태후(蕭太后)가 군대를 이끌고 남하해 송의 역내로 진입했다. 이들이 송의 수도 개봉을 직접 위협하자 송 황제는 놀라움을 금치 못했다. 이후 요와 송 양국이 전연지맹(澶淵之盟)을 맺고 상당히 오랜 기간 동안 평화를 유지했다. 성종은 50년에 달하는 재위기간 동안 많은 업적을 쌓았으나 성종 시대의 말기가 되자 요도 쇠락의 길을 걷기 시작했다. 1125년 요는 여진족인 금(金)에 의해 멸망했다. 이때 서쪽으로 달아난 요의 한 부류가 서요국(西遼國)을 세웠다. 그러나 이 나라도 1218년 몽골에 의해 멸망했다.

금 왕조의 창시자는 여진족이었다. 여진족은 요의 압제에 시달렸으나 결국은 일어나 반기를 들었고 1115년 마침내 완안아골타(完顏阿骨打)가 황제가 되어 대금국(大金國)을 세웠다. 1123년 완안아골타는 세상을 떠났고 1125년 금은 요를 무너뜨렸다.

이렇게 송과 요의 갈등은 점차 송과 서하의 갈등에 자리를 내주었고 금은 하루가 다르게 강성해지고 있었다. 그러나 북송은 쇠망의 길에 접어들어 있었고 북송 중기 말엽에 이르러서는 금과의 갈등이 뚜렷해지기 시작했다. 송 철종(哲宗), 휘종(徽宗), 흠종(欽宗) 시대는 북송 역사의 제3단계로 북송이 쇠망의 길을 걸었던 시기이기도 하다. 1127년 금은 휘종과 흠종 두 황제를 북쪽으로 납치해갔다. 북송이 멸망한 후 이 사건은 '정강지난(靖康之難)'(정강은 당시 송 흠종의 연호)으로 불리게 되었다.

정강(靖康) 2년인 1127년 5월, 강왕(康王) 조구(趙構)가 남경의 응천부(應天府, 오늘날의 하남 상구)에서 즉위해 송의 고종(高宗)이 되었다. 그는 연호를 건염(建炎)으로 바

📎 주요 연표

916년
야율아보기가 거란국을 세우고 요의 태조가 되었다.

960년
조광윤이 북송 왕조를 수립했다.

1004년
요와 송이 '전연지맹(澶淵之盟)'을 맺었다.

1115년
완안아골타가 황제가 되어 대금국을 건설했다.

1125년
요가 금에 의해 멸망했다.

1127년
북송이 무너졌다.

1234년
금이 멸망했다.

1279년
남송이 멸망했다.

악비가 앉아 있는 모습. 이 그림은 오늘날의 절강성 항주 악왕묘(岳王廟) 안에 있다.

꾸고 남송을 세웠다. 이후에 송의 고종이 임안(臨安, 오늘날의 항주)으로 도망가면서 임안이 남송의 수도가 되었다.

남송 역사는 두 단계로 나눌 수 있다. 1127년부터 1224년까지가 제1단계로 이때 남송은 금과 대립하면서 투쟁을 벌이고 있었다. 사회는 불안한 상태를 벗어나 비교적 안정을 찾아가고 있었지만 남송 사람들은 '중흥'을 꿈꾸며 중국 대륙으로 돌아가고 싶어했다. 금과 대적해서 싸운 유명한 장수 악비(岳飛)도 바로 이 시기에 출현한 사람이었다. 하지만 악비가 풍파정(風波亭)에서 사망하면서 중국 대륙으로 돌아가고자 했던 남송 사람들의 꿈은 결국은 물거품이 되고 말았다.

1227년과 1234년 서하와 금이 차례로 무너졌다. 당시 떠오르고 있던 몽고와 송은 갈등을 일으켰고 이것이 남송 후기 발전에 영향을 미쳤으며 남송 정부는 더욱 부패해갔다. 결국 1279년 남송도 무너졌다.

중국의 요, 송, 금 시대는 두 가지 경향을 보인다. 첫째, 이 시기는 민족 대융합의 시기였다. 북방의 소수민족 남하는 중원의 한족에게 가늠할 수 없는 고통을 주었지만 결국 이는 강력한 민족 대융합을 촉진시켰다. 둘째, 이 시기 중국의 경제 중심지가 황하 유역에서 남쪽의 양자강 중하류 지역, 즉 절강성(浙江省) 일대로 옮겨졌다. 이런 상황은 오늘날까지도 이어지고 있다.

안문관(雁門關)
연운16주(燕雲十六州)라는 천연의 장벽을 잃은 북송은 북방 이민족 기병들의 침입을 막기 위해 관을 설치하여 수비를 강화할 수밖에 없었다. 지금의 신서성 대현(大縣)의 안문관이 바로 그 중 하나로 양업(楊業)이 바로 이곳에서 요의 군대를 무찔렀다.

02 짧고 찬란했던 인도의 중흥

Harsha Empire

굽타왕조, 힌두교와 마누법전

마우리아 왕조가 멸망한 후 숭가 왕조와 칸바 왕조가 나타났지만 이들은 곧 사라져 버렸다. 서기 전후로부터 약 300여 년에 이르는 기간 동안 인도는 극심한 혼란에 빠져 있었다. 안으로는 끊임없는 분열에, 밖으로는 침략에 시달렸다. 이런 와중에서 파르티아 왕조와 쿠샨 왕조가 차례로 인도를 통치했다.

서기 3세기 이후 쿠샨 제국이 점차 몰락하면서 인도 대륙의 북서부와 북부지역은 수많은 나라로 갈라졌다.

4세기 초, 갠지스강 상류 지역에 있던 어느 작은 나라의 군주 실리 굽타 가문이 강성해지면서 이웃 국가들을 제압하고 강국으로 발돋움했다. 그러던

이 조각은 힌두교에서 가장 존경받는 신 비슈누를 묘사한 것이다. 굽타 왕조 시기에는 흥성하던 불교가 쇠락한 반면 힌두교가 다시 선두에 올라섰다.

중 320년 찬드라굽타 1세가 굽타 왕조를 세웠다. 왕의 자리에 있었던 기간(320~335년) 동안 찬드라굽타는 굽타 왕조를 강대한 국가로 만들기 위한 견고한 기반을 다졌다.

세계사적 성과 굽타 왕조가 대승불교의 중심지인 나란다 사원을 세웠다. ➡ 원주율 3.1416을 계산했다.

찬드라굽타 1세의 아들 사무
드라굽타는 통치 기간(335~
380년) 중 서쪽 정벌을 시작하
여 갠지스강 상류와 인더스강
유역의 동부지역을 정복했다.
동쪽으로도 진격해 갠지스강
하류에서 삼각주에 이르는 대
부분의 지역을 손에 넣었다. 마

굽타 시기의 석두 사원

지막으로 군을 이끌고 남하하여 오리사주와 데칸 고원 동부에 도
달했다. 이 당시 굽타 왕조의 세력은 말라이 반도와 자바, 수마트
라 등지까지 뻗쳐 있었다.

사무드라굽타의 아들 찬드라굽타 2세(380~413년) 때는 정치,
경제, 군사, 문화 등 각 방면에서 굽타 왕조의 실력이 최정상에 올
랐던 전성기였다.(찬드라굽타 2세가 비그라마디티아라고도 불린
다. '용감한 태양'이라는 뜻으로 초일왕(超日王)이라고 한다) 수년
간의 통치를 거쳐 찬드라굽타 왕조의 영토는 아라비아 해안까지
이르게 되었다. 또한 북인도 동서해안에서 번성하던 도시들과 항
구도 지배했는데 이는 찬드라굽타 왕조의 수공업과 공업 발전에
긍정적인 영향을 미쳤다.

굽타 왕조 통치 시절 북인도는 정치적으로 안정되었고 경제와
문화가 번영했다. 사무드라굽타는 학문과 무예에 모두 뛰어났던
국왕이었다. 그는 평생을 그칠 새 없는 전장 속에서 살았지만 시를
짓는 데도 능해서 '칼리다사(시인 국왕)'라는 칭호도 얻었다. 굽타
왕조의 국왕은 학문을 매우 중시하여 인재를 키우는 데 주의를 기
울였다. 또, 국왕은 비록 힌두교를 신봉했지만 다른 종교에도 관용
적인 태도를 취했다.

수리관개를 중요하게 여긴 찬드라굽타 2세는 수리 공사를 강화

브라운 박사의 인물 탐구

🕮 찬드라굽타 1세 굽타 왕조의 창
시자
🕮 비그라마디티아 찬드라굽타 2
세의 재위 시절에 굽타 왕조는
최전성기에 도달했다.

하여 북인도 농업 발전을 촉진시켰다. 당시에는 이미 철제 농기구가 보편적으로 보급되어 사용되고 있었다. 뿐만 아니라 수공업이 크게 발달해 있었고 상업도 번성해 있었다.

대승불교도 여전히 성행하고 있었다. 이렇듯 이때는 각종 종교와 힌두교의 각 교파가 모두 자유롭게 발전을 이루고 있었다. 대승불교의 중심지인 나란다 사원은 굽타 왕조와 그 이후 시대의 문화와 학문의 중심지로 발전했다. 비그라마디티아, 즉 찬드라굽타 2세의 아들, 쿠마라굽타 1세 재위기간(약 415~455년)에 건축되기 시작한 나란다 사원은 그 이후에도 후대 왕들이 물려받아 계속 확장 건설했다. 이렇게 해서 나란다 사원은 웅장한 규모의 최고 학부로 탄생하게 되었다.

천문학과 수학 방면에서 대단한 성과를 올렸다. 굽타 왕조 후기의 대수학자이자 천문학자였던 아리아바타는 원주율 값 3.1416을 정확히 계산해냈으며 지구는 자신의 축을 중심으로 도는 구체라고 판단했다.

그러나 찬드라굽타 2세가 사망한 후 굽타 왕조는 심각한 내부 분열에 휩싸이기 시작했다. 나르마다강 유역에 살던 부족 푸쉬야미트라인이 반란을 일으켜 굽타 왕조의 통치에 반기를 들었다. 반란은 곧 진압되었지만 외부에서 쳐들어온 에프탈족(백흉노족)의 위협에 직면하게 되었다. 에프탈족은 중앙아시아의 유목민족으로 5세기 말 토라마나가 에프탈의 국왕이 되었다. 그는 굽타 왕조가 쇠락해가는 틈을 타서 6세기 초에 대대적인 인도 공습을 펼쳤다. 마침내 540년 굽

주요 연표

320년
찬드라굽타 1세가 굽타 왕조를 건설했다.

399년
중국 승려 법현이 장안에서 인도로 경전을 구하기 위해 출발했다.

540년
굽타 왕조가 멸망했다.

6세기에 건설된 인도 마하보디 사원

타 왕조가 멸망했다.

굽타 왕조는 인도가 노예제 사회에서 봉건 사회로 넘어가는 과도기에 위치해 있었으며 역사적으로도 중요한 지위를 차지하고 있다.

하르샤왕조, 인도문화의 완성

인도의 굽타 왕조가 에프탈족에 의해 멸망당하고 수 십년이 지난 후 에프탈국도 얼마 못 가 무너졌다. 때문에 6세기 말에서 7세기 초에 북인도는 다시 한 번 분열 상태에 빠졌다. 한동안의 분쟁과 동요를 거쳐 인도에는 4개의 왕국이 형성되었다. 바르다나 왕국, 마우카리 왕국, 가우다 왕국, 팔라바 왕국이 바로 이 네 왕국이었다. 이들 중 앞의 두 왕국과 뒤의 두 왕국은 각각 적대적인 정치군사 집단이었다.

604년 아디트야 바르다나 국왕이 세상을 떠난 다음 해 그의 큰아들이 왕위에 올랐다. 마우카리 왕국의 수도 카나우지는 나머지 두 나라의 연합군에 의해 함락되어 파괴되었다. 605년, 라자 바르다나 국왕이 카나우지를 함락시켰으나 불행히도 그 자신은 피살되었다. 이에 이듬해인 606년 그의 동생이 왕으로 즉위했는데 그가 바로 '하르샤' 왕이었다.

하르샤왕은 왕좌에 오른 후 곧바로 군사를 일으켜 복수에 나섰다. 결국 카나우지를 되찾은 그는 곧바로 북인도에 대한 정벌을 시작했다. 6년에 걸친 정벌 전쟁을 통해 마침내 북인도의 모든 국가를 제압한 하르샤왕의 실력은 크게 증강되었다. 612년 마우카리 왕국의 귀족과 신하들의 청을 받은 하르샤왕은 정식으로 카나우지의 왕위를 계승했다. 이렇게 하여 바르다나 왕국과 마우카리 왕국이 합병하면서 하르샤 왕국으로 불리게 되었고 그 수도는 카나우지가 되었다.

현장 법사
629년 현장은 경전을 구하기 위해 인도로 떠나 645년 장안으로 돌아올 때까지 17년의 세월을 보냈다. 현장이 경전을 구하러 인도로 떠났던 것은 중국-인도 교류 역사의 중대한 사건이다.

하르샤 제국이 형성된 후 하르샤왕은 계속해서 동서남북 전 방위에 걸친 정벌을 진행하였고 북인도는 하르샤 정권의 통치하에 놓이게 되었다. 720년 하르샤왕은 남인도를 정벌해 인도 대륙의 통일을 완성하려고 했다. 그러나 이 확장 기도는 좌절되었다. 당시 데칸 고원은 찰루키아 왕조의 통치 하에 있었는데 이 강대한 찰루키아 앞에서 하르샤 제국은 데칸 고원으로의 확장 노선이 막혀버렸던 것이다. 이렇게 하여 나르마다강이 하르샤 제국의 남쪽 경계선이 되었다.

하르샤는 동쪽의 갠지스강 하류 정벌에도 오랜 시간을 들였다. 30여 년의 정벌을 통해 카슈미르, 펀잡 서부 지역 등을 제외한 북인도 지역이 대부분 하르샤 제국의 영토로 편입되었다.

하르샤 제국은 주로 중앙과 지방의 행정기구, 그리고 방대한 군사력에 의지해 나라를 다스렸다. 하르샤 왕국은 상당히 강력한 왕권을 손에 쥐고 있었다. 중앙에는 왕권 이외에도 대신회의(大臣會議)가 있었는데 이들은 왕을 도와 나라를 다스렸으며 대내외정책에 대해 토론하고 정책을 제정했다. 지방행정기구의 독립성이 하루가 다르게 강해지면서 하르샤 국왕은 자주 각지를 순회하며 그들을 감시해야 했다. 변경 지역 이민족에 대한 하르샤 제국의 종주권을 인정하느냐 하는 문제는 해당 지역 관리가 맡아서 처리했고 조공은 하

 주요 연표

 606년
하르샤왕 즉위

 612년
하르샤 왕조 건설

 642년
하르샤왕이 수도 까냐꾸브자에서 중국 당 왕조의 고승 현장을 위한 쿰므멜라(12년 마다 한 번 열리는 힌두교 최대의 종교 축제)를 열었다.

 647년
하르샤왕이 사망하고 하르샤 제국이 와해되었다.

인도의 불탑

브라운 박사의 인물 탐구

● 하르샤왕 인도 하르샤 왕조의
창시자

르샤왕에게만 바쳤다.

하르샤 왕조 시기는 바로 인도의 봉건제도가 형성되고 확립된 때였다. 하르샤왕의 통일은 상대적인 것이어서 '제국'은 사실상 수많은 작은 왕국들이 느슨하게 결합되어 있는 정치연맹에 지나지 않았다. 제국 역내에는 30여 개에 달하는 반독립 상태의 이민족 국가들이 모여 있었다. 하르샤왕은 종종 전국 각지를 돌아다니며 막사에서 생활했고 주위에는 항상 많은 신하들이 따라다녔다. 봉건제도가 점차 공고해지면서 각 지방 영주들의 세력은 점점 강해져만 갔다. 이런 상황에서 하르샤왕의 중앙정부는 지방 영주들의 이익을 생각하지 않을 수 없었기 때문에 타협은 어쩔 수 없는 것이기도 했다.

제국 말기에는 이러한 지방 할거 경향이 점점 뚜렷해졌고 각 성의 총독이나 이민족의 왕들은 제국의 왕처럼 행세했다. 중앙의 권력은 더욱 약해졌으며 지방분권화는 한층 더 뚜렷해졌다. 647년 하르샤왕이 죽자 제국은 바로 와해되었다. 각지의 봉건 영주들은 하나둘 세력권을 차지하고 군림했다. 결국 북인도는 다시 한 번 분열 국면에 빠져들었다.

남인도의 마말라푸람, 이곳의 조각 작품은 힌두교 기념 유적의 가장 빛나는 한 페이지를 보여준다.

세계사적 성과 　하르샤 왕조는 비록 단명했지만 인도의 봉건제도는 바로 이 시기에 형성되고 자리를 잡았다.

03 아랍, 이슬람의 세계

The Emergence of Arab

무함마드, 이슬람교를 창시하다

아랍 반도는 아시아의 서남단에 위치해 있다. 그 동쪽에는 페르시아만, 서쪽에는 홍해, 남쪽에는 아랍해 그리고 북쪽에는 메소포타미아 평원이 자리잡고 있다. 아랍 반도는 고원으로 대부분이 사막과 초원으로 되어 있으며, 오직 인근 바닷가 일대만 습윤한 기후를 보인다. 아랍인들은 바로 이곳에서 고도의 문명을 창조했다.

브라운 박사의 인물 탐구

무함마드 (570~632년), 이슬람교의 창시자. 아랍 통일 국가를 건설하였다.

이슬람교가 탄생하기 전, 아랍 반도는 불균형한 발전을 겪었다. 북부의 베두인족은 '수초가 우거진 곳을 따라가며 거주' 했기 때문에 낙후되어 있었다. 그러나 남부의 쿠라이시 부족은 정착 생활을 했기 때문에 비교적 발달한 편이었고 이미 기원전 수세기 전에 농업을 크게 발전시켰다. 쿠라이시 부족이 최전성기에 다다랐을 때는 심지어 홍해 지역의 무역까지 독점했을 정도였다.

4~6세기가 되자 비잔틴 제국, 사산조 페르시아, 그리고 동아프리카의 에티오피아 사이에 홍해의 무역을 장악하고 예멘 지역을 쟁탈하기 위한 오랜 전쟁이 일어났다. 이로 인해 그

메카의 카바(Kabah)
지금도 매년 수백만 명이 메카에 와서 성지 순례에 참여한다. 카바는 순례자들이 반드시 참배해야 할 곳이다.

중간에 끼어 있던 남아랍 문명은 심각하게 파괴되었고 결국 몰락을 피할 수 없었다.

당초 사나, 메카, 메디나처럼 한때 상업이 번영하여 번창한 도시들은 남아랍 문명의 몰락으로 불황에 휩싸였고 심지어는 온통 폐허가 되고 만 곳도 있었다. 이로 인해 아랍 문명이 크게 후퇴하며 혼란에 빠지자 아랍인들은 강력한 정권이 나타나서 그들을 이끌어 주기를 절실하게 원했다. 무함마드(서양인들이 이슬람에 대한 적개심의 표현으로 스코틀랜드어인 'mahound(마왕 또는 악마)'를 마호메트라고 명명함.)가 창시한 이슬람교는 이런 시대의 요구 속에서 탄생했다.

채색 벽돌에 그려진 메카

무함마드는 약 570년경에 출생했다. 태어나기도 전에 아버지가 세상을 떠났고 어린 시절에 어머니까지 잃었다. 어린 시절 다른 사람의 양을 몰며 살았던 그는 나이가 들고 나서는 장사를 하며 각지를 돌아다녔다. 그러던 610년, 자신이 신의 계시를 받았으며 진정한 주인 알라의 사자로서 세상 사람들에게 진리를 전하겠다고 선언했다. 그 진리란 바로 이 세상에는 오직 알라만이 세상 만물의 주인이라는 것이었다. 그는 사람들로 하여금 과거의 다신교를 포기하고 진정한 주인 알라만을 믿게 했다. 이슬람교는 바로 여기서 탄생하였다. '이슬람'은 '순종'이란 뜻이며, 이슬람교를 믿는 사람은 독존자 알라를 위한 사람이라는 뜻의 '무슬림'이라고 한다. 또, 이슬람교의 경전은 《코란》이다. 코란은 종교 경전일 뿐 아니라 정치, 경제와 법률제도에 대한 아랍인들의 경전이기도 하다. 이슬람교는 탄생 직후 빠른 속도로 아랍 사람들에게 전해졌다.

이슬람교의 발생지인 메카가 무슬림들에게 성지로 인식되면서 기존의 종교 중심지였던 카바는 그 지위를 잃게 되었다. 왜냐하면

세계사적 성과　　아랍의 통일과 이슬람교의 창시 ➡ 《코란》

무함마드의 아랍어 글씨 '세 가지 일이 마음의 장수를 가져다 준다. 그것은 바로 물을 보고 푸르른 잎을 보고 아름다운 얼굴을 바라보는 것이다.'라는 뜻이다.

카바는 많은 신을 모시고 있었기 때문이다. 메카의 귀족들은 이 때문에 무함마드에게 보복을 가했고 무함마드는 결국 메카에서 도망쳤다. 이 해가 바로 무슬림력의 원년이다. 무함마드는 메디나에 도착한 후 정치와 종교가 합의된 정권을 세웠고 그 자신이 종교 지도자이면서 동시에 군사와 정치의 최고 지도자가 되었다. 몇 년 동안 노력을 기울인 끝에 무함마드는 630년 무슬림을 이끌고 메카로 진격했고 정식으로 메카를 되찾아올 수 있었다. 무함마드는 메카가 이슬람교의 성지임을 확인하고 카바를 이슬람교 사원으로 바꿨다. 이 과정에서 모든 부락의 신들과 우상들이 하나도 남김없이 사라졌고 검은색 운석만이 남아 성물이 되었다. 이슬람교가 메카에서 승리한 후 무함마드는 다시 아랍 반도의 다른 지역들을 정복했다. 632년 아랍 반도는 통일되었고 같은 해에 무함마드는 세상을 떠났다.

 주요 연표

 610년
이슬람교 탄생

622년
무함마드가 무슬림을 이끌고 메카를 떠났다.

632년
아랍 반도가 통일되었고 무함마드가 세상을 떠났다.

칼리프 시대와 군벌 왕조

무함마드가 세상을 떠난 후 각 교파의 무슬림들은 계승 문제를 놓고 쟁탈전에 들어갔다. 어떤 곳은 이 기회를 틈타 반란을 일으키기도 했고 아랍 반도는 다시 한 번 혼란에 빠졌다. 결국 무함마드의 장인 아부 바크르가 무함마드의 뒤를 이었고 사람들은 그를 '선

아랍 용사들은 깃발을 들고 서쪽으로 진군해 그들의 신앙을 퍼뜨렸다.

압바스 왕궁의 벽화
화려한 옷을 입은 하녀가 춤을 추면서 긴 술병에서 술을 따라
내고 있다. 이런 벽화가 궁벽을 다채롭게 수놓았다.

📜 주요 연표

635년
아랍이 다마스쿠스를 공격해서 점
령했다.

637년
아랍이 이라크를 손에 넣었다.

642년
아랍이 사산조 페르시아를 격파했다.

661년
무아위야가 우마위야 왕조를 건립
했다.

750년
우마위야 왕조가 멸망하고 압바스
왕조가 시작되었다.

지적인 후계자'라는 의미의 '칼리프'라고 불렸다.
이렇게 해서 아부 바크르가 제1대 칼리프가 되었
다. 그는 칼리프 자리에 있었던 3년 동안 각지의 반
란을 평정하고 군대를 일으켜 가자지구를 점령했
다.

634년 제2대 칼리프는 우마르였다. 그는 10년 동
안 칼리프를 지냈는데 그 기간 중 아랍은 역사상
예가 없을 정도의 규모로 확장되었다. 635년 아랍
의 기병부대는 둘로 나뉘어 하나는 비잔틴 또 다른
하나는 페르시아로 진격했다. 이 해에 아랍은 시리
아를 점령했고 다마스쿠스를 함락시켰다. 뒤이어
637년에는 이라크를 점령했고 642년에는 사산조 페르시아를 철저
히 격파해 페르시아를 아예 역사에서 사라지게 만들었다. 기원전
558년 키로스 2세가 건설한 이래 알렉산드로스 제국, 셀류시드 왕
국, 파르티아 제국, 사산조 페르시아를 거치며 총 1200년 간 지속
되어온 페르시아 제국이 이 신흥 아랍 국가에 의해 멸망한 순간이
었다. 같은 해인 642년 이집트의 수도 카이로를 공격해서 함락시
켰고 이집트 전체가 아랍국의 영토가 되었다.

644년 제3대 칼리프 우스만이 즉위했다. 그는 연이어 아르메니아,
아제르바이잔, 그리고 북아프리카의 리비아를 정복했다. 656년 우스
만이 살해당하면서 알리가 제4대 칼리프가 되었지만 661년 그도 암
살당했다. 알리의 뒤를 이어 칼리프에 오른 것은 무아위야였다.

무아위야 때부터 아랍은 제국 시대에 접어들었다. 이후 칼리프
는 다시는 선거를 통해 선출되지 않고 우마위야 가문에서 세습되
었으며 아랍 제국은 우마위야 왕조 시대로 진입했다. 무아위야는
664년에 아프카니스탄의 수도 카불을 점령한 후 북쪽으로 진격하
여 부하라, 사마르칸트, 코라스미아 등의 광활한 지역을 연이어 정

복했다. 그렇지만 파미르 고원에 도착했을 때는 당 왕조에게 막히고 말았다. 다른 한 갈래의 군대는 인도로 진군해 신드를 정복했다. 아랍인들은 서방에서도 계속 서쪽으로 진격을 계속하여 튀니지, 모로코를 점령했고 지브롤터 해협을 건너 스페인을 공격했다. 여기서 다시 게르만의 서고트족이 세운 왕국을 정복했다. 이후에도 북진을 계속하였으나 프랑크 왕국에게 패하였으며 세 번에 걸친 콘스탄티노플 공격 역시 실패했다.

근 100년에 걸친 정복을 통해 아랍의 영토는 비할 데 없이 넓어졌다. 동쪽의 파미르 고원과 인더스강에서 서쪽의 대서양까지, 남쪽의 나일강 상류에서 북쪽의 카스피해와 아랄해까지 아랍은 세계에서 가장 큰 대제국을 건설했다. 당시 세계에서 아랍과 견줄 수 있는 나라는 오직 중국의 당나라뿐이었다.

그러나 우마위야 왕조의 통치자들은 날이 갈수록 부패했고 백성들에 대한 착취는 한층 더 심해졌다. 구석에 몰린 백성들은 시아파의 지도 아래서 반란을 일으켰는데 그 주도 세력은 바로 페르시아인들이었다. 750년 이라크의 대지주 압바스는 시아파와 페르시아인들의 반란을 틈타 수도 다마스쿠스를 점령했다. 이에 우마위야 왕조가 막을 내렸고 아랍 제국은 압바스 왕조 시대로 접어들게 되었다.

압바스 왕조가 수도를 바그다드로 옮기면서 이곳은 세계적인 상업 도시로 우뚝 서게 되었다. 압바스 왕조 시기의 중대한 업적은 아랍 귀족을 이용해 나라를 다스리던 우마위야 왕조와 달리 관료제를 택했다는 것이다. 관료는 반드시 아랍인들이어야 할 필요가 없었다. 압바스 왕조 시대의 전제군주제는 우마위야 왕조 시기의 그것보다 훨씬 강력했다. 압바스 왕조 초기, 국가의 영토는 광대했으며 적극적으

브라운 박사의 인물 탐구

🔵 **아부 바크르** 무함마드의 장인. 아랍의 초대 칼리프로 3년간 칼리프 자리에 있었다.

🔵 **우마르** 제2대 칼리프. 10년간 칼리프에 자리에 있으면서 역사상 유례가 없을 정도의 대대적인 확장을 도모했다.

🔵 **우스만** 제3대 칼리프. 644년에 즉위해 656년 암살당했다.

🔵 **알리** 제4대 칼리프. 656년에 즉위해 661년에 살해당했다.

🔵 **무아위야** 아랍 우마위야 왕조의 창시자

🔵 **압바스** 아랍 압바스 왕조의 창시자

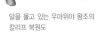

말을 몰고 있는 우마위야 왕조의 칼리프 복원도

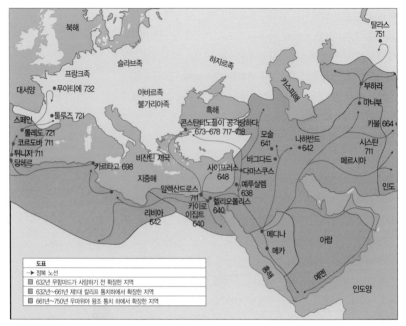

초기 아랍의 확장

로 농업과 수공업, 상업을 발전시켰다. 이런 상황 속에서 아랍 제국은 서기 8세기에서 9세기에 이르는 시기에 최전성기를 맞이했다.

주요 연표

756년

후우마이야 왕조는 스페인에서 건설되었다. 이 왕조의 출현은 아랍 제국 분열의 단초가 되었다.

945년

압바스 왕조가 멸망하고 부이 왕조가 건립되었다.

1258년

몽골 군대가 바그다드를 정복하면서 아랍 제국이 완전히 멸망했다.

몽골의 침공과 아랍 제국의 붕괴

750년경 압바스 왕조가 처음으로 세워졌을 무렵, 우마위야 왕조의 왕자가 스페인으로 도망쳤다. 그는 756년 스페인에서 후우마이야 왕조를 세웠는데 이 왕조가 1492년까지 지속되었다. 이는 아랍 제국 분열을 알리는 신호탄이었다. 그 후 모로코가 788년에, 튀니지가 800년에, 이집트가 868년에 차례차례 독립했다. 동부에서는 820년

바그다드를 묘사한 이 그림 속의 벽돌로 세운 여러 층의 집들은 티그리스강 동쪽 기슭의 흙을 가져와 세운 것이다. 바그다드는 당시 압바스 왕조의 수도이자 위대한 상업도시였다.

에 페르시아 동부의 타히르 왕조가 독립했고 867년과 962년에는 각각 사파르 왕조와 가즈나 왕조가 독립을 이루었다.

이뿐이 아니었다. 후기의 칼리프 정권은 각 지방의 할거세력을 통제할 수 없었던 것은 물론이거니와 스스로도 지방 세력의 꼭두각시로 전락해버렸다. 945년 아흐마드가 바그다드를 점령하고 칼리프 알 무스타크피를 폐하고 다른 꼭두각시를 옹립해 뒤에서 조정했다. 이 때문에 이후의 칼리프 정권은 사실상 압바스 왕조라고는 할 수 없고 '부이 왕조'(아흐마드가 페르시아 부이 가문 출신이었기 때문에 이렇게 이름을 지었다)라고 밖에 할 수 없을 것이다. 1055년 셀주크인이 바드다드를 침략해 부이 왕조를 멸망시키고 마찬가지로 꼭두각시 칼리프 정권을 옹립했다. 그러나 1194년에 코라스미아가 다시 셀주크인을 내쫓고 꼭두각시 칼리프 정권을 세웠다. 1258년, 몽고군이 바그다드를 침공하면서 아랍 왕조는 완전히 무너져 내렸다.

우마위야 왕조는 다마스쿠스를 도읍지로 정해 중국의 당 왕조와 견줄 만한 강대한 아랍 제국을 건설했다.

세계사적 성과 유명한 문학 작품 《천일야화(아라비안 나이트)》 ➔ 사원 건축, 사마라의 사원과 다마스쿠스의 사원 ➔ 수학자 알콰리즈미가 저술한 《적분과 방정식의 계산》 ➔ 의학자 이븐 시나가 저술한 《의학정전》, 당시 세계에서 가장 높은 수준의 의학 저서 ➔ 바그다드의 천문대

04 동유럽, 비잔틴 문명의 봉건 영주국

Civilization in Byzantium

비잔틴 무사의 동상

동로마, 비잔틴 천년제국

330년 로마 황제 콘스탄티누스 1세가 수도를 콘스탄티노플로 옮겼다. 395년 로마 황제 테오도시우스가 사망한 후 하나였던 이 대제국은 동과 서로 나뉘어졌다. 테오도시우스의 두 아들이 각각 동과 서를 통치하면서 동부와 서부는 독립적으로 발전해나갔기 때문이다. 동로마 제국은 그 수도인 콘스탄티노플의 옛 이름이 비잔틴이었기 때문에 비잔틴 제국으로 불렸다. 비잔틴 제국의 판도에는 발칸 반도, 에게해의 모든 섬들, 소아시아, 아르메니아, 시리아, 팔레스타인, 메소포타미아와 북아프리카의 이집트, 리비아 등지가 포함되어 있었다. 이렇듯 비잔틴 제국은 유럽, 아시아, 아프리카 세 대륙을 아우르는 방대한 제국이었다.

안정된 농업 생산 기반과 국내외 무역의 번영으로 비잔틴 제국은 국가 재정 수입원이 비교적 탄탄했고 당연히 국력도 강한 편이었다. 그래서 야만족의 침입 속에서도 통치권을 완벽하게 지켜낼 수 있었다. 서로마 제국이 멸망한 이후에도 비잔틴 제국은 거의

세계사적 성과

《유스티니아누스 법전》과 이후의 다른 법률 문헌들이 합쳐진 것이 《로마 민법 대전》으로 이 법전은 후세에 큰 영향을 끼쳤다. ➡ 성상 파괴 운동이 비잔틴 제국의 봉건화를 진전시켰다. ➡ 성 소피아 대성당

1000년이나 더 버텨냈다.

6세기 유스티니아누스 황제의 통치 시기(527~565년)는 비잔 틴 역사상의 첫 번째 '황금기'로 유스티니아누스는 내정과 외교, 경제와 군사 등 모든 방면에서 업적을 쌓았다.

비잔틴의 순금 황관

유스티니아누스가 즉위한 지 얼마 지나지 않아 콘스탄티노플 에서 폭동이 일어났다. 폭동은 진압되었지만 국내의 모순을 완 화하기 위한 조치를 취해야 했다. 이런 정책 중에서 가장 눈에 띄는 것이 바로 로마법편찬위원회가 529년에 10권으로 편찬한 《유스티니아누스 법전》이고, 이 《유스티니아누스 법전》에 몇 가지 법률이 더해진 문헌이 바로 《로마 민법 대전》이다. 《로마 민법 대 전》은 유럽 역사상 최초의 체계적인 법률 문헌으로 후대의 입법에 깊은 영향을 미쳤다.

국내가 안정세에 접어들자 유스티니아누스 황제는 대외확장을 시작했다. 유스티니아누스의 대외정복 방침은 동방과는 평화적인 관계를 유지하고 서방과는 전쟁을 통해 해결한다는 것이었다. 당 시 비잔틴과 동방의 사산조 페르시아는 전쟁 중에 있었다. 때문에 유스티니아누스는 532년 배상금도 아까워하지 않고 사산조 페르시아와 '영구평화조약'을 체결했다. 변경 지 역 방비라는 명목으로 1만 1000파운 드의 황금을 사산조 페르시아에 주고 얻은 평화를 바탕으로 서부로 진격했 다. 533년 비잔틴의 장군 벨리사리우 스가 군대를 이끌고 북아프리카의 반 달 왕국을 침공했고 반달 왕국은 이 듬해 무너졌다. 535년 시실리에 도착 한 벨리사리우스와 그의 군대는 다음

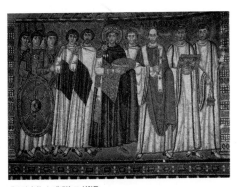

유스티니아누스 대제와 그 신하들
비잔틴 시대의 가장 유명한 상감 그림 중 하나로 유스티니아누스 대제가 대주교의 수행 아래 교회의 봉헌 예배를 주관하는 모습을 묘사하고 있다.

📜 주요 연표

330년
로마 황제 콘스탄티누스 1세가 수도를 콘스탄티노플로 옮겼다.

395년
로마 황제 테오도시우스가 사망한 후 하나였던 대제국이 동과 서, 둘로 나뉘어졌다. 동로마가 바로 비잔틴 제국이다.

527년
비잔틴 제국의 황제 유스티니아누스가 즉위하여 고대 로마 제국의 휘황찬란했던 정복 운동을 재현했다.

730년
비잔틴 황제 레오 3세가 '성상 파괴 운동'을 일으켰다.

1453년
비잔틴 제국이 오스만 제국에 의해 멸망했다.

해 6월 이탈리아를 공격했다. 이어 536년 12월에 로마를 공격하여 함락시키자 동고트군은 철수했고 교황과 주민은 투항했다. 540년에는 벨리사리우스가 동고트의 수도 라벤나를 공격하여 점령했고 동고트의 국왕을 포로로 잡아들였다. 554년 비잔틴의 장군 나르세스가 마지막으로 잔여 부대를 섬멸하면서 동고트 왕국은 완전히 사라졌다. 같은 해 비잔틴은 다시 서고트 왕국의 내분을 이용해 군대를 일으켜 스페인의 남동 해안 지역을 점령해버렸다.

유스티니아누스가 서방 정벌을 일으킨 주요 목적은 옛 로마 제국의 영광을 되돌리고 싶었기 때문이었다. 그리고 그의 이런 목적은 흡사 이루어진 것도 같았다. 그러나 유스티니아누스가 세상을 뜨자마자 비잔틴은 정벌로 획득한 서방 영토들을 하나씩 잃기 시작했다.

730년 무렵 남부에서 다시 일어난 아랍인들은 짧디 짧은 20년 동안 비잔틴 제국의 반을 정복하는 데 성공했다. 이로써 원래 비잔틴 제국의 영토였던 시리아, 팔레스타인, 이집트, 메소포타미아와 소아시아의 대부분이 아랍인들의 수중에 떨어졌다.

8세기 초엽 비잔틴 제국에서는 큰 사건이 벌어졌다. 바로 '성상 파괴 운동'이 그것이다. 717년 소아시아 군구(軍區)의 총독 레오가 비잔틴 제국의 황제를 폐위시키고 스스로 황제가 되었는데 그가 바로 레오 3세(717~741년)다. 이때부터 비잔틴 제국에서는 이사우리아 왕조(717~797년)의 통치가 시작되었다. 군사력 강화를 통해 제국의 안전을 확보하기 위해 레오 3세는 군대를 유지하는데 필요한 충분한 세수가 절실했다. 그러나 당시 대량의 토지를 갖고 있던 교회와 수도원은 세금도 내지 않고 부역도 하지 않고 있었다. 상황이 이러니 국고는 당연히 텅텅 비고 당연히 군대도 강대해질 수가 없었다. 이에 730년 레오 3세는 '성상 파괴 운동'을 일으

비잔틴 시대의 상아 조각

켜 교회와 수도원의 성상, 성인들의 유적, 성물 등이 파괴되었다. 교회의 토지와 재산은 몰수되었고 수도사는 속세로 돌아가 생산 활동에 참여하고 세금 납부와 부역의 의무도 지게 되었다. 이 성상 파괴 운동은 콘스탄티누스 5세 통치 기간(741~775년)에 최고조에 달했다. 787년, 여황제 이레네가 니케아 공의회를 열어 성상 파괴 운동을 비판하고 성상 숭배를 회복시키면서 성상 파괴 운동의 제1단계는 끝이 났다. 그러나 그 후 813년 재위에 오른 레오 5세(813~820년)가 성상 파괴 운동을 다시 일으키면서 제2단계가 시작되었다. 하지만 이때의 성상 파괴 운동은 그 깊이와 범위에 있어서 1단계를 넘지 못했고 843년 테오도라가 다시 성상 숭배를 허용하게 된다. 장장 117년 동안 이어진 성상 파괴 운동은 이렇게 막을 내렸다. 그러나 원칙적으로는 황제의 권력이 계속 교권(敎權) 위에 있었으며 교회는 몰수당한 토지와 재산도 되돌려 받을 수 없었다. 이렇듯 성상 파괴 운동은 비잔틴 제국이 봉건제로 변화하는데 중요한 역할을 했다.

9세기 전반 비잔틴과 아랍의 전쟁은 대치 국면에 빠져 있었다. 비잔틴 군대는 시리아에서 아르메니아에 이르는 넓은 영토를 되찾아 동부 변경 지대에 요새를 만들었다. 10세기 이후 아랍 제국이 쇠락하기 시작했고 비잔틴은 마케도니아 왕조(867~1056년)의 통치를 받게 되면서 봉건제도를 강화했

성 소피아 대성당의 외관
서기 6세기에 건축한 비잔틴 제국의 주 성당으로 동방정교의 중심지이기도 했다. 그러나 1453년 터키가 개축한 후 전형적인 이슬람교 사원의 모습으로 바뀌었다.

다. 이로 인해 비잔틴의 사회, 경제가 한층 더 발전하여 두 번째의 '황금기'가 시작되었다. 당연히 비잔틴 제국은 아랍과의 전쟁에서 유리한 위치에 서게 되었다. 비잔틴 제국은 10세기 초 시리아의 북부 지역을 탈취했고 10세기 후반기에는 크레타와 사이프러스, 그리고 로도스 섬 등을 되찾았다. 한 때 북방에서 떠오르는 신예 불가리아 제1왕국의 위협을 받기도 했으나 1014년 비잔틴 황제 바질 2세(926~1025년)가 불가리아를 대파해 그 영토를 합병시켰고 불가리아 제1왕국은 멸망했다(1018년). 그러나 1453년 비잔틴 제국도 오스만 제국에 의해 막을 내렸다.

러시아, 세계사 무대에 등장하다

동슬라브족은 서기 5~6세기경 동유럽 평원으로 이동했는데 그 당시 그들은 원시 공동체 사회에 머물러 있었다.

📝 주요 연표

862년
고대 러시아 왕국이 건립되면서 류리크 왕조가 시작되었다.

882년
올레크가 키예프 왕국을 점령하고 그 수도를 키예프로 옮기면서 키예프러시아의 통치가 시작되었다.

988년
키예프 대공이 기독교를 국교로 선포했다.

1054년
러시아의 야로슬라프 대공이 사망한 후 그의 세 아들이 키예프러시아를 삼등분하면서 키예프러시아는 해체되었다.

1132년
키예프러시아가 독립된 12개의 제후국으로 나뉘어졌다.

고대 러시아 왕국은 9세기 중엽에 건국되었는데 류리크 왕조가 그 첫 번째 왕조로 초기의 왕들은 모두 바랴기인이었다. 바랴기인은 노르만족의 한 파로 동슬라브족과 같은 발달 수준에 머물러 있었다. 동슬라브족은 각 부락 내 모순이 깊어지면서 내분이 끊이지 않았고 사회도 혼란에 휩싸였다. 질서를 유지하기 위해 동슬라브족은 특별히 세력이 강대한 바랴기인의 군사 책임자를 왕과 귀족으로 초청했다. 이렇게 요청을 받은 류리크 형제가 862년 러시아 왕국의 첫 번째 왕으로 등극하면서 류리크 왕조의 통치가 시작되었다. 한편 또 다른 바랴기인이 키예프를 점령하고 키예프 왕국을 세웠다. 879년 류리크가 세상을 뜬 후 그의 아들인 이고르 대신 섭정을 시작한 올레크는 882년 이 키예프 왕국을 점령했고 수도도 이곳으로 옮겼다. 그 후부터 키예프가 '모든 러시아 왕국의 어머니'로 불리게 되었고 키예프러시아의 역사도 이때부터 시작되었다.

바랴기인은 이 신흥 국가에서 주도적인 위치를 차지하고 있었고 이웃 지역에 대한 무력 정벌도 활발히 진행하였다. 그들이 무력으로 정벌을 일으킨 것은 첫째, 재산과 노예 약탈이며, 둘째, 불평등 무역 조약 체결 이 두 가지 때문이었다. 올레크는 907년 육군과 해군을 이끌고 콘스탄티노플을 공략했다. 이어 941년과 944년에는 이고르가 두 차례에 걸쳐 비잔틴을 공격했으나 영토를 짓밟기만 했을 뿐 수도를 함락시키지는 않았다. 키예프러시아와 동방의 아랍인들 사이의 무역은 주로 볼가강을 통해 이루어졌다.

키예프의 통치자들이 기독교에 귀의하기 시작하면서 그들이 원래 믿었던 '페룬' 신상(오른쪽 그림)은 파괴되었고 산 사람을 제물로 바치던 제사도 금지되었다. 그러나 옛 종교는 새로운 종교에 침투하여 그 모습을 남겼는데 부활 달걀이 그 예다. 이 채색 달걀(왼쪽 그림)이 바로 그 옛날 봄과 풍성한 수확을 상징하는 데 쓰였다고 한다.

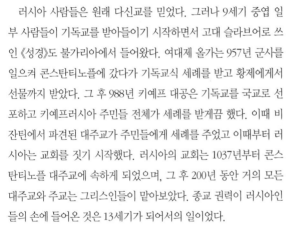

러시아 사람들은 원래 다신교를 믿었다. 그러나 9세기 중엽 일부 사람들이 기독교를 받아들이기 시작하면서 고대 슬라브어로 쓰인 《성경》도 불가리아에서 들어왔다. 여대제 올가는 957년 군사를 일으켜 콘스탄티노플에 갔다가 기독교식 세례를 받고 황제에게서 선물까지 받았다. 그 후 988년 키예프 대공은 기독교를 국교로 선포하고 키예프러시아 주민들 전체가 세례를 받게끔 했다. 이때 비잔틴에서 파견된 대주교가 주민들에게 세례를 주었고 이때부터 러시아는 교회를 짓기 시작했다. 러시아의 교회는 1037년부터 콘스탄티노플 대주교에 속하게 되었으며, 그 후 200년 동안 거의 모든 대주교와 주교는 그리스인들이 맡아보았다. 종교 권력이 러시아인들의 손에 들어온 것은 13세기가 되어서의 일이었다.

1054년, 야로슬라프 대공이 세상을 떠나고 난 후 그의 세 아들이 나라를 삼등분했다. 큰아들이 대공의 자리를 이어받아 키예프와 노보고로드 지역을 장악했고 둘째 아들이 체르니고프를 차지했다. 마지막으로 셋째는 로스토프, 수즈달, 페레야슬라브 지역을 점거했다. 명의상으로는 이 셋의 공동 통치였지만 사실상은 각각 독립적으로 나라를 다스렸기 때문에 키예프러시아는 이미 해체된 것이나 다름이 없었다.

11세기에서 12세기로 넘어가던 무렵, 러시아는 외래 민족의 위협에 직면했는데 바로 남방의 킵차크족이었다. 이에 페레야슬라브의 공작 블라디미르 모노마흐는 러시아인들에게 일치단결하여 킵차크에 대항하자고 호소했다. 그리고 1103년 그는 스뱌토슬라프 2세와 회견을 갖는데 여기서 모든 역량을 한데 모아 킵차크의 침략에 공동으로 대처하기로 결정했다. 이 결정은 과연 효과가 있어 러시아는 끝없는 승리를 이어갈 수 있었다.

1113년 키예프에서는 대공이 소금을 독점해 높은 고리대를 매기는 것 때문에 반란이 일어났다. 이에 귀족들은 블라디미르 모노마흐에게 새로운 대공으로 나서줄 것을 요청했고 이를 승낙한 블라디미르 대공은 즉위 즉시 이 폭동을 진압했다. 또한 고리대 착취를 제한해 계급 간의 갈등을 완화하고 이를 통해 대공 정권의 통치를 공고히 했다. 재위에 머문 13년 동안(1113~1125년) 블라디미르는 국가 통일을 회복하고자 했으나 봉건 경제와 정치의 분산으로 인해 통일은 실현하지 못했다. 그 아들 므스티슬라브 1세(1125~1132년)가 사망한 후 러시아는 완전히 봉건 영주들의 할거 시대에 접어들었고 전국이 12개의 독립 제후국으로 나뉘어졌다.

키예프의 성 소피아 대성당에 있는 11세기의 성감화, 후광을 받으며 나오는 그림 속 인물은 기쁜 소식을 전하는 성녀다.

서유럽,
중세 봉건제

Frankish Kingdom

프랑크 왕국, 서유럽의 중심

프랑크족은 원래 라인강 중하류의 오른쪽 강기슭에 살았는데 그
중에서도 라인강 하류 인근 지역에서 활동하던 것이 살리 프랑크
족이었다. 4세기경부터 프랑크족은 점차 라인강을 넘어 갈리아로

파리의 세느강변
파리는 세느강의 서쪽 섬에서 기원한다. 프랑크족의 왕이었던 클로비스가 서기 508년 이곳에 궁을 지
었다고 한다. 파리가 역사상 처음으로 정치 중심지의 역할을 담당한 것이 이때였다.

사를마뉴 대제 상

들어가 끊임없이 영역을 확장해 나갔다. 로마인을 격파하고 루아르와 세느강변을 점령한 살리 프랑크족의 왕 클로비스는 481년 교회와 프랑크족, 로마인들의 지지를 받으며 프랑크 왕국을 건설했다. 클로비스가 메로빙거 가문 출신이었기 때문에 그가 세운 왕조를 메로빙거 왕조라고 한다. 496년, 그는 3000명의 프랑크족 전사들을 이끌고 세례를 받고 기독교에 귀의했다. 또 클로비스 재위기간 중에 《살리카 법전》도 편찬되었다.

메로빙거 왕조의 국왕은 구세력인 옛 부락 귀족들을 공격하면서 점차 군주제의 통치 기반을 마련해 나갔지만 왕권은 여전히 미약했다. 클로비스가 죽은 후 그의 아들들이 프랑크 왕국의 풍습에 따라 왕국을 분할했는데 바로 이 때문에 전쟁은 그칠 줄을 몰랐다.

메로빙거 왕조 후기의 왕들은 모두 나약하고 무능했다. 오히려 궁내부 대신들의 지위가 높아지고 권력이 강해지면서 왕을 대신할 정도의 세력을 드러냈다. 궁내부 대신은 원래 왕실의 토지 재산을 주관하는 관리였으나 국정을 총괄하는 중책까지 맡게 되었다. 일찍이 아랍인들이 서고트 왕국을 멸망시킨 후 피레네 산맥을 넘어 프랑크 왕국을 공격해 왔지만 패하고 말았다. 이들을 물리친 것이 바로 프랑크 왕국의 궁내부 대신 샤를 마르텔로 732년의 일이었다. 이 샤를 마르텔의 아들 피핀이 751년 귀족 회의에서 왕으로 추대됨으로써 메로빙거 왕조가 끝나고 카롤링거 왕조의 통치가 시작되었다.

난쟁이 피핀(피핀은 키가 작은 사람은 아니었다고 한다. 단지 피핀이라는 이름을 가진 다른 왕들과 구분하기 위하여 사람들이 '나

브라운 박사의 인물 탐구

- 클로비스 프랑크 왕국의 창시자, 메로빙거 왕조를 열었다.
- 피핀 프랑크 왕국 카롤링거 왕조의 창시자
- 샤를 피핀의 아들. 곳곳을 누비며 정복 전쟁을 일으켰다. 프랑크 왕국의 영토를 크게 확장시켰으며 사람들로부터 '샤를마뉴 대제' 혹은 '르 그랑 샤를'로 불렸다.

세계사적 성과

메로빙거 왕조 시기에 《살리카 법전》이 반포되었다. ➡ 프랑크 왕국과 로마 교황청의 접촉으로 게르만 프랑크족은 선진적인 로마 문화를 접하게 되었고 이는 이후 서유럽 문명 발전에 밑거름이 되었다.

이가 더 어린 피핀(Pipinus Minor)'라고 불렀다고
하는데 이것이 후대에 와전되었다. '단신왕' 혹은
'난쟁이'는 이렇게 해서 만들어진 피핀의 별칭이
다)은 교황의 지지를 얻어 카롤링거 왕조를 열었을
뿐 아니라 754년에는 교황으로부터 왕관까지 받았
다. 이에 보답하기 위해 피핀은 교황의 청을 받아들
여 롬바르드족을 위협했다. 이렇게 하여 교황은 로
마 부근과 라벤나 총독 지역에 대한 통치권을 확립
하는 한편 교황령의 기반을 확고히 다질 수 있었다.

피핀의 아들인 샤를(768~814년)은 도처를 정복
하며 프랑크 왕국의 영토를 넓혀놓았다. 774년 그
는 롬바르드족을 격파해 이탈리아 북부를 장악했고
그 후 비자강과 엘베강 골짜기의 색슨족을 섬멸했

프랑크 국왕 피핀의 대관식
그림 속에서 '하느님의 손'이 피핀의 머리에 왕관을 씌워주고
있다. 이는 '군주의 권리는 신이 내린 것'이며 그 권리가 절대
적인 것임을 표현한 것이다.

다. 이 잔혹한 정벌 전쟁은 끊어졌다 이어졌다를 반
복하며 33년 동안이나 이어졌다. 결국 색슨족은 강
제로 기독교로 개종하고 프랑크 왕국의 통치를 받았다. 동부 지역
에서 샤를은 슬라브족의 거주지까지 침략했고 796년에는 아바르족
을 제압했다. 778년에는 아랍이 통치하던 스페인을 공략해 바르셀
로나를 점령했지만 곧 실패하고 말았다. 이 때문에 샤를은 피레네
산맥의 론세바예스 협곡에서 철수해야 했다.

800년을 전후로 해서 샤를 통치 하에 있던 프랑크 왕국의 판도
는 대체로 서로마 제국의 유럽 영토와 상당 부분 맞아떨어졌는데
이를 '샤를마뉴 제국'이라고 부른다. 그해 성탄절, 교황 레오 3세
는 로마의 성 피터 교회에서 샤를을 위한 대관식을 거행했다. 그때
주위의 군중들은 샤를을 가리켜 '로마인의 황제'라고 외쳐댔는데
814년에는 비잔틴 황제도 이 칭호를 승인했다고 한다. 이 때문에
샤를이 '샤를마뉴 대제', '르 그랑 샤를('위대한 샤를'이라는 뜻)'

📜 **주요 연표**

481년
클로비스가 프랑크 왕국을 세우고
메로빙거 왕조를 열었다.

732년
피핀이 카롤링거 왕조를 세웠다.

800년
교황 레오 3세가 로마에서 샤를을
위해 대관식을 거행하고 그에게 '로
마인의 황제'라는 칭호를 내렸다.

이라고 불리게 된 것이다.

샤를의 아들인 경건왕 루트비히(814~840년, 교회와 수도원을 적극 보호하는 정책을 폈다고 해서 루트비히에게 붙여진 별칭이 바로 '경건왕'이다)는 재위 시절 여러 차례 아들들이 일으킨 반란을 경험해야 했다. 루트비히가 죽고 큰 아들 로타르가 왕위를 계승했으나 그의 형제인 독일왕 루트비히 2세와 대머리왕 카를 2세가 연합하여 반기를 들고 나서 전쟁이 그치지 않았다. 결국 843년 이 세 형제는 조약을 체결하기에 이르렀다. 이 조약으로 루트비히는 라인강 오른쪽 강변 지역과 바이에른을 얻었는데 대략 오늘날의 독일 서부지역이며, 지리상으로는 게르만(Germany, 독어로는 Deutschland)에 해당된

브라운 박사의 인물 탐구

- 위그카페 987년 프랑스 왕으로 즉위하여 카페 왕조를 열었다.
- 하인리히 1세 919년 독일 국왕이 되어 독일 작센 왕조의 창시자가 되었다.
- 오토 1세 독일 황제로 교황에게서 '신성 로마 제국' 황제의 칭호를 받았다.

다. 카를 2세가 얻은 지역은 지리상으로 프랑스(France)라고 불렸던 곳으로 대체로 오늘날의 프랑스와 비슷했다. 큰 아들 로타르는 이탈리아 중부, 북부와 이후 로렌(Lorraine)이라고 불리게 되는 곳으로 루트비히가 점령한 지역 사이의 좁고 기다란 지대를 손에 넣었다. 황제라는 칭호는 장자 로타르가 거머쥐었다. 루트비히 2세와 카를 2세가 국왕 칭호를 얻었으며 이들은 이후 각각 게르만 왕국(독일)과 프랑스 왕국(프랑스)을 발전시켜 나갔다.

샤를마뉴 제국의 유산

서유럽은 이미 봉건사회에 진입해 있었지만 각국의 왕권은 그다지 강하지 않아서 동방의 절대 군주와는 근본적으로 비교할 수조차 없었다. 끊임없이 일어난 군주와 귀족 간의 투쟁은 이후 서유럽 정

치의 한 특색이 되었다.

한 시대를 풍미했던 샤를마뉴 대제가 세상을 떠난 후, 그의 아들인 경건왕 루트비히가 왕위를 계승했다. 루트비히가 사망한 후에는 그의 세 아들이 삼등분한 프랑크 왕국이 각각 프랑스, 독일, 이탈리아의 전신이 되었다. 이것이 바로 샤를마뉴 제국이 남긴 유산이었다.

샤를마뉴 제국이 분열된 후, 대머리왕 카를이 점거한 서프랑크 지역은 점차 프랑스 왕국으로 발전해갔다. 9세기 말, 프랑스 왕국의 왕권은 미약한 편이었다. 비록 봉건 영주들이 국왕을 군주로 받들기는 했지만 사실상 국왕의 어떠한 통제도 받지 않았고 자신들 마음대로 영지를 다스리고 있었다. 프랑스 국왕의 영지도 겨우 거리 하나가 더 있을 뿐 영주들의 것보다 큰 것도 아니었다.

9세기 중엽, 노르만족이 프랑크 하구 각지를 습격했다. 이때 거의 모든 프랑스의 대도시가 약탈당했고 파리도 두 번이나 피해를 입었다. 911년, 프랑스 왕국의 카를 3세가 북유럽 해적 수령인 롤로와 약정을 맺었다. 카를 3세는 롤로를 공작으로 봉하고 세느강 일대 지역을 나누어 주며 통치를 맡겼다. 이에 수많은 노르만인들이 몰려와 정착하면서 이곳이 노르망디 공작 영지가 되었다. 11세기, 이미 프랑스화된 노르망디는 프랑스의 거대 봉건 영지로 성장해 있었다.

987년 프랑스의 카롤링거 왕조가 막을 내렸다. 그 뒤를 이어 위그 카페가 왕으로 옹립되면서 카페 왕조가 시작되었다. 12, 13세기, 당시 프랑스 국왕이었던 필립 2세가 국가 통일에 온 힘을 기울였던 덕에 두드러진 성

주요 연표

911년
독일 카롤링거 왕조가 막을 내렸다.

919년
작센의 공작 하인리히 1세가 독일 국왕으로 선출되어 작센 왕조의 통치 시대를 열었다.

962년
교황이 오토 1세를 '신성 로마 제국'의 황제로 봉했다.

생 장 대주교 교회
메로빙거 왕조 시대에 건축된 교회로 프랑스에서는 드문 로마 양식의 건축물이다.

과를 얻을 수 있었다. 1226년 즉위한 루트비히 9세는 지속적으로 왕실 영지 확대를 추진해 프랑스 국왕의 왕권을 강화시켰다. 하지만 1328년, 카페 왕조도 끝나고 말았다.

샤를마뉴 제국이 동부에 남긴 '동프랑크 왕국' 은 독일왕 루트비히 2세가 계승했다. 바로 이 왕국이 '독일' 로 성장하게 된다. 이 지역은 다른 두 지역에 비해서 상당히 낙후되어 있었고 봉건제도도 12세기가 되어서야 나타나기 시작했다. 카롤링거 왕조 시대에 독일 왕조도 강력한 지방세력의 출현에 맞닥뜨렸다. 전국이 수많은 봉건 영지로 나뉘어져 있었는데 그 중에서도 작센, 프랑코니아, 바이에른, 슈바벤 공국 등이 가장 강력했다. 그러던 911년, 독일의 카롤링거 왕조가 끝났고 919년, 작센 공작 하인리히 1세가 독일 국왕으로 천거되어 작센 왕조의 통치 시대를 열었다. 하인리히 1세가 세상을 뜬 후 왕위에 오른 오토 1세는 로마 교황과 결탁하여 왕권을 강화시키는 한편 곳곳을 누비며 정벌 전쟁을 벌였다. 그는 수차례에 걸쳐 이탈리아로 출병해 교황 지지를 주저하는 이탈리아 귀족들을 굴복시켰다. 이런 오토 1세에게 감사의 마음을 전하고 싶었던 교황은 962년 그를 '신성 로마 제국' 의 황제로 봉한다. 이후의 독일 황제는 모두 대외 확장 정책을 추진하며 여러 차례에 걸쳐 이탈리아로 출격했다. 그러나 점차 교황의 권력이 막강해지면서 독일 왕의 왕권은 오히려 약해졌다. 독일 국왕 하인리히 4세가 직접 교황을 찾아가 사죄한 것으로 유명한 '카노사의 굴욕' 은 바로 이런 상황에서 발생한 사건이었다. 그 후 독일 국왕과 교황이 여러 차례 대결을 벌였으나 모두 독일 국왕의 패배로 끝났고 독일은 이탈리아에서의 모든 권리를 잃고 말았다.

서기 9~10세기, 서유럽은 아랍민족, 마자르족(헝가리인)과 노르만족 등 외래 민족의 잦은 침입에 시달리고 있었다. 가장 큰 위

9세기에 만들어진 상아로 제작된 손 모양의 조각 작품을 당시 사람들은 공평무사함과 정의의 상징으로 보았다.

협이 되었던 민족은 노르만족으로
덴마크인, 스위스인, 노르웨이인
등이 이에 속했다. 그들은 엘베강
북쪽에 거주하고 있었다. 9세기경
노르만인은 북유럽 곳곳을 침략하
여 약탈했고 덴마크인들은 주로
잉글랜드와 프랑스를 습격했다.
노르웨이인들은 스코틀랜드와 아
일랜드 등을 공격했고 스위스인들
은 동유럽으로 진격했다(이 스위
스인이 바로 키예프러시아 시대에

프랑크 왕국 루트비히의 상

로타르 1세의 초상화

나온 바랴기인이다). 노르만인들의 서유럽 침략의 특징은 바로 몇
몇 지역으로 이민을 간 그들이 그곳에 정착해 나라까지 세웠다는
점이다. 프랑스의 노르망디 공작 영지 같은 곳이 바로 그 예다. 영
국의 형성과 노르만족의 침략도 모두 이와 밀접한 관련이 있다.

영국의 형성

5세기, 게르만족의 이동 물결이 영국을 덮친 후 영국에서는 7개국
이 병립을 하다가 나중에는 덴마크에게 침략을 당하는 등 불안한
정국이 지속되고 있었다. 9세기 말, 알프레드 대제가 전국을 통일
하면서 영국은 한때 강성해지기도 했다. 그러나 10세기, 덴마크인
들이 다시 영국으로 쳐들어오면서 영국의 왕권 강화는 뒷전으로
밀려버렸다.

　1042년, 에드워드가 권좌에 오르면서 영국은 다시 한 번 독립을
쟁취했다. 1066년, 에드워드가 세상을 떠나자 영국 귀족들로 구성
된 자문협의회는 헤롤드 백작을 왕으로 선출했다. 그러나 프랑스

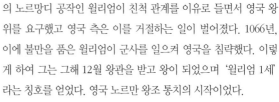

의 노르망디 공작인 윌리엄이 친척 관계를 이유로 들면서 영국 왕위를 요구했고 영국 측은 이를 거절하는 일이 벌어졌다. 1066년, 이에 불만을 품은 윌리엄이 군사를 일으켜 영국을 침략했다. 이렇게 하여 그는 그해 12월 왕관을 받고 왕이 되었으며 '윌리엄 1세'라는 칭호를 얻었다. 영국 노르만 왕조 통치의 시작이었다.

노르만족이 영국을 정복한 후 수많은 앵글로-색슨 출신의 귀족들이 전쟁 중에 사망하거나 망명했다. 그나마 영국에 남았던 사람들은 노르만족 정복자에게 재산까지 빼앗긴 실정이었다. 윌리엄이 만년에 이르자 앵글로-색슨의 구(舊) 귀족들 손에 남은 토지는 당시 잉글랜드 토지의 8%도 되지 않을 정도였다고 한다. 윌리엄을 따라 영국에서 건너온 노르만인들 중에는 원래 노르망디 공작 윌리엄의 봉신(封臣)들이던 사람들이었다. 또 영국에 온지 얼마 되지 않아 봉토(封土)를 얻고 윌리엄의 봉신이 된 사람들도 있었다. 바로 이들이 영국의 새로운 봉건 통치 계층으로 부상하게 된다.

알프레드의 장신구
서기 878년, 덴마크족을 침략해 격파한 알프레드는 덴마크로 하여금 화평 조약을 맺게 했다. 그 결과 '웨드모어 조약' 을 체결했으나 영국은 둘로 분열되었다.

헤이스팅스 전투
잉글랜드는 이 전쟁을 통해 '노르만 정복' 의 꿈을 실현하고 노르만 왕조를 세웠다.

세계사적 성과 노르만의 정복이 있은 후 노르만 왕조 시기의 영국 왕권이 점차 강해지기 시작했다. ➡ '대헌장' 의 제정

윌리엄 1세는 정복 활동을 기반으로 하여 강력한 왕권을 확립하는 한편 '왕의 말이 곧 법'이라는 것을 다짐하기 위해 모든 영주들로 하여금 왕에 대한 충성을 맹세케 했다.

헨리 1세의 통치 시기(1100~1135년)에는 정복자인 노르만족과 피정복민인 앵글로-색슨족이 점차 융화되면서 그들 사이의 갈등도 조금씩 사그라들었다. 반면 국왕과 대영주 사이에는

예루살렘을 공격해 함락시킨 십자군들이 기뻐 어쩔 줄 몰라 하는 모습

긴장감이 돌기 시작하고 있었다. 이어 헨리 2세(1154~1189년)는 강력한 사법개혁과 군사개혁을 추진하면서 봉건 영주의 사법권을 제한했다. 영국 왕은 또 종교 관련 직책의 임명 문제를 두고 교회, 교황과 의견 충돌을 일으키기도 했다. 존 왕은 교황 이노센트 3세가 뽑은 캔터베리 대주교에 이의를 제기해 교회 고위층 인사들의 지지를 잃은 적도 있었다. 그러면서도 교황이 영국 왕위를 노리는 프랑스 국왕을 도와줄까 두려워 교황에게 조공을 바치기까지 했다. 당시 왕의 위엄이 이렇게 땅에 떨어져 있었던 것이다. 게다가 대영주들은 존 왕이 프랑스 전쟁을 일으켜 자신들의 군사 부역 부담을 가중시킨 것에 불만을 품고 있었다. 특히나 마음대로 봉신제의 관례와 전통을 파괴하고 영주들의 봉토 계승권을 난폭하게 박탈하는가 하면 감시권을 남용하는 것에 대한 불만이 컸다. 여기에 더해 부빈 전투에서의 패배는 존 왕의 지위를 더욱 위태롭게 했다. 뿐만 아니라 당시 런던 시민들까지도 수탈에 시달리다 못해 소요를 일으킬

 주요 연표

878년
알프레드 대제가 덴마크인을 내쫓고 영국을 통일했다.

1066년
노르망디 공작 윌리엄이 군사를 일으켜 영국을 침략한 후 영국 왕위에 올랐다. 이렇게 하여 영국에서 노르만 왕조의 통치가 시작되었다.

1215년
영국의 '대헌장'이 제정되었다.

세계사적 성과 십자군 원정은 동서 문명의 교류를 촉진시켰다.

중세 봉건시대의 각축전 **187**

정도였다. 어쩔 수 없이 남작과 교회 고위층 선교사들의 요구를 받아들여야 했던 존 왕은 1215년, 그들이 기초한 '대헌장'을 승인하고 말았다. 대헌장은 전통적인 봉건 군주와 봉건 영주 제도의 원칙, 교회와 봉건 귀족의 특권을 보호하는 것을 주요 내용으로 하고 있었다. 대영주는 국왕과 투쟁을 벌일 때 반드시 기사와 시민들의 도움을 받아야 했기 때문에 '대헌장'은 기사와 시민들의 권익을 보호하는 내용도 담고 있었다. 이 '대헌장'은 헨리 2세 이후, 사법과 행정 영역에서 왕권에 대항하는 근거로 사용되었다. 이에 따라 대영주들에게 소속되어 있는 봉신들 사이에 일어난 재산 분쟁의 경우 반드시 영주가 심사 처리하고 국왕은 간섭할 수 없게 규정되었다. 또 교회와 봉건 영주의 동의 없이는 국왕이 추가 협조금과 군역대납금을 징수할 수도 없었다. 그 후, 17세기 영국의 자산계급은 혁명을 일으키며 이 낡은 '대헌장'을 무기로 전제 왕권과 투쟁을 벌였다. 그러나 그때는 오랜 세월 동안 봉신제 와해와 왕권 강화, 전제 왕권 확립을 거치면서 '대헌장'의 정치적 영향력은 이미 미약해진 이후였다.

십자군전쟁, 유럽과 오리엔트의 경쟁

11세기에서 13세기에 이르는 동안, 서유럽의 봉건 영주들은 곳곳을 누비며 대외확장을 시작했다. 이 중에서도 가장 큰 규모의 확장 운동이 바로 '십자군 원정'이다. '십자군 원정'은 로마 교황청과 서유럽의 봉건 영주가 함께 일으킨 대외확장 전쟁으로 지중해 동부 해안 지역을 목표로 한 '초승달에 대한 십자가의 전쟁'(여기서 초승달이란 '비옥한 초승달 지대'를 가리키는 것으로 나일강, 티그리스강, 페르시아만을 연결하는 지중해 연안을 뜻한다)이었다.

1071년, 셀주크인들이 기독교의 발상지인 예루살렘을 점령하고 나라를 세웠다. 그러나 이 나라는 세력이 약했을 뿐 아니라 정치적으로도 분열되어 혼란스러운 상황이었다. 이런 까닭에 시리아와 팔레스타인의 기독교도 성지순례를 위해 이곳을 방문했던 서유럽인들에게 이 나라는 불편한 존재였다. 그래서 예루살렘에서 서유럽으로 돌아간 기독교도들은 이곳에서 압제에라도 시달린 것처럼 행세하고 다니기 시작했다. 여기에 기사들까지 곳곳을 돌아다니며 소문을 퍼뜨리고 다녔다. 이들이 십자군을 조직해 성지를 수복해야 한다고 부추기자 사람들은 순식간에 종교적인 광기에 사로잡히고 말았다. 1095년 여름, 고향 로마를 떠나 프랑스로 향하는 길이던 우르반 2세는 십자군 원정의 필요성을 역설했다. 급기야 9월에 프랑스의 클레르몽에서 열린 종교회의에서 서유럽의 기독교 국가들에게 십자군 원정을 촉구하고 나섰다.

순식간에 서유럽의 모든 계층이 이 광란의 운동에 참여하게 되었다. 교회의 선언을 들은 수많은 사람들이 이 모험을 통해 하느님의 은혜를 입고 자신의 죄를 사할 수 있기를 바랐다. 그러나 대부분 속셈이 따로 있었다. 물려받은 유산이 없거나 있어도 얼마 되지 않는 봉건 영주의 자제들은 동방에서 토지와 재물을 얻고자 했다. 반면 교황과 서유럽 교회는 무력을 통해 동방에 기독교(로마정교)를 퍼뜨리려는 생각을 하고 있었다. 또 비잔틴의 황제는 서유럽 봉건 영주들의 군사 원조를 얻어 셀주크 투르크를 막아내는 것이 목적이었다. 이탈리아의 상인들은 이 기회에 더 많은 상업적 특권을 얻으려는 야심을 갖고 있었다.

십자군이 콘스탄티노플에 진입해 동부에 세운 라틴 제국은 1261년까지 지속되었다. 들라크루아의 그림은 바로 이 사건을 표현하고 있다.

1096년, 수만 명에 달하는 서유럽 각국의 무장 기사들이 농민 십자군의 뒤를 이어 동방으로 출발했다. 예루살렘과 지중해 동부 해안 지역을 함락시킨 그들은 그곳에서 서유럽식의 봉건 국가를 세웠다. 한편 이탈리아의 베니스, 제노바 등지의 상인들은 십자군을 운송하고 먹여 살리는 조건으로 십자군 점령 지역에서 상업 특권을 얻었다.

십자군 원정은 야만적인 방식으로 이루어진 서유럽과 동방의 교류였다. 서유럽 영주들은 동방에서 유럽보다 훨씬 더 발달한 문물과 문명을 보았을 뿐 아니라 그곳의 사상과 문화를 배워갔다. 다른 한편으로 십자군 원정은 서유럽 기독교의 의식과 봉건 무사들의 '기사도 정신'을 북돋아 주기도 했다.

1096년 시작된 제1차 십자군 원정이 끝난 후 유사한 확장 운동이 수차례에 걸쳐 이루어졌다. 제4차 원정 때(1202~1204년)는 베니스 상인들의 사주로 십자군이 진군 노선까지 바꾸어 비잔틴 제국을 침공하기까지 했다. 그들은 콘스탄티노플을 점령하고 문물을 파괴했으며 귀중한 보물의 약탈을 자행했다. 또한 자신들이 정복한 광활한 비잔틴 영토에 라틴 제국(1204~1261년)을 세웠다. 이로 인해 상업적으로 베니스의 숙적이었던 비잔틴은 치명적인 타격을 입었고 결국 오래 버티지 못했다. 제4차 십자군 원정은 그 침략성과 약탈성을 만천하에 드러내고 만 꼴이었다. 그러나 이집트와 아랍이 날로 강성해지고 있는 상황 속에 십자군은 동방에서 점점 곤경에 빠지게 되었고 결국 1291년, 십자군은 마지막 거점이었던 아코를

 주요 연표

1096년
제차 십자군 원정

1202년
제4차 십자군 원정

1291년
십자군이 마지막 거점인 아코를 잃었다.

제1차 십자군 전쟁 당시 적을 격파한 살라딘 장군의 무슬림 군대

잃고 말았다.

십자군 원정은 중세사의 중대한 역사적 사건으로 후세에 깊은 영향을 미쳤다. 십자군 원정은 동방인에게는 엄청난 재난이었고 서유럽인들도 막대한 대가를 치러야 했다. 그러나 객관적으로 볼 때 십자군 원정이 동서양 문명의 교류를 촉진시킨 것도 사실이었다.

몽골,
세계 제국의 건설

To Shoot the Vulture

칭기즈칸, 몽골제국을 세우다

몽고국이 일어나기 전, 몽고는 수많은 부락으로 나뉘어져 있었고 이들 사이에 끊임없는 전쟁이 일어났다. 전쟁에서 승리한 부락들은 번성했고 패해한 부락들은 쇠퇴의 길을 걸었다. 칭기즈칸 시대가 되자 몽고의 각 부락은 각각 칭기즈칸과 자무허(札木合)가 이끄는 두 적대 진영에 속하게 되었다.

본래 이름이 테무친(鐵木眞, 1162~1227년)인 칭기즈칸은 키야트(乞顔) 보르지긴 부락에서 태어났다. 1189년, 키야트 보르지긴족 귀족들의 천거로 칸(汗)의 자리에 오른 그는 타타르족을 섬멸하고 그 후 몇 년 동안 케레이트(克烈), 메르키트(蔑兒乞), 나이만(乃蠻) 등 몽고의 다른 부족들을 잇달아 병합했다. 1204년 나이만을 격파한 후 자무허(札木合)를 사형에 처함으로써 칭기즈칸은 마침내 몽고의 각 부락 통일이라는 대업을 달성했다. 이는 이후 몽고 제국의 건립과 발전을 위한 밑거름이 되었다.

1206년, 몽고 각 부락의 귀족들은 대회를 열고 테무친을 몽고 전체의 대칸(大汗)으로 선출하고 '칭기즈칸(온 세상의 칸이라는 뜻)'이라는 칭호를 부여했다. 이렇게 수립된 몽고 제국은 그 영토가 동쪽 흥안령(興安嶺)에서 서쪽 알타이산에 이르

칭기즈칸 초상

렀고 남쪽의 양산(陽山)에서 북쪽 바이칼 호수까지 이르렀다. 1207
년 칭기즈칸의 군대가 몽고 본토에서 군대를 일으켜 반세기 내에
역사상 그 예가 없는 방대한 제국을 건설했다. 최전성기에는 유럽
대륙 대부분과 아시아 대륙 전반을 차지했다.

브라운 박사의 인물 탐구

- 칭기즈칸 (1162~1227년), 본명
  테무친. 몽고의 각 부락을 통일
  하고 몽고 제국을 세웠다.
- 쿠빌라이 칭기즈칸의 손자. 원
  왕조를 설립해 원의 세조(世祖)
  로 즉위했다.
- 바투 칭기즈칸의 큰 아들 주치의
  아들. 킵차크한국을 건립했다.
- 툴루이 칭기즈칸의 넷째 아들.
  일한국을 수립했다.

칭기즈칸은 천호제(千戶制, 일종의 군사 행정 조직으로 십호(十
戶), 백호(百戶), 천호(千戶)를 편성한 제도) 실시, 호위군 설치, 사
법제도 완비와 같은 조치들을 통해 몽고의 국력을 강화시켰다. 이
런 조치들은 이후 몽고의 발전에 중요한 역할을 하게 된다.

1226년, 칭기즈칸이 군을 일으켜 탕구트족의 국가 서하(西夏)를
공격했다. 이듬해 7월에 칭기즈칸이 병영에서 사망했으나 몽고는
서하가 멸망한 후에야 이를 공개하고 북으로 돌아갔다.

칭기즈칸이 세상을 떠난 후 그의 아들 오고타이(窩闊台)가 아버
지를 이어 대칸의 자리에 올랐다. 1234년, 오고타이는 군사를 일으
켜 금나라를 멸망시켰다. 그 후 몽고는 잇달아 대리(大理, 지금의
운남성에 해당하는 지역)를 멸망시키
고 토번(吐蕃)족을 투항시켜 티베트
(西藏, 서장)와 서남지역 전체를 장악
했다. 1271년에는 쿠빌라이가 황제에
즉위해 국호를 원(元)으로 고쳤다. 원
왕조가 수립된 후 쿠빌라이는 군을
일으켜 남송(南宋)을 공격했고 1276
년 남송의 수도인 임안(臨安, 지금의
항주)을 함락시켰다. 어린 황제 조병
(趙昺)을 받들던 남송의 우승상(右丞
相) 육수부(陸秀夫)가 바다에 몸을 던
져 자살하면서 남송도 그 운명을 다
하고 말았다. 이로써 원 왕조는 중국

말을 타고 질주하면서 몸을 돌려 활을 쏘던 몽고 기병들. 이렇게 뛰어난 민첩성에
화기(火器)까지 사용할 줄 알았던 그들은 유라시아 전장에서 감히 대적할 자가 없
는 신들린 초원의 병사들이었다.

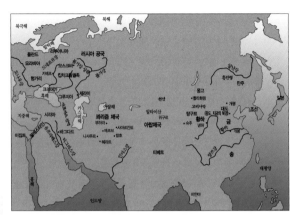

1207년 칭기즈칸의 군대가 몽고 본토에서 군대를 일으켜 반세기 내에 역사상 그 예가 없는 방대한 제국을 건설했다. 최전성기의 제국 영토는 유럽대륙 대부분과 거의 모든 아시아 대륙을 뒤덮었다.

📝 주요 연표

1206년
테무친이 몽고 전체의 대칸이 되어 '칭기즈칸'이라는 칭호를 받았다. 몽고국이 설립되었다.

1227년
서하가 멸망했다.

1234년
금나라가 멸망했다.

1258년
몽고의 대군이 아랍 제국의 수도인 바그다드를 포위 공격해 함락시키고 압바스 왕조를 멸망시켰다.

1260년
쿠빌라이가 대칸으로 즉위했다.

1279년
남송이 멸망했다.

대륙 통일의 위업을 달성하게 되었다.

칭기즈칸과 그의 후계자들은 세 차례에 걸친 대규모 정벌을 일으켰다. 이 정벌을 통해 그들은 중앙아시아, 서아시아와 동유럽 등 광활한 대륙을 정복했고 정복한 지역에는 킵차크한국(金帳汗國), 일한국(伊兒汗國), 차카타이한국(察合台汗國)과 오고타이한국(窩闊台汗國)을 건설했다. 심지어 고려, 일본, 미얀마, 인도차이나 반도와 자바 등지를 침범하기도 했다. 그러나 고려를 제외한 다른 지역에서는 뚜렷한 성과를 올리지 못했다. 정복에 실패했거나 그렇지 않고 복속해 들어와 조공을 바친 경우에도 그것이 오래가지는 못했다.

칭기즈칸과 그의 후계자들이 세운 몽고 제국은 전 세계 역사상 가장 넓은 영토를 가진 대제국이었다. 몽고 제국은 동쪽의 조선에서 서쪽의 폴란드 지역에 이르렀고 북쪽의 북극해에서 남쪽의 태평양과 페르시아만까지 펼쳐진 아시아 대륙 전체와 대부분의 유럽 대륙을 포함하고 있었다.

유라시아 대륙 정복과 4한국(汗國)

몽고제국의 광활한 영토 안에는 수많은 국가와 여러 민족, 부락들이 포함되어 있었다. 그 중에는 경제와 문화가 발달한 문명 민족과 국가가 있었는가 하면 아직 완전히 개화되지 못한 야만적인 유목 민족이나 반유목민족 혹은 부락도 있어 각 지역, 각 민족의 사회 구조와 발달 수준이 서로 달랐다. 경제, 문화, 역사적인 상황, 풍습 등이 모두 달랐던 것이다. 게다가 몽고의 정복자들조차 이제 막 원시 공동체 사회를 벗어나 문명의 문턱을 넘은 상황에서 유목민족 국가를 세운 것이었기에 그들 자신의 문명화 수준도 낮은 편이었다. 사실 그들이 정복한 선진적인 피정복민보다 훨씬 낙후되어 있었다. 이 때문에 그 원인이 객관적이든 아니면 주관적이든 상관없이 몽고의 통치자들은 이렇게 방대한 통일 제국을 통치할 마땅한 방법이 없었다. 결국 1259년, 몽케칸(蒙哥汗)이 사망하면서 몽고제국의 짧았던 통일도 막을 내렸다. 그 뒤를 이어 대칸의 자리에

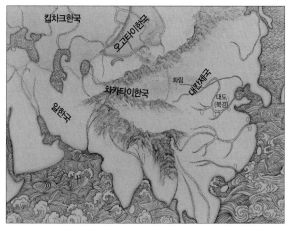

원 왕조와 몽고 4대한국의 영토

오른 것은 쿠빌라이였지만 그의 권력은 동방, 즉 중국의 원나라 정권으로 제한되어 있었다. 그 후 원 왕조와 서방의 4대한국은 모두 각자의 길을 걸으며 독립적으로 발전해 나갔다.

원(元) 왕조

1260년, 개평(開平, 당시의 수도)에서 즉위한 쿠빌라이는 1271년 국호를 대원(大元)으로 정하고 그 다음해에 대도(大都, 지금의 북경)로 수도를 옮겼다. 그 후 1279년, 남송을 멸망시키면서 전국을 통일하는데 성공했다. 원 왕조의 영토는 동쪽의 바닷가 근처 지방에서 서쪽의 신장(新疆)에 이르렀고 남쪽의 남해에서 시작해 북쪽의 시베리아 대부분을 포함하고 있었다. 또한 동북지방은 오호츠크해까지 이르렀으며 서남지방은 티베트와 운남을 포함하고 있었다. 원 왕조는 각 한국(汗國)의 중심 왕조였기 때문에 다른 한국들은 명의상으로는 원 왕조의 황제를 대칸으로 섬겼다.

원 왕조는 건립된 이후 민족 억압 정책을 폈다. 이는 단순히 물질적으로 백성을 착취한 것만을 가리키는 것이 아니라 정신적인 차별 정책까지 포함된 것이었다. 이 때문에 원나라의 민족 모순과 계급 모순은 심각한 수준이었다. 1351년에 일어난 농민 폭동은 18년의 투쟁을 거쳐 1368년, 원 왕조를 전복시키기에 이르렀다. 원 왕조의 통치는 100년도 지속되지 못하고 막을 내리게 되었다.

킵차크한국(金帳汗國)

맨 처음 킵차크한국은 칭기즈칸의 큰 아들 주치(術赤)의 봉지(封地)였으며 아랄해와 카스피해 이북 지방을 영토로 하고 있었다. 1235년 주치의 큰 아들 바투가 서역 진출을 통해 러시아와 동유럽을 정복하면서 영토가 확장되었다. 이 정벌의 결과 그 영토는 동쪽의 예니세이강에서 시작해 서쪽의 도나우강 하류에 이르렀고 남쪽의 카프카스에서 시작해 북쪽의 러시아까지 포함하고 있었다. 1243년 서역 정벌을 마치고 돌아온 바투는 봉지에 주둔하며 볼가 강 하류 지역에 수도 세라이(오늘날 러시아의 아스트라한)를 세우고 킵차크한국을 건설했다.

킵차크한국 국내의 민족 구성은 킵차크족, 러시아인, 몽고인 등으로 이루어져 있었다. 몽고인은 통치 계층으로 보통 귀족에 속했다. 1502년, 킵차크한국은 크리미아한국에 멸망당했다.

차카타이한국(察合台汗國)

차카타이한국은 칭기즈칸의 둘째 아들 차카타이의 봉지로 처음에는 오랜 영토였던 서요(西遼)지방, 천산 남북의 산기슭과 아무다리야강, 시르다리야강 사이의 땅을 포함하고 있었고 수도는 알말리크였다. 14세기 상반기에 차카타이한국은 동과 서로 분열되었다. 전자는 오고타이한국의 옛 영토를 차지하고 수도를 소부(疏附, 현재 신강성 서부)에 두었다. 한편 후자는 강의 중류에 자리를 잡고 있었으며 사마르칸트가 그 수도였고 이후 이슬람교가 이 지역의 종교가 되었다. 그 후 1370년 서차카타이한국은 티무르 제국에 의해 멸망했고 동차카타이한국은 몇몇 약소국으로 다시 분열되었다가 16세기에 쇠망의 길을 걸었다.

오고타이한국(窩闊台汗國)

오고타이한국은 칭기즈칸의 셋째 아들 오고타이의 봉지였으며 이르티슈강 상류와 발하슈 호수 동쪽 지역을 그 영토로 하고 있었다. 1229년, 오고타이가 칸으로 즉위한 후 영토를 아들 구유크(貴由, 귀유)에게 하사했다. 1310년 오고타이한국은 차카타이한국에 패하면서 그 영토도 차카타이한국에 편입되었다.

주요 연표

1259년
몽케칸이 죽고 몽고 제국의 짧았던 통일도 막을 내렸다.

1271년
쿠빌라이가 국호를 대원(大元)으로 고치고 그 다음해 대도(지금의 북경)로 수도를 옮겼다.

1368년
백성들이 반란을 일으켜 원 왕조의 잔학한 통치를 전복시키면서 원 왕조는 무너졌다.

1388년
일한국이 티무르 제국에 의해 멸망했다.

1502년
킵차크한국이 멸망했다.

일한국(伊兒汗國)

몽고 기병의 금박 입힌 투구

1253년, 훌라구(旭烈兀)는 서역 정벌의 사명을 받들고 이어갔다. 이에 따라 그는 1258년 바그다드를 함락시켜 압바스 왕조를 전복시켰고 이란 전체를 손에 넣고 타브리즈를 중심으로 나라를 세웠다. 1264년 쿠빌라이가 정식으로 훌라구를 일한국의 칸으로 책봉했다. 그 영역은 동쪽의 아무다리야강에서 시작해 서쪽으로는 지중해까지 닿았고 북쪽의 카프카스에서 시작해 남쪽 인도양까지 이르렀다.

영토가 넓고 몽고인, 돌궐인, 쿠르드인과 페르시아인 등 민족 구성이 복잡했던 일한국은 1388년, 신흥 티무르 제국에 의해 멸망했다.

세계사적 성과 몽고의 통일 제국 건설은 다민족의 융합과 교류를 촉진시켰다. ➡ 원의 대도(북경) 건설 ➡ 곽수경(郭守敬)이 전국에 여러 개의 천문대를 세웠고 천문학 분야에서 상당한 학문적인 성취를 이루었다. ➡ 원곡(元曲)의 번영

제3의 문명,
아프리카와
아메리카

아프리카 남부와 아메리카 대륙은 사막 혹은 바다가 가로막고 있었기 때문에 오래도록 서로 간의 교류가 뜸했다. 아예 교류가 없었다고도 할 수 있다. 그러나 그곳에도 마찬가지로 문명을 꽃피우며 자신들의 역사를 만들어가고 있었다. 그들은 곧 유럽인들과 교류를 하게 될 참이었다. 비록 그 교류가 그들에게는 고통과 굴욕으로 얼룩진 것이었지만 말이다.

01 검은 대륙,
아프리카

Black Africa

사하라 이남의 아프리카

아프리카는 유구한 역사를 갖고 있으나 사회적으로는 불균형했다.
아프리카 북부는 아시아와 유럽 대륙에 인접해 있었기 때문에 문

사하라 사막 암석 수채화
소를 방목하는 초기의 방목공을 표현한 그림이다.

명화 속도가 비교적 빠른 편이었다. 그 덕분에 이 지역은 기원전 수 천년 전에 이미 문명사회에 진입해 노예제와 봉건제 발전 단계를 차례로 경험했다. 상대적으로 아프리카 중남부의 사회 발전 정도는 비교적 낙후된 편이어서 봉건 시대에 이르기 전까지 많은 지역이 아직도 원시 상태를 벗어나지 못하고 있었다. 어떤 지역은 심지어 원시 사회의 초기 단계에 머물러 있기도 했다.

중세 아프리카의 붉은색 도자기 조각상

아프리카 중남부는 사하라 사막 이남의 열대지역을 가리킨다. 이곳에는 주로 흑인들이 살고 있었기 때문에 '검은 대륙 아프리카'라고 불리기도 했다. 아프리카 중남부는 어족에 따라 수단어족과 반투어족 이렇게 둘로 나뉜다. 수단어족에 속하는 사람들은 사하라 사막 이남, 적도 이북, 에티오피아 이서 지방에서 대서양 연안에 분포해 있으며 피부색이 거무스레하다. 반투어족에 속하는 사람들은 피부가 연하게 검은 편이며 주로 적도 이남 지역에 분포해 있다. 이외에도 다른 종족들도 있는데 말레이-폴리네시아어족에 속하는 마다가스카르인(황인종)과 셈어족에 속하는 에티오피아의 암하라족(어두운 붉은 색의 피부를 갖고 있는 민족) 등이 여기에 속한다.

강대한 서아프리카 베닌 왕국의 16세기 상아 제품
조각된 인물은 아프리카 사람들이 처음으로 포르투갈 선원을 봤을 때의 놀라움을 실감나게 보여준다.

반투족, 아프리카 역사를 수놓다

마다가스카르 섬을 제외한 아프리카 중남부지역의 주된 민족은 반투족이다. 원래 적도 이북의 카메론 고원에 살던 이 민족은 서기 원년 무렵에 북방 민족의 압력을 견디지 못하고 적도와 그 이남 지역으로 이동하기 시작했다. 반투인의 이동으로 원래 적도와 적도 이남에 살던 피그미족은 삼림지대로 들어가게 되었다. 또 부시맨족과 호텐토트족들도 강제로 아프리카 서남단으로 쫓겨 갔다.

반투족의 이동은 크게 세 갈래로 나뉘어졌다. 동쪽으로 이동한 반투족의 일부는 탕가니카 역내에 정착해 현지의 주요 민족이 되었다. 또 다른 일부는 11세기에 아프리카 동부 연안지대에 도달한 까닭에 아랍 문화의 영향을 받아 스와힐리인이 되었다. 서쪽으로 이동한 다른 한 갈래는 아프리카 서부에 정착해 현지 주민들과 섞인 일부를 빼고는 대부분 적도 서쪽의 아프리카에 정착했다. 그리고 북쪽의 콩고강 이북과 카메룬 고원 남부에서 시작해 남쪽의 나미비아(아프리카 서남부) 북부에 이르는 광활한 지역을 정복했다. 마지막 한 갈래는 아프리카 남부 대부분 지역에 자리잡았다.

금박 입힌 코뿔소, 12세기 남아프리카의 마푼구베에서 출토된 작품이다. 원래 손상되어 있던 것을 다시 맞추어서 완성시켰다.

반투족의 대이동은 19세기가 되어서야 끝이 났다. 이 이동으로 민족 대융합이 이루어졌으며 중부와 남부 아프리카 사회 발전이 촉진되었다. 특히 바닷가 부근에 사는 반투족과 외부의 접촉이 잦아지면서 그들은 손쉽게 선진문화를 받아들이게 되었고 이는 문명국가의 탄생으로 이어졌다. 이들 중에서도 중요한 나라가 콩고와 짐바브웨다.

콩고는 서반투족의 콩고인이 15세기를 전후로 해서 세운 나라로 음반자가 그 수도였다. 영토는 서쪽의 대서양에서 동쪽의 쿠안고강까지 이르렀고 북쪽의 콩고강에서 남쪽의 콴자강까지 펼쳐져 있다. 농업이 경제의 중심이었고 수공업과 상업도 상당한 발달을 이루었는데 특히 황금이 대량으로 생산되었다. 15세기말, 포르투갈인들이 이 황금을 약탈하기 위해 콩고로 쳐들어왔다. 모노마타파인들은 이 침략에 완강히 저항했지만 침략자들의 파괴와 모노마타파 통치 계급의 내분으로 16세기 이후 점차 쇠락했다.

02 옥수수가 만든 중남미 문명

Another World

마야, 문자를 남긴 문명

마야족은 아메리카에서 유일하게 문자를 남긴 민족이다. 서기 원년 무렵에 마야족은 지금의 과테말라 북부 페텐 호수 동북지역에 티칼 등의 도시국가를 세웠다. 5세기 초, 일부분의 마야족이 유카탄 반도 북부로 이동해 왔고 이들은 5세기에서 6세기로 넘어가던 시기쯤 치첸이트사를 건설했다. 7세기 무렵, 치첸이트사 주민들은 이 도시를 포기하고 유카탄 반도 서남부에 새로운 도시국가를 세웠지만 10세기 말 멕시코 남부에서 올라온 톨텍인들의 공격을 받게 되었다. 이에 주민들은 다시 치첸이트사로 돌아갔고 치첸이트사는 마야인들의 종교, 정치, 문화의 중심으로 성장했다. 치첸이트사의 서남쪽에 자리잡은 욱스말도 대도시였는데 이 두 도시에 자리잡은 웅장한 규모의 신전과 궁전은 마야 문명의 높은 수준을 반영하고 있다.

마야인들이 손으로 직접 베낀 문서
나무껍질로 만들어진 이 문서의 왼쪽
과 오른쪽 양편에는 동그란 원이 들어
간 부호들이 있는데 이것이 바로 마야
인들의 상형문자다.

10세기, 치첸이트사 남부에서 새로운 도시국가 마야판이 일어났다. 두 세기 후 강성해진 마야판은 1194년 치첸이트사 등의 도시국

세계사적 성과 상형문자와 20진법 연산법 발명, 그들은 이미 숫자 '0'을 사용할 줄 알았다. 농업상의 계절을 기초로 해서 역법도 만들어 냈다. 태양년으로 1년이 365일이었고 52년이 역법의 한 주기가 되었다.

가를 격파하고 유카탄 반도에서 패권을 장악했다. 그 후 치첸이트사인들이 다시 마야판을 점령하면서 이 두 지역 사람들이 섞이게 되었고 이렇게 해서 마야족이 탄생했다. 1441년, 마야판 부근의 욱스말 등의 도시국가에서 반란이 일어나면서 마야판은 그 세력이 크게 쇠퇴했다.

마야 문화는 아메리카 대륙 문명의 원천으로 천문, 수학, 건축, 예술 등의 방면에서 모두 찬란한 업적을 남겼다. 마야인들은 일찍이 상형문자와 20진법 연산법을 만들어 냈으며 이때 이미 부호 '0'을 응용할 줄 알았다. 마야인들의 역법은 농업상의 계절을 기초로 하고 있었는데 태양년이 365일에 매 52년이 한 주기였다. 또한 그들은 당시에 이미 일식이 일어나는 시간과 달, 행성의 주기를 정확하게 계산해냈다. 마야인들은 건축, 조각과 회화에서도 높은 수준에 다다랐는데 그들이 지은 오랜 신전과 궁전의 벽, 기둥과 계단은 정교한 부조와 조각으로 장식되어 있다. 회화 또한 다양한 소재를 아름답고 다채롭게 표현하고 있다.

티칼의 제1호 신전
금자탑 신전은 마야의 가장 기본적인 건축 양식 중 하나로 층마다 겹겹이 쌓아올린 금(金)자 형상의 돌무덤은 사실 건축물의 밑받침에 지나지 않는다. 평평한 맨 꼭대기 부분에는 신에게 바치는 신전이 우뚝 솟아 있다.

아스테크, 멕시코인들의 나라

아스테크족은 원래 멕시코 서부의 섬에서 살다가 11세기 중엽에 멕시코 분지로 이동을 시작했다. 그러던 1325년, 그들은 텍스코코 호수의 두 개 섬에 현재의 멕시코시티인 테노치티틀란을 세웠다.

멕시코 평원으로 옮겨온 아스테크인들은 현지 주민과 함께 섞여 살며 그곳의 선진문화를 받아들였고 사회는 급속한 발전을 이룩했다. 15세기, 아스테크인과 텍스코인, 트라코판인들은 부락 연맹을 결성해 끝없는 확장을 계속해 나갔다. 차례로 주변의 수많은 부락들을 제압한 결과 북으로는 멕시코만과 태평양 연안에 이르렀고 남으로는 과테말라에까지 뻗치게 되었다. 장기간의 정벌 전쟁을 통해 아스테크인들은 하루가 다르게 강대해지면서 연맹의 지도자로 성장했다. 한편 15세기 말, 멕시코 중남부에는 넓은 영토를 가진 제국이 탄생했는데 테노치티틀란이 바로 이 제국의 정치 중심지였다.

아스테크인들은 독특한 농업경작법인 '부원(浮園) 경작법'을 발전시켰다. 부원 경작법이란 위에 진흙을 쌓은 갈대 뗏목을 물 위에 띄운 다음에 새로 생긴 땅('갈대 뗏목 위의 진흙'을 가리킴)에다가 농작물과 과일 나무를 심는 것이다. 농작물과 나무의 뿌리는 이 움직이는 인공 농장을 튼튼히 받치는 데 사용되었다. 이와 동시에 호숫가 주변의 땅을 이용해 옥수수와 콩 종류, 호박, 토마토, 고구

이 장대한 인디언 무사 석상들은 멕시코 고대 도시 투라의 우사신(羽蛇神) 금자탑 신전 맨 꼭대기에 우뚝 솟아 있다. 이 석상들은 원래 신전의 천장을 받치고 있는 돌기둥이었다. 이 무사 석상들은 톨텍 문명의 산물로 톨텍 문명은 아스테크 문명 이전 멕시코를 주름잡던 3대 부락 중 한 곳이었다. 그들은 눈길을 사로잡는 뛰어난 문명을 창조해냈는데 투라가 바로 그들의 수도였다.

마, 용설란, 무화과, 코코아, 면화, 담배, 선인장 등을 심었다. 그들이 유일하게 키운 가축은 개였고 가금류로는 주로 칠면조가 있었다. 그들은 금, 은, 동, 주석과 청동기 등을 제련할 줄 알았고 뛰어난 도자기 제조 기술을 갖고 있었다. 아스테크인들이 만든 도자기는 갈색 바탕에 검은색 문양으로 복잡한 몇 개의 도안과 꽃, 새, 물고기, 곤충 등이 새겨져 있다. 이 도자기들은 재질이 뛰어날 뿐 아니라 겉모양도 아름답기 그지없다. 방직물도 뛰어난데 특히 방직물에 그려진 도안이 대단한 예술성을 지니고 있다. 또한 아스테크인들이 깃털을 상감해서 만든 깃털 장식물인 깃털 자수는 섬세하고 아름답기가 비할 데 없다. 보존되어 있는 작품들은 수백 년이 지났음에도 여전히 선명한 색채에 윤기가 흐르며 재질이 견고해그 뛰어난 제작 기술을 짐작케 한다.

아스테크의 상징
선인장 위에 앉아 있는 한 마리의 매

아스테크인들은 부족끼리 모여 살았는데 부락 밑에는 몇 개의 씨족이 있었다. 또 이 씨족들은 각각 독립적인 정치, 경제, 군사, 종교 부분을 갖고 있었고 씨족장이 이들을 이끌어 갔다. 부락의 추장은 족장회의를 주관하고 이를 민주적으로 관리하는 일을 맡았다.

아스테크인들은 휘칠로포츠틀리를 태양신이자 전쟁의 신으로 모셨고 그 외에도 달의 신, 비의 신, 꽃의 신과 옥수수의 신 같은 자연신을 숭배했다. 피정복 부락의 신도 신전 한가운데 모셔졌으나 이들 신은 주신(主神)에게 순종하는 위치였다.

오랫동안 노동에 종사하며 수많은 과학적 지식을 축적한 아스테크인들은 1200종류나 되는 식물과 각종 뱀, 곤충류 그리고 광물들

세계사적 성과 아스테크인은 오랫동안 노동에 종사하며 수많은 과학적 지식들을 축적했다. 그들은 1200여 종의 식물과 각종 뱀, 곤충류 그리고 광물들을 분류해 냈다. ➡ 아스테크인들은 독특한 농업 경작법인 '부원 경작법'을 발전시켰다.

을 분류했다.

　스페인의 정복대가 침략하기 전, 아스테크의 통치 집단은 이미 100년에 달하는 정복전쟁을 펼치고 있었다. 전시에는 재물과 전쟁 포로를 약탈하고 평상시에는 피정복 부락으로부터 공물을 착취했으며 장성한 사람을 잡아 제사의 제물로 사용했다. 이로 인해 깊은 원한을 갖게 된 수많은 부락들은 언제든지 아스테크에 반기를 들 준비가 되어 있었다. 때문에 1519년 스페인 정복대 대장 코르테스가 군을 이끌고 침략해 왔지만 각 부락들은 일치단결하지 못했다. 게다가 국왕이었던 몬테수마가 중심을 잡지 못하고 계

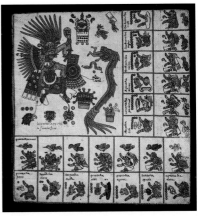

나무껍질 위에 그린 아스테크의 점복판이다. 그림 안 왼편에 있는 것은 신이고 그 주변에는 지옥, 천당의 신들과 연관된 매일 매일의 이름들이 있다.

속 흔들리는 가운데 내부의 반역자와 간첩들의 활동까지 더해져 1521년 아스테크는 스페인에 정복당하고 말았다.

잉카, 건축과 과학의 문명

라틴 아메리카 안데스 고원은 아메리카 고대 문명의 또 다른 발상지다. 가장 먼저 이곳에 살았던 고대인들은 케추아족, 아이마라족과 다른 어족에 속하는 부락들이었다. 기원전 비교적 높은 수준의 농경 문명을 일으킨 잉카인은 케추아족의 부락 중 하나였다. 12세기, 그들은 쿠스코(현재 페루 남부 지방)를 수도로 하는 잉카국을 건립했다. 그들은 15세기 말까지 콜롬비아에서 칠레, 태평양 연안에서 아마존강 열대우림에 이르는 넓은 지역을 지배했다.

　뛰어난 농업 기술을 갖고 있던 잉카인들은 대략 40여 종에 이르는 농작물을 길렀고 옥수수와 감자가 주식이었다. 이 외에도 호박,

고구마, 토마토, 코코아, 파인애플, 용설란, 카사버, 땅콩과 면화 등이 있었는데 이런 작물들은 잉카에서 다른 대륙으로 전해졌다. 잉카인들은 경작지 면적을 넓히기 위해 언덕에 층층이 계단식 논을 만들었고 관개시설을 갖추어 산골짜기에서 흐르는 시냇물을 수로로 끌어와 관개를 했다. 목축업 쪽에서는 주로 아메리카낙타(라마라고도 한다)와 알파카를 키웠다.

고대인에게 낙타와 양은 아주 중요한 의미를 갖고 있었다. 바퀴 달린 차로 운송하는 법을 몰랐던 잉카인들에게 낙타는 노역에 이용할 수 있는 아주 훌륭한 가축이었던 것이다. 낙타와 양의 털, 가죽, 살코기와 기름은 입을 것과 먹을 것을 해결해 주는 중요한 물자이기도 했다.

잉카인의 채광, 야금, 건축공정, 역로(驛路) 교통, 방직기술, 의학기술은 모두 비교적 높은 수준에 도달해 있었다. 그들은 일찍이 청동기 제련술을 익혀 금, 은, 동, 주석, 알루미늄 등을 이용해 섬세하고 아름다운 각종 그릇과 장식품을 만들어냈다. 또한 도자기 공예 수준도 상당해서 단지와 항아리에 아름다운 각종 도안을 그려 넣었다. 면과 모직물은 섬세하고 아름답기

페루의 잉카 문화 마추픽추 유적지
'오랜 산봉우리'라는 뜻을 가진 '마추픽추'는 안데스 산맥의 험준한 두 개의 산봉우리 사이에 자리 잡은 잉카 제국의 도성 유적지다. 스페인 사람들이 침략하기 100년 전에 세워진 도시로 지금은 이미 잉카 문명의 가장 유명한 유적이 되었다.

세계사적 성과   천문대를 세워 태양의 위치를 관측하고 이것으로 농업상의 생산 절기와 제사 시기를 확정했다. ➔ 초보적인 외과학, 해부학 그리고 마취학 지식을 파악했다. ➔ 미이라 제작법을 습득했다.

그지없고 공예 수준도 놀랍도록 뛰어나
다. 당시 수공업자는 점차 전문화되어 전
문적인 공예가로 발전했다.

장엄하고 아름다운 쿠스코의 태양 신
전은 황금과 옥돌을 이용해 만든 거대한
건축물이다. 그런데 그 돌과 돌 사이가
시멘트를 칠한 것도 아닌데 면도날도 들
어갈 수 없을 만큼 아주 정확하게 꼭 맞
춰져 있다. 잉카인들은 전국을 남북으로
관통하는 두 개의 도로를 만들었는데 하
나는 해안가에 인접해 있고 다른 하나는
산을 뚫어서 만든 것이었다. 그 전체 길

이 웅장한 출입구의 문간은 잉카 제국 태양 신전의 아래 부분에 있다. 그 주
위의 벽은 최고 수준에 이른 잉카의 다각 건축 양식을 대표하고 있다. 모양이
다른 크고 작은 돌들이 함께 쌓여 있지만 아주 긴밀하게 결합되어 있어 얇디
얇은 칼날조차 들어갈 틈이 없다.

이가 2000km에 달하며 길 옆에는 수많은 터널과 등나무 넝쿨로
만든 다리가 있다.

잉카인들은 당시에 이미 상당히 풍부한 과학 지식을 갖고 있었
다. 수도 쿠스코에 세운 천문대에서 태양의 위치를 관측해 농업의
생산 절기와 제사 시기를 확정했다. 잉카인들은 천체를 숭상했는데
특히 태양을 숭배했기 때문에 그들이 갖고 있던 많은 천문 지식이
종교와 연관되어 있었다. 의학 방면에서 초보적으로나마 외과학,
해부학과 마취학 관련 지식을 파악하고 있었다. 그들은 두개골 수
술을 할 줄 알고 식물에서 채취한 약물로 마취제를 만들기도 했
으며 시체 보관을 위해 미이라 제작법을 익히기도 했다. 그 밖에도
금계납(金鷄納), 토근(吐根), 곽향고(藿香膏), 마전나무 같이 진귀한
수많은 약물들도 알고 있었다.

잉카인들은 새끼에 매듭을 지어 기록을 했다. 문자가 없었기 때
문에 잉카국의 수많은 부락들의 방언으로는 의사소통이 어려웠다.
잉카인들은 관방어로 케추아어를 사용했고 학교를 세워 케추아어와 새끼 매듭으로 기록하는 법을 가르쳐 케추아어가 널리 보급되도록 힘썼다.

잉카인들은 부지런하고 용감했으며 창의력이 뛰어났다. 그들이 창조한 빛나는 잉카 문화는 전 세계에 위대한 업적을 남겼다. 그러나 왕성하게 발달하던 바로 그 무렵 스페인 정복대의 침략을 받았다. 스페인 정복자들의 통치는 결국 잉카인들의 독립 발전의 길을 끊어버렸다.

5

르네상스와
계몽시대

14세기 초, 이탈리아에서 일어난 르네상스는 서유럽 각국으로 퍼져나갔다. 르네상스는 사실상 신흥 자본주의 세력의 새
로운 문화 운동이었다. 지리상의 대발견으로 자본주의는 그 싹을 틔우며 성장해나갔고 동시에 남반구와 북반구가 서로 왕
래하게 되었으며 국부적인 지역들 사이에도 경제 교류가 이루어졌다. 한편 대규모의 종교개혁은 중세의 봉건 구조에 전면
적인 충격을 가하더니 중세를 결국 와해시키고 말았다. 이제 유럽은 상승세를 타기 시작했다. 그러나 이는 낙후한 국가들
에 대한 침략과 노예화의 시작이기도 했다.

01 르네상스와 종교개혁

Changes of Western World

서유럽 국가, 근대의 문을 열다

15~16세기, 서유럽 각국에서 자본주의가 나타나면서 서유럽 봉건 사회는 해체 단계에 이르렀다.

15세기 말에 영국에서 엔클로저 운동이 시작되었다. 이는 영국 자본 축적의 원시적인 형태였다. 엔클로저 운동으로 값싼 노동력이 확보되었고 도시와 농촌의 자본주의 관계도 신속하게 발전할 수 있었다. 이는 필연적으로 영국 봉건 제도의 해체를 가져왔다.

1485년부터 1603년까지 영국을 통치한 튜더 왕조의 역대 국왕들이 최선을 다해 왕권을 강화시키는 가운데 전제군주제는 차차 자리를 잡아갔다. 국가 기구도 하루가 다르게 정비되었으며 정치 제도도 전제정치 형태로 접어들었다. 상공업의 발달로 16세기 후반이 되자 영국은 적극적인 대외 식민 정책을 펴기 시작했다. 그러나 확장일로에 서 있던 영국에게도 장애물이 있었으니 그것이 바로 스페인이었다. 이런 까닭에 영국과 스페인 사이에는 충돌이 그칠 새가 없었다. 1588년 7월, '무적함대'의 괴멸로 스페인이 해상 패권 전쟁에서 그 힘을 잃으면서 이제 해상 패권은 영국과 네덜란

📝 주요 연표

1602년
네덜란드가 동인도회사를 설립했다.

17세기 초
유럽에서 최초로 대규모의 국제전인 30년 전쟁이 일어났다.

세계사적 성과 '베스트팔렌조약'은 유럽 전체에서 국가의 독립과 주권이 인정받게 되었음을 상징하고 있다.

드의 손으로 넘어갔다. 그리고 이 해
상 패권은 영국과 네덜란드가 앞으로
벌이게 될 식민 활동을 가능하게 해
주었다. 여기서부터 영국과 네덜란드
는 식민제국을 건설해 나간다.

1588년 영국을 침략한 스페인의 '무적함대'가 영국 함대의 포화를 받으며 황급히 퇴각하는 모습을 묘사하고 있다.

16~17세기, 프랑스의 자본주의도
신속하게 발전했다. 이와 함께 프랑
스의 사회구조와 계층구조에도 중대
한 변화가 나타나면서 통치계급은 전
제군주제라는 새로운 통치 형식을 찾아 나서게 된다. 루이 11세를
이은 세 명의 후계자들–샤를 8세(1483~1498년), 루이 12세(1498
~1515년) 특히나 오랫동안 왕위를 지켰던 프란시스 1세(1515~
1547년)은 프랑스 전제군주제도의 기틀을 닦았다. 통일을 이룩한
후 대외 침략과 약탈 전쟁을 시작한 프랑스의 창끝은 이탈리아를
향했다. 이렇게 시작된 이탈리아에 대한 약탈 전쟁은 16세기 전반
기(1494~1559년)를 통틀어서 진행되었다.

17세기 초, 유럽 최초의 대규모 국제 전쟁인 30년 전쟁이 일어났
다. 이 전쟁으로 독일은 분할되었고 프랑스는 유럽의 패권을 거머
쥐었다.

한편 인류 역사상 최초로 부르조아
혁명을 성공시킨 네덜란드에서 네덜
란드 공화국이 세워졌다. 그리고 17
세기 전반기, 네덜란드는 피비린내
나는 약탈 전쟁에 돌입한다. 그들은
1602년 동인도회사를 설립했고 온 힘
을 다해 인도에서 포르투갈을 밀어내
며 향신료 무역을 독점했다. 1621년

어느 마을의 다리 위에서 기병단이 보병들을 쳐부수고 있다. 30년 전쟁 중에는 이
처럼 전쟁 중에 무참하게 유린당한 마을이 셀 수 없을 정도로 많았다.

에는 서인도회사를 세우고 서아프리카와 아메리카 사이의 무역을 독점하기에 이르렀으며 1624년 중국의 대만을 침략했다. 1661년에서 1662년까지 정성공(鄭成功)의 지도 아래 중국 동남부 해안가의 주민들은 네덜란드 침략자들을 대만에서 몰아냈다.

르네상스, 휴머니즘의 시대

르네상스는 14세기에서 17세기 초까지 상공업으로 부를 쌓은 유럽의 신흥 귀족들이 원했던 사상 및 문화 운동을 반영한 것이었다. 이 운동은 이탈리아에서 시작되어 독일, 프랑스, 영국, 스페인, 네덜란드로 퍼져나갔다.

14~15세기, 서유럽 내에서는 이미 자본주의가 형성되고 있었다. 그러나 사상 영역에서 지배적인 위치를 독점하고 있던 중세 신학은 인간의 사상을 옥죄면서 봉건 통치를 공고히 하는데 일조했다. 신학의 지배적인 위치를 수호하기 위해 교회는 신학에 부합되지 않는 모든 사상을 엄격히 금지했고 이단으로 몰아 종교적인 박해를 가했다. 이 모든 것들이 인간의 사상을 가두었음은 물론 인간의 재능과 지혜 그리고 그 창의력까지도 억눌렀다. 이는 신흥 계급의 자유롭고 진취적인 정신과 날카롭게 대립하면서 자본주의 발전의 장애가 되고 말았다.

르네상스가 이탈리아에서 일어난 것은 자본주의의 싹이 가장 먼저 나타난 곳이 바로 이곳이기 때문이다. 이탈리아의 신흥 계급은 자신들의 정치, 경제상의 이익을 지키기 위해 교회의 통치와 낡아빠진 신학 중심의 세계관 타파를 요구했다. 그들은 새로운 문화를 세우고 발전시켜야 한다고 주장했다.

단테의 《신곡》은 이탈리아 초기 르네상스의 출발점이 되었다. 《신곡》은 교회의 탐욕과 부패, 그리고 봉건 통치를 통렬히 공격하

다비드 상(1501~1504년), 미켈란젤로 410cm의 높이에 대리석으로 조각되었다.

면서 자유로운 이성과 지식 추구를 찬양했다. 초기 르네상스의 대표적 인물 중에는 페트라르카와 보카치오가 있다. 페트라르카는 '인문학'과 '신학'의 대립을 제기해 '인문주의의 아버지'라는 칭호를 얻었다. 보카치오의 대표작은 단편소설집 《데카메론》으로 이 작품은 신부와 봉건 귀족의 썩을 대로 썩은 삶을 폭로, 풍자하고 있다.

레오나르도 다빈치의 '모나리자'

16세기, 이탈리아의 르네상스는 최전성기에 도달했다. 이 시기에 인문주의와 현실주의가 예술 영역으로 깊이 파고들었고 예술가

아테네 학당(1510~1511년), 라파엘로, 이탈리아
라파엘로가 바티칸 교황 궁정에 그린 벽화이다. 그림 속에서 플라톤과 그의 제자 아리스토텔레스가 복도를 거닐며 대화를 나누고 있고 다른 지역, 다른 학파의 저명한 학자들도 자유롭게 토론하고 있다.

브라운 박사의 인물 탐구

● 단테(1265~1321년), 이탈리아 피렌체 태생. 그의 역작으로는 《신곡》이 있다.

● 셰익스피어(1564~1616년), 르네상스 시대의 거장 문학가. 주요 작품에는 《햄릿》, 《로미오와 줄리엣》 등이 있다.

● 레오나르도 다빈치(1452~1519년), 피렌체 태생. 르네상스 시대의 거장 화가이며 걸출한 과학자. 작품으로는 《최후의 만찬》과 《모나리자》가 유명하다.

● 마키아벨리(1469~1527년), 피렌체 태생. 대표작 《군주론》은 현대 정치학의 기반을 닦았다.

● 코페르니쿠스(1473~1543년), 근대 천문학의 창시자. 《천체운동론(지동설)》을 써 우주의 중심은 지구가 아니라 태양이라는 주장을 내놓았다.

● 갈릴레오 갈릴레이(1564~1642년), 이탈리아의 천문학자. 《천계통보(The Starry Messenger)》한 권으로 코페르니쿠스의 학설을 증명해냈다.

의 수나 성과 면에서도 역사상 그 예를 찾을 수 없는 최고점에 도달했다. 레오나르도 다빈치, 미켈란젤로와 산치오 라파엘로 등이 가장 유명하며 이들은 '르네상스의 3대 거장'으로 꼽힌다.

15세기 후반, 서유럽 국가에서 자본주의가 발전하기 시작했다. 이들 국가들의 신흥 계급은 모두 전심전력을 다해 교회의 정신적인 속박에서 벗어나기 위해 노력했다. 르네상스 운동은 독일, 영국, 프랑스, 스페인, 네덜란드 등의 다른 서유럽 국가들로 급속히 퍼져나갔다. 독일 인문주의를 대표하는 인물로는 에라스무스가 있다. 그는 교회에서 통용되던 라틴어판 《성서》의 수많은 문제점을 지적하면서 교의를 해석하는 교회의 권위에 큰 타격을 입혔다. 영국에서는 무어와 셰익스피어가 인문주의의 걸출한 대표적 인물이었다. 무어는 《유토피아》한 권으로 원시 자본주의 축적의 잔혹성을 비판하고 사유제가 모든 사회악의 근원임을 지적했다. 셰익스피어는 희극과 비극 그리고 역사극에 영국 사회를 반영하고 한편으로는 인문주의 사상을 표현해냈다. 이 밖에도 프랑스의 라블레와 스페인의 세르반테스 등이 모두 저명한 인문주의 작가들로 모두 인문주의 사상을 널리 퍼뜨렸다.

르네상스는 문학, 예술 방면에서뿐만 아니라 자연과학에도 침투해 천문학, 수학, 물리학, 화학 등에서도 상당한 성과를 올렸다. 그 중에서도 천문학자 코페르니쿠스의 '태양중심설'이 가장 눈에 띈다. '태양중

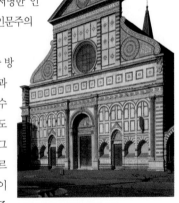

르네상스 양식의 피렌체 성십자 성당

심설(지동설)은 '하느님이 지구를 우주의 중심으로 정하셨다(천동설)'는 교회 중심의 논리를 뒤집어 교회의 우주관에 큰 타격을 가했다. 또한 '태양중심설'은 자연과학을 신학으로부터 해방시켜 새로운 시대로 진입하게 하였다.

📝 주요 연표

1517년
마틴 루터가 라틴어로 '95개조 반박문'을 작성했다.

1524~1525년
독일 농민 전쟁

1541년
개혁파가 제네바에서 권력을 장악했다.

종교개혁, 사상의 족쇄를 풀다

16세기의 종교개혁은 로마 교황령과 주교회, 자본주의 사이의 모순이 발전된 필연적인 결과였다. 독일 종교개혁의 경우 민족탄압, 계급 억압과 종교 박해가 함께 섞여 있었다. 독일은 교회의 착취가 가장 심했던 곳으로 그곳에서 종교개혁이 가장 먼저 일어난 것은 필연적인 결과였다.

독일의 종교개혁은 마틴 루터의 개혁운동에서 시작되었다. 그는 《성서》을 깊이 연구하며 교회 신학 이론과 제도가 기독교의 근본적인 교리와는 너무나 멀리 떨어져 있다는 것을 발견했다. 그래서 그는 '예수 그리스도에 대한 믿음을 통해 구원에 이른다'는 관점을 내놓았다. 인간 영혼의 구원은 하느님에 대한 인간의 경건한 신앙을 통해서 가능한 것이지 교회목사의 감시와 간섭은 필요 없다고 생각했다. 신앙의 유일한 근거는 바로 《성서》이지 결코 교회가 일방적으로 정한 신학이 아니라는 것이었다. 1517년 10월 30일, 그는 '면죄부 판매의 효과'에 관한 '95개조 반박문'이라는 제목의 글을 작성해 강제로 '면죄부'를 팔아 재물을 챙기는 교황의 비열한

마틴 루터 초상

세계사적 성과   종교개혁은 교회가 정치적으로 서유럽을 완전히 장악하고 있던 상황을 뒤집어 엎었다. 경제적으로도 서유럽의 봉건 토지 소유제에 큰 타격을 주었다. 이데올로기와 사상·문화면에서는 교회에서 벗어나 해방을 맞게 되었다.

행위를 통렬히 비판했다. 1519년, 루터는 라이프치히에서 교황과 논쟁을 벌이면서 공개적으로 로마 교황청의 권위를 부정했다. 이어 1520년 8~10월에 연이어 3편의 중요한 글을 발표했는데 '독일 민족의 그리스도 귀족에게 고함', '기독교도의 자유를 논함', '교회의 바빌론 포로'가 바로 그것이다. 독일 민족은 정치, 경제, 사상 측면에서 철저히 로마 교황청으로부터 벗어나야 한다는 내용이었다. 그러나 루터는 종교와 정치 분리의 중요성을 아직 인식하지 못했기 때문에 군주의 권리는 신이 부여한 것이므로 백성들은 정부에 복종해야 한다고 강조했다. 그 때문에 1521년 12월, 발표문을 통해 폭동을 엄중하게 방지해야 한다고 경고하면서 사람들에게 '자기 자신을 자제하고 함부로 말하거나 생각하지 말고 멋대로 행동하지도 말라'고 요구했다. 결국 그는 귀족과 영주의 편에 섰던 것이다.

　　루터가 영주들의 품에 안긴 이 무렵, 토마스 뮌처는 계속해서 종교개혁 활동을 진행하고 있었다. 그는 종교개혁과 사회개혁을 결합

종교개혁 시기, 루터파와 교회가 엇갈리는 관점을 가지고 논쟁을 벌이고 있다.

시켰다. 속세의 고난에서 벗어날 수
있는 유일한 길은 바로 신분제도를 없
애고 재산을 평등하게 나누어 갖고 어
떤 착취와 압제도 없는 '천년의 천국'
을 세워야 한다고 생각했다. 그의 이
런 생각은 대다수 하층민들, 특히 농
민들의 광범위한 지지를 얻었고 독일
농민 전쟁을 촉발시켰다. 1524~1525
년, 독일에서 대규모의 독일 농민 전
쟁이 일어났다. 독일 농민의 3분의 2
가 이 전쟁에 휘말려들었고 슈바비아,

교황제도를 영혼을 지옥으로 보내는 마귀의 수송차량에 비유하고 있다. 이는 신교
가 교황제도에 어떤 생각을 갖고 있는지를 보여준다.

프란코니아, 작센, 튜린지아 등이 주요 중심부였다. 비록 진압되기
는 하였으나 교회에 엄청난 타격을 주었다. 농민 봉기는 독일에서
교회가 차지하고 있던 지배적인 지위 자체를 뿌리부터 뒤흔든 사건
이었던 것이다.

　독일에 이어서 16세기의 서유럽에서도 종교개혁 운동이 일어났
다. 프랑스 정부가 신교도를 박해하자 1534년 존 칼뱅은 스위스로
망명한다. 그 후 1536년, 그는《그리스도교 강요》를 출간했고 '예
정설'을 제창했다. 인간의 구원 여부는 완전히 하느님의 의지에 의
해 예정된다는 것이었다. 1541년, 제네바에서 개혁파가 권력을 장
악하면서 칼뱅은 사실상 제네바의 종교, 정치 최고 지도자가 되었
다. 그의 가르침은 신흥 상공시민층이 원하던 바로 그것이었다. 이
때문에 그의 교리는 네덜란드, 프랑스, 영국 등의 서유럽 국가와
북아메리카처럼 자본주의가 신속하게 발전하던 지역에서 광범위
하게 퍼져나갔다.

브라운 박사의 인물 탐구

🔎 마틴 루터(1483~1546년), '예
수에 대한 믿음을 통해 구원에
이른다'는 주장을 내놓았다.

🔎 토마스 뮌처(1490~1525년),
종교개혁과 사회개혁의 결합을
주장했다.

🔎 존 칼뱅(1509~1564년), '예정
설'을 제기했다.

02 이슬람 세계의 부침과 명(明) 왕조의 영욕

World Situation

이슬람 국가들의 성쇠

델리국은 인도 역사상 비교적 안정된 최초의 이슬람교 정권으로 320년 동안 지속되었다. 320년 동안 차례로 노예 왕조(1206~1290년), 할지 왕조(1290~1320년), 투글르크 왕조(1320~1414년), 사이이드 왕조(1414~1451년)와 로디 왕조(1451~1526년)가 이어졌다. 델리국 시대, 인도 대부분의 지역은 점차 이슬람교 정권의 통치하에 들어가게 된다. 투글르크 왕조의 무함마드 이븐 투글르크(1325~1351년)의 재위 기간에 델리국의 영토는 크게 확장되었다. 서쪽의 인더스강 유역에서 시작해 동쪽의 방글라데시에 이르렀으며 북쪽의 카슈미르에서 남쪽의 카베리강에 이르렀다.

아랍 제국의 번영과 확장은 이슬람 문화에 광범위한 영향을 미쳤다. 사진은 이슬람 건축 양식을 보여주는 붉은 빛깔을 띠는 인도의 성이다.

델리국은 인도 역사 발전에서 중요한 단계이다. 그들은 정치와 종교가 하나를 이루는 정치제도를 채택했으며, 군사영지제도를 인도에 들여와 인도 봉건사회 발전에 막대한 영향을 끼쳤다. 델리국 시대에 인도의 이슬람교도 수가 크게 급증하면서 이슬람교는 인도의 주요 종교로 성장했다. 이 외에도 이슬람교가 널리 퍼지면서 아랍, 페르시아, 돌궐 등의 언어, 문화, 생활 방식과 사회적인 풍습이 대량으로 인도에 들어와 인도의 토착 문화와 융합되었다. 그리고 이는 현대 남아시아 문화의 기틀을 마련해 주었다.

마라케시 하산 사원의 첨탑과 돌기둥

한편, 완전한 독립국으로서의 이집트는 파티마 왕조 때부터 시작되었다. 파티마 왕조는 시아파를 숭상하면서 수니파에 속하는 바그다드의 칼리프 정권을 공개적으로 부인했다. 또한 전체 무슬림 세계에서 압바스 왕조가 차지하는 종교 지도자로서의 위치도 반대했다. 그들은 자신들이야말로 무슬림의 유일한 종교 지도자라고 여겼다. 파티마 왕조와 압바스 왕조의 정치제도는 거의 비슷했으나 칼리프가 실질적인 무슬림들의 종교 지도자이면서 광범위한 세속 권력을 손에 쥐고 있었다. 파티마 왕조 시기에는 국가가 직접 이집트 대부분의 토지를 관리했다.

1171년 파티마 왕조가 끝나고 아이유브 왕조(1171~1250년)가 들어섰다. 파티마 왕조가 멸망하자 이집트에서 시아파는 쇠락의 길을 걸었다. 아이유브는 수니파를 숭상했다. 때문에 그들은 무슬림의 종교 지도자로서 칼리프의 지위를 인정해 이집트에서 수니파의 지배적인 위치를 되돌려 놨다. 아이유브 왕조의 통치 기반은 돌궐의 군사 귀족들이었고 아랍인이 보조 역할을 했다. 아이유브 왕조와 동방원정에 나선 십자군은 오랜 전쟁에 돌입했다. 바로 이 기독교도들에 대한 '성전(聖戰)'이 아이유브 왕조의 시작과 끝을 관통하고 있다.

 주요 연표

델리국은 차례로 노예 왕조(1206~1290년), 할지 왕조(1290~1320년), 투글루크 왕조(1320~1414년), 사이이드 왕조(1414~1451년)와 로디 왕조(1451~1526년) 등 5왕조를 거쳤다.

1171년
이집트의 파티마 왕조가 막을 내린 후, 아이유브 왕조(1171~1250년)가 들어섰다.

1250에서 1517년까지
마멜루크 왕조의 통치가 이어졌다.

다마스쿠스 사원의 내부 장식-모자이크 상감화   이스파한 사원의 음악실

아이유브 왕조가 끝날 무렵 이집트는 마멜루크 왕조 시대로 접어들었다. 마멜루크는 원래 노예를 뜻하는 말이기 때문에 마멜루크 왕조는 노예 왕조라고도 불린다. 마멜루크 왕조(1250~1517년)는 외국 노예 출신의 장수가 이집트에 세운 군사과두 통치체제였다. 마멜루크 왕조도 압바스 왕조의 칼리프를 무슬림의 종교 지도자로 인정했고 칼리프의 책봉을 통해 통치의 합법성을 확보했다.

마멜루크 왕조 전반기, 이집트는 지속적인 경제 번영을 이어가며 13세기 말에서 14세기 말에 이르기까지 한 세기에 걸친 평화를 누렸다. 그러나 15세기 일어난 오스만투르크는 마멜루크 왕조에게는 너무나 위협적인 존재였다. 1516년 화기(火器)로 무장한 오스만투르크 군대는 시리아 북부 알레포 부근의 타벡 초원에서 낙후한 마멜루크 왕조의 군대를 격파하고 시리아를 점령했다. 그 다음 해인 1517년, 오스만투르크 군대는 카이로 부근에서 다시 마멜루크 군대

세계사적 성과

14세기, 북아프리카의 위대한 무슬림 학자 이븐 할둔(1332~1406년)이 약칭 《역사 대강》이라고도 불리는 《아랍인, 페르시아인, 베르베르인 역사의 선례와 그 경위》를 저술했다.
수학자 알카쉬(1436년 사망)는 《산수의 열쇠》에서 소수 연산 규칙을 제기했다. 또 다른 저작 《원주론》에서 17자리까지의 원주율을 정확하게 계산했고 원주와 반지름의 비율까지 계산해냈다.
스페인의 약물학자 이븐 알바이탈(1248년 사망)이 《약물학집성》과 《약방회편》을 저술했다.

를 무찌르고 카이로를 탈환했다. 장장 5세기에 걸쳐 독립적으로 발전해오던 인도는 오스만 제국의 일개 성으로 전락하고 말았다.

마그레브는 아랍어로 '서방'이라는 뜻이다. 이집트 이서 지방과 사하라 사막 이북 지방을 가리키며 오늘날의 시리아, 튀니지, 알제리와 모로코에 해당한다. 이 지역의 토착인구 대다수가 베르베르족(무어인)이다. 1236년, 무와히드 왕조의 총독이 마그레브 동부에서 하프시드 왕조(1236~1574년)를 세우고 튀니스를 수도로 정했다. 1248년에는 베르베르족 마린 부락의 수령인 유수프가 마그레브 서부를 장악하고 마린 왕조(1248~1554년)를 건설하고 페스에 도읍지를 정했다. 마린 왕조는 1269년 마라케시를 점령하고 무와히드 왕조를 멸망시켰다. 베르베르족의 아부드와드(Abudwad) 부락의 수령은 1235년 마그레브 중부를 점거하고 아부드와드 왕조(1235~1554년)를 세웠으며 틀렘센에 도읍지를 정했다. 하프시드 왕조, 마린 왕조 그리고 아부드와드 왕조는 각각 300여 년 이어졌으며 각기 오늘날의 튀니지, 모로코 그리고 알제리 영토와 국가의 기초를 닦아놓았다.

오스만 제국, 비잔틴 정복과 아랍통일

오스만투르크인은 서돌궐인의 한 부류로 12세기쯤 아나톨리아에 정착했다. 오스만 1세(1258~1324년)는 원래 아나톨리아 서북지역에 있는 작은 도시의 귀족이었다. 1300년, 그는 자신이 술탄이라고 주장하면서 오스만투르크의 독립을 선언하고 나라를 세웠다. 오스만 1세가 세상을 떠난 후 그 아들 오르한(1324~1360년)이 대외확장을 시작하면서 점차 아나톨리아 전체를 손에 넣게 되었다. 무라드 1세(1360~1389년)는 동유럽과 남유럽으로 진군해 아드리아성을 탈환하며 비잔틴 제국의 수도 콘스탄티노플을 위협했다. 한편

동유럽으로 진격하는 오스만 제국. 이 그림은 오스만 제국 군대가 도나우강에서 헝가리 군대와 전투를 벌이는 모습을 묘사하고 있다.

코소바는 발칸국들의 연합군을 크게 물리쳤다.

15세기 초, 한때 쇠락하기도 했던 오스만 제국은 15세기 중엽부터 점차 회복세에 접어들었다. 그리고 1451년 즉위한 무라드 2세가 첫 번째로 한 일이 바로 콘스탄티노플 탈환이었다. 1453년 오스만투르크 군대가 콘스탄티노플을 점령하면서 비잔틴 제국은 무너졌다. 동방정교의 중심지인 콘스탄티노플은 이때부터 이슬람교를 신봉하는 오스만투르크의 수도가 되었고 이름도 이스탄불로 바뀌었다. 신기원을 열어젖힌 오스만 제국은 연이어 확장을 계속해나갔다. 그 결과 16세기 중엽 유럽, 아시아, 아프리카 이 세 대륙을 아우르는 대제국으로 거듭나면서 최전성기를 맞이하게 된다.

오스만 제국 시기 이스탄불 궁전의 접견실

명의 해금(海禁)정책과 서구의 침탈

16세기, 유럽의 서북부 변두리 지역이 자본주의의 문턱을 넘고 있었을 무렵, 중국은 여전히 봉건사회에 정체해 있었다. 중국의 명 왕조는 중엽을 지나면서 쇠퇴기에 접어든 상태였다. 봉건 지주 계급은 자신들의 지배와 이익을 지켜내기 위해 끝없이 백성들을 억압하고 착취했고 변함없이 '농업을 중시하고 상공업을 경시하는' 정책을 실시해 상공업 발달에 타격을 입혔다. 이제 막 싹을 틔운 자본주의는 제대로 꽃을 피우기도 전에 짓밟히고 말았다.

지배층의 부패는 날이 갈수록 심각해졌다. 환관들은 국정을 독점했고 재상들은 분쟁만을 일삼았다. 중국의 봉건전제정치 발전 과정 중에서도 명 왕조 황제의 권한은 극에 달해 있었다.

명 태조(太祖)는 재상을 폐하고 환관들의 정치 간여를 엄격히 금지하며 황제 자신이 위엄과 권력을 장악했다. 부패한 환관들은  뇌물을 챙기고 백성들의 재물을 수탈하기에 바빴는데 그 강탈한 재물이 어마어마했다. 세금과 부역, 지세(地稅)의 부담은 끝도 없이 가중되었다. 정통(正統) 원년 (1436년)에서 성화년(成化, 1465~1487년)까지 양자 강 이남의 농민들이 납부한 지세(地稅)는 3배나 증가 했다. 이렇게 끝없이 따라붙는 세금, 부역, 지세에서

정화(鄭和)의 원정 선박 복원도

벗어나기 위해 땅을 잃은 농민은 물론 땅을 갖고 있는 농민까지 고향을 등지고 떠나 떠돌이가 되어 곳곳을 떠돌아다녔다.

16세기 무렵의 가정(嘉靖) 황제와 만력(萬曆) 황제 시기, 중국에

세계사적 성과　철학에서 왕수인(王守仁)으로 대표되는 심학파(心學派)가 등장했다. ➡ 《수호전》, 《삼국지연의》와 《서유기》 등 불후의 명작들이 나타났다. ➡ 의 학에서는 이시진(李時珍)이 《본초강목》을 저술했다. ➡ 서광계(徐光啓)가 유클리드의 《기하원본》을 번역했다.

정화(鄭和)의 동상

서도 자본주의의 싹이 나타났다. 많은 분야에서 자본주의 색채를
띤 생산업종이 나타났는데 그 중에서도 방직업이 가장 두드러졌고
도자기, 기름 압착, 광물 제련 등에서도 이런 기색이 나타났다. 이
들 업종은 주로 양자강 이남과 동남부의 해안 지방에 분포하고 있
었다. 소주(蘇州)에서는 견직물 방직업이 크게 발달해 기계 직조실
에서 일하는 사람들의 수가 수천 명에 다다랐고 방직 노동자는 그
보다 더 많았다. 그러나 명나라 중 · 후기에 나타난 자본주의의 싹
은 몇몇 지역과 분야에 국한된 현상으로 드물게 나타났으며 발전
속도도 상당히 느리는 등 한계가 있었다.

16세기, 중국의 상품경제는 이미 상당한 발전을 이루었다. 동방
에 진출한 서양인들로 인해 시장도 넓어졌다. 이렇게 국내외적으
로 조건이 성숙한 가운데 중국의 민간 해외 무역은 전례 없는 규모
로 발전하기 시작했다. 그러나 명 왕조는 태조 때부터 엄격한 해금
정책(海禁政策)을 펴 나무판자 하나도 바다로 떠내려 갈 수 없게
했다.

영락제(永樂帝) 때는 정화(鄭和)가 일곱 차례에 걸쳐 서양으로 원
정을 나섰다. 이는 세계 항해 역사상의 쾌거였지만 봉건제국의 위

《항왜도권(抗倭圖券)》의 일부분
절강성 해안가에 침입한 왜구 선박이
상륙 후 지형을 관찰하고 약탈, 방화
를 일삼자 백성들은 피난을 떠났다.
이에 명나라 군대를 출동시켜 승리
하는 전 과정이 묘사되어 있다. 이 부
분에는 명나라 군대와 왜구가 전투를
벌이는 광경이 나타나 있다.

엄을 널리 알린 것에 지나지 않았다. 게다가 영락제는 정화에게 각국 조정 사이의 조공무역만을 허락했을 뿐 명나라 상인이 바다를 건너가 민간 무역을 하는 것은 허용하지 않았다. 그 후 선종(宣宗)에서 무종(武宗)에 이르기까지 모든 황제들이 하나같이 이를 금지했다.

중국의 봉건 왕조가 엄격한 해금정책을 펴고 있던 바로 그때, 동방으로 건너온 서구의 식민 원정대들은 중국에 대한 침략과 약탈을 시작했다. 가장 먼저 동양의 해안가에 도착한 것

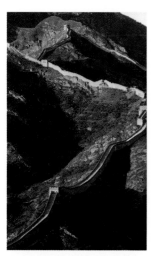

명의 홍무제(洪武帝)가 몽고인을 중원에서 내쫓은 이후에도 몽고인들은 늘 중국의 북부 변경 지역을 위협했다. 만리장성은 군사적인 목적 이외 한인(漢人)과 몽고인을 갈라놓는 행정 관할용으로도 쓰였다.

은 포르투갈인들이었다. 정덕(正德) 6년이었던 1511년, 포르투갈은 말라카(말레이시아)를 무력 침공해 해상통로를 장악하며 중국과 남지나해(중국 남쪽 필리핀과 인도네시아 및 보르네오섬으로 둘러싸인 바다) 각국의 무역을 막아버렸다. 그 후, 포르투갈은 말라카를 기지로 하여 중국 침략에 더욱 열을 올렸다. 가정(嘉靖) 32년인 1553년, 포르투갈 식민 원정대는 상업 선박이 폭풍우를 만났다는 거짓말을 늘어놓았다. 물건들을 햇볕에 좀 말려야겠다는 핑계를 대면서 육지에 발을 들여놓은 그들은 그대로 그곳에 정착했다. 가정 36년인 1557년, 포르투갈의 식민 원정대가 제멋대로 마카오의 거주 지역을 확대했지만 중국 정부는 이를 전혀 관리하지 않았다. 그들은 결국 불법적으로 마카오를 포르투갈의 식민지로 만들어버렸다. 포르투갈에 이어 스페인 식민 원정대가 가정 40년인

브라운 박사의 인물 탐구

🔖 주원장(朱元璋) 명의 태조, 명 왕조를 세웠다.

🔖 주태(朱棣) 명의 성조, 북경으로 수도를 옮겼다.

🔖 정화 삼보태감(三寶太監)으로도 불렸다. 15세기 초의 저명한 항해가. 영락 3년이었던 1405년부터 선덕(宣德) 8년인 1433년까지 28년 동안 7차례에 걸친 원정에 올랐다.

🔖 서광계 명나라 때의 저명한 과학자. 《기하원본》을 번역했다.

🔖 이시진 명나라 때의 저명한 의학자. 《본초강목》을 저술했다.

🔖 척계광(戚繼光) 명나라 때의 저명한 장수. 왜구를 물리쳤다.

1368년
주원장이 남경에서 황제로 등극하고 명 왕조를 세웠다.

1405~1433년
정화가 7차례에 걸친 서방원정을 떠났다.

1644년
이자성이 북경을 함락시키면서 명 나라가 무너졌다.

1565년 필리핀을 점령하고 이곳을 동방무역의 거점으로 만들었다. 천계(天啓) 6년인 1626년, 그들은 다시 대만 북부의 기륭(基隆)과 담수(淡水)를 점거했다. 한편 만력(萬曆) 9년이었던 1581년, 독립을 쟁취한 네덜란드는 스페인과 해상 패권을 다투고 있었다. 만력 40년인 1619년, 네덜란드는 자바를 침략해 점령했다. 이어 숭정(崇禎) 15년이었던 1642년, 대만 북부에 자리잡고 있던 스페인 식민 원정대를 격파하면서 네덜란드는 대만을 손에 넣었고 대만은 그들의 식민지가 되었다.

명 왕조는 후기에 이르러 끝도 없는 내우외환에 시달렸다. 그러던 1644년, 이자성(李自成)이 일으킨 농민 봉기군이 북경을 함락시키면서 명 왕조는 멸망하고 말았다.

03

상업과
교역의 시대

Aggression and Expansion

지리상의 대발견, 세계사 지형의 확장

15세기부터 서유럽의 항해가들은 수차례에 걸쳐 먼 바다 건너 항해를 떠나며 동서양 사이의 신항로를 개척했다. 그리고 그들은 이런 항해를 통해 가본 적도 들어본 적도 없는 곳들을 발견했다. 이는 인류가 오랫동안 발전시키고 쌓아온 과학 지식과 지리 지식이 가져온 결과였으며 서유럽 상품경제 발전의 필연적 결과이기도 했다.

가장 먼저 인도로 향하는 항로를 탐색하고 나선 것은 포르투갈인이었다. 1486년, 바르톨로뮤 디아스는 세 척의 작은 배를 이끌고 서아프리카 해안을 따라 남쪽으로 항해를 떠났다. 1487년 2월, 그는 남아프리카의 모셀 항구에 닿았다. 바르톨로뮤 디아스가 못 다 이룬 꿈을 계승한 것은 포르투갈의 부호이며 항해 경험이 있던 대귀족 바스코 다가마였다. 다가마가 조직한 원정대는 1497년 7월 8일 리스본에서 출발하여 디아스가 개척한 항로를 따라 남쪽으로 향했다. 11월 22일, 그는 순조롭게 희망봉을 돌았고 이어 북아프리카 동부 해안을 따라 나갔다. 그러던 1498년 4월, 바스코 다가마는 오늘날 케냐의 말린디에 진입한다. 그들은 말린디의 술탄이 보낸 사람의 안내에 따라 인도양을 넘었고 1498년 5월 20일에는 인도 서부 해안의 캘거타에 도착했다. 이는 서유럽에서 아프리카를 거쳐 동방에 다다른 인류 역사상 최초의 항해로 동서양 사이의 새로

콜럼버스 초상

운 직선 항로를 개척한 사건이었다.

1492년 8월 3일, 콜럼버스가 세 척의 범선으로 스페인의 팔로스를 출발해 최초의 대서양 횡단 항로 탐색을 시작했다. 10월 12일 마침내 바하마 군도의 한 작은 섬에 도착했다. 이어 1493년 그는 17척의 배를 이끌고 두 번째 항해를 떠났다. 콜럼버스는 히스파니올라섬에 광물을 채집하고 농사도 지을 수 있는 식민지를 세워 동방 항해의 기지이자 보급기지로 삼았다. 1498년과 1501년, 콜럼버스는 다시 아메리카 대륙으로 제3차, 제4차의 항해에 올라 트리니다드섬과 베네수엘라 해안 그리고 파나마 일대를 탐색했다.

마젤란 초상

중국과 인도를 찾아 떠났던 콜럼버스는 생각지도 못한 '발견'을 하게 되었다. 그러나 이런 발견에도 탐험가들은 아시아에 가고픈 희망을 포기하지 않았다. 1519년 9월 20일, 마젤란이 5척의 배를 이끌고 스페인의 세비야항을 떠났다. 이듬해 10월, 원정대는 이후

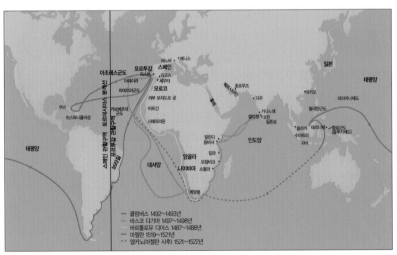

지리상의 대발견 기간 중의 주요 항해 노선도

마젤란의 이름을 따 '마젤란 해협'으로 불리게 되는 해협을 지났고 그 후에도 서쪽으로 항해를 멈추지 않았다. 가는 도중에 바람과 파도가 잠잠했다고 해서 선원들은 이 바다를 '태평양'이라고 불렀다고 한다. 1521년 3월, 마젤란 탐험대는 마침내 필리핀 군도에 발을 디뎠다. 필리핀 군도에는 수많은 부락이 있었는데 마젤란은 이 부락 수령들 사이의 갈등을 이용해 섬을 하나하나 정복해갔다.

그러던 중 그는 어느 수령에게 도전했는데 결국 해변 모래사장에서 살해당했다. 선원들은 필리핀에서 도망쳐 몰루카 군도에서 향료를 한 배 가득 실었다. 배는 소수의 선원들만을 그곳에 남겨놓고 인도양을 넘어 아프리카를 돌아 스페인으로 되돌아갔다. 1522년 9월, 바짝 마른 얼굴을 한 18명의 선원들이 겨우 한 척 남은 배

 주요 연표

1492년
콜럼버스가 아메리카 대륙에 도착했다.

1498년
바스코 다가마가 인도에 도착했다.

1519~1522년
마젤란 탐험대가 배를 타고 세계 일주를 했다.

지리상의 대발견 당시의 세계지도 당시 사람들의 세계지리에 대한 지식은 여전히 보잘 것 없는 수준이었다. 사람들은 '세계'가 유럽, 아시아 그리고 아프리카 이렇게 세 대륙으로 나뉘어져 있다고 생각했다.

세계사적 성과 콜럼버스의 아메리카 대륙 발견 ➡ 아프리카 남단을 거쳐 인도에 이른 바스코 다가마와 마젤란 탐험대의 세계일주

를 타고 스페인으로 돌아왔다. 이렇게 인류 최초의 세계 항로 일주가 성공적으로 끝났다. 지구는 둥글다는 과학적인 진리를 증명해 보인 사건이었다.

브라운 박사의 인물 탐구

🔵 콜럼버스(1451~1506년) 이탈리아인. 1492년에 아메리카에 도착했다.

🔵 마젤란(1470~1521년) 1519년에 마젤란 탐험대가 배를 타고 세계를 일주했다.

콜럼버스가 아메리카 대륙에 도착한 후 스페인과 포르투갈이 속지에서 충돌을 일으키자 로마 교황 알렉산더 6세가 직접 조정에 나섰다. 1494년 교황은 아조레스 군도와 베르데곶 서방 370해리에 해당하는 지점에서 남극에서 북극까지 상상의 분계선을 그었다. 이 선의 서쪽은 스페인에 속하게 되었고 동쪽은 포르투갈에 속하게 되었다. 이것이 바로 '교황자오선(教皇子午線)'이다. 포르투갈과 스페인은 이렇게 사상 최초로 지구를 분할했다. 식민주의자들의 침략 야욕이 온 천하에 드러난 셈이었다.

포르투갈과 스페인, 대서양 시대의 개막

신항로가 개척된 후, 스페인과 포르투갈은 적극적인 해외 확장에 나서 가장 먼저 식민지 침략의 길에 올랐다.

15세기부터 포르투갈은 아프리카 서부 해안의 기니, 콩고, 앙골라 등지에 식민 침략 거점을 세웠다. 16세기 초, 포르투갈 식민 원정대는 다시 아프리카 동부 해안의 모잠비크, 소팔라, 킬와, 몸바사와 잔지바르 등지를 점령하고 이 지역들을 서유럽에서 동방으로 가는 길고 긴 항선의 보급기지로 삼았다. 1506년과 1508년에는 차례로 아덴만 입구에 자리잡은 소코트라섬과 페르시아만 입구에 위치한 호르무즈섬, 이 두 섬의 교통 요지를 점령했다. 이렇게 하여 그들은 홍해와 아시아 남부를 연결하는 항로를 장악하게 되었다. 1509년, 포르투갈 함대는 아랍해의 항구 디우 부근에서 수적으로 그들을 앞지르던 무슬림 함대를 격파하면서 인도양에서의 해상 패권을 장악했다. 인도를 지배하기 위해 캘커타를 탈취하려 했던 계

아프리카인이 만든 이 동상은 한 포르투갈 병사가 화승총으로 사격하는 모습을 하고 있다. 16세기부터 포르투갈인들은 서아프리카의 국왕들에게 총포를 팔고 황금과 상아, 노예를 들여왔다.

획은 비록 수포로 돌아갔지만 1510년 고아를 함락시키고 포르투갈의 동방 식민지 총본부를 이곳에 세웠다. 이어서 그들은 세일론(지금의 스리랑카)을 침략했다. 1511년, 포르투갈은 말라카를 탈취했는데 이곳은 동남아로 통하는 요지였다. 계속해서 인도 서부 해안의 디우, 다만, 그리고 뭄바이를 침공했다. 그 외에도 수마트라, 자바, 칼리만탄과 몰루카 제도(지금의 말루쿠섬)에 상업 중심지를 건설했다. 또 중국의 마카오도 탈취해 동방무역 중심지로 삼았다. 심지어 일본까지 가서 1548년 일본 큐슈에 최초로 유럽인들의 상업 중심지를 설립했다. 포르투갈은 이렇게 해서 유럽과 아시아 사이, 중국, 일본과 필리핀 사이의 무역을 독점하는 맹주로 성장했다.

16세기 초 식민 활동과 해외 시장 개척에 이용된 선박의 초안

포르투갈 확장의 주요 방향은 아프리카와 아시아였으나 아메리카 신대륙에도 손길을 뻗쳤다. 1500년, 포르투갈의 한 원정대가 인도로 향하던 도중 적도 해류로 인해 궤도에서 벗어나는 바람에 라틴아메리카의 브라질까지 표류해 갔다. 브라질은 이렇게 해서 포르투갈의 식민지가 되었다.

스페인은 포르투갈보다도 더 많은 해외 식민지를 건설했는데 식민지는 주로 아메리카 신대륙에 분포해 있었다. 신대륙에는 금과 은이 가득했다. 금과 은은 동방의 향료와 비슷하거나 혹은 더 큰 값어치를 갖고 있었기 때문에 스페인은 온 신경을 이곳에 쏟아부었다. 15세기 말, 콜럼버스가 신대륙을 발견한 후부터 16세기 중엽까지, 스페인은 브라질을 제외한 중남미 대륙의 광활한 지역을 정복했다. 1493년에서 1514년까지 차례로 아이티,

브라질 살바도르의 역사적인 건축물
살바도르는 포르투갈이 브라질에 세운 첫 번째 도시였으며 아메리카 대륙의 포르투갈 정부 기구 소재지였다.

이 네 장의 그림은 스페인인들이 멕시코에서 저지른 악행을 폭로하고 있다.

도미니카, 파나마와 쿠바 등지를 침략, 점령했고 침략 범위를 더 확장시키기 위해 기지를 세웠다. 1519년부터 1524년까지 그들은 멕시코, 과테말라, 온두라스, 니카라과, 살바도르 등지를 정복해 중남미 대륙 점령을 완성했다. 1531년부터 1549년까지는 계속해서 페루, 에콰도르, 칠레, 볼리비아, 콜롬비아, 우루과이, 아르헨티나 등지를 침략했다. 이렇게 해서 스페인은 포르투갈에 속한 브라질을 제외한 전체 중남미 대륙과 북미 대륙 일부분을 손에 넣게 되었다. 그리고 1565년 스페인은 플로리다를 정복한다.

　포르투갈과 스페인의 광적인 식민지 수탈은 식민국가를 극단적인 빈곤과 낙후로 내몰았다. 이에 비해 포르투갈과 스페인의 식민주의자들은 엄청난 부를 쌓았다. 그러나 이런 부가 포르투갈과 스페인에 유입되어 자본주의의 상공업 발전을 촉진한 것은 결코 아니었다. 오히려 여기서 실질적인 이득을 본 것은 네덜란드, 영국, 프랑스 등이었다.

프랑스, 영국, 네덜란드의 해상 패권경쟁

16세기 말부터 17세기 초까지는 스페인과 포르투갈 이 두 나라에 이어서 네덜란드, 프랑스, 그리고 영국이 식민지 확장의 무대로 올라섰다. 그들은 스페인과 포르투갈의 지위를 대신했을 뿐만 아니라 해상 패권을 두고 서로 쟁탈전을 벌였으며 최후의 승자는 영국이었다.

16세기, 스페인과 포르투갈은 세계에서 가장 강력한 상업 식민 제국으로 격렬한 패권 경쟁에서 마지막 승리를 거머쥔 것은 스페인이었다. 이 결과 1580년, 스페인은 포르투갈을 합병한다. 비록 1640년, 포르투갈은 독립을 회복했지만 이때의 합병으로 포르투갈의 지위는 일순간에 여지없이 떨어지고 말았다. 해상 무역은 이미 쇠락했고 수많은 해외 식민지들도 후발국이었던 네덜란드의 손에 넘어간 상태였다. 하지만 스페인의 번영도 그리 오래가지 못해 16세기 말부터는 하락세에 접어들었다. 네덜란드 혁명으로 스페인은 풍요로운 속지였던 네덜란드를 잃었고 이는 스페인의 패권 장악에 큰 타격을 입혔다. 1588년에는 영국 해군이 스페인의 '무적함대'를 괴멸시켜 해상에서 스페인 세력을 약화시켰다. 1655년, 영국군은 스페인이 장악하고 있던 서인도제도의 중요한 섬, 자메이카를 점령했다. 1658년, 스페인은 영국과의 전쟁에서 또다시 유럽 서부 해안의 중요한 상업 항구인 게르크를 잃었다. 여기에 왕위 계승 전쟁(1701~1713년)이 계속되면서 스페인은 위트레흐트조약에 따라 다시 유럽에서 확보했던 속지를 잃게 되었다. 네덜란드 남부와 이탈리아에서 확보한 영지는 오스트리아에 양보했다. 또한 스페인이 장악하고 있던 아메리카 대륙에서의 노예무역 독점권을 영국에게 넘겨야 했다. 스페인은 이렇게 한발 한발 쇠락의 길을 걸어갔다.

17세기 초, 스페인이 해상 패권을

📎 주요 연표

1641년
네덜란드가 포르투갈에게서 말라카를 빼앗음

1652~1654년
제1차 영국-네덜란드 전쟁

1756~1763년
영국-프랑스 7년 전쟁

1620년 9월 6일, '메이플라워호'가 신대륙으로 이민가는 청교도들을 태우고 잉글랜드를 떠나 아메리카로 향했다. 왼쪽 그림은 '메이플라워호'의 내부 안내도다.

잃고 난 후 이를 대신해 네덜란드가 무역과 식민 활동의 최강국으로 발돋움했다. 네덜란드는 그 지리적 위치와 유한한 자연 자원 때문에 일찍부터 바다를 향해 나아갈 수밖에 없었다. 일찍이 16세기에 대대적으로 항운업을 발전시켰으며, 17세기가 되자 네덜란드 상인들이 거의 모든 전 세계 무역을 독점하는 상황이 되었고 물고기 잡이와 운송에 이용되는 배만 해도 6400척에 달했다. 네덜란드는 발트해의 모든 무역과 인도 무역, 아메리카 대륙 식민지 무역을 모두 거머쥐었다. 심지어 영국의 식민 근거지까지 침략의 손길을 뻗쳤다. 네덜란드도 광활한 해외 식민지를 소유하고 있었다. 포르투갈에게서 빼앗아온 실론섬, 인도의 말라바르 해안, 코로만델 해안과 말라카 외에 북아메리카의 뉴네덜란드(1664년 영국에게 빼앗긴 곳으로 후에 '뉴욕'으로 이름이 바뀌었다), 남아메리카의 가이아나, 아프리카 곳에 세운 식민지, 동방의 자바, 수마르타와 보르네오의 일부분, 몰루카 제도와 셀레베스까지 모두 네덜란드의 식민지였다.

그러나 네덜란드가 세계 무역의 주도권을 잡고 있었을 무렵, 영국과 프랑스 두 나라가 네덜란드에 도전장을 내던졌다. 17세기, 프랑스는 아메리카에 캐나다와 루이지애나를 설립했고 인도를 정복하기 시작했다. 인도 해안 지방에는 퐁디셰리와 샹데르나고르 등의 무역 중심지를 건설했다. 프랑스는 또 서인도의 마르티니크섬과 과달루페섬을 탈취했다. 아프리카에서는 마다가스카르를 침략하고 고레섬과 세네갈강 입구를 점령했다. 한편 영국도 17세기 초에 식민 활동을 시작해 북미대서양 연안에 식민지를 건설하기 시작했다. 1733년에 영국은 이미 13개의 식민지를 거느리고 있었다. 이와 동시에 인도를 침략했는데 1688년까지 영국은 인도에서 중요

거점 세 곳, 즉 콜카타(이곳의 옛 명칭이 '캘커타'이다. 2000년에
옛 명칭인 콜카타로 이름을 바꾸었다), 성 조지 요새(지금의 마드
라스)와 서해안의 뭄바이를 점거했다. 서인도에서 영국은 자메이
카, 바베이도스, 그리고 바하마를 손에 넣었으며 아프리카에서는
감비아와 황금 해안을 점령했다.

네덜란드와 먼저 맞붙은 것은 영국이었다. 영국은 네덜란드가
'항해조례' 규정을 받아들이게 하기 위해 1652년에서 1674년까지
수차례에 걸쳐 네덜란드를 상대로 전쟁을 일으켜 네덜란드에 치명
타를 입혔다. 그 결과, 네덜란드는 북아메리카에서 확보하고 있던
식민지, 즉 뉴네덜란드도 잃게 되었다. 영국은 뉴네덜란드를 얻은
후, 뉴욕으로 이름을 바꾸었다. 이로써 네덜란드는 해상 맹주로서
의 지위를 잃어버렸다.

네덜란드가 패배하면서 해상에서 영국과 맞붙을 만한 나라는 오
직 프랑스뿐이었다. 영국과 프랑스는 4차례에 걸친 패권 쟁탈전을

뉴욕의 1650년대 모습. 뉴네덜란드의 정부 소재지인 암스테르담은 1664년 영국에 의해 점령당한 후 뉴
욕으로 이름이 바뀌었고 이 이름으로 최종 확정되었다.

일으켰는데 아우크스부르크 동맹 전쟁(1689~1697년), 스페인 왕위 계승 전쟁(1702~1713년), 오스트리아 왕위 계승 전쟁(1740~1748년)과 7년 전쟁(1756~1763년)이 바로 그것이었다. 전쟁은 북아메리카, 북아프리카와 인도 등 세계 각지로 번져나갔다. 이 몇 차례에 걸친 전쟁으로(특히 7년 전쟁에서 프랑스는 엄청난 손해를 보게 되었다) 영국은 인도에서 프랑스 세력을 거의 내쫓다시피 했다. 사실 영국은 프랑스가 무역 중심지 몇 곳을 유지하도록 허락하기는 했으나 프랑스가 더 이상 인도에 군대를 둘 수 없게 했다. 이렇게 해서 프랑스의 인도 정복 가능성은 수포로 돌아갔다. 북아메리카에서 프랑스는 뉴펀들랜드 연안에 자리한 섬 두 곳과 서인도에 위치한 섬 몇 곳만을 남겨두었고 남아메리카에는 거점 가이아나만을 남길 수 있었다. 반면 영국은 세인트로렌스강 유역, 미시시피강 동쪽의 광대한 지역과 그레나다섬(서인도제도에 위치해 있는 섬)을 탈취했다. 이렇게 해서 7년 전쟁이 끝난 후 영국은 일약 세계 최대의 식민 강국으로 발돋움했다.

러시아의 부흥과 유럽 무대로의 등장

17세기 말에서 18세기 초까지 러시아는 세계에서 영토가 가장 넓은 국가였지만 동시에 야만적이고 낙후되어 있는 보수적인 국가이기도 했었다.

1689년, 어린 표트르 1세(1682~1725년)가 직접 국정을 살피고 있었다. 이 표트르 1세가 바로 러시아 역사상 유명한 차르(tsar, 짜

세계사적 성과

1628년, 영국 왕 제임스 1세의 어의 윌리엄 하비가 《심장과 혈액의 운동에 대하여》를 출간했다. ➡ 1687년, 영국의 과학자 뉴턴이 《자연철학과 수학적 원리》를 출간했다.

르라고도 함)로 후세에 '표트르 대제'로 불리게 된다. 러시아의 국력을 강화하기 위해 그는 재위기간 동안 일련의 부국강병 개혁을 단행했다. 이 개혁으로 러시아는 낙후되어 있던 면모를 일신할 수 있었고 표트르 1세는 러시아의 현대화 정책의 초석을 다진 황제가 되었다.

표트르 대제는 18세기 초 러시아의 통치자로 러시아 역사에서 처음으로 황제 칭호를 받았다. 그는 폐쇄적이고 보수적이었던 러시아를 진정한 제국으로 변화시키는 데 온 힘을 기울였다.

표트르 1세는 우선 정치개혁을 단행했다. 1698년, 그는 즉각 정변을 일으킬 계획을 세우고 있는 궁정귀족들에게 가차 없는 공격을 가했고 근위대도 해산시켰다. 1699년에는 측근들로 구성된 관공서를 설립했고 1711년에는 국가기밀원을 세워 중앙 최고의 권력기관으로 만들었다. 이 국가기밀원은 국가의 각종 사무를 전반적으로 관리하는 기관으로 당시 이미 유명무실했던 귀족들의 두마(의회)를 대신했다. 1701년과 1719년, 표트르 1세는 지방 행정 개혁에도 착수했다. 일련의 정권 기구 개혁을 통해 표트르는 점차 효율적인 중앙집권 국가 기구를 세워나갔다. 정치개혁과 함께 표트르는 종교개혁에도 손을 댔고 이 개혁을 통해 교회를 국가 기관의 일부분으로 바꾸어버렸다. 이로써 교권(敎權)이 완전히 국가의 손으로 넘어가면서 동방정교회와 정권이 서로 맞서던 상황은 끝나게 되었다.

표트르 1세가 단행한 개혁의 핵심은 군사개혁이었다. 그는 제일 먼저 용병제와 귀족 군대를 없애버리고 1699년부터 징병제를 실시하기 시작했다. 또 각종 군사학교를 세워 재능 있는 귀족 자제들을 외국으로 보내 공부시키기도 했다. 군사 방면에서의 공훈과 재능을 군관 선발의 기준으로 삼아 각급 지휘관들의 소양을 크게 높였다. 경제적으로는 상공업 발달을 독려했다. 국가가 앞장서 수공업 공장을 연 것은 물론이고 민간인들도 공장을 열도록 격려했으며 외국의 선진 기술 도입을 중시했다. 문화교육과 사회문물 방면에서도 표트르 1세는 서방을 배우는 데 열을 올렸다.

브라운 박사의 인물 탐구

- 표트르 1세(1682~1725년), 1689년부터 직접 국정을 돌보았고 일련의 개혁들을 추진했다.
- 예카테리나 2세(1762~1796년), 그녀가 일으킨 일련의 대외 전쟁을 통해 러시아는 유럽, 아시아, 아메리카 세 대륙을 아우르는 대제국을 건설했다.

표트르 1세의 개혁은 러시아의 대외확장에 튼튼한 물질적 기반을 닦아주었다. 이 때문에 스웨덴을 상대로 한 북방 전쟁에서 승리를 거둔 러시아는 유럽의 강국으로 발전할 수 있었다. 그러나 이런 개혁도 농노제를 약화시키지 못했고 지주와 상인들은 더 부유해졌다.

1703년 표트르 1세가 상트페테르부르크를 건설할 당시만 해도 상트페테르부르크는 한낱 소택지에 지나지 않았다. 그러나 18세기 중엽에 그려진 이 유화에서 상트페테르부르크는 이미 유람지로 변해 네바강 왼쪽 기슭의 겨울 궁전과 오른쪽 기슭의 과학원에 우뚝 솟아 있다.

표트르 대제가 수염을 깎고 있는 모습을 묘사하고 있다.

1725년에서 1762년에 이르는 37년 동안, 어수선한 정국에 휩싸인 러시아에서는 5번의 궁정정변이 일어났고 차르도 7명이나 바뀌었다. 혼란스러웠던 정국은 여황제 예카테리나 2세 때가 되어서야 점차 안정을 되찾기 시작했다.

예카테리나 2세는 상공업 발전을 북돋우는 정책을 실시했고 공업특허권을 없애 상공업의 자유를 선언했다. 또한 귀족들이 상공업 경영에 나서는 것도 허락했다. 대외적으로는 계속해서 보호주의 정책을 펴 본국에서 생산되는 상품은 모두 수입을 금지했다. 급하게 필요하지만 국내에서는 생산되지 않는 상품들은 세금을 붙이지 않고 수입했다. 이런

세계사적 성과　표트르 1세가 양력을 도입하고 러시아 문자의 자음과 모음을 간단하게 바꾸었다. 또한 활자 인쇄를 들여와 많은 외국 서적을 번역, 출간했다.

각종 정책 아래서 러시아의 상공업은 비교적 빠른 발전을 이룩했다.

정치적인 안정과 중앙집권 강화를 위해 예카테리나 2세는 농노제를 강화해 귀족들을 안심시켰고 주변의 귀족 관리들에게 대량의 노예를 하사하기도 했다. 그러나 이는 농민들의 반발을 불러일으켰다. 그중 규모가 가장 컸던 것이 바로 푸가초프의 농민 봉기(1773~1775년)였다. 이 봉기는 차르 전제정권과 농노제에 큰 타격을 주었다. 대외정책 방면에서는 표트르 1세의 방침을 이어받았다. 그녀는 무력을 휘두르며 재위 34년 동안 연이어 전쟁을 일으켰다. 이를 통해 63㎢나 되는 영토를 침략, 점령했고 러시아 영토는 1705㎢까지 확대되었다. 심지어 북아메리카의 알래스카와 태평양의 알류샨 열도도 러시아 영토로 선포하기까지 했다. 이렇게 해서 러시아는 유럽, 아시아 그리고 아메리카 이 세 대륙을 넘나드는 대제국이 되었던 것이다.

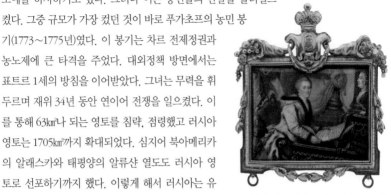

예카테리나는 매일 책을 읽거나 비망록과 편지를 쓰고 국정 문서에 서명하는 일에 대부분의 시간을 보냈다.

18세기 후반에 러시아가 이룩한 신속한 발전은 당시의 러시아가 상승세를 타고 있었으며 예카테리나 2세가 러시아 역사상 분명한 업적을 남긴 황제 중 한 명이라는 것을 보여준다.

6

산업혁명과
자본주의의
도래

시민혁명과 산업혁명으로 자산계급은 유럽에서 그 지위를 확고히 할 수 있었다. 뿐만 아니라 과거 그 어느 때보다도 높은 생산성을 창출해냈다. 소리 없이 다가온 자본주의 시대, 그 위에서 역사의 빛은 조금의 머뭇거림도 없이 서방을 향해 이동하기 시작하였다.

시민혁명과 시민국가

01

Great Revolution

영국, 청교도혁명과 명예혁명

신항로의 개척으로 유럽의 주요 상업 도로와 무역 중심지가 지중해에서 대서양 연안으로 옮겨갔다. 이 때문에 국제 무역 항로의 요충지에 위치하게 된 영국은 편하게 해외 활동을 진행할 수 있었다. 영국은 해외 무역과 해적과 다를 바 없는 약탈, 식민 침략 등의 방식을 통해 자본주의 발전을 위해 필요한 대량의 자금을 축적했다. 새롭게 형성된 시민 계급과 귀족들에게는 자유로운 자본주의 발전이 당면 과제였다. 그러나 절대주의 체제의 스튜어트 왕조는 자본주의의 발전을 심각하게 방해했다.

스튜어트 왕조는 1603년부터 영국을 통치했다. 제임스와 그 아들 찰스 1세의 통치 기간(1603~1649년) 동안 그들은 대대적으로 '왕의 권력은 신으로부터 부여받은 것'이고 '그 권력은 무한하다'는 왕권신수설을 널리 퍼뜨렸다. 그들은 교묘하게 명목을 만들어 마음대로 세금을 거두어들이면서 백성들의 재산을 수탈했다. 특히 찰스 1세의 통치는 백성들을 분노케 했을 뿐 아니라 시민계급과 신귀족들에게 심각한 손해를 입혔다. 게다가 정국을 마음대로 주무르기 위해 찰스 1세는 멋대로 의회를 해산시켰고 이후 오래도록 의회는 그 자취를 감추게 되었다. 17세기 중엽이 되자 농민운동과 시민운동이 곳곳에서 일어났다. 영국의 봉건제를 묻어버릴 혁명의

크롬웰 초상

📖 **주요 연표**

1653~1658년
크롬웰이 '호국경'이 되어 영국을 통치했다.

1660년
영국에서 왕정 복귀를 반대하는 정변이 일어났다.

1689년
영국 의회가 '권리장전(權利章典)'을 통과시켰다.

폭풍우가 닥쳐오고 있었던 것이다.

1637년, 잉글랜드인들은 봉기를 일으켜 찰스 1세의 전제정치에 반기를 들었다. 국왕은 봉기 진압을 위해 필요한 군비를 모으려고 1640년 어쩔 수 없이 오랫동안 문을 닫아 두었던 의회를 다시 소집했다. 평민들의 봉기 속에서 시민계급과 신흥 귀족들은 의회의 힘을 이용해 국왕과 투쟁을 벌였다. 이 사건은 영국 시민혁명이 시작되었음을 알리는 상징 같은 것이었다.

1642년 8월, 찰스 1세가 노팅햄에서 의회 토벌을 선언하며 내전을 일으켰다. 의회는 백성들의 지지 속에서 의회군을 조성해 왕의 군대와 전투를 벌였다. 내전 초기에는 쌍방이 승부를 가릴 수 없을 만큼 막상막하였다. 그러나 1643년 여름부터 의회군은 연이은 패배를 기록했다. 크롬웰이 두각을 나타내기 시작한 것이 바로 이 무렵이었다. 마스튼 전투에서 그가 지휘한 철기군(鐵騎軍)이 왕의 군대를 격파하면서 전세는 역전되었고 그는 시민계급과 신흥 귀족들

브라운 박사의 인물 탐구

크롬웰(1599~1658년), 마스튼 전투와 네이즈비 전투에서 군을 지휘해 왕의 군대를 격파했다. 1649년 1월, 찰스 1세를 단두대로 보냈고 1653년, '호국경'의 자리에 올라 1658년까지 영국을 지배했다.

크롬웰이 '신모범군'을 이끌며 용감하게 적들을 무찌르고 있다.

찰스 1세가 사형에 처해진 후, 도살자가 찰스 1세의 목을 군중들에 보여주고 있다. 이를 보고 한 여성이 기절한 모습을 묘사하고 있다.

의 지도자로 올라섰다. 1645년 초, 의회는 크롬웰에게 '신모범군(New Model Army)'을 설립할 권한을 주었다. 그의 군대는 의회 군대의 주력이 되었고 크롬웰은 점차 의회군을 장악해 나갔다. 그리고 네이즈비 전투에서 크롬웰이 지휘한 군대가 왕의 주력 부대를 단번에 섬멸했다. 1649년 1월, 찰스 1세가 런던으로 호송되면서 영국 내전은 그 막을 내렸다. 1649년 1월 30일 오전 10시, 찰스 1세는 단두대에서 사형당했고 참수된 그의 목이 거리에 내걸렸다. 그해 5월, 영국은 공화국을 선포했다.

군주제의 폐지와 공화국 건립은 영국 백성들이 피와 생명을 바쳐 이룬 승리의 결과였다. 그러나 공화국이 수립된 후, 크롬웰은 독단적으로 권력을 행사하면서 군사 독재 통치를 시작했다. 그는 시민 계급과 신흥귀족들의 이익을 보호하는 데만 급급했을 뿐 일반 백성들에게는 신경도 쓰지 않았다. 심지어 평민들의 봉기를 진압하기까지 했다. 1650년대 초, 그는 의회를 해산하고 '호국경'의 자리에 올라 왕관 없는 제왕이 되면서 공화국은 유명무실해지고 말았다. 크롬웰이 영국민들과 멀어졌기 때문에 이 '호국경'의 통치 기반은 상당히 허약했고 이 틈을 타 다시 왕정으로 복귀하려는 세력들이 고개를 들기 시작했다. 결국 사면초가에 빠진 크롬웰은 1658년 병으로 숨을 거두었다. 호국경의 정부는 곧 무너져 내릴 듯했고 평민 봉

세계사적 성과   1689년, 영국 의회가 '권리장전(權利章典)'을 통과시키며 '입헌군주제' 를 확립했다.

기의 기세는 다시 타올랐다. 백성들의 봉기를 두려워하던 시민계급과 신흥귀족들은 바람 앞의 등불처럼 흔들리는 정권을 구하기 위해 프랑스로 망명을 떠난 찰스 1세의 아들, 찰스 2세와 타협을 해 그를 왕위에 앉혔다. 스튜어트 왕조는 이렇게 부활했다.

1660년 5월, 찰스 2세가 즉위했다. 그러나 그는 시대의 흐름에 역행하면서 가톨릭을 부흥시키려 한 것은 물론 시민계급과 신흥귀족들의 이익까지 위협했다. 그들은 한시라도 빨리 이 상황을 뒤엎고 싶었다. 그러나 그들 자신은 민중들을 선동할 엄두가 나지 않았다. 봉기가 두려웠던 그들에게 남은 것은 봉건 귀족들과 타협을 하는 방법뿐이었다.

1688년 11월, 그들은 당시의 영국왕 제임스 2세(찰스 2세의 동생)의 사위로 네덜란드를 통치하고 있던 윌리엄을 영국왕으로 맞아들였다. 모두에게 버림받은 제임스 2세는 결국 프랑스로 도망가고 말았다. 이를 '명예혁명'이라고 부른다.

국왕의 권력을 제한하고 전제정치 복고를 막기 위해 영국 의회는 1689년 '권리장전(權利章典)'을 통과시켰다. 영국은 국왕의 자리를 남겨 놓기는 하였으나 국왕의 위엄은 그전 같지 못했다. 왜냐하면 국왕은 '권리장전'이 정해놓은 범위 안에서만 움직일 수 있었고 중요한 권리는 의회가 장악하고 있었기 때문이었다. 이러한 제도를 바로 '입헌군주제'라고 한다.

영국 시민계급은 반세기에 이르는 고단한 투쟁을 거쳐 마침내 절대왕정을 뒤엎었다. 이는 영국 자본주의 경제의 발전과 민주정치, 경제 제도의 구축을 위한 새 장을 연 사건이었다.

제임스 2세가 배를 타고 프랑스로 도망가는 모습을 그린 그림

미국, 독립전쟁과 시민혁명

아메리카 대륙에 가장 먼저 나타난 사람들은 인디언이었다. 그들은 유럽에서 건너온 대량의 이주민들과 함께 공동으로 개발에 착수해 100여 년 동안 이 대륙을 개척했다. 북아메리카의 13개 식민지에서는 자본주의가 발전하기 시작했는데 특히 북부는 상공업이 발달해 조선업이 주요 공업 부문으로 성장했다. 이에 비해 남부는 농장경제를 발전시켜 주로 담뱃잎, 남색 염료, 사탕수수 등 상품작물을 재배해 유럽 시장에 공급했다.

유럽에서 북아메리카로 이민 온 사람들은 대부분이 영국인들이었고 그 다음이 독일인, 프랑스인, 네덜란드인, 스위스인들이었다. 그들은 장기간에 걸친 개척과 빈번했던 경제 교류로 초보적이나마 통일된 시장을 형성했고 영어를 공통어로 사용했다. 이렇게 해서 유럽에서 온 이민자들이 섞이고 섞여 만들어진 새로운 아메리카남부연맹이 생겨났다.

영국은 북아메리카의 경제 발전을 가로막고 이곳의 13개 식민지를 자신들의 원자재 생산지이자 상품시장으로 만드는 데 전력을 다했다. 그러나 이는 북아메리카 식민지 이주민들의 격렬한 반발을 불러일으켰고 그 투쟁의 기세는 날이 갈수록 드높아졌다. 그러던 중 1773년에 일어난 보스턴 차 사건이 미국 독립 전쟁의 도화선이 되었다. 영국 정부는 북아메리카인들의 봉기에 약탈과 압박과 같은 강경책을 취했고 군을 파견해 무력으로 진압했다. 더 이상 견딜 수 없는 상황으로 내몰린 북아메리카인들은 조직적인 무장투쟁을 준비했다. 1775년 4월 렉싱턴에서 울린 총성으로 북아메리카 독립 전쟁의 막이 올랐다.

독립 전쟁이 일어난 후, 1775년 5월 필라델피아에서 제2차 대륙회의가 열렸다. 이 회의에서 대륙 군대 창설이 결정되었고 워싱턴이 대륙군의 총사령관으로 임명되었다. 대륙회의는 1776년 7월 4

조지 워싱턴의 동상

일에 '독립선언'을 발표했다. 이 '독립선언'은 민족 압제에서 벗어
나려는 식민지인들의 요구를 반영하고 있었다. 또한 민족의 독립
과 민주, 자유에 대한 주장을 포함했다. 미국과 영국의 실력 차이
는 뚜렷했고 미군은 불리한 상황에 처해 있었다. 그러나 미국인들
이 굽힐 줄 모르는 강한 의지로 용감히 싸운 결과 전세는 점차 역
전되었다. 1777년 초, 미국인들의 열렬한 지지를 받으며 기발한 전
술을 펼친 미군에 밀린 영국군은 오도가도 못하는 상황에 빠져버
렸다. 결국 영국군 부르고뉴 장군이 5000명의 군사를 이끌고 투항
했고 미군은 '사라토가 대첩'을 승리로 이끌었다.

　'사라토가 대첩' 후, 미군은 방어에서 공격으로 태세를 바꾸었
다. 미국인들과 프랑스, 네덜란드의 원조 속에서 미군의 역량은 점
점 강해졌고 전쟁을 하면 할수록 강력해졌다. 전세는 점차 미군에
게 유리한 형세로 변화했다. 1781년 요크타운에서 영국군이 투항
한 후, 양측의 전투는 사실상 이미 끝이 났다. 그러나 전쟁 상태는
1783년까지 지속되었다. 미국과 영국의 대표들은 파리에서 담판을

📝 주요 연표

1775~1783년
북아메리카의 13개 식민지의 독립
전쟁

1776년
미국의 '독립선언' 발표

1787년
미국, 연방헌법 제정

1775년 4월 18일 새벽, 렉싱턴의 공공 목초지에서 붉은색 제복을 몸에 걸친 영국군이 식민지 민병들을
향해 발포했다. 이렇게 해서 북아메리카 독립 전쟁의 서막이 올랐다.

산업혁명과 자본주의의 도래 **249**

1781년 10월 19일 오후 2시, 마지막 영국군이 요크타운에서 투항했다. 승리를 거둔 미군은 당시의 유행곡을 연주하기 시작했다.

갖고 '파리조약'을 체결했고 영국은 미국의 독립을 인정했다.

　1787년, 미국은 역사상 '1787년 헌법'이라고 불리는 헌법을 제정했다. 현재의 미국 헌법은 바로 이 헌법을 근본으로 하는 것이다. 헌법 규정에 따라 연방정부가 성립되었으며 조지 워싱턴이 미국의 제1대 대통령으로 선출되었다.

　미국은 독립 전쟁으로 영국의 식민 통치를 전복시키고 독립을 쟁취했다. 독립 쟁취는 미국의 자본주의 발전에 이득이 되었고 자본주의 경제 발전을 위한 길을 열었다. 이와 동시에 유럽과 라틴아메리카의 혁명을 촉진시키기도 했다.

프랑스 대혁명, 시민국가의 건설

프랑스는 유럽 대륙의 전형적인 절대주의국가였다. 18세기 당시, 프랑스에서는 농업이 지배적인 위치를 점하고 있었고 상공업도 유럽에서 가장 발전해 있었다. 그러나 왕실은 끊임없이 세금을 올렸으며 도처에서 돈을 뜯고 관리들은 직권을 남용하기 일쑤였다. 부르봉 왕조의 전제정치는 프랑스 자본주의의 발전을 가로막았다. 당시 프랑스 사회는 세 개의 신분으로 나뉘어져 있었는데 제1신분은 성직자, 제2신분은 귀족이었고 도시빈민, 노동자, 농민은 제3신분에 속했다. 제1, 2신분은 모두 특권층으로 광대한 토지를 소유하고 있었고 세금도 내지 않았다. 그러면서도 높은 관직을 독점하면서 제3신분을 핍박했다. 프랑스의 계급은 첨예하게 대립하고 있었고 이는 프랑스 대혁명이 발발한 원인이 되었다. 이때, 프랑스에서는 볼테르, 몽테스키외, 루소와 같은 일군의 계몽사상가들이 등장했는데 그들은 전제정치와 가톨릭 교회에 강력하게 반발하면서 '평등'과 '자유'를 내세워 사람들을 깨우쳤다.

루이 16세 때, 재정이 악화되어 적자가 불어나면서 위기는 가중되었다. 1789년 5월, 재정위기 문제를 해결하기 위해 국왕 루이 16세는 삼부회를 소집하였다. 삼부회에서 자산계급 대표는 정치개혁을 요구하면서 낡아빠진 개회 방식과 표결 방법도 바꿔야 한다고 주장했다. 게다가 그들은 삼부회를 제헌의회로 바꾼다고까지 선포했다. 그러나 루이 16세는 이런 개혁 요구를 묵살하고 몰래 군대를 소집해 진압 준비를 했다. 국왕이 군대를 동원해 결집해 있던 군중들을 진압하자 파리 시민들은 무기를 훔쳐 반란을 일으켰다. 7월 14일, 시민들은 바스티유 감옥을 공격, 점령해 첫 번째 승리를 일구었다. 1789년 7월 14일 이후, 제헌의회는 잇달아 결의를 통과시켜 프랑스 개조를 위한 조치들을 실시했다. 8월 26일 제헌의회는 '인권선언(人權宣言)'을 공포하고 천부인권(天賦人權), 자유, 평등

브라운 박사의 인물 탐구

○ **나폴레옹**(1769~1821년), 프랑스를 15년 동안 통치하였다. 1804년에는 프랑스 제1제정을 수립했다.

○ **루이 16세**(1754~1793년), 부르봉 왕조의 마지막 군주. 1793년에 단두대에서 사형에 처해졌다.

○ **로베스피에르**(1758~1794년), 급진적인 자코뱅당의 지도자. 프랑스 대혁명의 중요 인물 중 하나.

의 원칙을 선언했다. 이 선언은 전제군주 타파 요구를 명시하고 봉건적인 신분 제도를 부정하는 진보성을 보였다. 그 후, 7월 14일은 프랑스의 국경일이 되었다.

1791년 6월 20일, 루이 16세는 왕후, 왕자와 함께 변장을 하고 몰래 도망쳤으나 실패했고, 외국 세력, 그리고 달아난 귀족들과 결탁하여 혁명 진압을 기도했다. 이에 프랑스 혁명이 자국에 미칠 영향을 두려워했던 프러시아, 오스트리아 군주들은 공개적으로 프랑스 혁명을 간섭하고 나섰고 프랑스는 이런 간섭에 반대하는 전쟁을 일으켰다. 단호하게 투쟁한 프랑스인들은 결국 혁명을 적대시했던 왕조를 무너뜨리고 외적을 격퇴해 1792년 프랑스 제1공화국을 세웠다. 1793년, 국왕 루이 16세는 '공중의 자유에 반기를 드는 음모를 꾸미고 국가 안전을 위협했다' 는 죄명을 쓰고 단두대에 올랐다.

국왕이 사형당한 후, 반프랑스 동맹 대군이 프랑스 국경까지 밀어닥쳤고 왕당파가 폭동을 일으켰다. 물가는 끝도 없이 상승했으며 식량 부족 현상까지 나타나 프랑스는 생사의 기로에 서게 되었

1789년 5월 5일, 베르사유에서 거행된 전국 삼부회의 개막식

다. 파리 시민들은 이 혼란스러운 국면을 바로 잡기위해 1793년 5월 제3차 봉기를 일으키고 자코뱅당을 집권시켰다. 로베스피에르를 주축으로 하는 급진 혁명파였던 자코뱅당은 일련의 조치들을 취했다. 프랑스 대혁명은 자코뱅당의 독재로 최고조

에 달하게 되었다. 그러나 자코
뱅당은 분열의 씨앗을 남기고
만다.

1794년, 반로베스피에르 세
력이 결집하여 '테르미도르 반
동'을 일으키면서 혁명의 정세
는 급전직하했다. 테르미도르
파가 로베스피에르와 그의 전
우들을 단두대로 보내면서 자
코뱅당의 통치도 마침표를 찍
게 되었다.

1793년, 루이 16세가 단두대에 올려 보내졌다.

테르미도르 반동 이후, 자본
가계급의 이익을 대표하는 테르미도르당파가 실시한 정책이 안정
을 찾지 못하고 동요하는 가운데 프랑스 정국은 혼란이 지속되었
다. 국내에서는 왕당파의 반란이 계속되었고 국외적으로는 반프랑
스 동맹의 제2차 무장 침략을 받고 있었다. 프랑스 국민들은 강력
한 지도자가 나타나 국가 정권을 장악하고 그들의 지위를 공고히
해주기를 바라는 절박한 희망을 품게 되었다. 그러던 1799년 11월,
군관 나폴레옹이 브뤼메르 정변을 일으켜 정권을 탈취했다.

브뤼메르 정변 후, 자본가계급의 이익을 대변하던 나폴레옹은
군사 독재 정치를 폈다. 1804년, 나폴레옹은 황제가 되어 공화국을
프랑스 제정으로 바꾸었다. 나폴레옹의 집권으로 정치적으로는 중
앙집권화가 강화되었으며, 또한 '법전'을 제정해 자본주의 사회 입
법 규범을 확립했다. 경제적으로는 농민의 토지 이익을 보장하고
재정을 개혁했으며 각종 수단을 동원해 상공업 발전을 북돋우고
자극했다. 프랑스군은 가는 곳마다 귀족을 내쫓고 봉건적인 법령
을 없앴으며 현지의 세력들을 약화시켰다. 이는 진보적인 의의를

주요 연표

1789년
'인권선언' 공포

1794년
테르미도르 정변

1814년
나폴레옹이 퇴위하고 부르봉 왕조
부활

갖는 것이었지만 수많은 대외전쟁으로 평민들은 경제적으로 전락했고 결국 유럽인들의 광범위한 반발을 불러일으켰다.

정권을 장악한 후부터 제국이 무너질 때까지 나폴레옹은 쉬지 않고 대외전쟁을 벌였다. 그 결과 1810년 프랑스 제국은 광활한 유럽을 장악했으며 나폴레옹은 유럽 전체를 통치하게 되었다. 프랑스 중심의 유럽 대륙 체계를 만들기 위해 전쟁을 확대하기 시작하면서 전쟁의 성질이 변하기 시작했다. 즉 전쟁의 혁명성이 침략성으로 변질되었던 것이다. 끝없는 정벌 속에서 제국 내부의 모순은 하루가 다르게 깊어만 갔다. 난관을 극복하기 위해 나폴레옹은 새로운 정복으로 자신의 지위를 굳건히 하고자 했다. 이런 이유로 러시아 원정을 일으켰지만 반년도 못돼 프랑스군은 실패를 거듭하며 큰 타격을 입었다. 러시아 원정의 실패는 프랑스 제1제정이 전성기에서 쇠락기로 접어들게 되는 전환점이 되었다. 1813년, 독일 역내의 라히프치히 전투에서 프랑스군이 참패하자 프랑스 제국은 무너지기 시작했고 부르봉 왕조는 다시 부활했다. 나폴레옹은 반프랑스 연합군의 공세와 유럽 각국의 연합 공격 속에서 몰락하고 말았다. 결국 그는 남대서양의 세인트헬레나섬에서 숨을 거두었다.

알프스 산을 넘는 나폴레옹

프랑스 대혁명은 세계 근대사에서 가장 큰 규모로 이루어진 가장 광범위했던 혁명이었다. 이 혁명은 프랑스의 봉건제도를 타파했을 뿐 아니라 유럽 전체의 질서를 뒤흔들었다. 여기서 더 나아가 나폴레옹 전쟁은 유럽 전제정치를 무너뜨렸으며 혁명의 성과를 공고히 하고 발전시켰다. 비록 봉건 세력을 대표하는 반프랑스 연맹이 나폴레옹을 쓰러뜨렸지만 프랑스 대혁명이 가져온 시민의 성장은 이미 거스를 수 없는 시대의 흐름이었다.

워털루 전투
나폴레옹의 군대는 1815년에 일어난 이 전쟁에서 크게 참패했다.

산업혁명, 대량생산 시대의 도래

1760년대 영국에서 일어난 산업혁명은 19세기 전반에 이르러 완성되었다. 영국을 이어 프랑스, 미국 등의 자본주의 국가들도 앞다투어 산업혁명을 추진했다.

자본을 축적한 시민 계급이야말로 영국 산업혁명의 전제 조건이었다. 또 본국 노동자들 착취, 식민지 약탈과 흑인 노예 판매 등을 통해 자본주의 발전에 필요한 자본을 넉넉히 축적했다. 엔클로저 운동은 토지를 빼앗겨 도처를 유랑하던 농민들이 도시로 몰려들게 했다. 언제든지 자본가에게 고용될 준비가 되어 있었던 이들은 산업혁명 추진을 위한 값싼 노동력을 제공했다. 영국이 소유하고 있던 광대한 해외 식민지들은 영국의 무한한 값싼 원료 공급처이자 광대한 상품 판매 시장이 되어주었다. 1760년대, 영국은 가장 먼저 산업혁명에 필요한 자본, 노동력, 자원, 시장, 이 4개의 필요조건을 갖춘 나라가 되었던 것이다. 이 때문에 인류 역사에 엄청난 영향을 끼친 산업혁명이 바로 영국에서 시작되었다.

산업혁명은 방직 공업에서의 기계 발명과 사용이 그 출발점이었

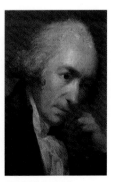

영국 발명가 와트의 초상

주요 연표

1760년대~1800년대 초반
영국, 산업혁명을 완수

1733년
기계공 존 케이가 베틀 자동북 발명

1765년
방직공 제임스 하그리브스, '제니 방적기' 발명

1807년
미국인 풀턴, 최초의 증기선 제작

1814년
영국인 스피븐슨, 최초의 증기기관차 발명

1808년, 증기 발동기가 철로에서 활용되었다. 그러나 대규모의 운송에 증기 발동기가 이용된 것은 스티븐슨이 '로켓(Rocket)호'를 제작한 이후였다. 이 사진 속의 '로켓호'는 복제품이다.

다. 제니 방적기의 발명은 베틀 자동북의 기폭제가 되었다. 1733년 기계전문가 존 케이가 베틀 자동북을 발명해냈다. 이 베틀 자동북이 방직업 발전 속도를 크게 앞당겨 일시적으로 면사 공급이 수요를 따라가지 못하기도 했다. 1765년, 방직공 제임스 하그리브스가 수동 방적기를 발명하면서 방적 효율이 16~18배나 올라갔다. 그는 딸 제니의 이름을 따서 이 기계의 발명을 '제니 방적기'라고 불렀는데 바로 이 기계를 산업혁명의 기점으로 본다. 제니 방적기가 비록 방적 속도를 높이기는 했지만 제대로 된 실을 뽑아낸 것은 아니었다. 실은 얇고 쉽게 끊어졌다. 견습생 출신의 시계공 아크라이트는 이런 약점을 극복하기 위해 어려움 속에서도 연구를 계속해 1769년 수력 방적기를 발명해냈다. 그러나 뽑혀 나온 실이 질기기는 한데 좀 두꺼웠다.

면방직업은 실을 뽑고 직물을 짜는 이 두 상관 부문으로 이루어진다. 방적기의 발명과 발전은 필연적으로 직조 기술의 발전을 불러왔다. 카트라이트라는 시계공은 기계를 실을 뽑는 데 이용할 수 있다면 직물을 짜는 분야에서도 분명히 이용할 수

1839년 증기 망치가 발명되면서 중공업의 혁명을 가져왔다.

있으리라고 생각했다. 연구를 거듭한 결과 1780년대에 드디어 수력 방직기를 발명했고 이 기계는 직물 짜는 효율을 40배나 높여놓았다. 이 4개의 기계 중에서 사람의 힘을 동력으로 사용하는 제니 방적기를 제외한 나머지는 모두 수력을 동력으로 삼고 있었다. 그러나 수력 동력에는 상당한 한계가 있었다. 더 편리하고 더 효율적인 동력으로 기계를 움직일 필요가 있었다. 이 동력 문제를 해결한 사람이 바로 견습생 출신의 와트였다.

증기기관차가 수증기를 내뿜으며 순조롭게 터널 깊은 곳에서 빠져나오는 모습

1785년 그는 개량 증기기관을 제작했다. 이것은 열에너지를 기계에너지로 바꾸는 장치였다. 그 후, 야금(冶金)과 채광(採鑛) 등의 분야에서도 기계와 증기 동력이 사용되는 산업혁명이 시작되었다. 19세기 전반기까지 기계 생산이 공장 수공업을 대체하면서 영국은 산업혁명을 완수했다. 프랑스, 미국 등의 국가들도 차례로 산업혁명을 완수했다.

공업이 발전하면서 교통 운송도 발전의 여정에 올랐다. 기계 생산으로 대량의 원료를 가져오고, 산더미 같이 쌓인 상품들을 제 때에 각 지방으로 운송해야 할 필요성이 대두되었다. 그러나 사람과 가축의 노동력, 빈약한 운송 도구들로는 이를 감당해낼 수가 없었다. 이 때문에 교통 운수의 혁신도 발전 도상에 오르게 된다. 이 방면에서의 중대한 발전은 미국과 영국에서 먼저 이루어졌다.

세필드의 밀집된 집들과 우뚝 솟은 굴뚝들이 보이는 1855년의 석판화

1807년, 미국인 풀턴이 그동안의 연구 성과를 바탕으로 세계 최초의 증기선을 만들어냈다. 10년 후, 미국의 증기선 '서배너호'가 대서양 횡단에 성공했다. 이때

산악지대를 뚫고 지나가는 시골 도로를 만들고 있는 당시 영국의 풍경이 나타나 있다. 교통 개선은 유럽 산업혁명에서 상당히 중요한 부분이었다.

부터 기선은 원양항해에서 중요한 역할을 하기 시작했다.

1814년, 영국인 스티븐슨이 최초의 증기기관차를 발명했다. 이 증기기관차는 앞으로 나갈 때 계속해서 굴뚝으로 불을 내뿜었다. 이 때문에 '화차(火車, 기차)'라고 불렸다. 1830년, 영국은 정식으로 이 기차를 이용하기 시작했고 철로교통은 비약적으로 발전하였다.

산업혁명은 자본주의 제도에 물질적 기반을 마련해 주었다. 자본주의의 엄청난 발전은 자본가계급의 통치를 한층 더 공고하였다. 산업혁명은 기술혁신에서 시작된 것으로 일반적인 기술혁명과는 달랐다. 산업혁명은 생산 영역에 거대한 변화를 불러왔다. 그러나 그보다 더 중요한 것은 사회 계급 관계를 변화시켰다는 점이다. 자본주의 사회는 날이 가면 갈수록 직접 대립하는 유산계급과 무산계급, 양대 계급으로 분열된다. 이는 산업혁명이 가져온 가장 중요하면서도 가장 부정적인 결과였다.

프러시아의 독일통일

1848년에서 1849년까지의 혁명이 실패한 후, 독일 각 연방들은 반동 체제로 돌아갔다. 1850년대에서 1860년대까지 독일에서도 자본주

세계사적 성과 독일 통일 실현

의가 발전했다. 자본주의 경제가 발전하면 할수록 통일 국가를 이루어야 할 필요성은 절실해졌다. 당시 독일이 통일에 이르는 길에는 두 가지가 있었다. 즉 혁명이나 프러시아 왕조의 전쟁을 통해 통일을 하는 것이었다. 혁명을 통한 통일은 전 민족이 통일운동을 일으켜 독일 공화국을 이끌고 건립하는 것이었다. 프러시아 왕조의 전쟁을 통한 통일은 유능한 정치가가 독일 통일을 이끄는 것을 뜻했다. 당시 지방에서 분산적인 통일운동이 일어나고 있었지만 세력이 미약했기 때문에 결국 프러시아는 위에서 아래로의 통일을 완수했다.

1849년과 1859년, 프러시아는 두 차례에 걸쳐 독일 통일을 시도했다. 그러나 번번이 오스트리아의 방해로 실패하고 말았다. 프러시아의 통치계층은 독일을 통일하려면 반드시 무력을 사용해야 하며 전쟁을 통해서만 이 목적을 이룰 수 있다는 점을 점차 깨닫게 되었다. 1860년부터 프러시아 정부는 결연한 의지로 군사개혁을 단행하고 독일 무력 통일을 위한 준비에 들어갔다. 그러나 이 군사개혁으로 프러시아는 '헌법분쟁'을 한바탕 치러야 했다.

1860년, 프러시아 정부는 의회에 군사개혁 법안을 제출하며 상비군을 두 배로 증가시킴과 동시에 군비를 950탈러(Taler, 1탈러는 1마르크의 3배에 해당함) 늘려달라고 요구했다. 그러나 '진보당'이 장악했던 의회는 정부의 제안을 통과시키지 않았다. 그뿐 아니라 국왕의 권리를 약화시키기 위해 내각이 의회에 대한 책임을 지라고 요구했다. 국왕 윌리엄 1세가 의회를 해산시켰지만 선거를 통해 새로 구성된 의회는 여전히 정부와 맞서고 있었다. 국왕은 1862년 9월, 오토 비스마르크를 수상으로

주요 연표

1864년 2월
프러시아와 오스트리아, 덴마크를 상대로 전쟁

1866년 6월
프러시아와 오스트리아 전쟁

1870년
프러시아와 프랑스 전쟁

1871년 프러시아와 프랑스 전쟁, 승리한 독일 군대가 파리 성벽 밖의 폐허에 모여 있다.

임명했다.

비스마르크(1815~1898년)는 융커 지주 출신으로 자유주의적
사상을 반대하고 국가와 왕에 대한 절대적인 충성을 신뢰하는 지
였다. 1848년 혁명 때, 그는 지주들을 조직적으로 무장시켜 프러시
아 국왕을 구하려고 했었다. 반드시 무력으로 혁명을 진압해야 한
다는 입장을 고수했으며 과거 독일 연방의회의 프러시아 대표, 주
러시아와 주프랑스 대사를 지낸 적이 있었다. 의회가 또 다시 정부
가 제출한 군사개혁안을 부결시키자 비스마르크는 의회의 반대에
도 상관없이 대량의 경비를 지불해 군대를 개혁했다. 그는 의회에
서 다음과 같이 주장했다. "현대의 중요한 문제들은 연설이나 다수
결로 해결될 수 있는 것이 아닙니다. 바로 철(鐵)과 피(血)로 해결해
야 합니다. 독일이 주목해야 할 것은 프러시아의 자유파가 아니라
프러시아의 무장입니다." 이것이 바로 비스마르크의 철혈정책의
기본 내용이다. 1862~1864년, 사람들은 비스마르크와 프러시아
정부의 전횡에 극도로 분노하며 난폭한 비스마르크를 비판했다.
그들은 의회 안에서만 시끄럽게 떠들어 댈 뿐 감히 군중들이 혁명
을 일으키도록 시동을 걸지 못했다. 그래서 프
러시아 정권을 확고히 장악했던 융커 지주
계층이 세 차례에 걸친 전쟁 끝에 독일을
통일했다.

제1차 전쟁은 덴마크를 상대로 한 전
쟁이었다. 1863년, 덴마크가 두 공국,
홀스타인과 슐레스비히를 합
병했다. 프러시아와
오스트리아, 두 나라
는 이를 구실로 1864
년 2월 덴마크에 전

브라운 박사의 인물 탐구

🔎 비스마르크(1815~1898년), 독
일 재상. 철혈정책 추진

독일군이 당시에 사용했던 경량형 진지포(陣地砲)

쟁을 선포했다. 참패한 덴마크는 어쩔 수 없이 홀스타인을 오스트리아에 양보하고 슐레스비히를 프러시아에 넘겨야 했다.

오스트리아는 프러시아의 독일 통일에 가장 큰 방해물이었으므로 오스트리아와의 전쟁은 피할 수 없는 것이었다. 1866년 6월, 프러시아가 군사를 일으켜 오스트리아 세력을 홀스

국왕 윌리엄 1세와 그의 참모장 몰트케가 군사연습을 바라보고 있다.

타인에서 쫓아내면서 프러시아와 오스트리아의 전쟁이 일어났다. 이탈리아도 베니스를 되찾기 위해 오스트리아와 전쟁을 벌였다. 전쟁이 시작된 지 얼마 지나지 않아 프러시아 군대가 독일 북부와 중부의 각 연방을 점령했다. 7월 3일, 프러시아군이 체코의 사도바 부근에서 오스트리아군에 심각한 타격을 입힌 후 오스트리아는 패배를 거듭했다. 나폴레옹 3세의 조정을 거쳐 프러시아와 오스트리아는 8월 23일 프라하 조약을 체결했다. 그 규정은 다음과 같다. 구독일연방은 해산한다. 오스트리아는 프러시아의 북독일연방(마인강 이북의 각 연방으로 조성) 성립을 승인한다. 슐레스비히와 홀스타인, 하노버와 프랑크푸르트를 프러시아에 분리 편입시킨다.

두 번의 전쟁 끝에 1867년, 프러시아는 18개 연방과 3개의 자유시를

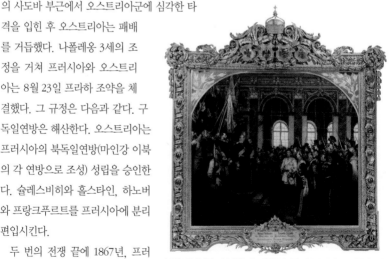

1871년 1월 윌리엄 1세가 독일 제국의 황제의 관을 받았다. 층계 아래 흰옷을 입은 사람이 바로 비스마르크다.

카보우르 초상

가진 북독일연방을 세웠고 프러시아 국왕이 원수가 되었다. 한편 오스트리아 황제는 국력을 강화하기 위해 1867년 헝가리 국왕을 겸하면서 오스트리아-헝가리 제국을 만들었다.

1870년, 프러시아와 프랑스 사이의 전쟁에서 프랑스가 패하면서 남독일의 모든 연방들이 북독일연방과 합병되어 독일 제국이 탄생했다. 독일은 그제야 통일이라는 대업을 완성할 수 있었다.

이탈리아, 로마제국의 재현

1848년, 혁명이 실패로 돌아간 이탈리아는 여전히 극심한 분열 상태에 놓여 있었다. 게다가 외국에서 온 노예들 때문에 상황은 더 나빠졌다. 1850년대 말부터는 민족 독립과 국가 통일 운동이 다시금 고조되고 있었다. 롬바르디아에서 대규모의 반오스트리아 운동이 전개되었고 토스카나, 모데나와 다른 지역에서도 소동이 일어났다. 사르데냐 왕국의 수상 카보우르(1810~1861년)는 당시의 정세를 이용하여 반오스트리아 전쟁을 계획했다. 1859년 4월 29일, 사르데냐 왕국과 프랑스가 오스트리아를 상대로 전쟁을 일으켰다.

1860년 가리발디가 이끈 천 명으로 이루어진 '붉은 셔츠 부대'가 시칠리아섬으로 원정을 가서 치룬 전쟁

카보우르가 이끄는 의용병 군단이 주력군이었다. 프랑스와 사르데냐 왕국의 연합군은 연전연승을 거듭했다. 5월 말에 롬바르디아의 도시들을 해방시켰고 6월 초에는 밀라노를 공격해 함락시켰다. 이어 6월 말에는 오스트리아군이 롬바르디아에서 철수해 베니스로 물러갔다.

이와 동시에 이탈리아 부흥운동 바람은 이탈리아 북부와 중부로 휘몰

이탈리아 통일 전쟁 중 몬테벨로에서의 전투

아쳤다. 5월 초, 파마에서 봉기가 일어나 공작은 외국으로 도망쳤고 정권은 자유파의 손으로 넘어갔다. 6월 중순에는 교황 영지에 속하는 로멘나와 움브리아 등지에서도 반란이 일어나 임시정부가 수립되었다. 나폴레옹 3세는 이탈리아가 통일되면 프랑스의 적이 될 만한 강국이 될 것이 두려워 약속을 어기고 오스트리아와 강화를 맺었다. 1859년 7월 11일, 프랑스와 오스트리아는 빌라프랑카에서 정전협정을 맺었다. 여기서 오스트리아는 롬바르디아를 포기하고 베니스에 대한 지배권을 유지하는데 동의했고 이를 프랑스가 사르데냐 국왕에게 전했다. 이 협정은 오스트리아의 이탈리아 통치를 유지시켰고 이탈리아의 극심한 분열 상태도 그대로 이어졌다. 이는 이탈리아인들의 강렬한 분노를 불러왔다. 중부 이탈리아

가리발디 초상

인들은 결연하게 오스트리아의 지배가 계속되는 것을 반대하고 국민자위군을 조직해 전장으로 달려갔다. 이때 카보우르는 적극적인 활동을 펴면서 중부의 각 연방들과 사르데냐 왕국이 합병해야 한다고 설득하고 나섰다.

1859년 가을, 토스카나, 파마, 모데나와 로멘나 등의 제헌의회들은 결의를 통과시키고 사르데냐 왕국에 병합됨을 선포했다. 이렇게 해서 이탈리아 북부와 중부지방에서의 통일이 완성되었다. 그러나 베니스는 여전히 오스트리아의 통치를 받고 있었고 교황도 교황 영지를 점거하고 있었다. 또한 남부는 양시칠리아 왕국이 독자적으로 다스리고 있었다. 통일로 가는 길목에는 아직도 막중한 임무가 기다리고 있었던 것이다.

이탈리아의 전면적인 통일 전쟁은 시칠리아섬에서 시작되었다. 1860년 4월 4일, 시칠리아의 정부 소재지 팔레르모에서 봉기가 일어났고 이어서 다른 도시 빈민들과 농민들도 일어나 반동 통치자와 격렬한 전투를 벌였다. 가리발디는 사르데냐 왕국에서 소식을 들은 직후 군을 이끌고 원조를 하러 떠나 1860년 5월 11일 현지에 도착했다. 5월 15일, 가리발디는 칼라타피미에서 정부군을 크게 격파했다. 27일에는 정부 소재지 팔레르모를 함락시켰다. 이어서 7월 초, 시칠리아섬을 해방시켰다. 이에 이탈리아 시민들과 자유파 귀족들은 정부를 조직했고 가리발디는 '절대 권력자'의 칭호를 받아들였다. 8월 20일, 가리발디가 1만 6000명을 이끌고 메시나 해협을 건너 칼리브리아에 상륙하자 나폴리 각지에서 사람들이 모여들어 호응했다. 이어 4만여 명의 사람들이 즉각 가리발디의 휘하로 들어갔다. 이 군대는 파죽지세로 9월 7일 나폴리에 진입한다. 10월 1일에는 볼트루노강 부근에서 벌어진 전투에서 시칠리아 왕국의 군대를 완파하면서 이탈리아 남부 해방을 완성했다. 가리발디의 승리의 진군과 파도와 같이 일어난 부흥운동은 이탈리아 남부의

주요 연표

1859년 4월
이탈리아와 프랑스, 오스트리아를 상대로 전쟁

1860년
가리발디가 천 명으로 이루어진 '붉은 셔츠 부대'와 함께 시칠리아섬과 나폴리로 출정

1861년 3월
이탈리아 왕국 성립

1870년
이탈리아 왕국이 군대를 보내 로마를 점령했고 교황의 세속 정권을 박탈해 국가의 통일을 완성했다.

대자본가계급과 지주들을 당황하게 했다. 그들의 유일한 희망은 사르데냐 왕국의 군사력을 빌어 혁명의 발전을 가로막는 것이었다. 그래서 그들은 카보우르에게 이탈리아로 출병해 정권을 탈취해 달라고 요청했다. 카보우르는 9월 중순에 군대를 보내고 남하했다. 1860년 10월 21일~22일에 남부 이탈리아는 지주와 대자본가계급의 통제를 받으며 국민 투표를 거행해 사르데냐 왕국과의 합병을 확정지었다.

1861년 3월 17일, 이탈리아 제1회 의회는 이탈리아 왕국의 성립을 선포했다. 사르데냐 왕국의 비토리오 에마누엘레 2세가 국왕으로 추대되었고 피렌체를 수도로 정했다. 1866년 7월, 이탈리아는 프러시아-오스트리아 전쟁에 참가해 베니스를 되찾았다. 1870년 프러시아-프랑스 전쟁이 일어난 후, 이탈리아는 군대를 보내 로마를 점령했고 교황의 세속 정권을 박탈했다. 이렇게 해서 마침내 통일을 완수한 이탈리아는 1871년 1월, 수도를 로마로 옮겼다.

통일 이후에도 이탈리아 정치, 경제에는 여전히 봉건 잔재가 남아있기는 했다. 그러나 이탈리아의 통일은 변함없이 중대한 의의를 가진다고 하겠다.

브라운 박사의 인물 탐구

🔎 **카보우르**(1810~1861년), 사르데냐 왕국의 수상. 반오스트리아 전쟁을 계획했다.

🔎 **가리발디** 1869년 천 명으로 이루어진 '붉은 셔츠 부대'를 이끌고 시칠리아섬과 나폴리로 출정을 나갔다.

러시아, 유라시아 강국으로 성장

19세기 중엽까지 농노제는 러시아 사회와 경제 발전을 저해했다. 1853년에서 1856년까지 계속된 크림 전쟁으로 봉건 농노제와 차르 전제정치는 케케묵은 진부함을 드러냈다. 1859년에서 1861년까지 고조된 농민운동과 혁명은 통치계급에 심각한 타격을 주면서 농노제 폐지는 이미 당면 과제가 되어 있었다. 1857년 1월 3일, 차르는 농민사무기밀위원회를 소집했고, 유럽과 러시아 각 주(州)에서 귀족 대표들이 조직한 주(州)위원회에서 개혁방안을 입안했다.

1861년 2월 19일, 차르 알렉산더 2세가 농노제 폐지 법령을 반포했다. 법령의 주요 내용은 다음과 같은 몇 가지로 정리할 수 있다.

📝 주요 연표

1853~1856년
크림 전쟁

1861년
러시아가 농노제 폐지 개혁을 추진했다.

■ **신체의 자유 관련 규정** : 지주는 농노를 사고팔거나 교환할 수 없다. 지주는 농민의 결혼을 금지시킬 수도 없고 농노의 가정생활을 간섭할 수도 없다. 농민은 자신의 명의로 계약을 맺을 권한을 갖고 있으며 다른 직업에 종사할 수도 있다. 또한 동산과 부동산을 소유할 수 있고 자신의 명의로 소송을 일으킬 수도 있다.

■ **토지 관련 규정** : 농민들도 대금을 치루면 땅을 얻을 수 있다. 땅 한 뙈기의 면적에 대해서는 법령으로 최대 면적과 최저 면적을

19세기 러시아 귀족들은 더욱 유럽화되었다. 1830년 상트페테르부르크의 살롱에서 차를 마시는 지식인들의 모습을 표현한 그림.

세계사적 성과 러시아의 과학자 퀴리 부부가 원소 주기율을 발견했다.

정한다. 만약 최대 면적을 초과하면 지주는 초과 부분에 해당되는 나머지 땅을 잘라낼 수 있는데 이것을 바로 '토지 할양'이라고 한다. 이 규정은 지주들이 농민들이 나누어 받은 토지를 약탈하는 구실이 되었다. 이 규정으로 지주들은 농민들에게서 평균 18%의 토지를 가져갔다.

■ **토지 매입 수속 관련 규정** : 농민들이 사는 집 옆의 정원은 자유롭게 매입할 수 있다. 그러나 우선 정부에 60루블의 대금을 납부해야 하고 그로부터 6개월 후에 소유권을 얻을 수 있다. 땅을 살 때는 지주의 동의를 구해야 한다. 매입 액수는 매년 내는 대역세(代役稅) 액수의 6%다. 농민이 매입를 할 때는 먼저 매입액의 20~25%를 납부해야 한다. 나머지는 우선 정부가 대신해서 지주에게 지불하고 농민은 49년 동안 분기(分期)로 정부에 이자를 낸다. 이렇게 규정한 매입액은 당시의 실제 땅값을 훨씬 웃도는 것이었다. 통계에 따르면 농민들이 나눠받은 토지는 총 6억 5000루블 어치였고 매입 총액은 9억 루블에 달했다.

브라운 박사의 인물 탐구

차르 알렉산더 2세 1861년 2월 19일 농노제 폐지 법령 반포

2월 19일 법령이 공포된 후, 차르 정부는 또 다시 일련의 개혁을

1870년대 러시아 불가강에서 배를 끄는 인부들이 온 힘을 기울여 거룻배를 끌어올리는 모습을 묘사한 레핀의 그림

추진했다. 1864년, 현(縣)과 주(州) 지방자치국을 세웠고 법정 공개 심문을 실시했다. 1870년에는 전체 납세자가 선거로 뽑은 시(市) 두마를 만들었다. 1874년에는 모병제를 폐지하고 의무병역제를 실시했다. 이 밖에도 교육을 보편화시키기 위한 조치들을 취했다. 이런 개혁들은 모두 지식인층의 지적으로 단행되었으나 사회 각계의 비판을 받았고 대중은 반응을 보이지 않아 점차 시들해져 갔다.

1861년의 개혁은 실질적으로는 농민에 대한 러시아 지주계급의 대대적인 약탈이었다. 개혁 이후에도 여전히 짙은 봉건 잔재가 남아 있었다. 그러나 1861년의 개혁은 러시아 역사의 중대한 전환점으로 간주할 수 있다. 이 개혁으로 생산성이 높아졌고 상거래가 활발해졌다. 자본주의에 점점 문을 열어주면서 러시아 자본주의는 비교적 순조로운 발전을 거듭했다.

02 동방세계의 변화

The Setting Sun

청(淸) 제국의 번영과 쇠퇴

1644년, 청군은 산해관(山海關)에 들어가 이자성(李自成)의 반란군을 격파하고 수도를 북경으로 옮겨 중국의 마지막 봉건 왕조를 열었다.

청나라 조정은 계속해서 군을 양성하고 남명(南明) 정권을 멸망시켰다. 또 각지의 반란을 잔혹하게 진압했다. 다른 한편으로는 한족(漢族) 지주계급을 끌어들이면서 점차 통치를 확립해갔다.

청나라 때의 강희황제(康熙皇帝, 1661~1722년)는 중국 역사상 최고의 황제 중 하나였다. 그는 재위기간 동안 삼번(三藩)을 평정하고 대만을 안정시켰다. 또 두 차례에 걸쳐 아극살(雅克薩)을 공격했고 세 번에 걸쳐 준갈이(准噶爾) 부족을 정복했다.

강희제는 문무를 겸비한 황제로 중국에 새로운 국면을 열어놓았다. 강희제 중기부터 청나라는 안정되면서 번영하기 시작했고 이는 옹정(雍

책 읽는 강희제의 초상

대례복 입은 옹정제 초상

대례복 입은 건륭제 초상

산업혁명과 자본주의의 도래 **269**

브라운 박사의 인물 탐구

🔵 **강희황제** 본명은 애신각라(愛新
覺羅) 현엽(玄燁). 청의 성조(聖
祖)로 61년 동안 황제의 자리에
있으면서 삼번(三藩)을 평정하
고 대만을 수복했다. 또한 간덴
을 토벌해 '천고에 빛나는 황
제'로 불린다.

🔵 **옹정황제** 본명은 애신각라(愛新
覺羅) 윤진(胤禛). 청의 세종(世
宗)으로 13년 동안 황제의 자리
에 있었다.

🔵 **건륭황제** 본명은 애신각라(愛新
覺羅) 홍력(弘曆). 청의 고종(高
宗)으로 60년 동안 황제의 자
리에 머물렀다.

正), 건륭(乾隆) 때까지 계속되었다. 그래서 이 시기를 '강옹건(康
雍乾)의 태평성세'라고 부른다. 그러나 이는 봉건제도가 무너지기
전에 잠깐 빛났던 한순간에 지나지 않았다. 가경(嘉慶)년간(1796∼
1820년)에 큰 탐관오리였던 화신(和珅)이 재산을 몰수당했다. 그런
데 몰수한 돈과 물건이 백은 8억여 량(兩)에 달해 청 정부의 10년
재정 수입과 맞먹을 정도였다. 이 사건은 청 왕조의 쇠락이 피할
수 없는 것이었음을 보여준다. 이와 달리, 유럽 국가들은 자본주의
가 발달하면서 하루가 다르게 강대해지고 있었다. 결국 영국은
1840년 중국에서 아편 전쟁을 일으켰다.

청정부는 이 전쟁에서 패해 영토를 할양하고 배상금을 물어야 했
다. 굴욕과 항쟁으로 얼룩진 중국 역사의 새로운 장이 열린 것이다.

북경의 원명원(圓明園) 유적

세계사적 성과

조설근(曹雪芹, 1715∼1763)의 《홍루몽(紅樓夢)》 ➡ 건륭제 때, 《사고전
서(四庫全書)》 편찬

일본, 에도시대와 쇄국정책

15세기 후반, 일본에서는 농민 봉기의 충격과 봉건 지주계급 내부 모순의 심화로 무로마치 막부(室町幕府)가 무너지자 군웅(群雄)들이 패권을 경쟁하는 혼란한 정국이 나타났다. 그러나 16세기 중엽부터는 경제 발전을 기초로 하여 차차 새로운 국면에 접어들었다. 1600년의 세키가하라 전투에서 승리한 도쿠가와 이에야스(德川家康)는 도요토미를 받드는 다이묘(大名, 일본의 막부 정권 시대에 1만 석 이상의 독립된 영지를 소유한 영주를 가리키는 말) 연합군에게 결정적인 승리를 거두었다. 1603년, 고요오세이(後陽成) 천황은 도쿠가와 이에야스를 우대신(右大臣)과 정이대장군(征夷大將軍)으로 임명했다. 그리고 에도(江戶)에 막부를 세워 도쿠가와 이에야스 막부 시대를 열었다.

헤이안 시대(平安時代)의 갑옷

도쿠가와 이에야스는 통치 기반을 강화하기 위하여 완전한 막부 체제를 수립했다. '막(幕)'이란 막부로 중앙의 정부기관이었으며 장군은 막부 최고의 통치자였다. 천황은 명의상의 국가 원수일 뿐, 어떤 실권도 갖고 있지 않았다. '번(藩)'은 번국(藩國)으로 장군은 지방 다이묘와 그 통치 기구에 땅을 나누어 주었다. 막부와 번국이 함께 구성된 봉건 통치 제도, 이것이 바로 '막부체제(幕府體制)'였다.

📎 주요 연표

1603년
도쿠가와 이에야스 막부 시대 시작

1633년 2월~1639년 7월
막부가 연달아 5차례에 걸쳐 '쇄국령' 반포

도요토미 히데요시 상

에도 시대의 막부체제는 막번 영주의 봉건 토지 소유제 위에 세워졌다. 당시 주요한 생산수단이었던 토지는 모두 봉건 지주계급의 소유였다. 막부는 백성들에 대한 통치를 강화하기 위해 엄격한 신분제도를 만들어냈다. 이에 따라 사람들은 '사(士), 농(農), 공(工), 상(商)'의 4개 신분으로 나뉘어졌고 각 신분은 각자 위치에 맞는

도쿠가와 이에야스 휘하의 장군 한 명과 오사카의 방위군이 격투를 벌이고 있다. 도요토미 히데요시의 아들 도요토미 히데요리는 보루를 오랫동안 굳게 지키고 있었다. 그러나 결국 그는 강제로 자살했고 그의 아내와 아이도 사형되었다.

지위를 갖고 있었다. 사, 즉 무사는 지배 계층이었고 농, 공, 상은 피지배계층으로 모든 정치적 권리와 자유를 박탈당한 사람들이었다.

대외적으로는 쇄국정책을 실시했다. 그는 제2대 장군인 도쿠가와 히데타다와 여러 차례에 걸쳐 천주교를 금지하는 법령을 내렸다. 1633년 2월부터 1639년 7월까지 막부는 다시 연이어 다섯 차례나 '쇄국령'을 공포했다. 오직 네덜란드, 조선, 그리고 중국과만 일정 정도의 무역 관계를 맺었다.

도쿠가와 이에야스 막부가 쇄국정책을 실시한 것은 막부 통치를 공고히 하기 위해서였다. 동시에 서방 식민주의 세력이 스며드는 것을 막아 일본의 독립을 지키고자 하는 목적도 있었다. 그러나 쇄국정책으로 일본은 오랫동안 국제사회로 편입되지 못했다. 이는 일본 경제와 세계 시장과의 연결고리를 완전히 끊어버렸고 자본주의 발전의 요소와 사회 진보의 가능성도 가로막았다. 이미 낙후되어있던 일본은 자본주의화된 서방에 한참이나 더 뒤처지게 되었다.

무굴, 몽골족이 세운 인도제국

1525년, 몽고 귀족 티무르 랭의 후예 바부르가 아프가니스탄의 카이버 고개를 넘어 인도로 침략해 들어왔다. 그리고는 그 다음해 델리 왕국의 이브라힘왕을 물리치고 무굴 제국을 세워 17세기 중엽까지 인도 대부분의 지역을 다스렸다. 1658년, 황제의 자리에 오른 아우랑제브는 알람기르('세계의 정복자'라는 의미)라고 불렸다. 즉위 후인 1663년, 그는 아삼 지방을 정벌하고 1666년에는 치타공의 포르투갈 해적을 소탕해 동쪽 판도를 넓혀놓았다. 또 1686년과 1689년에 차례로 비자푸르와 골콘다를 정복하면서 무굴 제국의 판도는 최대로 확장되었다.

타지마할
타지마할은 이집트의 피라미드, 중국의 만리장성에 필적하는 세계 건축 역사상의 기적이다.

아우랑제부는 무굴 제국 역사상 가장 훌륭한 군주 중 하나였다. 그는 자신의 군사, 행정 관리 능력을 이용해 제국을 최전성기에 올려놓았다. 그러나 동시에 악바르의 관용적인 종교정책을 전면적으로 뒤바꾼 첫 번째 군주이기도 했다. 이는 원래 복잡했던 인도의 계급 모순, 민족 모순과 종교 모순을 불러일으켰고 이때부터 무굴 제국에 반발하는 봉기도 끊이지 않고 일어났다.

국내에서 일어나는 반란의 충격 속에서 무굴 제국의 쇠락은 피할 수 없는 운명이었다. 각 지방에서 일어나는 반란을 진압하기 위해 도처로 토벌을 떠나다보니 국가 재산은 바닥이 났고 논밭은 황폐해졌다. 교통은 가로막히고 도시는 쇠퇴하기 시작했다. 1707년 3월, 89세의 아우랑제브가 숨을 거두었다. 그가 떠나며 남긴 것은 극심하게 분열되고, 마라타족과 시크족에게 포위된 제국이었다.

브라운 박사의 인물 탐구

💬 **아우랑제브** 1658년부터 1707년까지 무굴 제국을 통치했다. 1686년과 1689년에 차례로 비다푸르와 골콘다를 정복해 무굴 제국의 영토를 최대로 넓혀놓았다.

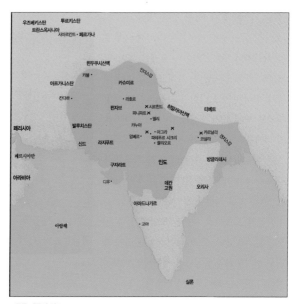

무굴 제국의 영토

아우랑제브가 세상을 떠나고 얼마 지나지 않아 오우드의 사다트 알리, 오리사의 모힐드 쿠라한, 하이데바라드의 니잠 우리 물라크처럼 만만치 않은 세력의 총독들이 모두 독립을 선포하고 나섰다. 라지푸트도 다시 독립을 회복했다. 1761년 1월, 파니파트 전투에서 인도를 침략한 아프가니스탄의 군대가 델리를 점령하고 있던 마라타 군대를 무찔렀다. 이로써 인도는 서방 식민 침략자들을 막아낼 수 있는 유일한 힘마저 잃고 말았다.

정교한 금제 단도와 보석이 가득 박힌 칼집은 1619년 자한기르 황제의 명으로 제작한 것이다.

03 신흥 제국주의의 등장

Luiet Transfer of Advantage

제2차 산업혁명과 제국주의 시대

19세기 말(1871~1900년)은 자본주의가 독과점 체제로 넘어가는 시기였다. 급속하게 발전한 과학기술은 제2차 산업혁명을 불러 일으켰다. 제2차 산업혁명이 산업 발전 속도를 고속으로 촉진시키고 산업의 급속한 발전은 다시 자본과 생산의 집중을 불러오면서 독점조직이 탄생하게 된다.

전기에너지의 응용과 전력산업의 발전은 근대 과학 역사상 제2차 산업혁명의 핵심이었다. 새로운 에너지원인 전력은 1870년대부터 점차 증기 동력을 대신하기 시작했고 지배적인 위치를 확보하

에디슨이 발명한 나선형 전구

1900년도의 파리, 사람들은 휘황찬란한 전기 궁전에 감탄을 금치 못했다.

📝 주요 연표

1870년대
제2차 산업혁명 시작

게 되었다. 1820년 덴마크의 외르스테드는 전류도선이 나침반 바늘을 돌게 한다는 것을 발견했다. 이는 전류의 자기 효과로 전기에너지가 기계에너지로 변환될 수 있음을 발견한 것이었다. 독일 과학자 지멘스는 1866년 자력발전기를 발명했고, 1870년 벨기에의 발명가 그람은 여기서 한발 더 나아가 전류가 고른 발전기를 제작했다. 1876년 미국의 발명가 벨이 전화를 발명하여 1878년 세계 역사상 최초로 보스턴과 뉴욕 사이의 장거리 통화가 이루어졌다. 1879년, 에디슨은 전등을 발명했다. 전등 발명을 전후로 해서 그는 녹음기, 전차, 그리고 영사기를 발명하는 데 성공했다. 1895년과 1896년, 이탈리아인 마르코니와 러시아인 포포프가 각각 무선전신 실험에 성공했다. 20세기 초, 미국은 이 선진 기술을 도입했다. 1906년 미국인 드포리스트는 영국인 플레밍이 만든 2극관을 기초로 해서 3극관을 발명했다. 이로 인해 무선통신 산업은 전자관 시대로까지 발전했고 전자산업은 크게 활기를 띠었다. 10년 후, 미국은 대서양 바다 건너 장거리 전화 통신을 실현했고 방송국을 세우고 라디오를 보급시키기에 이른다.

공업 전체에 결정적인 영향을 끼친 동력은 근대 공업 수준을 반영하는 상징이었다. 이 때문에 동력은 제2차 산업혁명의 핵심이라고 할 수 있다. 1876년, 독일인 오토(1832~1891년)는 알포스 보드 로카스의 4행정 사이클 처리 순환이론에 따라 최초의 4행정 사이클식 기관차(가솔린 엔진 기관)를 제작하는 데 성공했다. 그 후, 독일 기술자 디젤(1858~1891년)이 숱한 연구를 거쳐 1897년 거대 동력의 디젤 기관을 만들어냈다. 1886년에는 10년 동안 탁월한 연구 실적을 냈던 독일 기술자 다임러가 에디슨의 파트너였던 마이바흐와 함께 자신의 공장에서 일종의 공기 냉각 가솔린 엔진 기관을 연구하기 시작했다. 1892년, 미국의 포드는 디젤 기관차

1888년 니콜라스 오토가 발명한 내연기관

를 제작하고 자동차 산업을 시작했
다. 1887년, 가솔린 엔진을 장착한 소
형 배가 강을 운항했으며 1892년에는
최초로 휘발유로 움직이는 트랙터가
논밭을 내달리게 되었다. 1903년에는
8마력의 가솔린 엔진 기관을 장착한
비행기가 미국의 라이트 형제를 하늘
로 올려 보내 주었다. 1908년, 디젤기
름으로 움직이는 잠수함이 제작되었
다. 1912년에는 디젤기름으로 움직이

1875년 베를린의 압연 작업장. 산업혁명이 도래하면서 광산, 야금 공장, 기계 공장
의 노동자수가 급증했다.

는 원양 화물선이 바다로 나갔고 1913년 최초의 디젤 기관차가 만
들어졌다. 내연기관의 광범위한 이용은 이렇듯 인류 사회에 큰 영
향을 끼쳤다.

화학공업의 부흥은 석탄의 이용과 관련이 있다. 또 내연기관의
광범위한 응용과도 뗄래야 뗄 수 없는 관계에 있다. 1877년, 독일
은 국립화학공업연구소를 세웠다. 지금까지의 과학 이론을 바탕으
로 콜타르를 종합적으로 이용하기 시작했고 염료공업과 제약공업,
향료공업이 등장했다. 1886~1900년에 이르는 14년 동안, 독일의
6개 회사가 염료 기술에서만 948개에 달하는 특허 발명을 해냈다.
여기서 더 나아가 독일은 요소, 탄화칼슘, 나일론, 인조견사, DDT,
고무, 제초제를 차례로 합성했다.

화학공업은 미국에서도 크게 발달해 1869년 하이엇이 플라스틱
을 발명했고, 1906년에는 미국국적의 벨기에인인 베크라이트가 페
놀수지를 발명했다. 1916년, 미국은 '열분해법'을 사용해 정제 석
유의 생산량을 증가시켰다. 20세기 초, 고분자 이론을 기반으로 수
많은 나라에서 합성화학공업이 활기를 띠며 발전했다.

제1차 산업혁명과 비교해 제2차 산업혁명은 다음과 같은 특징을

갖고 있다. (1)세계 경제와 인류의 생활에 엄청난 영향을 미쳤다. (2)기술 발명으로 이어진 자연과학이 많은 부분을 차지했다. (3)운송 속도가 빨라졌다. 제2차 산업혁명은 인류 역사상 최초의 세계적인 산업혁명이었다.

내전 이후 미국의 성장과 팽창

북부의 승리로 끝난 미국 내전은, 미국의 통일을 수호하고 흑인 노예 제도를 폐지하여 자본주의 발전에 큰 길을 터주었다. 이에 따라 19세기 후반, 미국의 자본주의는 급속하게 발전하기 시작했다.

1860년, 세계 4위였던 미국 공업은 1892년이 되자 1위로 올라섰는데 이때 공업 생산량이 대략 유럽 각국 생산 총합의 반에 해당되었다. 1880년부터 1900년까지 미국이 개간한 토지 면적은 영국, 독일, 프랑스 세 나라의 토지 면적을 합친 것보다도 넓었다. 게다가 선진 농업 기술을 채택하면서 식량과 면화 생산량은 2/3나 증가했다. 미국 경제가 팽창하면서 생산과 자본도 집중되었다. 특히 19세기의 마지막 30년 동안 일어난 세 차례에 걸친 경제 위기는 이것을 더 심화시켰다. 트러스트(trust)는 미국 독점 기업의 보편적인 형태였다. 고도로 집중된 미국의 공업 자본과 은행 자본이 결합하여 거대한 금융 과두(寡頭)를 형성했다. 20세기 초, 미국에서는 8개의 금융 과두 집단이 생겨났으며 모건과 록펠러 재단이 지배적이었다. 한 줌도 안 되는 금융 과두 집단이 트러스트를 통해 미국 경제와 정치를 지배했고 문화, 교육, 사회 생활에도 침투하고 있었다. 레닌이

링컨 조각상

미국을 전형적인 트러스트 제국주의 국가라고 부른 것은 이런 이유 때문이었다.

미국 공업은 역사상 그 예가 없는 속도로 성장했지만 노동자들은 하루가 다르게 착취당했다. 1890년대부터 미국 노동자들은 당시 발전을 거듭하고 있던 독점 기업들과 충돌하면서 끝없는 파업 운동의 새바람을 일으켰다. 1894년에는 파업에 참가한 노동자수가 75만 명에 이르렀다. 20세기 초, 파업은 더욱더 광범위한 규모로 확장되었고 1912년에서 1913년에는 약 200만 명의 노동자가 파업에 참여했다. 그러나 노동자 단체 지도자의 방해, 독점 자본가들의 매수와 파괴, 정부의 진압에 사회주의 정당 지도자의 실수까지 더해져 여러 차례 일어났던 파업 운동은 실패하게 되었다.

미국은 건국 이래 주로 국내 발전에 치중하면서 대외적으로는 고립주의를 택했다. 내전 이후, 공업이 발전하고 서부가 개발되면서 자본가들은 해외 시장과 원료 공급지 개척을 요구하고 나섰고 미국은 식민지 세력 범위를 다시 분할하게 되기만을 손꼽아 기대했다. 이 침략의 창끝은 먼저 아시아와 라틴아메리카를 향했다.

내전을 마무리지은 미국은 아시아를 침략하기 시작했다. 1866년, 1867년, 1871년에 걸쳐 세 차례 조선을 침략했지만 조선 사람들의 용감무쌍한 저항에 맞닥뜨렸다. 그럼에도 1882년 다시 한 번 조선을 침공해 조선의 문을 열어 젖혔다. 이후 미국은 조선에 압박을 가

주요 연표

1861~1865년
미국, 남북 전쟁

1898년 4월~12월
미국-스페인 전쟁

1899년 9월
미국이 '문호개방'정책을 내놓았다.

대규모의 서진(西進) 정책을 진행하던 미국은 인디언들의 강력한 반발에 부딪쳤다. 이후 오랜 투쟁을 통해 미국은 결국 인디언들을 그들의 집과 정원에서 내쫓아버렸다.

해 세 개의 상업 항구를 개방하게 했고 영사재판권을 획득했다. 1893년에는 하와이에서 정변을 일으켜 괴뢰 정권을 수립했고 1898년에는 정식으로 합병시켰다. 미국은 경제적으로도 전략적으로도 중요한 가치를 지닌 쿠바와 필리핀을 빼앗기 위해 1898년 미국-스페인 전쟁을 일으켰다. 이는 세계를 새롭게 분할하려는 의도를 지닌 첫 번째 제국주의 전쟁이었다.

이어서 미국의 침략의 창끝은 중국으로 향했다. 미국은 1899년 '문호개방' 정책을 선포했다. 이 정책은 미국이 그 경제 실력에 따라 열강의 세력 범위 속으로 들어갈 것이며 중국을 침략할 기회가 동등하게 주어져야 함을 분명히 했다. 1900년, 미국은 적극적으로 8국 연합군에 참여해 의화단(義和團) 운동을 진압했다.

미국 대외 확장의 핵심은 라틴아메리카였다. 1880년대, 범아메리카주의의 기치를 내걸며 라틴아메리카 독점 야욕을 불태웠고, 20세기 초, 루스벨트와 태프트는 라틴아메리카에 대해 각각 '곤봉정책'과 '달러외교'를 추진했다. '달러외교'는 약소민족 원조를 내걸었지만 사실 상대를 노예화시키는 대출을 통해 약소민족을 지배하는 것이었다. '곤봉정책'으로는 파나마 운하를 빼앗았다. 미국은 이런 수단을 써가며 산토도밍고, 온두라스, 니카라과 같은 나라

서부 철로 간선 개통은 동서부의 연계를 강화시켰다. 대량의 서부 자원이 동부로 이동했고 동시에 동부의 공업 상품도 서부로 들어갔다.

세계사적 성과   1894년, 미국 발명가 에디슨이 뉴욕에서 처음으로 움직이는 화면 방영 ➡
1913년부터 캘리포니아의 할리우드가 미국 영화 산업의 중심지로 떠오름.

1886년 10월, 약 100m에 달하는 자유의 여신상이 사람들의 환호 속에 뉴욕 항구에 자리 잡았다. 자유의 여신상은 미국 민주와 자유의 상징물로 미국의 패권이 한층 더 확립되었음을 보여주었다.

의 경제 명맥을 움켜쥐었다. 거기에다가 카리브 해안에 대한 침략에 박차를 가해 이 지역을 '미국의 국내 호수'로 바꾸어 버리기까지 했다.

1913년 대통령이 된 윌슨도 라틴아메리카에 대한 지속적인 침략정책을 실시했다. 1914년과 1916년, 두 차례에 걸쳐 멕시코 내정을 무장 간섭했고 니카라과와 도미니카, 아이티 등의 국가를 미국의 보호 아래 두었다.

브라운 박사의 인물 탐구

프랭클린 루스벨트 1901년 미국 총통 역임, 라틴아메리카에 '곤봉정책' 추진

일본, 메이지 유신과 산업부흥

19세기 중반, 일본은 봉건사회 말기를 맞이하고 있었다. 천황은 명의상의 국가 원수였고 조정은 교토에 있었다. 그러나 실권은 도쿠가와 요시노부가 장악하고 있었으며 천황, 장군, 다이묘, 무사가 일본 사회의 통치 계층을 구성하고 있었다.

전체 인구의 80%를 차지하는 농민들은 대대로 토지에 묶여 있었다. 그들은 평생 고생을 하면서도 수확물의 반 이상을 봉건 영주에게 바쳐야 했고 각종 명목의 세금과 부역을 부담해야 했다. 이 밖에 하층 계급인 도시의 수공업자들과 상인들도 막부의 차별 대우와 압제에 시달려야 했다. 봉건 경제가 쇠락하면서 다이묘와 무사들의 생활수준이 하락하자 이들은 장사를 하기 시작했다. 몰락한 다이묘와 무사들은 같은 목적을 갖고 있었다. 그들은 막부의 통

메이지 천황 초상

치에 불만을 품고 있었고 특히 정치와 군사력이 비교적 강한 다이묘들과 무사들은 반막부 세력의 주력으로 변해갔다.

오랫동안 일본을 통치한 막부는 쇄국정책을 추진했다. 1853년, 미국 함대가 일본 우라가 항구에 들어갔고 이듬해 막부에 압력을 가해 불평등한 '미일친선조약'을 맺었다. 이후 러시아, 영국, 프랑스 등 자본주의 국가들이 군함과 대포의 위력을 믿고 차례로 막부에 압력을 가해 불평등조약을 맺었다. 서방 열강의 침입은 일본인들과 막부가 주축이 된 봉건 정치의 모순을 가중시켰다. 고통에 시달려온 일본인들은 막부의 통치에 불만을 품고 있었다. 이런 내우외환은 막부 통치의 위기를 폭발시켰다. 1865년부터 1869년에 이르는 5년 동안, 일본 각지에서 400여 차례의 폭동과 봉기가 일어났다. 1866년, 쌀값 폭등에 항의하기 위해 도시 빈민들이 대규모의 '파괴폭동'을 일으켰고 이 여파는 막부 소재지인 에도까지 미쳤다.

그때, 일본 서남부인 초슈(長州), 사쓰마(薩摩), 도사(土佐), 히젠(肥前) 4개 번(藩)의 하급 무사들이 급속도로 실력을 확대하면서 일본 자산계급과 신흥지주들이 도막파(倒幕派)의 주요한 정치 세력으로 성장했다. 1867년, 도막파는 궁정 활동에 박차를 가해 몇몇 권세가들과 연계를 맺었다. 이렇게 해서 그들은 나이 어린 메이지 천황의 지지를 얻어냈고 막부 토벌이라는 천황의 비밀 명령까지 받아냈다.

19세기 중기 일본의 민간 생활을 표현한 목판화

고립 상태에 빠진 도쿠가와 요시노부는 상황이 좋지 않게 흘러가는 것을 보고 바로 수비 태세에 돌입했다. 또 장군직을 물러나 대권을 천황에게 돌려줬다. 그는 도막파를 분열, 와해시키고 시기를 기다렸다가 다시 돌아오려고 했던 것이었다. 1868년 초, 도쿠가와 요시노부는 교토를 떠나 오사카로 병력을 모으면서 반격할 시기를 엿보고 있었다. 내전은 이렇게 해서 일어났다. 교토 부근의 토바(鳥羽), 후시미(伏見) 일대에서 도막군(倒幕軍)과 막부군이 만나 며칠 동안 격전을 치렀다. 그 결과 도막파 군대가 막부군에 전승을 거두었고 도쿠가와 요시노부

이 네 장의 그림은 메이지유신 전 일본 사회의 네 가지 신분을 반영하고 있다. 가장 높은 신분은 무사였고 그 다음이 농민, 농민 다음이 공인, 전체 신분 중에서 가장 낮은 것이 상인이었다. 메이지유신은 자본주의 성격을 띠는 개혁을 실시하여서 상인들의 지위를 크게 높여주었다.

는 에도로 돌아갔다. 5월, 대규모의 군대가 에도로 향했고 도쿠가와 요시노부는 어쩔 수 없이 투항했다. 이로써 일본의 마지막 막부 정권이 쓰러졌다.

막부 통치가 전복된 후, 1869년, 메이지 천황 정부가 교토에서 도쿄로 수도를 옮기고 일련의 정치, 경제개혁을 단행했다. 메이지유신의 내용은 아래와 같았다. '번을 폐지하고 현을 세웠고' 각 번에 대한 다이묘들의 통치권을 없앴다. 전국에 3부(府) 72현(오래지 않아 합병을 거쳐 43현으로 변경)이 설치되어 전국이 국가의 통제 아래 놓였다. 경제 방면에서는 토지 매매 금지령을 폐지하고 토지 사유권과 자유매매를 승인했다. 또한 서방 기술을 들여와 근대 공업 발전을 촉진하고 자본주의 발전에 적극적으로 나섰다. 이와 동시에 '문명개화(文明開化)'를 외치며 서방을 배우기 위해 노력하는

 주요 연표

1868년 7월~1869년 6월
무진(戊辰) 전쟁

1868년 10월
천황 무쓰히토(睦仁) 연호를 메이지(明治)로 바꾸고 일련의 개혁을 단행했다. 역사는 이를 '메이지유신(明治維新)'이라고 부른다.

메이지유신은 '문명개화'로 서구 배우기 열풍을 일으켰다. 그림은 도쿄 음악학원의 학생들이 유럽식으로 치장을 하고 서양음악회를 열고 있는 모습이다.

한편 교육도 발전시켰다.

　이 개혁으로 일본은 봉건사회에서 자본주의사회로 넘어가게 되었다. 바로 이 기초 위에서 일본은 반세기도 지나기 전에 선진 자본주의 국가로 탈바꿈했다. 그리고 경제력이 증강하면서부터 일본은 빠른 속도로 다른 민족을 침략하고 억압하는 길로 들어섰다.

04 노동계급과 혁명사상의 등장

Proletarion of All Countries, United!

노동자계급의 성장

산업혁명의 가장 심각한 부작용은 바로 무산계급의 형성이었다. 독립적인 수공업자들이 파산하면서 무산계급의 대열에 합류하자 사회는 날이 갈수록 서로 극렬하게 대립하는 두 개의 계급, 공업 무산계급과 공업 자본가계급으로 분열되었다. 자본가계급의 잔혹한 착취 속에서 노동자계급은 어쩔 수 없는 투쟁

을 시작했다. 노동자들의 투쟁은 기계를 파괴하는 형태로 나타났다. 그들은 이런 재난을 불러온 것이 기계가 아니라 자본주의 제도라는 것을 깨닫지 못했다. 기계 파괴가 가장 먼저 일어난 곳은 영국으로 당시 이 운동은 '러다이트 운동' 이라고 불렸다.

노동자들의 역량이 강화되고 특히 사고 수준이 높아지면서 그들은 단결투쟁의 중요성을 깨닫게 되었다. 영국에서는 19세기 초에

📝 주요 연표

1831년과 1834년
프랑스 리옹 노동자들이 두 차례에 걸친 노동쟁의를 일으켰다.

1836~1848년
영국의 차티스트 운동

세계사적 성과　영국, 프랑스, 독일 세 나라의 노동운동은 무산계급이 이미 독립적인 정치 역량으로 역사의 무대에 올랐음을 보여주었다. 과학사회주의 이론이 나타날 기초가 마련되었다.

리옹시 전경

이미 노동자 조직이 등장했는데 이들이 노동자들의 결사(結社)권을 쟁취하면서 영국 곳곳에 노조가 나타났다. 노조는 1825년부터 파업투쟁을 이끌기 시작했다.

노동자계급은 심지어 무장투쟁으로 자본가의 착취에 맞서기도 했다. 19세기 전반기에 일어난 가장 유명한 노동쟁의는 프랑스 리옹의 노동쟁의와 독일 실레지아 노동쟁의다. 1831년과 1834년 프랑스 리옹 노동자들은 두 차례에 걸쳐 쟁의를 거행해 프랑스 무산계급이 이미 독립적인 정치 노선을 걷기 시작했음을 보여주었다. 1844년 독일 실레지아 방직공들이 일으킨 무장봉기는 무산계급운동의 본질을 드러냈다. 이 봉기는 직접적으로 사유제 사회 반대를 선언했다.

19세기 전반기의 노동운동 중에서 조직적으로 노동자의 권익을 주장한 것은 영국의 '차티스트 운동'이었다. 1836년부터 1848년까지 영국의 노동자들은 보통선거권 쟁취를 핵심 내용으로 하는 차티스트 운동을 10여 년 동안 진행했다. 이 운동은 세 번이나 성공의 문턱까지 가는 듯했지만 결국 실패하고 말았다. 그러나 차티스트 운동은 영국 무산계급이 일으킨 최초의 독립적인 정치 투쟁이었다. 또한 광범위하면서도 진정한 군중성과 정치성을 띤 최초의 노동 운동이기도 했다.

영국, 프랑스, 독일의 노동운동은 무산계급이 이미 독립적인 정치적 세력으로 역사의 무대에 서게 되었으며, 과학사

프랑스의 저명한 현실주의 화가 도미에의 명작 '3등열차', 당시 프랑스 하층 노동자들의 모습을 묘사하고 있다.

회주의 이론이 나타날 기초를 마련했음을 보여주었다. 다른 한편으로는 과학적인 이론의 지도 없이 무산계급의 투쟁은 승리할 수 없음도 보여주었다.

과학사회주의의 탄생

1840년대의 자본주의 발전과 노동운동의 부흥은 과학사회주의 이론이 형성되는 객관적인 조건을 마련해 주었다. 유물주의 역사관과 잉여가치 이론은 인류 역사상의 중대한 발견임과 동시에 성과였다. 마르크스와 엥겔스의 유물주의 역사관과 잉여가치 이론으로 사회주의는 공상에서 과학으로 중요한 첫발을 내딛게 되었다. 1846년부터 마르크스와 엥겔스는 점점 더 혁명 이론과 노동운동 결합의 중요성을 깨닫게 되었다.

마르크스는 평생을 포기하지 않고 끊임없이 공부하고 실천에 옮기는 삶을 살았다.

마르크스, 엥겔스는 혁명 이론 창조에 온 힘을 기울이는 동시에 적극적으로 노동자계급의 혁명 투쟁에 참여했다. 그들은 무산계급이 해방을 쟁취하려면 혁명 이론의 지도가 필요할 뿐 아니라 혁명 이론으로 무장한 혁명 정당이 필요하다고 확신했다. 1846년 초, 그들은 혁명 이론을 퍼뜨리기 위해 브뤼셀에 공산주의 통신위원회를 설립했다. 그리고 통신위원회를 통해 독일, 영국, 벨기에 등 국가의 공산주의자들과 연계했다. 그들은 하나의 광범위한 통신망을 형성해 서로 정보를 주고받으며 각국의 공산주의 선전 문제를 토론했다. 혁명 정당을 건설하기 위해 그들은 '정의자동맹(正義者同盟)'을 손에 넣는 것이 중요하다고 생각했다. 정의자동맹은 독일의 유랑자들과 노동자들이 세운 조직으로 당시 이미 프랑스, 영국, 폴

주요 연표

1848년 2월
《공산당 선언》 발표

1867년
'자본론' 제1권 출간

마르크스 초상   엥겔스 초상

란드와 스위스 등 국가의 노동자들이 참여하고 있는 국제적인 조직이었다. 그러나 동맹의 지도 사상이 매우 혼란스러운 상태였고 가장 비과학적인 사회주의 유파의 영향을 많이 받고 있었다. 이 때문에 마르크스와 엥겔스는 바이틀링의 평균 공산주의, 소자산계급의 '진정한 사회주의'와 프루동의 사상과 대립할 수밖에 없었다. 이 투쟁을 통해 날이 갈수록 더 많은 동맹 구성원들과 지도자들이 마르크스와 엥겔스가 만들어낸 혁명 이론을 받아들이게 되었다. 그리고 그들은 이에 따라 동맹을 개편해 나갔다. 이어서 동맹 지도부는 '반드시 전면적인 개편을 추진해야 한다'는 통고를 내보내고 곧 동맹 개편 대회를 개최하겠다고 선포했다.

1847년 11월 25일, 공산주의자동맹 제2차 대표대회가 런던에서 열렸다. 독일, 영국, 프랑스, 벨기에, 폴란드, 스위스 등의 공산주의자들이 모두 대표를 파견해 참가했다. 마르크스와 엥겔스는 각각 브뤼셀과 파리의 대표로 이 대회에 참가했다. 대회는 동맹의 새로운 규정을 통과시키고 동맹의 목적을 명시한 조문을 '유산계급의 정권을 전복시키고 무산계급 통치를 건설한다. 계급 대립을 기반으로 하는 낡아빠진 유산계급 사회를 소멸시키고 계급도 사유제도 없는 새로운 사회를 건설한다'로 바꾸었다. 또한 마르크스와 엥겔스에게 동맹 강령의 초안을 맡겼다. 1848년 2월, 마르크스주의의 첫 번째 강령성 문건,《공산당 선언》이 런던에서 발

브라운 박사의 인물 탐구

- 마르크스(1818~1883년), 마르크스주의 창시자 중 한 사람.
- 엥겔스(1820~1895년), 마르크스주의 창시자 중 한 사람. 마르크스의 친밀한 전우.

마르크스 기념 휘장
1848년 2월, 칼 마르크스와 그 파트너 엥겔스가 《공산당 선언》을 출간했다.

표되었다.

《공산당 선언》은 국제공산계급의 첫 번째 과학적인 전투 강령으로 한 시대의 획을 긋게 된다. 《공산당 선언》은 무산계급의 사상적 배경이며 공산주의자들의 공동 강령이다. 《공산당 선언》의 등장은 마르크스주의의 탄생을 상징하며 이때부터 사회주의는 공상에서 과학으로 발돋움하였다.

《자본론》
강력한 무기, 그리고 전투력-자본주의 국가의 침략

05

제국주의의
식민지배

Thip Firm and Cannon Sharp

노예무역과 아프리카 분할

노예무역은 15세기 중엽부터 19세기 후반기까지 서방 식민주의자들이 사하라 이남 아프리카를 약탈한 주요 원인이었다. 포르투갈인들이 가장 먼저 노예무역을 시작했고, 15세기 말 아메리카 신대륙이 발견되면서 흑인 노예 판매의 기초가 확립되었다. 서방 식민주의자들이 아메리카에서 경영한 농업과 채광업의 거듭된 발전으로 값싼 노동력의 공급이 절실해졌다. 아프리카에서 노예를 수입하게 된 것은 이 때문이었다. 17세기 중엽부터 18세기 후반까지 노예무역은 만연하였다. 17세기 중엽 이후 150년 동안 노예무역은 이미 아프리카와 유럽, 미국 사이에서 이루어지는 유일한 무역이었다. 이 '삼각무역' 외에도 영국 등의 국가들은 차례로 무역회사를 차리고 아프리카의 노예무역을 독점했다. 18세기에는 노예무역이 세계에서 가장 큰 규모의 상업 무역으로 자리잡을 정도였다. 이때, 영국은 세계 식민지 패권을 확립했고 흑인 노예무

유럽 식민주의자들은 아프리카를 침략, 점령한 후 최소한의 대가만 치루고 아프리카의 자원을 채굴해 갔다. 사진은 백인 감독관과 흑인 노예들이 금광 앞에서 함께 찍은 것이다.

세계사적 성과   1869년, 수에즈 운하 개통 성공

역도 주로 영국에 의해 좌지우지 되었다. 이런 상황에서도 아프리 카와 아메리카의 흑인 노예들은 불굴의 의지로 용감히 맞섰다. 결국 18세기 후반부터 19세기 후반 에 이르는 동안 노예무역도 차차 쇠락의 길을 걷게 되었다. 그러나 제국주의 열강은 19세기 말 다시 아프리카 분할의 광풍을 불러일으 켰다. 그리고는 아프리카를 상품

아프리카인들의 시체가 가득 쌓인 풀밭을 급히 지나가는 유럽 식민주의자들을 그린 유화. 그들의 잔혹함이 얼굴에 남김없이 나타난다.

소비 시장과 원료 생산지, 심지어 는 자본 수출의 장소로 만들어 버리려고 했다.

1884년 11월부터 1885년 2월까지 영국, 프랑스, 독일, 벨기에, 포르투갈, 이탈리아, 미국, 스페인, 러시아 등 15개 국가가 베를린 에 참가해 회의를 열었다. 이 회의는 각국이 혈안을 올리고 있는 콩고 분할 쟁탈로 촉발된 모순과 다른 문제들을 해결하기 위해 열린 것으로 베를린 회의라고 부른다. 이 회의는 '총의정서'를 통과 시키고 콩고강의 귀속 문제를 결정했 으며 세 가지 '자유'를 들어 콩고강 유역에서 열강들의 경제적 이익을 보 장했다. 이는 아프리카를 분할한 최 초의 회의였다. 회의가 끝나고 제국 주의 국가들은 잇달아 아프리카 침략 계획을 세우고 분할에 열을 올렸다. 이 광풍 속에서 19세기 말부터 20세 기 초까지 아프리카는 서양 열강들에 의해 점령되었다. 프랑스는 튀니지,

아프리카인들을 노예로 부리는 유럽인을 표현한 판화

알제리, 기니, 말리, 마다가스카르 등을 침략, 점령했다. 영국은 이집트, 수단, 나이지리아와 아프리카 중남부의 수많은 지역을 손에 넣었다. 독일은 탄자니아와 아프리카 서남부를 점거했다. 이탈리아는 리비아와 소말리아 일부를 장악했다. 그 외에 스페인도 서아프리카와 북아프리카의 몇몇 지역을 점령했다. 19세기 말부터 20세기 초까지 불어 닥친 아프리카 분할의 광풍이 그치고 남은 것은 에티오피아와 라이베리아를 제외한 모든 지역이 제국주의 국가의 식민지 혹은 '보호국'으로 전락한 아프리카였다.

오스만 제국의 전락 – '근동 지역의 병자'

술레이만이 세상을 떠난 후에도 오스만의 위력은 근 100년 동안 유지되었다. 그러나 17세기 중엽부터 오스만은 쇠퇴하기 시작했다. 17세기 후반, 오스만은 오스트리아와 폴란드를 상대로 여러 차례에 걸쳐 전쟁을 벌였다. 하지만 1699년 전쟁에서 패한 후에는 넓은 영토를 할양하는 조약까지 체결해야 했다. 게다가 17세기부터는 네덜란드, 영국이 아시아를 침략하고 세계 무역이 식민지 중심으로 이동하면서 지중해는 일개 웅덩이에 고인 물로 전락하고 말았다.

발칸 전쟁 중 터키 군대가 포위당한 그리스 군대를 공격하고 있다.

18세기에 이르러서도 오스만 제국은 계속 쇠락의 길을 걸었다. 1730년과 1731년, 수도에서만 폭동이 두 번 일어나면서 제국 통치의 위기를 여실히 드러내고 말았다. 1768~1774년과 1786~1791년 러시아를 상대로 벌인 두 번의 전쟁에서 패배한 오스만 제국은 완전히 방어 체제로 돌입하게 되었다.

오스만 제국이 쇠퇴를 거듭하자 러시아,

오스트리아, 영국, 프랑스 등의 열강들은 모두 '터키의 유산'에 군침을 흘렸다. 바로 여기서부터 '동방 문제'가 대두되기 시작했다.

터키에 누구보다 먼저 관심을 보인 것은 이웃 강대국, 러시아였다. 17세기 말부터 18세기 말까지 러시아는 일련의 전쟁을 통해 아조프, 크림, 쿠반, 버그강과 드네스트르강 사이의 흑해 북쪽 기슭 지역을 손에 넣었다. 이렇게 해서 러시아는 점차 터키 영토로 접근하고 있었던 반면 터키의 국력은 날이 갈수록 쇠퇴하고 있었

터키가 나날이 쇠약해지면서 보스니아-헤르체고비나는 오스트리아의 속국이 되었고 불가리아도 독립을 선언했다. 한 편의 그림으로 당시의 정국을 반영하고 있다.

다. 18세기, 프랑스, 영국 그리고 거의 모든 유럽 열강들이 터키에 압력을 가해 강제로 '특권조약'을 체결했다. 이 조약은 치외법권, 특혜통상조약을 규정하고 있었고 유럽 열강들은 이런 방식을 통해 오스만 제국 역내의 각 민족을 식민화하고 노예화했다.

내우외환 속에 위기는 도처에 잠복해 있었다. 오스만 제국의 지식인들은 개혁을 단행하려고 애를 썼다. 18세기부터 셀림 3세, 마무드 2세와 맥히드 술탄 등을 거쳐 한 세기가 넘게 지속된 개혁을 통해 터키는 완고한 종교 장벽을 깨뜨리고 신권정치 체제를 약화시켰다. 그러나 개혁은 결국 실패로 돌아갔다. 개혁도 제국의 운

브라운 박사의 인물 탐구

셀림 3세(1789~1807년), 1792년부터 1796년까지 일련의 법령을 반포. 오스만 제국 최초로 개혁을 단행한 술탄.

주요 연표

1876년
오스만 제국의 술탄, 최초의 헌법 반포

1877년
오스만 제국, 제1회 국회 개최

이스탄불에서 출정 명령을 기다리고 있는 오스만투르크의 사병

명을 되돌릴 수 없었다.

개혁의 실패는 오스만 제국이 이미 완치될 수 없는 중병에 걸렸음을 드러냈다. 오스만 제국은 이미 유럽 열강들이 좌지우지할 수 있는 '근동 지역의 병자'가 되어 있었다. 19세기 말, 오스만 제국은 이미 반식민지로 전락했을 뿐만 아니라 제국의 영토도 열강들에게 침략, 점령당한 상태였다. 프랑스는 알제리, 튀니지를 점거했고 영국은 이집트를 빼앗아 갔다. 뒤늦게 터키 침략의 대열에 들어선 독일은 1903년 베를린에서 이스탄불을 거쳐 바그다드에 이르는 '3B철로'의 부설권을 얻었다. 열강들은 이미 제국의 각 요새를 경제적으로 완전히 장악하고 있었다. 한편 전제정치에 반대하고 제국주의의 노예가 되는 것을 막기 위해 19세기 후반, 각 민족들은 빈번한 반제국 반봉건 투쟁을 일으키기 시작했다.

인도의 재난, 영국의 식민지배

유럽 세력이 점차 동쪽으로 이동하며 인도에 진입한 것은 15세기 말이었다. 1498년 바스코 다가마의 상선이 바르톨로뮤 디아스가 발견한 희망봉의 항선을 따라 인도 말라바르 해안의 캘리컷에 도착했다. 1510년, 알부케르케가 고아(Goa, 인도 서해안의 봄베이 남쪽에 있는 옛 포르투갈 영토)를 점령하면서 포르투갈은 인도 식민지를 건설했다. 그 후 네덜란드도 코친 등지에 거점을 마련했다. 영국은 1600년도에 정부와 민간 부문이 합작경영한 동인도회사를 세웠다. 그 후 영국은 해상에서 군사 패권을 장악하고 있던 포르투갈과 네덜란드를 격파하고 수랏타니, 뭄바이, 마드라스, 콜카타 등지에 자리를 잡았다. 1757년, 로버트 클라이브가 뭄바이의 내전을 이용해 플라시 전투에서 승리하면서 영국은 인도 식민 통치에 확고한 기틀을 마련하게 되었다.

재복을 입은 영국 기병 상

📝 주요 연표

1600년
영국의 정부와 민간이 합작경영한 동인도회사 성립

1849년
인도가 영국의 식민지로 전락

1857~1859년
인도 민족의 대규모 봉기

영국은 일련의 전쟁을 통해 인도에서 확고한 지위를 얻어냈다. 1746~1749년, 1751~1752년, 1756~1761년, 영국과 프랑스가 세 차례에 걸친 대규모 인도 쟁탈 전쟁을 벌인 결과 프랑스 세력은 인 도에서 내쫓기게 되었다. 인도를 손에 넣기 위해 영국은 네 번에 걸 친 마이소르 침략 전쟁(1767~1769년, 1780~1784년, 1790~1792 년, 1799년)을 일으켰다. 또 세 차례에 걸쳐 마라타 침략 전쟁(1775 ~1782년, 1803, 1817~1819년)도 일으켜 인도 남부와 중부를 점 령했다. 영국은 1849년 펀잡을 합병하면서 인도 전체를 점령하게 되었고 이로써 인도는 완전히 영국의 식민지로 전락하게 된다.

동인도회사는 영국이 인도를 침략하고 약탈하는 도구이자 식민 착취를 집행하는 기구였다. 자본의 원시 축적이 이루어지고 있을 즈음, 영국은 인도에 대한 적나라하고 직접적인 착취와 약탈을 시 작했다. 18세기 후반, 인도에 대한 영국의 침략과 착취는 인도인들 에게는 재난이었다. 엄청난 재산(1757~1815년까지 총 10억 파운 드 착취)이 영국으로 흘러들어가 자본으로 변환되었다. 이렇게 변 환된 자본은 과학 기술 발명과 수많은 주요 설비 보급으로 이어졌 고 영국의 산업혁명을 가속화했다. 산업혁명을 거쳐 19세기 초가

인도 보병 상

1830년에 그려진 그림으로 왕이 호화로운 상아 가마에 앉아 있고 고동색 말을 몰고 있는 영국의 한 공사가 그 뒤를 따르고 있는 모습을 묘사했다. 영국의 식민 통치는 날이 가면 갈수록 더 극렬해지고 있었다.

되자 영국은 이미 세계에서 가장 선진적인 자본주의 산업대국으로 성장해 있었다. 영국 자본주의는 인도의 자연경제사회를 파괴했고 그 자리에 서구식 사회의 기반을 심어놓았다. 영국의 식민 통치는 수많은 농민들과 수공업자들에게 재난이었고 인도 봉건 귀족들에게도 피해를 주었다. 이는 1857~1859년의 인도 민족 대봉기로 이어졌다. 봉건 귀족이 이끈 봉기로 인도국적의 사병들이 주축이 되었고 수많은 민중들이 참가해 영국의 식민 통치를 반대한 대대적인 반란이었다. 전국적인 규모와 대중성을 띠고 있던 이 봉기는 영국 식민주의자들에게 큰 타격을 주었다. 이 반란은 19세기 중엽 아시아 민족 운동의 절정을 이끈 중요한 한 부분이기도 했다.

중국, 서구 열강들의 각축장

북경 자금성(紫禁城)의 정문으로 들어가고 있는 8개국 연합군

아편전쟁 전의 중국은 청 왕조 통치 하의 독립 봉건 국가였다. 농업과 수공업이 결합되어 있었으며 자급자족의 자연경제가 사회 경제 생활에서 주요 부분을 차지하고 있었다. 청 왕조는 외국의 침입을 막기 위해 '폐쇄정책'을 취했다. 그러나 자본주의 공업이 급속히 발전하면서 영국은 그 통치 범위를 확대하고 싶어했으며 중국과의 무역에서 불리한 입장에 처하게 되자 이를 변화시키고자 했다. 그래서 영국은 이 고대 국가 중국을 세계 경제의 소용돌이 속으로 끌어들였다. 그리고 중국을 상대로 두 차례의 아편전쟁을 일으켜 불평등조약인 '남경조약(1842년)', '천진조약(1858년)'을 차

세계사적 성과 아편전쟁 후, 중국의 지식인들은 서구를 공부하면서 그들의 '장점'을 배우기 시작했다. ➡ 일찍부터 실질적인 문제들을 논하기 시작했던 임칙서, 위원(魏源) 등은 이 시기의 대표적인 지식인이었다. ➡ 양무운동(洋務運動)으로 군사, 민간공업이 일어나면서 중국은 근대화의 길을 탐색하기 시작했다.

프랑스 식민주의자들이 베트남인들을 노예로 부리고 있는 모습을 반영한 판화

브라운 박사의 인물 탐구

🔎 홍수전 태평천국운동을 일으켰다.

🔎 임칙서(林則徐) 청 왕조의 대신. 1839년 6월 3일 호문(虎門)에서 아편을 소각했다.

🔎 자희(慈禧) 황태후 성은 엽혁나라(葉赫那拉)였으며 '서태후(西太后)'로도 불렸다. 40여 년 동안 청조의 실권을 장악했다.

례로 체결했다. 이 조약들을 통해 중국은 강제로 영토를 영국에 할양하고 배상금까지 물어야 했다. 이외에도 영국은 중국으로부터 수많은 특권을 얻어 갔다. 이 기회를 놓치지 않고 다른 서구 열강들도 한몫 보려고 덤벼들었다. 미국은 청 정부를 협박해 '망하조약(1844년)'을 맺었고 프랑스는 '황포조약(1844년)'과 '북경조약(1860년)'을 체결했다. 이런 불평등조약들은 중국을 점차 반식민 반봉건 사회로 전락시켰다.

아편 전쟁 이후, 외국 자본주의 세력의 침략과 노예화 정책으로 봉건 세력이 농민들을 착취하고 압박하면서 중국 평민들의 삶은 더 비참해졌다. 이런 상황에서 홍수전(洪秀全)은 각고의 노력 끝에 마침내 태평천국(太平天國)운동을 일으켰다. 각종 무기와 강력한 전투력을 모두 갖춘 서구 열강들의 공격 속에서 그 지위를 유지하기 위해 양보하고 타협할 수밖에 없었던 청 왕조의 통치자들은 무릎 꿇고 투항하고 말았다.

1861년 8월, 함풍제(咸豊帝)가 열하(熱河) 행궁(行宮)에서 병으로 사망하고 6살 난 그의 아들 재순(載淳)이 황제의 자리를 이어받았다. 자희태후(慈禧太后)는 영국인의 지지를 받은 공친왕(恭親王) 혁흔(奕訢)과 은밀히 맹약을 맺고 그해 11월 궁정정변을 일으켰다. 자희태

유럽, 아시아에 대한 러시아의 침략 야욕을 표현한 만화

일본 군대의 조선 침략을 표현한 판화

후는 이 정변을 통해 전 황제의 유언을 받드는 고명대신(顧命大臣)들의 직무를 폐지하고 실권을 손에 넣었다. 그녀는 심지어 혁흔을 의정왕대신(議政王大臣)으로 임명하고 연호를 '동치(同治)'로 바꾸기도 했다. 한편 중국과 외국의 반동세력들은 결탁해 태평천국운동이 중심이 된 각 지방 민족들의 봉기와 투쟁을 진압했다. 1864년 6월 1일, 천왕 홍수전이 세상을 떠나고 7월 19일 천경(天京, 지금의 남경 지역)이 함락되면서 태평천국운동도 실패하고 말았다.

19세기 말에서 20세기 초에 이르는 동안 자본주의는 제국주의로 이행했고 열강들은 아시아 식민지의 세력 범위 확대를 위한 격렬한 쟁탈전에 돌입했다. 이는 아시아 각국이 식민지화 혹은 반식민지화되는 과정을 심화시켰다. 1878년, 영국은 서아시아에서 아프가니스탄 침략 전쟁을 일으켜 아프가니스탄을 속국으로 만들었다. 19세기 전반기에 이란을 침략했던 영국과 러시아는 그 후에도 경제적인 침투를 한층 더 강화해 이란 남부와 북부를 각자의 세력 범위에 넣었다. 동남아에서는 인도를 기반으로 해 말레이시아 대부분을 정복한 영국이 1886년에는 미얀마도 합병했다. 한편 프랑스는

📝 주요 연표

1840년과 1856년
서구 열강이 두 차례에 걸쳐 중국을 상대로 아편전쟁을 일으켰다.

1901년
청 정부가 강제로 '신축조약'을 체결했다. 이는 중국이 완전히 반식민 반봉건 사회로 전락했음을 상징하는 사건이었다.

서구 열강의 노예가 되어 압제에 시달린 브라질 사람들

1880년대에 동남아의 베트남, 라오스, 캄보디아를 침략, 점령했고 미국–스페인 전쟁(1898년)에서 이긴 미국은 스페인을 대신해 필리핀을 점령하게 되었다. 동아시아에서 일본은 1910년 강제로 조선과 '한일합병조약' 을 체결하고 조선을 합병했다. 19세기 말, 제국주의 열강은 중국 분할 열풍을 일으켰다. 의화단운동의 실패로 서구 열강에 고개를 숙인 청 정부가 어쩔 수 없이 1901년 '신축조약' 을 체결하면서 중국은 완전히 반식민 반봉건의 구렁텅이에 빠져들고 말았다.

라틴아메리카의 수난과 열강들의 전쟁

라틴아메리카에서 스페인과 포르투갈의 식민 통치가 붕괴한 후, 영국, 미국, 독일, 프랑스 등의 유럽과 미국 열강들의 세력이 라틴아메리카를 향해 뻗어갔다. 19세기 후반, 특히 1870년대 이후, 그들은 라틴아메리카에 대한 침투를 강화했는데 그 중에서도 영국과 미국이 가장 뚜렷한 움직임을 보였다.

막사를 치고 진지를 구축하는 식민 군대

영국은 19세기 이전에 이미 카리브 해에서 자메이카, 바베이도스, 가이아나를 점령했다. 라틴아메리카 독립 전쟁 이후, 스페인과 포르투갈의 자리를 꿰찬 영국은 라틴아메리카의 경제를 한 세기 동안 좌지우지하는 위치에 올랐다. 영국은 주로 대출, 투자, 대외무역 통제, 그리고 특권 획득의 방법을 통해 라틴아메리카 경제에 침투했다.

1850년 이후, 영국은 라틴아메리카에 항구 건설, 철로 부설, 증

멕시코 대통령궁 안에 있는 벽화, 식민주의자들이 아메리카 인디언을 잔혹하게 억압하는 모습을 묘사했다.

기선 및 항선 개척, 싼값에 산 토지와 값싼 노동력을 이용한 광산 개발 등의 대규모 투자를 했다. 영국 자본은 브라질의 면화, 아르헨티나의 곡물과 육류 무역, 멕시코의 은광 생산과 대다수 라틴아메리카 국가들의 교통, 철로, 항구 기업 등을 차례로 지배했다. 1870년, 라틴아메리카 각국에 투자한 금액이 8500만 파운드에 달한 영국은 라틴아메리카의 주요 투자국과 채권국이 되었다.

 주요 연표

1898년
미국–스페인 전쟁은 라틴아메리카를 향한 미제국주의 확장의 서막을 알렸다.

1902년
팔마가 쿠바의 초대 대통령으로 취임해 쿠바 공화국의 성립을 선포했다.

미국은 줄곧 라틴아메리카를 넘보고 있었다. 1823년 발표한 '먼로선언'은 미국 정부가 라틴아메리카를 자신들의 세력 범위로 보고 있음을 분명히 했다. '먼로선언'을 공포하고 한동안 미국은 여전히 자본주의 발전 초기에 머물러 있었기 때문에 자국의 자원 개발에 바쁜 나날을 보내고 있었다. 따라서 라틴아메리카를 상대로 한 전면적인 약탈을 진행할 여력이 없었고 유럽 국가들의 라틴아메리카 침략 행위도 모른 척했다. 그런 까닭에 1828년, 라틴아메리카를 상대로 한 미국의 무역액은 1400만 달러도 되지 않았다. 1830년에도 미국은 수출할 수 있을 정도의 잉여 자본이 없었다. 그러나 미국은 가까운 멕시코에 대한 침략을 늦추지 않았다. 1836~1845년에 이르는 기간 동안, 미국은 정당하지 못한 방법으로 멕시코의 텍사스를 빼앗았다. 1846~1848년에는 다시 침략 전쟁을 통해 멕시코의 영토를 빼앗았는데 이는 멕시코 전체 영토의 반에 해당되는 면적이었다.

유럽 열강들도 수차례에 걸쳐 라틴아메리카를 침략하고 점령해 식민지로 만들었다. 1833년 영국이 남대서양의 포클랜드 제도(말비나스 제도)를 침략, 점령했다. 1838~1840년에는 프랑스 군함이 라플라타강 지역에 침입하고 부에노스아이레스를 봉쇄했다. 1840년 이후, 영국은 온두라스 식민지를 확대했다. 또 1845~1849년에는 영국과 프랑스가 연합하여 라플라타강 지역을 침략했다. 1860년대에는 스페인이 다시 과거의 식민지를 위협하며 페루를 상대로 전쟁을 일으키는 한편 칠레의 발파라이소 항구에 포격을 퍼부었다. 1860~1865년, 도미니카 공화국이 잠시 다시 스페인의 식민지가 되기도 했다. 한편 1862년 프랑스 군대가 멕시코로 진격해 오스트리아의 대공 막시밀리안을 왕으로 옹립했다. 이들은 1866년 프랑스 군대가 격파당한 후에야 물러갔다.

영국과 미국 등의 식민 세력이 침투하면서 라틴아메리카의 경제는 점점 세계 자본주의 체제 속으로 들어가게 되었다. 뿐만 아니라 라틴아메리카는 서서히 유럽 열강과 미국의 원료 공급지와 상품 시장으로 전락하고 말았다.

1860, 1870년대 라틴아메리카의 반식민지 운동은 절정에 달했다. 그 시기에 그려진 이 유화는 서방 식민주의자들이 멕시코 공화국 군대에 의해 총살되는 모습을 표현하고 있다.

세계대전,
제국주의의
파국

인류 역사 이래 전쟁은 멈춘 적이 없었다. 그러나 그 범위나 잔혹함에서 어떤 전쟁도 20세기에 일어난 두 번의 세계대전과 비교할 수 없다. 게다가 인류는 핵무기를 갖고 있었다. 인류 최초로 자신을 완전히 파멸시킬 수 있는 능력을 갖추게 되었던 것이다. 일본인들은 이미 그 위력을 아주 절실하게 맛보았다…….

01 제1차 세계대전

Abyss of Evil

1870년대 이후, 자본주의와 새로운 정치체제 등장으로 유럽 각국의 국력에 중대한 변화가 나타났다. 열강 사이의 경쟁은 날이 가면 갈수록 심해지고 있었다. 이와 동시에 각국은 동맹자를 찾기 위해 자신의 역량을 강화해 상대를 제압했다. 이렇게 해서

동맹을 맺은 3국 군주의 초상

유럽에서는 점차 서로 대립하는 제국주의 군사집단, '동맹국'과 '연합국'이 생겨나게 되었다.

3국 동맹과 3국 연합의 대결

정치, 외교적인 수단으로 연합, 분열, 이간, 포섭을 일상았던 비스마르크는 유럽에서 패권을 움켜쥐고 한때를 풍미했다.

'3국동맹'으로도 불렸던 '동맹국'은 독일, 오스트리아 · 헝가리 제국, 이탈리아 3국이 맺은 군사 동맹이다. 19세기 말, 독일과 러시아 사이는 나날이 긴장이 고조되고 있었다. 러시아와 독일의 숙적이었던 프랑스가 결맹을 맺어 자신에게 대항할까 두려웠던 독일은 오스트리아 · 헝가리 제국을 끌어들였다. 1879년 10월 7일, 독일과 오스트리아 · 헝가리 제국이 러시아에 대항하려는 취지에서 '독일-오스트리아동맹조약'을 체결

했다. 그 주요 내용은 만약 둘 중 한 나라가 러시아
의 공격을 받으면 두 국가가 모든 군사 역량을 동
원해 서로 돕자는 것이었다. 또 만약 둘 중 한 나라
가 다른 나라의 공격을 받으면 조약을 체결한 다른
한 나라는 동맹국에 대해 선의의 중립을 지켜야 했
다. 그러나 러시아가 공격을 해 온 나라를 지지하
면 독일과 오스트리아 · 헝가리 제국은 반드시 두
나라 모두 공격국과 화해를 하게 될 때까지 전투를
하기로 했다.

　독일의 진정한 목표는 프랑스를 고립시키는 것이었다. 그래서
독일은 동맹에 이탈리아를 끌어들였다. 각국의 흥정을 거쳐 1882
년 5월, 독일, 오스트리아 · 헝가리 제국, 이탈리아가 빈에서 동맹
조약을 체결했다. 이 조약은 만약 이탈리아가 프랑스의 침략을 받
으면 독일과 오스트리아 · 헝가리 제국이 반드시 전력을 기울여 도
와야 한다고 규정했다. 만약 독일이 프랑스의 침공을 받으면 이탈
리아도 위와 같은 의무를 져야 한다고 규정했다. 또한 조약 체결국
중 한두 나라가 둘 혹은 그 이상의 대국(프랑스와 러시아)의 공격
을 받으면 이 세 나라가 반드시 공동으로 전투를 펴야 한다고도 규
정했다. 그러나 이탈리아는 이 규정에 조건 하나를 두었다. 그 조

세계사적 성과 1895년, 독일 물리학자 뢴트겐이 X선 발견 ➡ 1898년, 폴란드 물리학자
퀴리부인이 라듐 등의 방사성 원소 발견 ➡ 1897년, 영국 물리학자 톰슨
전자 발견 ➡ 1900년, 현대 유전학의 창시자인 오스트리아의 멘델이 수
년 동안 완두 잡종 실험을 통해 '멘델법칙' 발표 ➡ 1900년, 독일 물리학
자 막스 플랑크가 '양자가설' 개념 제기. 그 후 수많은 물리학자들의 노력
으로 1925년경 양자역학이 학문으로 성립 ➡ 1905년, 독일 물리학자 아인
슈타인이 '특수상대성이론' 제기 ➡ 1906년, 미국 드포리스트가 삼극관
발명 ➡ 1909년, 독일 약물학자 에를리히가 매독을 치료하는 일종의 유기
비소 제제 발명 ➡ 1910년, 미국 유전학자 모건이 유전염색체 학설 제기

✎ 주요 연표

1879년 10월
독일과 오스트리아 헝가리 제국이
'독일-오스트리아동맹조약' 체결

1882년 5월
독일, 오스트리아·헝가리 제국과
이탈리아가 동맹조약 체결

1886년
독일의 다임러와 벤츠가 가솔린 엔
진 기관차 제작

1897년
독일 기술자 디젤이 디젤유를 제작,
내연기관이 거대 동력인 운송 도구
에 광범위하게 응용되기 시작

1892년 8월
프랑스와 러시아가 비밀군사협정
체결

1903년
미국의 라이트 형제가 피스톤 엔진
발동기를 사용하는 비행기 발명

1904년 4월
영국과 프랑스가 식민지 분할 협약
체결

1907년 8월
영국과 러시아가 상트페테르부르크
에서 식민지 분할 협정 체결

건이란 영국이 독일이나 오스트리아·헝가리 제국을 침공해도 이
탈리아는 원조하지 않는다는 것이었다. 이 조약의 유효기간은 비
록 5년이었지만 그 후 4차례나 조약을 연장 체결했다. 3국동맹은
바로 이렇게 모습을 드러내었다.

'3국협상'이라고도 불리던 '연합국'은 영국, 프랑스, 러시아 3국
이 '3국동맹'에 대항해 체결한 상호 군사 동맹이었다. '3국동맹'이
형성된 후, 프랑스와 러시아 두 나라는 공동의 적을 막아내기 위해
1892년 8월 비밀군사협정을 맺었다. 이 협정에 따르면 만약 독일
혹은 독일의 지지를 받은 오스트리아·헝가리 제국이 프랑스를 침
공한다면 러시아는 반드시 전군을 동원해 독일로 진격해야 했다.
또 독일 혹은 독일의 지지를 얻은 오스트리아·헝가리 제국이 러
시아를 침략할 경우, 프랑스는 반드시 전군을 동원해 독일과 전투
를 치러야 했다. 두 나라 정부는 곧 정식으로 동맹을 발효시켰다.
영국은 날로 팽창하는 독일 세력에 대한 두려움 속에 자신들의 지
위가 점차 위협받고 있음을 느끼고 있었다. 때문에 영국은 전통적
인 '영광스런 고립' 정책을 포기하고 프랑스와 러시아에 접근했다.

1904년 4월, 영국과 프랑스는 식민지 분할 협약을 체결했다. 이
협약의 주요 내용에 따르면 프랑스는 이집트에서 영국의 행위에
간여하지 않고 영국은 모로코에서 프랑스가 평안을 유지하고 개혁
하는 데 협조할 권리를 갖고 있었다. 또한 시암(지금의 태국)에서
두 나라의 세력 범위를 명확히 구분했다. 메콩강을 기준으로 해서
서부는 영국의 세력 범위였고 동부는 프랑스의 세력 범위였다. 이
협약으로 프랑스는 뉴펀들랜드에서의 어업권을 포기했고 영국은
서아프리카의 몇몇 식민지를 프랑스에 양보했다. 동시에 비밀조항
까지 규정했다. 이 규정에 따르면 만일 양국 정부 중 하나가 어쩔
수 없는 상황에 처하면 이집트나 모로코의 현 상황을 변경시킬 수
있었다. 그러나 자유 무역, 수에즈 운하 자유 통행, 지브롤터 해협

남쪽 기슭의 방어진 구축 금지 등의 원칙은 그대로 지켜졌다. 협약을 통해 영국과 프랑스의 모순이 해결되었고 양국의 이익은 일치하게 되었다. 그 후, 영국과 프랑스는 공동의 적인 독일에 대항하기 위해 상호 관계를 조정하기 시작했다.

1907년 8월, 영국과 러시아가 상트페테르부르크에서 식민지 분할에 관한 협정을 체결했다. 이 협정은 페르시아(지금의 이란) 동남부지역을 영국의 세력 범위로, 북부는 러시아의 세력 범위로 확정했다. 또한 협정에 따라 이 두 지역 사이에는 중립 지대가 존재하며 중립 지대는 영국과 러시아에 평등하게 개방되었다. 러시아는 아프가니스탄이 러시아의 세력권 밖에 있다는 것을 인정하고 영국이 아

러시아 차르 니콜라 2세와 그의 아들 알렉산더

프가니스탄의 외교를 대신한다는 것을 승낙했다. 이에 영국은 아프가니스탄의 정치적인 지위를 변경시키지 않겠다고 선언했다. 영국은 티베트 영토를 존중하고 그 내정에 간섭할 수 없으며 오직 중국 정부의 중재를 통해서만 티베트와 교섭할 수 있다는 내용도 담겨 있었다. 티베트는 중국의 영토였기 때문에 이 내용은 분명히 중국 주권을 침해하는 것이었다. 이렇게 하여 '3국협상'이 그 모습을 갖추게 되었다.

'3국동맹'과 '3국협상'이 형성된 후, 이 두 집단 사이에 벌어진 상호 경쟁은 마침내 제1차 세계대전을 일으키고 말았다.

세계대전의 전개과정

1914년 6월, 오스트리아 · 헝가리 제국의 황위 계승자 프란츠 페르디난트 대공이 사라예보에서 세르비아 청년이 쏜 총에 살해당했

제1차 세계대전에서 영국이 처음으로 탱크를 사용했다. 사진은 독일인이 노획한 탱크를 이용하는 모습이다.

다. 7월 28일, 오스트리아 · 헝가리 제국은 이 사건을 구실로 세르비아에 선전포고를 했고 수많은 국가들이 차례로 이 전쟁에 말려들었다.

사라예보 사건은 제1차 세계대전의 도화선이 되었다. 오스트리아 · 헝가리 제국은 독일의 지지를 받으며 이 기회에 세르비아를 합병하기로 결정했다. 이에 러시아와 프랑스 양국은 세르비아를 지지한다고 발표했고 영국은 은밀하게 러시아와 프랑스를 지지하고 있었다. 1914년 7월 28일, 오스트리아 · 헝가리 제국이 세르비아에 전쟁을 선언했다. 며칠 후, 독일, 러시아, 프랑스, 영국 등이 순서대로 이 전쟁에 뛰어들었다. 전쟁은 주로 동부전선과 서부전선 그리고 해상에서 진행되었다. 1914년은 이 전쟁의 첫 단계로 독일 해군이 '슐리펜플랜'에 따라 서부전선에서 진격해 프랑스군을 섬멸한 후 동부전선으로 진입해 러시아를 공격한다는 의도를 갖고 있었다. 그러나 이 계획은 곧 좌절하고 만다. 9월, 마른 강 전투는 독일의 실패로 끝났다. 이후, 쌍방은 서부전선에서 한 치의 양보도 없는 대치 상태에 빠져들었다. 동부전선에서는 독일군이 타넨베르크 전투에서 한때 러시아 군대를 격파하기도 했으나 갈리시아에 있던 오스트리아 · 헝가리 제국 군대는 심각한 타격을 입었다. 속전속결을 원하던 독일의 꿈은 1914년의 전투를 거치면서 여지없이 깨지고 말았다. 전체적인 상황에서 볼 때, 동맹국은 전략적으로 이미 우세한 상황이 아니었다.

1915년부터 1916년까지는 제1차 세계대전의 두 번째 단계였다. 1915년, 독일군은 주요 공격 방향을 동부전선으로 돌리고 우수 병력을 동원해 러시아 방어선을 공격했다. 이 공격으로 러시아는 패배를 거듭하며 물러나야 했고 사상자수는 110만 명에 이르렀다. 같은 해 9월, 불가리아가 동맹국에 가입해 독일과 오스트리아·헝가리 제국을 도와 세르비아를 공격했다. 그러나 원래 동맹국의 구성원 중 하나였던 이탈리아는 여러 가지 조건을 따져본 후 연합국 측에 가입해 오스트리아·헝가리 제국에 전쟁을 선포했지만 큰 전과를 올리지는 못했다.

1915년의 전쟁 상황을 둘러보자. 우선 동맹군은 동부전선인 발칸 반도에서 엄청난 승리를 거두었다. 그러나 이러한 승리도 전쟁 상황을 근본적으로 돌려놓을 수는 없었다. 더욱이 러시아를 이 전쟁에서 쫓아낼 수도 없었기 때문에 결국 어쩔 수 없이 두 전선에서 동시에 작전을 수행해야 하는 형편이었다. 그래서 동맹군과 연합군 모두 1916년을 결전의 해로 보았다. 이 해에 동부전선과 서부전선에서 세 차례에 걸친 유명한 대전투가 벌어졌다. 독일은 서부전선에서 베르됭 전투를 일으켰다. 이 전쟁에서 독일군이 영국군, 프랑스군과 팽팽한 시소게임을 벌이면서 전선은 안정을 되찾았다. 베르됭에서의 압력을 줄이기 위해 영국과 프랑스 연합군은 솜강에서 강력한 공세를 퍼부었다. 이는 제1차 대전 중에서 규모가 가장 컸던 전투였으며 또한 가장 큰 소모전이기도 했다. 이 전투로 비록 독일군의 방어선을 뚫지는 못했지만 공세를 견제할 수는 있었다. 동부전선에서는 이탈리아 전선을 지원하기 위해 러시아 서남부 쪽의 군대가 브루실로프의 지휘 아래 여름공세를 퍼부었다. 브루실

주요 연표

1914년 6월 28일
오스트리아·헝가리 제국의 프란츠 페르디난트 대공이 사라예보에서 피살되었다. 이 사건을 '사라예보 사건'이라고 부른다.

1914년 7월 28일
오스트리아·헝가리 제국이 세르비아에 전쟁을 선포했다. 그로부터 며칠 후, 독일, 러시아, 프랑스, 영국 등이 차례로 전쟁에 뛰어들었다.

1914년 8월 말~9월 중순
타넨부르크 전투

1914년 9월 5일~15일
마른강 전투

1915년 5월
이탈리아가 오스트리아·헝가리 제국에 선전포고 했다. 같은 해 9월, 불가리아가 동맹국에 가입하고 연합국 측에 전쟁을 선포했다.

1916년 2월 21일~12월 18일
베르됭 전투

1916년 여름
브루실로프의 여름공세

1916년 5월 31일~6월 1일
유틀란트 해전

세계사적 성과 1915년, 독일 물리학자 아인슈타인 '일반상대성이론' 제기

로프의 공격은 제1차 세계대전 중에서 러시아가 거둔 가장 큰 승리였다. 이 승리는 오스트리아·헝가리 제국을 거의 멸망 직전까지 몰아넣었으나 러시아에 멸망의 씨앗을 심은 꼴이 되고 말았다. 1916년의 전체적인 전황은 다시 연합국 측에게 유리하게 돌아갔다. 특히 독일의 베르됭 전투가 실패한 것은 전략의 주도권이 이미 연합국 쪽으로 넘어갔음을 뜻하는 것이었다. 이때부터 3국동맹은 서부전선에서 전략 방위 태세로 들어섰다.

해상에서는 1914년과 1915년, 영국과 독일의 해군이 몇 차례 맞붙었으나 결정적인 전투는 없었다.

1916년 5월 31일에서 6월 1일까지 제1차 세계대전 중 가장 큰 규모의 해전이었던 유틀란트 해전이 일어났다. 이 해전에서 영국 해군은 독일보다 더 큰 손실을 입었으나 해상권은 놓치지 않고 계속 장악하였다. 1917년에도 전쟁은 대치 상태에 빠져 있었고 그다지 큰 변화는 없었다. 그러나 미국이 참전하면서 독일의 무제한 잠수함 작전이 실패로 돌아갔다. 이 실패는 전쟁을 막바지로 이끌게 된다. 1918년 7월, 연합국의 대공세에 동맹국은 차례차례 무너져 내렸다. 11월 3일, 오스트리아가 투항했고 독일과 연합국이 정전 협정을 맺었다. 그리고 11월 11일, 서부전선의 전화가 꺼지면서 제1차 세계대전은 그 막을 내렸다.

참호 속에서 휴식을 취하며 곧 있을 다음 진격을 기다리는 연합국 군인들

주요 연표

1918년 11월 11일
제1차 세계대전 종결

세계대전의 결과와 영향

제1차 세계대전은 발발에서 종결까지 약 4년 3개월 동안 지속되었으며 동맹국 측의 패배로 끝이 났다. 처음에는 유럽을 무대로 진행

되었던 이 전쟁은 곧 유럽 이외의 지역으로 확산되었다. 30여 개 국가와 지역의 약 15억 인구가 전쟁에 말려들었다. 이 전쟁이 인류에게 가져다 준 가장 직접적이고 뚜렷한 결과는 바로 인력과 재력의 엄청난 손실과 파괴였다. 통계에 따르면 전쟁으로 인한 사상자수가 3000여 만 명에 달했고 경제적인 손실은 3300여 억 달러에 이르렀다고 추산되고 있다.

독일의 제1차 세계대전 기념비

제1차 세계대전의 또 다른 엄청난 결과는 바로 유럽의 쇠락과 미국, 일본의 부흥이었다. 유럽 대륙에서 러시아 제국, 독일 제국, 오스트리아·헝가리 제국이 사라졌고 이를 대신해 사회주의 국가 소련과 독일, 오스트리아, 헝가리 등 일련의 자본주의 공화국이 탄생했다. 비록 전승국이었으나 전쟁 중에 크게 쇠약해진 영국과 프랑스는 뼈만 앙상하게 남아 있을 뿐이었다. 유럽의 이런 국가들과 비교했을 때, 미국과 일본은 이 전쟁을 통해 상당한 실력을 쌓은 경우였다. 전쟁의 중심지에서 멀리 떨어져 있었을 뿐 아니라 전쟁으로 인해 군수산업이 자극을 받게 되면

제1차 세계대전의 '정전조약'을 체결한 기차 칸

서 미국 경제는 급속한 성장을 거듭했다. 1913년, 미국은 영국을 대신해 세계 제1의 경제대국으로 올라섰다. 전쟁 후의 미국은 이미 세계에서 가장 큰 채권국이자

미국의 개입은 제1차 세계대전의 판도
를 바꾸어 놓았다. 사진은 파리에서
파리 '동지'들의 환영을 받는 미국 보
병들의 모습.

자본수출국이었다. 일본은 중국 동북지방의 대부분을 점령했을 뿐 아니라 제국주의 국가들이 전쟁에 열중한 틈을 타 그들의 식민지에 대한 경제 침투를 강화했다. 동시에 러시아와 영국 등의 연합군이 대량의 군수품을 필요로 하자 이는 일본 경제를 자극시켰다. 짧디 짧은 몇 년 동안 일본은 순식간에 농업국에서 공업국으로 변신했고, 대외 무역도 오랜 수입 적자에서 수출 흑자로 돌아섰다. 또 채무국에서 채권국으로 탈바꿈했다.

제1차 세계대전은 정치적으로 중대한 악영향을 끼쳤다. 1917년에는 볼셰비키당과 레닌의 지도 아래 마침내 사회주의 혁명이 러시아에서 성공했다. 이 러시아의 혁명 아래서 일련의 무산계급 혁명과 유산계급 혁명이 일어나게 되었다.

러시아 혁명에 영향을 받은 독일에서는 11월 민주 혁명이 일어났다. 헝가리에서도 사회주의 혁명이 일어났고 영국, 프랑스, 미국 등의 무산계급들도 소련을 지지하는 정치적 시위를 벌였다.

제1차 세계대전은 각 식민지 혹은 반식민지의 독립 운동을 고조시키기도 했다. 전쟁에 열을 올리느라 바빴던 제국주의 열강은 식민지와 반식민지에 대한 통제를 늦추었다. 그러자 민족 운동이 활기를 띠며 여기저기서 일어났다. 터키의 '케말 파샤 운동', 중국의 '5 · 4 운동', 인도의 '비폭력 비협조 운동'이 바로 전형적인 이 시기의 운동들이다.

국제 정치 판도에도 새로운 변화를 몰고 왔다. 19세기의 국제정세는 유럽 열강의 세계 제패였다. 전쟁 후에도 겉으로는 제국주의 열강의 세계 지배가 계속되었다. 하지만 전후에

종전을 축하하며 환호하는 영국인들

일어난 거대한 두 정치적인 힘, 바로 사회주의 국가 소련과 각국의 '무산계급 혁명', 식민지와 반식민지에서 활기를 띠었던 '민족해방 운동'이 전후 세계를 지배하고 있는 제국주의 열강에 도전장을 내밀었다.

02 러시아 혁명

Red Flag Flying

10월혁명과 최초의 사회주의 국가

1917년, 러시아에서는 8개월 동안 유산계급 혁명과 무산계급 혁명이 차례로 일어났다. 이 과정에서 새로운 국가가 탄생해 세계를 놀라게 했다.

겨울궁전 앞 광장과 개선문
10월혁명 전, 러시아 임시정부 소재지가 바로 이 겨울궁전이었다.

서유럽과 비교했을 때 20세기 초의 러시아는 낙후된 공업국가에 지나지 않았다. 그러나 공업지구가 집중되어 있었고 그 덕분에 공장 노동자의 조직력은 매우 높았다. 때문에 인구는 얼마되지 않았지만 정치적인 영향이나 행동 능력 면에서는 인구 비례에서 차지하는 비율을 훨씬 뛰어넘었다.

1917년 3월 12일, 질질 끌던 제1차 세계대전으로 기진맥진한 러시아에서 결국 혁명이 일어났다. 8일 만에 로마노프 왕조가 무너졌다. 혁명 기간 동안, 수도 페트로그라드의 노동자와 사병 대표가 노동자와 병사들의 대표 소비에트를 세웠다. 유산계급 대표들은 사회주의자들을 제외시킨 임시정부 수립을 기대하고 있었다. 이 혁명으로 러시아에는 두 개의 정권이 수립되었다. 바로 소비에트와 임시정부였다. 이후 몇 개월 동안 이 두 정권은 사활을 건 싸움에 빠져들었다.

2월혁명이 일어난 후, 스위스에서 페트로그라드로 돌아온 레닌이 '4월 테제'를 발표해 "모든 권력은 소비에트로"라는 구호를 내걸었다. 레닌은 혁명의 최종 목표가 '유산계급 혁명'을 '무산계급 혁명'으로 전환시키는 것이라고 보았다. 7월 사건 이후, 임시정부가 개각하면서 카렌스키가 임시정부 지도자가 되었고 멘셰비키와 사회혁명당이 수도를 장악했다. 소비에트는 정부 지지를 선언했고 페트로그라드에서 두 정권이 병존하는 국면이 끝나면서 이로써 유산계급 수중에 정권이 떨어졌다. 레닌은 결국 다시 외국으로 망명을 떠나야 했다.

1917년 9월, 반란이 일어나자 임시정부는 볼셰비키와 연합해야 했다. 볼셰비키와 연합한 임시정부는 볼셰비키와 무장한 노동자들의 지지를 받으며 반란을 잠재웠다. 페트로그라드에는 다시 한 번 두 정권이 병존하는 국면이 나타났다. 그러나 역량으로 비교를 하자면 임시정부가 확연히 불리한 위치에 처해 있었다. 카렌스키는

브라운 박사의 인물 탐구

- 레닌(1870~1924년), 러시아 무산계급의 위대한 지도자. 그의 지도 아래 러시아는 세계에서 첫 번째로 사회주의 국가를 세웠고 사회주의 건설을 시작했다.
- 카렌스키(1881~1970년), 러시아 지주 유산계급. 임시정부의 총리. 소비에트 정권의 숙적

주요 연표

1917년 3월 12일
2월혁명이 일어난 후, 로마노프 왕조 멸망

1917년 11월 7일
10월혁명, 세계에서 최초로 사회주의 국가 건설

'오로라' 순양함

군대를 이주시키는 방법으로 이 차이를 역전시켜 보려 했다. 혁명성이 강한 군대를 전선으로 보내고 정부를 지지하는 군인들을 전선에서 되돌아오게 하려고 했던 것이다. 하지만 이 명령은 소비에트의 혁명군사위원회에 의해 부결되었다. 11월 5일, 카렌스키는 볼셰비키 지도자 체포 명령을 내렸고 볼셰비키의 신문도 차압해 봉인시켜 버렸다. 이에 레닌은 즉시 봉기를 일으키기로 결심했다. 11월 6일, 봉기가 시작되었다. 그 다음날(11월 7일), 봉기에 참여한 사병들은 임시정부 소재지인 겨울궁전을 공격, 점령했다. 도망친 카렌스키를 제외한 나머지 정부 구성원들은 모두 체포되었다.

승리를 이룩한 볼셰비키당은 세계 역사상 최초의 사회주의 국가를 세웠다. 혁명이 승리한 11월 7일이 러시아력으로는 10월 25일이었기 때문에 이 혁명은 '10월혁명'으로 불렸다.

신경제정책

10월혁명의 승리 기념 접시, 윗부분에 레닌의 두상이 그려져 있다.

10월혁명에서 승리한 소련은 최초의 사회주의 국가를 세웠다. 제국주의 열강들은 놀라움을 금할 길이 없었다. 당시 제1차 세계대전을 치르고 있었던 영국, 프랑스, 미국, 일본 등과 독일은 군대를 파견해 소련을 침략하고 직접적인 무장 간섭을 가했다. 국내의 반동 세력도 잇달아 반란을 일으키며 단번에 신생 사회주의 정권을 전복시키려고 했다. 이렇게 어려운 조건 속에서 볼셰비키와 소비에트 정부는 인민들을 이끌고 근 3년에 이르는 피비린내 나는 투쟁을 치렀다. 1920년 10월이 돼서야 소비에트는 국내외 반혁명 무장 세력을 소탕하고 갓 태어난 소비에트 혁명 정권을 지켜냈다.

그러나 신생 정권의 앞길에는 막중한 임무가 놓여 있었다. 전쟁이 남긴 큰 상처를 치유해야 하는 넓디넓은 농촌은 기근으로 뒤덮혀 있었다. 그 속에서 농민들은 소비에트 정부의 도움의 손길을 절실하게 필요로 하고 있었다. 그들은 도시를 향해 포목, 부츠, 못, 쟁기와 일반 공업용품을 공급해 달라고 하면서 생활 개선을 요구했다. 그러나 해마다 그치지 않는 전쟁의 재난 속에서 공업도 마찬가지로 끝없는 쇠퇴의 길을 걸어갔다. 수천 수백 개의 공장이 반폐쇄 상태에 빠졌고 그나마 설비들은 낡아빠질 대로 낡아 있었다. 철도 운송은 거의 중지되다시피 했고 몇 백 개에 달하는 철로다리는 폭파로 망가진 상황이었다. 수 천리에 달하는 철도 레일도 못쓰게 된 데다가 대부분의 기관차와 차량들은 이미 사용기한이 지나 있었다. 이 때문에 일자리를 잃은 일부 도시 노동자들이 농촌으로 들어간 경우도 있었다. 국제적으로는 자본주의 국가들이 연합하여 소련을 경제적으로 봉쇄시켰다. 심지어 몰래 비적(匪賊) 도당과 부농들이 폭동을 조직하여 시시때때로 전복 활동을 일으켰다. 이렇게 극심한 상황 속에서 레닌은 당과 정부에 반드시 변화가 일어나야 한다는 것을 깨닫게 되었다. 이제 투쟁의 중심은 경제 방면으로 이동해야 했다. 농업 개선을 기반으로 하여 공업을 회복시키고 기계와 화물들을 농촌으로 날라 공급해야 한다고 생각했다. 노동자와 농민들의 연맹을 강화시켜야 했다. 국가적으로 전기화(電氣化)의 기반을 마련해

연설 중인 레닌의 모습을 그린 그림

주요 연표

1921년 3월
볼셰비키의 제4차 대표대회에서 신경제정책 결의가 통과되었고 그 후 신경제정책이 실시되었다.

징발 직전에 젊은 홍군 전사가 농민을 도와 곡물과 가축을 운송하는 모습을 표현한 선전 포스터

공업을 다시 일으켜 세워야 했다.

1921년 3월, 볼셰비키 제4차 대표 대회는 신경제정책 결의를 통과시켰다. 신경제정책은 식량세로 식량징발제를 대신하고 농민들이 자유자재로 잉여 농산물을 팔 수 있게 했다. 또한 민간 상인들의 자유로운 무역도 허가했고 규모가 작은 공장들은 일부이긴 하지만 민간인들에게 돌려주기도 했다. 심지어 몇몇 기업은 외국 자본가들에게 세를 주기도 했다.

신경제정책의 채택은 소비에트 국가 발전 과정에서 아주 중요한 전환점이었다. 이는 레닌과 볼셰비키당이 전시(戰時) 공산주의 정책을 통해 사회주의를 구상하고 실천에 옮기려는 방식을 버렸다는 것을 뜻했다. 소련의 구체적인 현실에서 출발한 그들은 아직은 소규모 생산이 대부분인 국가의 경우 반드시 농민의 적극적인 생산성을 자극하고 절대 다수 인민들을 연합해 사회주의 건설에 매진해야 한다고 생각했던 것이다. 신경제정책으로 1921년 봄의 위기는 빠르게 자취를 감추었고 생산도 안정적인 회복세에 접어들었다. 또 소비에트 정권도 나날이 공고해졌다. 신경제정책은 소련사람들에게 진정한 사회주의로 나아가는 길을 밝혀주었다.

세계사적 성과
1920년 미국 피츠버그에서 세계 최초의 라디오 방송국 건립 ➡ 1921년 결핵의 면역 백신-BCG 연구 제작 ➡ 1921년 미국 무선전신 주식회사 성립 ➡ 1923년, 아이코노스코프 연구 제작 성공 ➡ 이 기간 중 영국과 미국 과학자들의 레이더 연구 제작이 성공했고 의학적으로는 영국 의사 라이트가 장티푸스 백신 제작에 성공했다. 이와 거의 동시에 콜레라 백신도 사용되기 시작했다.

사회주의 경제부흥

혁명 전의 러시아는 공업이 낙후된 농업대국이었다. 이 때문에 전쟁 후 소련은 사회주의 경제 개조와 건설이라는 막중한 임무에 맞닥뜨렸다. 레닌이 병으로 세상을 뜬 후, 소련 공산당 고위층에서는 최고 권력을 둘러싼 투쟁이 일어났다. 이 투쟁으로 1920, 1930년대의 개조와 건설 작업은 우여곡절을 겪게 된다. 소련 고위층들은 당내 투쟁과 함께 '5개년 계획'을 실시했다.

첫 번째 5개년 계획은 1929년 4월에 시작해 1932년에 끝났다. 이 기간 동안 소련은 중공업 발전에 집중하면서 행정수단을 통한 전면적인 농업 집체화 방침을 실행에 옮겼다. 농업 집체화의 실시로 분산된 소규모 농업이 대규모 농업으로 변하게 된다. 이러한 변화는 사회주의 공업화를 위한 조건을 마련해 주었다. 그 후, 다시 1933~1937년에 걸쳐 두 번째 5개년 계획을 실시했다. 1938년에 시작된 세 번째 5개년 계획은 독일 파시즘의 침략으로 중단되고 말았다. 이 '5개년 계획'을 통해 소련은 차차 사회주의 공유제 경제 체제를 건설해나갔다. 이와 동시에 중공업의 급속한 발전을 위해 막대한 예산을 경제 건설에 쏟아 부었다.

'1차 5개년 계획' 기간 동안, 소련은 자본주의 세계의 경제 위기를 이용해 서방에서 선진적인 기계 설비들과 기술을 들여왔다. 많은 돈을 주고 외국의 전문가와 기술자들을 초빙해 오기도 했다. 이런 조치들은 사회주의 공업화를 이끄는 추진 작용을 했다. 두 번의 5개년 계획 기간 동안 소련은 6000여 개의 대기업을 세웠고 비행기, 자동차, 트랙터, 화학, 중형 및 소형 기계 제조업 등의 부문을 일으켜 세웠다. 이렇게 해서 공업 전반에 커다란 변화가 일어났다. 동부에 우랄–

1924년 1월 21일 레닌이 세상에 기나긴 작별을 고했다.

붉은광장 모스크바의 중요한 상징이었을 뿐 아니라 수많은 중대 사건이 일어난 곳이었다.

쿠즈네츠크 철광 탄전 기지, 노보쿠즈네츠크 철강 기지, 볼고그라드-우랄 석유 기지 등이 세워졌다. 1940년의 공업 총생산액은 1913년에 비해 6배나 증가해 프랑스, 영국, 독일을 뛰어넘어 유럽에서는 1위를 차지했고 세계적으로도 2위에 올랐다.

세계사적 성과 1926년 미국인 고더드가 세계 최초로 액체연료 로켓 제작에 성공 ➜ 1927년 독일과 미국이 차례로 유기유리의 제작 방법을 알아냄 ➜ 1928년 미국 발명가 즈보리킨이 TV 브라운관 제작 성공 ➜ 1928년 염화비닐 연구 제작 성공 ➜ 1930년대 초, 기계식 스캐너 장치 출현 ➜ 1933년 미국 발명가 즈보리킨이 전자 카메라 장치 발명, 더욱 선진적인 활상관(Television Camera Tube)을 제작, 같은 해 세계 최초의 기관 이식 수술인 서로 다른 몸의 각막 이식 수술이 소련에서 성공 ➜ 1935년 미국의 제너럴 모터스(General Motors)가 '567' 표준형 조립식 디젤 기관 연구 제작, 같은 해 미국과 독일이 차례로 염화비닐을 공업 생산에 사용 ➜ 1936년 펄스 레이더 연구 제작 성공, 같은 해 방공 레이더가 실제 응용됨. ➜ 1938년 핵분열 연쇄반응이 한층 더 확실한 근거를 획득 ➜ 1939년 독일이 터보제트 비행기 제작에 성공

농업에서도 기계화 공정을 실현했다. 국민들의 생활수준, 교육 수준도 모두 크게 개선되었고 과학 기술도 큰 발전을 이루었다. 그러나 5개년 계획의 실시에도 수많은 폐단과 착오가 도사리고 있었다. '1차 5개년 계획' 시기에 이루어진 전면적인 농업 집체화 운동은 심각할 정도로 농민들의 권익을 침해하고 착취해 대량의 사망자를 낳았다. 5개년 계획의 수많은 중요 지표들도 기한 내에 실현되지 못했다. 생산량만 중시하고 질은 중시하지 않는 나쁜 풍조도 생겼다. 면밀하지 못했던 경제 발전과 심각한 자원 낭비도 문제였다. 그러나 심각한 위험과 문제점도 존재하고 있었을 지라도 이들은 소련의 사회주의 건설에 영향을 미쳤다.

주요 연표

1929~1932년
첫 번째 '5개년 계획' 실시 및 완성

1933~1937년
두 번째 '5개년 계획' 실시 및 완성

멀리서 바라본 크렘린궁

03 제1차 세계대전 이후의 세계정세

Tapitalism World After World War I

베르사유 – 워싱턴 체제

제1차 세계대전이 막을 내린 후, 전후의 국제질서를 새롭게 확립할 필요가 있었다. 이를 위해 1919년, 전쟁에서 승리한 연합국이 프랑스 파리에서 평화회의를 개최했다. 이 회의에서 체결한 베르사유조약과 오스트리아, 불가리아, 터키, 헝가리에 대한 조약을 '파리조약'

세계를 조종하려는 세 거두의 모습을 묘사한 만화

으로 통칭한다. '파리조약'의 체결은 전후 유럽과 중동에서 제국주의의 통치 질서를 형성했기 때문에 '베르사유 체제'라고도 부른다. 1921년 미국, 영국 등 9개 국가가 미국 워싱턴에서 회의를 열었다. 여기서 '4개국 조약', '5개국 조약', '9개국 조약'을 체결해 전후 동아시아와 태평양 지역의 통치 질서를 형성했는데 이를 '워싱턴 체제'라고 부른다.

이 두 체제의 취지는 동서방 세계에서 제국주의 국가의 통치 체제를 확립하는 데 있었는데 이 둘을 '베르사유-워싱턴 체제'라고 부른다. 이 체제의 성립으로 전후의 국제질서는 잠시나마 안정되기도 했다.

📝 주요 연표

1919년 1월 18일
파리평화회의 개최

1921년 11월 12일
워싱턴회의 개막. 회의에서 '4개국 조약', '5개국 조약', '9개국 조약' 체결

그러나 다른 한편으로 이 체제는 해결되지 못한 현안 두 개를 남겼다. 독일의 배상과 유럽의 안전 문제가 바로 그것이었다. 1차 세계대전 이후 독일은 채무를 배상할 능력이 없다는 핑계를 댔고 이에 프랑스는 벨기에와 연합하여 독일의 공업 지대인 루르를 점령했다. 그러나 프랑스는 상응하는 배상금을 받아내기는커녕 오히려 대량의 군사점령비를 지출해야만 했고 이로 인해 루르 위기가 나타났다.

독일정전대표단의 구성원이었던 에르츠베이거가 할 수 있는 것이라고는 연합국 측의 요구에 무릎을 꿇는 것 뿐이었다. 그는 이렇게 해서 부대를 전멸의 위기에서 구해낼 수 있었다.

배상 문제의 주도권은 프랑스 손을 떠나 영국과 미국, 특히 미국 손으로 넘어갔다. 미국은 세계 경제에서의 독보적인 지위를 무기로 하여 중요한 국제 사무 해결에 참여하고 결정적인 영향력을 행사했다. 미국이 나서 독일 배상 계획인 도스안을 내놓았다. 도스안을 실시한 후, 미국 달러화가 유럽 시장에 넘겨났다. 독일은 미국

베르사유궁으로 들어가는 각국 대표

으로부터 대출을 받아 경제를 회생시키고 영국과 프랑스에 배상금을 지불했다. 영국과 프랑스는 독일에게서 배상금을 받아 전쟁 당시 미국에 진 빚을 갚았다. 미국의 달러는 이렇게 유럽의 경제를 되살렸을 뿐 아니라 유럽의 시장 경제를 조작하기까지 했다.

베르사유조약에 따르면 프로이센-프랑스 전쟁 당시 독

파리평화회의의 세 거두안(왼쪽부터) 로이드 조지, 클레망소, 윌슨

브라운 박사의 인물 탐구

🔍 로이드 조지 영국 수상, '파리평화회의 세 거두' 중 한 명.

🔍 클레망소 프랑스 내각 총리, '파리평화회의 세 거두' 중 한 명.

🔍 윌슨 미국 대통령, '파리평화회의 세 거두' 중 한 명.

평화조약에 서명하는 각국 대표들

일에 할양된 알자스와 로렌은 프랑스에 되돌려 주어야 했다. 또한 독일의 자르 탄광 지역은 프랑스가 15년 동안 점령하기로 되어 있었다. 라인강 서쪽 기슭은 연합국이 점령하기로 했으며 라인강 동쪽 50km 안쪽 지역에는 독일이 방어진을 치지 못하게 했다.

이 체제는 전쟁에서 승리한 나라가 패배한 나라에 강권으로 적용한 산물이었기 때문에 침략적 색채를 짙게 띠고 있었다. 이는 1930년대 독일과 이탈리아의 파시즘 유발에 일정 역할을 하기도 했다.

자본주의의 경제적 위기

1929년, 자본주의 경제는 사상 유례가 없는 한바탕 위기를 겪었다. 미국에서 시작된 이 위기는 빠른 속도로 전 세계로 퍼져갔다. 1929년 11월, 뉴욕 증권 시장이 붕괴했고 증권 시장의 붕괴로 미국 경제는 곧 괴멸 직전의 재앙 속으로 빠져들어 갔다. 서구 각국은 미국으로부터의 자금 유입과 미국으로의 상품 수출에 기대어 경제를 발전시키고 안정을 구가하고 있었다. 그런데 미국의 자금과 시장을 잃게 되면서 이 국가들도 여지없이 경제 위기로 내몰리고 말았다. 이어서 서방 공업국들의 경제 위기가 식민지 혹은 반식민지 국가들로 확산되었다. 공업, 농업, 상업에서 지속된 위기는 결국 금융대혼란을 불러오고야 말았다. 오스트리아의 최대

경제 위기를 전 지구를 덮어버린 한 마리 문어에 비유하고 있다. 미국 자금이 외국에서 빠져나오면서 경제 위기가 빠른 속도로 만연했다.

은행이었던 오스트리아신용대부은행은 오스트리아 본국과 동유럽 각국 기업의 차관을 회수할 방법이 없어 1931년 5월 파산을 선고하고 만다.

이 일로 독일에서는 예금을 찾으려는 예금주들이 은행으로 구름같이 몰려들어 국민은행 등의 큰 은행들은 문을 닫았다. 영국에서도 잇달아 은행에서 금을 찾아가는 열풍이 일어나 7월 중순에서 10월까지 밖으로 흘러나간 금의 가치가 2억 파운드에 달했다. 9월 하순, 영국은 금본위제를 폐지한다고 선포했고 잉글랜드은행은 금 지불을 중단했다. 이어서 다른 국가들까지 금본위제를 폐지하면서 서구의 화폐제도는 붕괴하기 시작했다. 서방 각국은 이런 상황에서 벗어나기 위해 젖 먹던 힘까지 다해 이 위기가 몰고 온 끔찍한 결과를 본국 국민들과 아시아, 아프리카에 전가하기에 바빴다. 라틴아메리카에서는 미국에서 수입한 농기계와 자동차의 가격이 10~15% 떨어졌다. 그러나 수출되는 코코아와 커피 가격은 50~70%나 떨어졌다. 그나마 아예 팔려나가지도 못하는 농산품이 산처럼 쌓여 있었다.

주요 연표

1929~1933년
자본주의 세계에서 대규모의 경제 위기가 일어났다.

1930년 6월, 미국 국회는 스무트-홀리 관세법을 통과시켜 관세를 평균 20% 이상 올려놓았다. 그러자 다른 나라들도 속속 관세를 높여 보복에 들어갔다. 관세 전쟁 이외에도 각국은 화폐 전쟁과 덤핑 전쟁을 전개했다. 영국이 금본위제를 폐지하면서 영국 파운드가 평가절하 되기 시작하자 56개 국가들이 차례로 본국 화폐를 평가절하하는 한편 수출을 증가시키고 수입을 줄였다. 일본은 심지어 엔화를 거의 40%나 평가절하했

경제 위기에서 벗어나기 위하여 전 세계로 하여금 자신들의 상품을 사게 하려는 영국의 광고.

다. 또 면방직 제품의 수출 가격을 대폭 내려 세계 각국에 마구 덤핑 수출을 해버렸다.

1932년 7~8월, 영국과 영연방의 각 자치령 정부는 캐나다 오타와에서 영연방 경제회의를 거행했다. 이 회의에서 이들은 쌍무무역에 조인했다. 영국은 자치령 상품들의 면세 수입에 동의했고 각 자치령도 영국 상품의 관세를 내리거나 아예 면세를 하기로 했다. 영국의 이런 행동은 '경제 블록화'를 부추겼다. 영국, 미국, 프랑스는 각자의 세력 범위 내에서 각각 영국 파운드, 미국 달러와 금본위 블록을 형성했다. 일본은 침략 전쟁을 통해 일본 엔화 블록을 확대하려고 애썼다. 독일과 이탈리아도 다시 세계를 분할하자고 요구하고 나섰다. 높은 경제장벽과 경제 블록화는 경제적인 교류를 저해했고 이에 위기는 한층 더 악화되었다. 경제 위기가 지속된 시간이라야 과거에는 보통 몇 개월에 불과하거나 1~2년쯤이었지만 이번에는 4년이나 지속되었다.

위기 이후에는 불황이 이어졌다. 그 후 3년 동안, 경제는 몇 번 나아지는가 싶었지만 결코 되살아나거나 번영을 이루지 못했다. 그러다 1937년이 되자 다시 한 번 경제 위기가 일어나고야 말았다.

증권 시장의 대소동 속에 전 세계가 불황으로 빠져드는 모습을 묘사한 잡지 표지

세계사적 성과 '루스벨트의 뉴딜정책' 추진은 붕괴 직전까지 갔던 미국 경제를 구해냈다. 이로 인해 미국이 파시즘에 빠져들지 않고 피해 나올 수 있었다. 이는 다른 자본주의 국가들의 경제 회복에도 본보기가 되었다.

04 반제국주의 혁명

Revolution Climax after World War I

중국, 신해혁명과 공산혁명

신해혁명이 실패한 후, 중국에서는 제국주의의 조종을 받는 군벌들의 통치가 출현했다. 북양군벌(北洋軍閥) 계통의 환계(皖系)와 직계(直系) 그리고 각 지방에 도사리고 있던 군벌들 간의 전쟁이 끊이지 않았다. 반식민지 반봉건 사회의 각종 모순, 특히 봉건주의와 인민대중들의 모순, 제국주의와 중화민족의 모순이 계속 심화되었다. 이는 필연적으로 더욱 새롭고 광대한 혁명으로 이어졌다.

이 혁명의 물결의 선두에 선 것은 지식인이었다. 일찌기 1910년대, 진독수(陳獨秀), 이대교(李大釗), 노신(魯迅), 오우(吳虞), 호적(胡適) 등을 주축으로 한 근대 지식인들은 봉건 전제정치와 봉건 문화에 대해 격렬한 비판을 가했다. 러시아의 10월혁명으로 마르크스주의가 중국에 전해지면서 그 후 몇 세대의 지식인

1919년 5월 4일, 북경 학생들이 천안문 앞에 모여 산둥을 일본에 할양하기로 결정한 파리평화회의에 항의했다.

📝 주요 연표

1919년 5월 4일
5 · 4운동 발발

1921년 7월
중국 공산당 성립

1924년 1월
중국 국민당의 제1차 전국대표대회 개최

1926년 7월
북벌 전쟁 발발

1927년 4월 12일
장개석이 상해에서 반혁명정변을 일으켰다. 7월 15일, 왕정위가 무한에서 공산당에 대한 대학살을 자행했다.

1927년 8월 1일
남창(南昌) 봉기

1929년 말
중국이 형식적인 통일을 이루었다.

1930~1933년
중국 국민당이 5차례에 걸쳐 중국 공산당이 이끄는 중앙 소비에트를 '토벌' 했다.

1935년 10월
홍군이 장정에 올라 섬서성 북부에 도착했다.

1936년 12월 12일
서안사변 발발

들에게 깊은 영향을 미쳤다.

한편 중국인들의 정당한 요구를 무참히 짓밟은 '베르사유 조약'의 강권은 중국인들을 격노시켰다. 1919년 5월 4일, 5 · 4운동이 일어나면서 중국의 '신민주주의 혁명'을 시작으로 1921년 7월, 중국 공산당이 성립되었다. 중국 공산당의 성립으로 중국 노동운동이 첫 번째 고조기를 맞이하게 되었다. 공산당은 또한 국민당과 협력하여 혁명 통일전선을 건설해 1926년 7월 격렬한 북벌전쟁을 전개했다. 그러나 혁명이 심화 발전되어 가던 무렵인 1927년, 장개석(蔣介石)과 왕정위(王精衛)가 먼저 반혁명정변을 일으키면서 제1차 국내 혁명 전쟁은 실패로 끝나고 말았다.

제1차 국내 혁명 전쟁의 실패로 공산당은 큰 교훈을 얻다. 그들은 무장의 중요성을 깨닫고 공산당 스스로의 무장, 즉 노동자와 농민 홍군(紅軍)에 기대어 수많은 혁명 근거지를 건설했다. 나날이 증대하는 공산당의 역량에 당황한 장개석은 1931년과 1933년, 5차

9 · 18 사변을 일으키고 심양(沈陽)으로 진격한 일본군

세계사적 성과 5 · 4운동, 봉건윤리와 도덕을 향한 가차 없는 비판과 청산 ➡ 중국에 유입된 '민주'와 '과학'이 강력하게 제창됨. ➡ 한때 학술 분야가 활기를 띰과 동시에 대량의 애국 문예작품이 쏟아져 나옴.

레에 걸친 '토벌'을 일으켰다. 하지만 공산당 내부에서는 '좌경'
착오가 일어나 제5차 '반토벌'이 실패하고 말았다. 장정에 올랐던
홍군은 1935년 10월 섬서성(陝西省) 북부에 도달해 유지단(劉志丹)
이 이끄는 홍군과 만났다.

홍군이 섬서성 북부에 도착하자 장개석은 당황을 금치 못했다.
결국 서안(西安)으로 날아간 장개석은 이곳에서 주둔하고 있는 장
학량(張學良)과 양호성(楊虎城) 군대에게 홍군을 치라고 명령했다.
장학량과 양호성은 몇 차례에 걸친 홍군과의 교전으로 국민들이
반공이 아닌 항일을 원하고 있음을 느끼고 있었다. 이에 반공을 중
단하고 공산당과 연합하여 일본에 항거하자고 간청했으나 장개석
의 반대에 부딪치고 말았다. 1936년 12
월 12일, 그들은 무력으로 장개석을 감금
했다. 이것이 바로 '서안사변(西安事變)'
이다. 이후 수차례의 조율을 거쳐 서안사
변은 평화적으로 해결되었고 국민당과
공산당은 다시 한 번 합작하게 되었다.

1937년 7월 7일, 노구교(盧溝橋) 사건
이래 일본은 전면적인 중국 침략 전쟁을
시작했다. 중국인들은 이렇게 해서 항일
의 거대한 흐름 속으로 빠져들었다.

🔵 손중산(孫中山, 1866~1925년),
중국 근대 민주 혁명의 선각자.

🔵 이대교(李大釗, 1889~1927년),
중국에 최초로 마르크스주의를
알린 선구자. 중국 공산당의 주
요 창시자 중 한 명.

🔵 진독수(陳獨秀, 1879~1927년),
중국 공산당의 창시자이자 초
기 지도자 중 한 명.

🔵 노신(魯迅, 1881~1936년), 중
국 현대의 위대한 문학가이자
번역가, 신문학 운동의 창시자.

1935년 12월 9일, 북경 학생들이 항일 청원 시위를 벌이며 '내전을 중지하고
일제 단결하여 외세에 대항하자'고 요구했다. 사진은 시가행진을 벌이는 학생
들의 대오

인도, 간디와 비폭력운동

영국은 인도를 강제로 제1차 세계대전의 구렁텅이로 끌어들였고
이는 인도 국민들에게 심각한 재난을 안겨 주었다. 인도인들은 엄
청난 인명과 재산 피해를 감당해야 했다. 오직 이익만 쫓는 잔혹한
전쟁과 제국주의의 추악한 모습 앞에서 인도인들은 민족 독립의

결심을 굳혔다. 제1차 세계대전을 치르느라 크게 약화된 영국이 전쟁 전처럼 인도를 통치하기란 매우 어려운 일이었다. 그러나 영국은 이 점을 제대로 인식하지도 못했을 뿐더러 오히려 더욱 가혹한 식민정책을

인도인들은 자신의 토지에서 노예처럼 생활했다.

추진했다. 인도 전역에서는 독립운동이 기세등등하게 다시 일어났다. 이 운동에서 두각을 나타낸 간디는 인도국민회의파와 함께 인도 민족주의 운동을 이끌 책임을 짊어지게 된다. 그는 인도 국민들을 이끌고 '비폭력 비협조 운동'을 전개했다.

'비폭력 비협조 운동'는 민족 해방 투쟁 속에서 인내와 평화라는 방식을 통해 인도의 자치와 독립을 실현하고자 했던 인도 국민들의 독립운동 방법이었다. 여기에는 다음과 같은 몇 가지 원칙이다.

첫째, 영국이 수여한 작위와 호(號), 명예직을 포기한다. 둘째, 수업을 거부하고 직장을 옮긴다. 법원과 사법기관을 배척하고 '집집마다 수공업 방직으로 돌아가기' 운동을 보조 수단으로 한 영국 직물 불매 운동을 벌인다. 셋째, 납세를 거부한다. 간디와 인도 국민회의파가 이끈 비협조 운동은 각계 국민들의 호응을 얻어냈다. 이 운동으로 2/3에 달하는 유권자들이 선거를 거부했고 수많은 사무원들과 변호사들이 자신의 직무를 버렸다. 학생들은 수업을 거부했고 노동자들은 파업에 들어갔다. 어떤 지방에서는 공개적으로 영

1946년, 물레 옆에 앉아 책을 읽는 간디의 모습을 기록한 유명한 사진

국 상품을 불사르기도 했다. 그러나 운동이 진행되면서 국민들은 인도국민회의파가 그어놓은 운동의 범위에 불만을 갖게 되었다. 그들은 자신들과 밀접한 관계가 있는 절실한 문제들을 해결하고자 했고 이 민족주의 운동을 사회혁명으로 변화시키고자 했다. 그러나 투쟁이 심화되면서 인도 민족 자산계급은 노동운동의 발전이 자신들의 이익을 저해하게 될 것이라는 두려움에 휩싸였다. 그들은 인민들의 투쟁을 방해하며 약한 모습을 드러냈고, 간디도 군중들의 과격한 행위를 문명적이지 못한 행위로 보았다. 이로부터 인도의 민족 해방 운동은 파란곡절을 겪게 되었다. 이 때문에 간디는 감옥까지 들어가게 되었다.

비록 상황은 이러했지만 '비폭력 비협조 운동'은 영국의 식민주의자들에게 심각한 타격을 안겨 주었다. 영국도 한발 양보할 수밖에 없었다.

간디가 이끈 '비폭력 비협조 운동'은 강렬한 혁명성과 투쟁성을

📜 주요 연표

1918년과 1919년
간디가 인도인들을 이끌고 세 차례에 걸친 비폭력 저항 운동을 시험적으로 진행했다.

1920년 8월 1일
영국 등의 전승국이 강압적으로 투르크에 적용한 '세브르 조약'에 항의하기 위해 간디가 처음으로 비폭력 비협조 운동을 이끌었다.

1922년 3월
간디 체포

1939년 1월 26일
'시민 불복종 운동'을 이끈 간디가 이후 영국 인도 당국의 탄압을 받았다.

1932년 9월
간디가 감옥 안에서 '개인 불복종 운동'을 이끌었다.

1937년
인도국민회의파가 인도의 11개 성 중 7개 성의 선거에서 승리했다.

1942~1943년
인도에서 비폭력 저항 운동의 최후의 막인 '인도 포기 운동'이 시작되었다.

간디는 인도인들을 이끌고 '비폭력 비협조 운동'을 이끌었다.

1930년 3월, 간디가 그를 따르는 78명의 신봉자들을 이끌고 '소금행진'을 시작했다. 이는 제2차 비폭력 비협조 운동의 서막을 올렸다.

갖고 있었다. 이 운동 속에서 일치단결한 힌두교도들과 무슬림들은 과거에는 볼 수 없었던 인도인의 응집력을 보여주었다. 동시에 이 운동이 제창한 '자치'와 '독립'은 인도인들의 투쟁이 점차 심화되고 있음을 보여주었다. 뿐만 아니라 이 구호가 나날이 국민들의 마음속에 침투하고 있음을 반영하는 것이기도 했다. 한 마디로 '비폭력 비협조 운동'은 인도의 민족 해방 운동 중에서 중요한 역사적 위치를 차지했다. 이와 동시에 전 세계의 민족 해방 운동이 선택해 볼 만한 투쟁의 길을 제공하였다.

터키, 케말파샤의 유럽식 근대혁명

오스만투르크는 제1차 세계대전에 참여해 엄청난 대가를 치렀다. 전쟁 후, 경제가 어려워지고 엄청난 빚더미에 올라앉으면서 국민들의 생활은 곤궁해졌다. 게다가 전쟁에서 패한 술탄 정부는 연합국과 치욕스런 '몬드로스 정전협정'에 서명해 주권까지 잃었다. 오스만투르크는 분할의 위험에 맞닥뜨리고 말았다. 국가 경제가 파탄에 빠지고 민족의 생존이 고비를 맞게 되자 오스만투르크 국민은 국가의 독립과 민족의 생존을 지켜내기 위한 애국 운동을 펼쳤다. 청년 투르크당의 지도자이자 애국 지도자인 무스타파 케말(1881~1939년)이 투르크의 반제국주의 민족 해방 전쟁을 이끌었다.

1918년 11월, 케말은 전선에서 수도인 이스탄불로 돌아왔다. 그는 의회와 술탄에 연합국에 대항하는 강력한 민족 내각을 구성할 것을 건의했다.

이스탄불에서 타협하려는 소극적인 기운이 감도는 것을 느낀 그는 유격전이 폭풍처럼 거세게 일어나는 아나톨리아로 갔다. 아나톨리아에서 사람들의 구국열정에 감동받은 케말은 조국을 구하겠다는 결심을 굳히게 되었다.

1919년 7월, 술탄 정부에 의해 제9육군 사령관으로 임명된 케말은 에르주룸에서 국민의 권리를 수호하는 동방제주대표자회의를 열었다. 이 회의

트로이 전쟁 이후, 보스포루스 해협은 살기등등하고 격렬한, 수많은 학살을 경험했다. 수많은 거대 제국들(페르시아, 마케도니아, 로마, 아랍 제국, 오스만투르크)의 부흥과 쇠락을 지켜보았다. 이 해협의 양 기슭에 가득 자리 잡은 옛 성들은 격렬한 전투가 벌어졌던 유적들이다.

에서 권리 수호 협회의 규정과 전 국민에게 고하는 문서가 통과되었다. 대회는 각종 형태로 이루어지는 외국 세력의 점령과 간섭을 반대한다고 선포하고 어떤 형식의 신탁통치나 위임통치도 받아들이지 않겠다고 선언했다. 이 회의에서 주석으로 선출된 케말은 정식으로 민족 저항 운동의 지도자 위치에 오르게 되었다. 같은 해, 그는 각지에 분산되어 있는 농민 유격대를 통일된 지휘 체계를 갖춘 국민군으로 개편했다. 강력한 전투력을 구비한 정규군의 설립은 민족 해방 전쟁의 승리에 큰 역할을 했다.

1920년 1월 28일, 오스만 제국의 마지막 의회가 이스탄불에서 열렸다. 의회의 대다수를 차지하고 있던 케말과 의원들은 민족적 요구를 반영한 '국민공약'을 통과시켰는데 이는 멸망의 위기에 내몰린 투르크 민족을 구한 독립선언이나 마찬가지였다. 국민공약은 민족의 독립과 주권 보호를 위한 투쟁이 투르크가 생존하고 앞으로 계속 생존하기 위한 기본 조건임을 분명히 지적했다. 의회가 '국민공약'을 통과시키자 술탄 정부와 연합국들은 놀라움을 금치

브라운 박사의 인물 탐구

● 케말(1881~1938년), 투르크 민족 해방 운동의 걸출한 지도자. '케말혁명'의 지도자. 투르크 민족 혁명은 그의 지휘 아래 승리를 쟁취했다.

무스타파 케말

못했다. 술탄 정부는 연합국의 힘을 빌려 케말 운동을 진압하려고 했을 뿐 아니라 심지어는 연합국과 매국적인 내용의 '세브르조약'을 체결하기에 이르렀다. 이 조약은 오스만투르크에 대한 연합국 측의 분할을 법적으로 인정하는 것이었다. 세브르조약에 따라, 흑해 해협 지역에서는 '국제화'를 실시해 열강들이 조정하는 국제해협위원회를 설치했다. 열강들에 의해 영토가 분할된 오스만투르크는 영토가 원래의 1/5밖에 남지 않았다. 즉, 아나톨리아 역내의 앙카라와 흑해 사이의 땅만 남게 되었던 것이다. 이 조약은 투르크에서 외국 세력의 영사재판권과 국가채무관리국을 회복시키기까지 했다. 또한 영국, 프랑스, 이탈리아 세 나라의 대표로 구성된 특별재정위원회를 설립해 오스만투르크의 세관, 세무 그 밖에 경제 및 재무 관련 분야의 권력을 장악하게 했다. 세브르조약은 연합국이 패전 국가에게 강제로 체결하게 한 조약 중에서도 노예적 성격이 강한 조약이었다. 이 조약이 수많은 투르크인들의 분노를 불러일으킨 것은 당연한 것이었다.

1920년 4월 23일, 케말이 주축이 된 대표위원회가 아나톨리아에

케말이 이끈 혁명으로 투르크는 본래의 영토를 되찾았다. 이 지도는 각국이 침략, 점거했으나 결국 투르크가 되찾아온 영토의 범위를 보여준다.

서 새로운 국민의회인 대국민회의를 열었다. 대국민회의는 케말이 대표하는 국민정부를 성립시켰고 케말은 임시대통령과 국민군총사령관을 겸임하게 되었다.

이스탄불은 아시아와 유럽, 두 대륙을 넘나드는 세계에서 하나밖에 없는 도시다.

투르크인들은 케말의 지도 아래 힘든 투쟁을 계속해 술탄 정부와 연합국, 양측의 압살을 이겨냈다. 1922년 11월 20일, 스위스 로잔에서 투르크 평화 조약 문제를 해결하기 위한 새로운 회의가 열렸다. 투르크는 연합국과 '로잔조약'을 체결했다. 새로운 조약은 '세브르조약' 속의 불평등조항을 없애고 흑해부터 에게해까지를 투르크의 국경 지대로 확정했다. 트라키아 동부와 이즈미르가 투르크로 돌아갔고 아르메니아와 소수민족지구인 코르데스탄도 투르크 영토에 속하게 되었다. 투르크에서의 외국의 영사재판권과 재정감독권, 배상금을 모두 폐지했고 자주적인 세관 정책을 실시케 했다. 같은 날, 영국, 프랑스, 이탈리아, 일본, 그리스, 루마니아, 유고슬라비아, 불가리아, 투르크 9개국이 '해협공약'을 체결했다.

'로잔조약'의 체결은 투르크가 거둔 중대한 외교적 승리였다. 이 조약이 베르사유체제의 돌파구를 만들어 식민지와 반식민지를 분할하려는 제국주의 세력들의 계획에 큰 타격을

제1차 세계대전에서 희생된 투르크 병사들의 묘지

✎ 주요 연표

1919년 7월
국민의 제권리를 수호하는 동방제 주대표자회의가 열려 권리수호협회 규약과 전 국민에게 고하는 문서가 통과되었다.

1920년 1월 28일
이스탄불에서 열린 오스만투르크 제국의 마지막 의회에서 '국민공약'이 통과되었다.

1920~1922년
민족 독립 전쟁이 일어나 최후의 승리를 거두었다.

1922~1924년
투르크와 연합국이 정전협정을 체결하고 '로잔조약'에 서명했다. 같은 날 '해협공약'도 체결되었다.

1923년 10월 29일
투르크 공화국이 성립되어 케말이 대통령으로 선출되었다.

1922년 10월, 투르크인들이 스미르나성 밖에서 거대한 국기를 둘러싸고 승리를 축하하고 있다.

입혔다.

1923년 8월 23일, 투르크 대국민의회는 로잔조약을 비준했다. 10월 2일에는 연합국 군대가 이스탄불에서 철수했고 이어 6일, 투르크 국민군이 이스탄불로 진주했다. 투르크의 완전한 독립이 이루어진 것이다.

05 제2차 세계대전

War between Justice and Evil

이탈리아, 파시즘 정권

이탈리아는 다른 유럽 국가들과 달리 빈곤한 나라였다. 그런데다가 제1차 세계대전은 이탈리아 국내의 정치, 경제 모순을 더욱 심화시켰다. 이탈리아와 다른 유럽 열강들 사이의 충돌도 더욱 격렬해졌다. 전쟁 후의 경제적인 어려움, 정치적인 불안과 첨예하게 대립하는 계층 갈등, 여기다가 전승국인데도 무엇 하나 제대로 얻어내지 못한 것 때문에 민족주의 정서가 격앙되었다. 이에 통치계층

브라운 박사의 인물 탐구

무솔리니(1883~1945년), 이탈리아 파시즘의 독재자. 제2차 세계대전의 일급 전범

1939년, 무솔리니가 아오스타를 지날 때 파시즘 청년 조직과 소년들이 아오스타의 M자형 개선 아치형 문에 서 있다. 마치 무솔리니가 그 주변에서 선동적으로 개인 숭배 의식을 일으키고 있는 듯한 이 개선문의 정경은 당시 지도자 숭배의 분위기를 보여준다.

1934년, 이탈리아 군대가 에티오피아에 침략했다. 한 이탈리아 사병이 찍은 이 사진속에 에티오피아인들이 강제로 무솔리니를 향해 경례하는 모습이 보인다. 이탈리아인들은 이들에게 무솔리니를 '위대한 백인 아버지'라고 알려주었다.

이 파시즘과 결합된 길을 택하면서 이탈리아에서 세계 최초로 파시즘 정권이 출현했다. 이 파시즘 정권을 세운 사람이 바로 무솔리니였다.

무솔리니의 파시스트당은 본래 보잘것없는 작은 조직으로 처음에는 이탈리아 중소 시민 계층의 이익을 대변했다. 그러다가 정치 노선을 변경하면서 독점 자본가, 봉건 잔여세력과 권세가들의 품에 안겨버린다. 1922년 5월, 이탈리아 파시스트당은 이미 무장 능력을 갖춘 전국에서 가장 규모가 큰 당으로 성장해 있었다. 파시즘의 급격한 발전은 무솔리니의 정치 야심을 크게 자극했고 그는 정권 탈취를 꾀하게 되었다.

1921년 11월 7일, 이탈리아 파시스트당이 로마에서 거행한 제3차 대표대회는 파시스트당이 파시즘 독재 정치 건설을 시작했음을 보여줬다. 이 대표대회에서 당명을 '전투적인 이탈리아 파시즘'에서 '파시스트당'으로 바꾸고 고대 로마의 '곤봉 묶음'을 당의 휘장으로 확정했다. 또 선거를 통해 무솔리니를 당 지도자로 선출했다. 대회에서 통과된 강령에 따르면, 파시스트당은 전통적인 의회제 국가를 포기하고 로마 제국의 패권을 회복한다고 되어 있었다. 또 대내적으로는 전체주의 통치를 실현하고 대외적으로는 침략을 통해 파시즘 정권을 세우겠다고도 밝혔다. 로마대표대회 이후, 무솔리니는 정권 탈취를 위한 준비 활동을 시작했다. 그는 파시스트당의 각 조직을 모두 군사화해 당 전체의 병사화를 실시했다. 정부의 질서를 회복한다는 미명 하에 테러 활동을 강화하고 지방 정권을 탈취했다. 준비 활동을 마친 후, 그들은 로마로 진군해 중앙 정부를 손

📝 주요 연표

1922년 10월 27일
3만 명의 파시스트 행동대원들로 구성된 '진격대'는 세 방향으로 나뉘어 로마로 출발했고 정부는 강제로 사임했다. 무솔리니가 내각 총리를 맡게 되었다.

1934년 12월 5일
이탈리아가 에티오피아를 침략했다.

1936년 5월
이탈리아가 에티오피아를 완전히 합병했다.

에 넣고 그 자리에 오르기로 한다.

1922년 10월 27일, 3만 명의 파시스트 행동 대원들로 구성된 '진군대오'가 세 방향으로 나뉘어 로마를 향해 출발했다. 29일, 국왕 에마누엘레 3세는 무솔리니를 총리로 임명하고 내각을 구성할 권한을 부여했다. 31일, 무솔리니가 제1기 파시즘 정부를 구성하면서 파시스트당이 결국 정치 무대의 중심에 올랐다. 정권을 잡은 후의 파시스트당은 숱한 테러를 일으키며 1929년 이전에 당과 정부, 군대의 대권을 모두 장악하였다.

1929~1933년의 경제 위기는 이탈리아에 심각한 타격을 입혔다. 원료 및 소비 시장을 확보하고 파시즘 정권에 대한 사람들의 불만을 다른 곳으로 돌리기 위해 무솔리니는 전쟁에서 출구를 찾으려 했다. 그래서 그는 자연자원이 풍부할 뿐 아니라 전략적으로도 아주 중요한 에티오피아로 눈을 돌렸다. 사실 이탈리아가 에티오피아를 탐내며 손댄 것은 이미 오래전 일이었다. 단지 성공을 거두지 못했을 뿐이었다.

무솔리니의 주도면밀한 계획으로 1934년 12월 5일, 이탈리아 군대가 갑자기 에티오피아를 습격했다. 이탈리아의 파시즘이 대외 침략의 길로 들어선 것이었다. 영국과 프랑스의 '타협정책'과 미국의 '중립' 속에서 군사적으로 우세했던 이탈리아가 1936년 5월 결국 에티오피아를 완전히 합병하고 말았다.

중국인들은 두려움도 잊은 채 자신을 희생하며 전 국민 항전의 거센 흐름 속으로 빠져들어갔다.

일본, 군국주의와 침략전쟁

1937년 7월 7일 밤, 일본군이 병사 한 명이 실종되었다는 구실을 대며 북경 서남부의 완핑시엔(宛平縣)에 진입해 수색하게 해달라

주요 연표

1937년 7월 7일
7·7사변이 일어나 일본군이 전면적인 중국 침략에 돌입했다.

1937년 8월 13일
송로(淞盧) 전투 발발

1937년 9월
평형관(平型關) 대첩

1937년 12월 13일
남경을 함락시킨 일본군은 손에 무기 하나 들지 않은 남경 군민들을 미친 듯이 학살했다. 당시 사망자가 30여 만 명에 달했다.

1938년 3월 23일~4월 6일
대아장(臺兒庄) 전투

 브라운 박사의 인물 탐구

🔎 장개석(1887~1975년), 중국 국민당 통치 시기에 당, 정부, 군을 장악했던 지도자.

🔎 모택동(1893~1976년), 중국 공산당과 중국 인민의 지도자. 마르크스주의자이자 중국인민공화국의 창시자.

고 요구했다. 중국 측의 수비군이 이 요구를 거절하자 일본군이 노구교(盧溝橋)에 총과 포를 쏟아대며 완평현 안의 중국 수비군을 향해 공격해왔다. 이에 중국 수비 제29군의 지싱원(吉星文)이 이끄는 연대가 들고 일어나 공격에 나서면서 민족적인 항일 전쟁의 서막이 올랐다. 7·7사변 이후, 일본 대군이 중국을 공격해 왔고 같은 해 8월 13일~11월 12일 송로(淞盧) 전투를 일으킨 일본군은 중국 민중과 군대의 저항에 맞닥뜨렸지만 결국 상해를 점령했다. 12월 13일, 일본군은 남경을 함락시키고 비인간적인 대학살을 자행했다. 이 일로 사망한 중국 국민이 30여 만 명에 달했다.

1938년 3월 23일에서 4월 6일까지, 일본군은 대아장(臺兒庄) 전투에서 심각한 타격을 입어 2만 명 이상의 사상자를 냈다. 대아장 전투는 국내외에 큰 영향을 미쳤고 일본 침략자들도 한숨을 쓸어내렸을 정도였다. 가을쯤, 일본군은 모을 수 있는 모든 힘을 모아 무한과 광주 전투를 일으켰다. 그들은 이 전투들을 통해 전쟁을 한 번에 끝내려고 생각하고 있었다. 무한과 광주는 함락되었지만 전쟁은 길어졌고 병력도 한계에 다다랐다. 이에 일본군은 전장에서 정면으로 맞서는 전략 공격을 중단하고 대신 점령지역 수호를 위주로 진행해 나갔다. 이렇게 되자 중국의 항일 전쟁은 전략 방위에서 전략 대치 단계로 변화하기 시작했다. 전장에서 정면으로 맞붙고 있던 국민당 이외에도 중국 공산당이 이끄는 항일 무장 세력이 적 깊숙이 침투해 적의 후방을 적극적으로 공략하고 있었다. 이들은 광범위한 유격전을 펼치며 국민당의 항전에 보조를 맞추었다.

1937년 9월, 팔로군(八路軍) 115사단이 평형관(平型關)에 매복해 있다가 일본군 이다다키(板垣) 사단의 1000여 명을 섬멸했다. 중국의 항전이 시작된 이래 첫 번째의 대승이었다. 이 밖에도 팔로군과 신사군(新四軍)은 화북지방과 화중지방에서 십여 곳의 항일 근거지를 세웠다. 또 일본의 대군을 소모시키고 견제하면서 정면

'타이유엔(太原) 전투' 전날 밤, 전선으로 향하는 항전 병사들을 전송하는 타이유엔 국민들

으로 일본에 대항하고 있는 우군과 함께 일본군을 협공했다. 이렇게 해서 일본의 진격을 위협하고 후방의 안전을 뒤흔들었다. 중국군과 국민들이 완강하게 항전하고 있던 바로 그때 국제연맹이 일본에 타협을 시도했다. 이들이 타협정책을 추진하자 일본은 더 기세를 부리며 날뛰었다.

중국의 항전이 국제적으로 완전히 고립된 상태에서 진행된 것은 아니었다. 7·7사변 이후, 소련 측이 제공한 정치, 경제, 무기와 기타 물자 등의 대규모 원조는 중국이 항일 전쟁을 전개하는 데 큰 도움을 주었다.

1937년부터 1939년까지는 중국이 홀로 고군분투하던 시기였다. 비록 국제적으로는 소련이 원조를 해주었으나 중국인들은 전혀 위축되지 않고 용감하고 끈기 있게 일본의 백만 대군의 공격을 막아냈다. 이렇게 해서 이후 동맹국의 반파시즘을 위한 견실한 기반을 마련했다.

대이장 전투 중의 중국 사병

독일, 히틀러와 나치스의 등장

1929년에서 1933년까지의 경제 위기는 외채가 첩첩이 쌓여있는 데다가 민생 경제도 어려웠던 패전국 독일에 심각한 타격을 안겨주었다. 역사상 유례가 없는 이런 위기를 맞닥뜨린 독일의 나약하고 무능한 바이마르 공화국은 이 국면을 만회할 만한 방법이 없었다. 1928년에서 1933년까지 차례로 정부가 4번이나 바뀌었지만 이 네 정부 모두 재정적인 어려움과 통치 집단 사이의 모순을 극복하지 못했고 사회는 불안이 그치지 않았다. 심각한 위기를 맞고 있었던 이 비상시국에 민주정치의 뿌리가 얕았던 독일의 취약한 민주체제는 자기 조절의 유연성과 능력을 잃어버리고 말았다. 의회민주 정치체제는 이러한 위기 속에서 곧 무너질 듯 흔들리고 있었다.

독일의 정치적 위기 가운데 파시즘 세력이 고개를 들었다. 독일 파시즘 정당의 정식 명칭은 국가사회주의독일노동자당으로 간단하게 '나치스'라고 불렸다. 그 지도자인 히틀러는 베르사유─워싱턴체제가 독일에 가한 제재에 대한 독일인의 불만과 이 유례없는 경제위기가 독일에 몰고 온 난관을 이용해 곳곳에서 '생존공간론'과 '종족우열론'을 부르짖었다.

또 '지도자원칙'의 독재 정치를 제창하고 제멋대로 사회주의를 공격했으며 독일의 과거 영광을 되돌리자며 대대적인 선동을 일으켰다. 이렇게 해서 그는 수많은 독일 국민을 속였을 뿐 아니라 점차 독일 독점 자본가 계급의 지지까지 받게 되었다.

나치스는 발전을 거듭해 1930년 9월 선거에서 독일 제2정당으로 우뚝 섰다. 여기서 더 나아가 1932년 7월에 새로 치른 선거에서는 독일 국내의 제1정당이

주요 연표

1933년 1월
정권을 장악한 히틀러가 내각을 구성

1933년 3월 27일
히틀러가 '의사당방화사건' 조장

1934년 8월
히틀러가 당, 정부, 군대를 한 손에 장악하고 독일을 통치하기 시작

광적인 분위기에 휩싸인 나치스의 집회

대열을 지어 행진하는 나치스 사병들

되었다. 같은 해 11월, 나치스는 마침내 국민들의 전폭적인 지지 속에 정권을 손에 넣게 되었고 히틀러는 독일 총리의 자리에 올랐다. 히틀러는 정적 파펜과 슐라이어에게도 승리를 거두어 1933년 1월 말, 힌덴부르크에게 내각 구성을 명령했다. 그러나 그는 이에 만족하지 않았다. 수단과 방법을 가리지 않고 일당 독재, 일인 독재정치를 향해 한 걸음 한 걸음 나아갔다. 우선 국회를 해산시킨 다음 공산당과 사회민주당 등 좌파 세력에 칼을 들이댔고 점차 여론도 장악해갔다.

1933년 2월 27일 깊은 밤, 나치스는 세상을 떠들썩하게 한 의사당방화 사건을 일으켰다. 나치스는 공산당 측에 책임을 물으며 가혹한 탄압을

나치스 독일의 최고 통치의 옥좌를 향해 올라가고 있는 히틀러

가했다. 그 후, 히틀러는 다시 정치일체화를 추진하고 다른 당들의 정치 활동 금지 및 군대 일체화정책 등을 실행에 옮기면서 당, 정부, 군대의 권력을 한 손에 움켜쥐었다. 1934년 8월 1일, 히틀러가 조직한 국회

열광하는 나치스 군인들을 내려다보는 히틀러

는 '독일국 원수에 관한 1934년 8월 1일의 법률' 을 통과시켜 원칙적으로 대통령과 총리를 하나로 통일시켰다. 이로써 권력이 일체화된 원수제를 확립시켰고 바로 그 다음 날 힌덴부르크가 세상을 떠났다. 이로써 히틀러는 절대권력을 움켜쥔 국가 원수가 되었다.

8월 19일, 국민의 뜻에 따른다는 이미지를 포장하기 위해 그는 또 한 차례의 '국민투표' 를 조작, 시행했다. 이때부터 히틀러는 독일을 대변하였으며 바이마르 공화국은 그 명을 다하고 말았다. 전체주의가 확립되고 제3제국이 형성된 것이다.

나치스가 정권을 장악했을 때 세계 경제의 위기는 이미 어느 정

1939년 8월, 소련과 독일이 모스크바에서 '독소불가침조약' 을 체결했다. 사진은 조약 서명 의식상의 스탈린(오른쪽에서 두 번째)과 독일 외상 리벤트로프(오른쪽에서 세 번째).

도 누그러져 있었다. 그러나 독일은 베르사유체제가 남겨준 통제에서 벗어나야 했다. 또 새로운 생존 공간을 확보한다는 목표와 유럽에서 맹주가 되려는 목적이 있었다. 이를 위해 나치스는 경제와 사회에 대한 국가의 통제를 대대적으로 강화하면서 군사력 확장과 전쟁 준비의 길로 신속히 들어서게 된다. 제2차 세계대전은 이렇게 시작되었다.

세계대전의 발발과 전개과정

정권을 장악한 후 히틀러는 한동안 독일 정비에 힘을 쏟았다. 국내 정비로 날개를 단 독일은 해외확장을 시작했다. 1934년, 오스트리아 합병을 시도했으나 실패했다. 이어 1936년 3월, 이탈리아가 에티오피아를 침략하고 영국과 프랑스가 타협정책을 추진하고 있던 때, 독일은 이 유리한 시기를 이용해 라인란트 비군사지역을 점령했다. 이와 동시에 적극적으로 오스트리아와의 합병을 꾀했다. 1938년 3월 12일, 독일군은 오스트리아로 진격해 들어갔고 결국 오스트리아는 멸망하고 말았다.

오스트리아를 집어 삼킨 후, 독일은 전략적으로 아주 중요한 체코슬로바키아를 노리기 시작했다. 영국과 프랑스는 자국을 보호하고 나치스의 관심을 소련으로 돌리기 위해 약소민족의 이익 따위는

브라운 박사의 인물 탐구

🔖 체임벌린(1869~1940년), 영국 수상. 정치가이자 국무활동가. 임기 동안 독일과 이탈리아 전체주의 세력과 타협을 추진했다.

🔖 달라디에(1884~1970년), 프랑스 총리이자 정치가. 임기 동안 체임벌린과 함께 타협정책을 강력히 추진했다.

찰스 칸델이 유화로 생동감 있게 재현한 됭게르크에서 철수하는 연합군의 모습

아랑곳하지 않았다. 1938년 9월, 체코슬로바키아 대표의 결석을 전제로 해 영국과 프랑스, 독일, 이탈리아 4개국은 뮌헨에서 '뮌헨협정'을 체결했다. 그리고는 수데텐, 체코 남부와 오스트리아가 만나는 지역을 서슴없이 독일에 넘겨주었다. 뮌헨회의로 영국과 프랑스의 타협정책은 정점에 오르게 되었다. 그리고 뮌헨협정에 서명한 히틀러는 곧바로 체코슬로바키아 전체 합병에 착수했다.

1939년 3월 16일, 독일군이 체코슬로바키아를 완전히 점령했고 이로부터 독일의 국력은 크게 증강했다. 동시에 영국과 프랑스의 타협정책으로 그 야심이 날이 갈수록 커진 독일은 마찬가지로 전략적으로 중요하며 경제적으로도 풍요로웠던 폴란드에 눈길을 돌렸다. 1939년 5월, 독일과 이탈리아는 '독이우호동맹조약'을 체결했다. 이 조약은 조약 체결국 중 한 나라에 전쟁이 일어나면 다른 한 나라는 전심전력을 기울여 지원한다고 명시하고 있었다. 전쟁을 피하고 독일과 이탈리아 파시즘의 야만적인 기세를 억누르기 위해 1939년 4월 영국, 프랑스, 소련은 상호지원 조약 체결에 관한 담판을 열었다. 담판 기간 중 소련이 한때 유럽 안전 방어 체제 구축을 위해 노력을 했으나 영국과 프랑스가 성의를 보이지 않아 실패로 돌아가고 말았다. 이에 소련은 어쩔 수 없이 영국과의 담판을 중단하고 1939년 8월 독일과 '독소상호불가침조약'을 체결했다. 소련과 이 조약을 체결함으로써 독일은 동과 서 양쪽에서 교전을 벌여야 할 위험을 피할 수 있었고 이제 온 힘을 폴란드 침략에 기울이기 시작했다.

1939년 9월 1일, 독일군은 미리 짜놓은 배치에 따라 순식간에 폴란드 침략을 감행했다. 9월 3일, 국내외의 압력 속에 영국과 프랑스가 독일에 선전포고를 하면서 제2차 세계대전이 유럽에서 일어났다. 폴란드를 점령한 독일은 이후 서쪽으로 진격을 계속해 노르웨이, 덴마크, 네덜란드, 벨기에와 룩셈부르크를 차례로 점령했

 주요 연표

1938년 3월 12일
독일, 오스트리아 합병

1938년 9월
'뮌헨협정' 체결

1939년 5월
'독이우호동맹조약' 체결

1939년 8월
'독소상호불가침조약' 체결

1940년 6월
프랑스 점령

1941년 6월 22일
독소 전쟁 발발

1941년 12월 7일
태평양 전쟁 발발

브라운 박사의 인물 탐구

처칠(1874~1965년), 영국 내각 수상이자 걸출한 정치가, 전략가.

다. 1940년 6월 5일, 독일군은 프랑스군의 방어선을 전면적으로 파괴했고 그 병력이 파리까지 다다르면서 프랑스는 곧 점령당했다. 그러나 7월 중순에서 10월 말까지 계속된 영국과의 전투에서는 영국을 점령하지 못했다. 이후, 처칠의 지휘 아래 영국인들은 불요불굴의 정신으로 전쟁을 전개해 나갔다. 한편 독일군이 서부전선에서 끝없는 승전보를 올리자 히틀러는 소련을 상대로 한 전쟁을 준비하기 시작했다. 영국의 저항으로 대치 상태였던 독일군은 1941년 6월 22일, 갑자기 소련을 향해 진격했다. 이렇게 해서 독일과 소련의 전쟁이 일어나고야 말았다.

1938년 히틀러가 오스트리아를 합병하면서 빈에는 나치스의 그림자가 드리워졌다.

1941년 12월 7일, 아시아에서 일본이 미국의 태평양 전략기지인 진주만을 기습하면서 태평양 전쟁이 일어났다. 한편 발칸 반도와 북아프리카에서는 독일과 이탈리아 양국이 격렬한 침략과 쟁탈전을 벌였다.

반파시즘 동맹과 미소(美蘇)의 참전

독일과 소련의 전쟁, 태평양 전쟁의 발발로 강대국에 침략당한 국가들은 결국 서로 연합하기 시작했고 반파시즘 연맹을 결성했다. 그러나 이 연맹의 결성은 복잡다단한 우여곡절을 거쳤다. 유럽에서 전쟁이 일어나기 전, 중국인들은 홀로 고군분투하면서 일본 백만 대군에 대항하고 있었다. 영국, 프랑스, 미국은 아시아와 유럽에서 '타협정책'을 펴고 있었다. 집단안전정책이 영국과 프랑스 때문에 좌절되자 소련은 자신들이 판 무덤에 스스로 빠지게 될까 두려웠다. 그래서 독일과 체결한 것이 바로 '상호불가침조약'이었다. 영국, 프랑스, 소련이 유럽에서 반파시즘 통일전선을 적당한 시기에 구축할 수 없었기 때문에 독일은 전쟁을 시작하자마자 양

1939년 10월, 독일군이 폴란드를 함락시켰다. 사진은 바르샤바 거리를 통과하고 있는 군대를 검열하고 있는 히틀러의 모습

주요 연표

1941년 8월 14일
'대서양헌장' 체결

1942년 1월 1일
26개 국가가 워싱턴에서 회의를 개최하고 '연합국선언'에 서명해 세계 반파시즘 동맹을 성립시켰다.

쪽 전선에서 동시에 교전을 치러야 하는 위험을 피할 수 있었다. 한편 파시즘 세력이 날이 갈수록 확대되면서 미국은 독일을 가장 위험한 상대로 인식하게 되었다. 파시즘을 억제하고 반대하기 위해 그리고 미국의 안전과 국제 사회에서의 유리한 상황을 만들기 위해 1939년 미국은 '중립법'을 수정했다.

'중립법'은 무기매매를 허가했으나 무기를 산 측이 현금을 지불하고 산 무기를 스스로 운송해 가야 했다. 해군에 있어서는 독일을 훨씬 앞지르던 영국과 프랑스에게 미국의 무기매매 합법화는 무기구매에 파란 불을 켜 주었다. 히틀러가 서부전선을 손쉽게 손에 넣은 후, 미국은 자신들과 밀접한 이해관계를 갖고 있던 영국을 한층 더 지지하게 되었다.

1941년 3월, 미국국회가 '무기대여법'을 통과시켜 대통령에게 70억 달러의 미화를 '미국 국방에 너무나도 중요한' 국가에 각종 원조로 제공할 권리를 부여했다. 이어서 미국과 영국 두 나라는 우선 독일을 물리치고 나서 일본을 해결하자는 '선유럽 후아시아' 연합 전략 방침을 비밀에 세웠다. 그 후, 미국 해군은 다시 영국에 물자를 운송하기 위해 대서양 서부 항선에서 전면적으로 운항을 수호했

전쟁 중 프랑스군이 궤멸했다. 사진은 자신의 조국인 프랑스의 군대가 마르세유로 철수해서 돌아오자 눈물을 흘리는 한 남자의 모습.

다. 이렇게 미국은 실질적으로는 영국과 한 편에 서서 대서양 전쟁에 개입했다. 소련과 독일 사이의 전쟁이 일어나자 영국과 미국 당국은 독일 파시즘의 소련 침략은 독일이 세계 패권을 장악하려는 전조이며 소련이 멸망당한다면 자신들의 안전도 보장하기 어렵다는 것을 깨닫게 되었다. 이에 영국과 미국은 즉시 소련 지지를 선언하고 '히틀러 분쇄'를 '가장 중요한 임무'로 내세우며 함께 파시즘을 무너뜨리자고 호소했다.

1941년 8월 14일, 전투함 '프린스 오브 웨일스(Prince of Wales)'호 위의 처칠과 루스벨트

7월 12일, 소련과 영국은 독일을 상대로 한 작전 중 공동 행동에 관한 협정을 체결했다. 미국도 소련에 군사, 경제상의 원조를 제공했다. 8월 14일, 루스벨트와 처칠은 북대서양 뉴펀들랜드 부근의 군함 위에서 회담을 가진 후, '북대서양헌장'을 발표했다. 미국과 영국은 파시즘 국가가 침략을 통해 저지른 영토 변경을 인정하지 않고 반나치스 폭정을 선언했다. 소련도 성명을 발표하고 이를 지지했다. 9월 29일부터 10월 1일까지 소련, 미국, 영국이 모스크바에서 미국과 영국이 소련에 무기 장비를 제공한다는 제1 의정서를 체결했다. 이는 세 나라가 반파시즘 전쟁 중 채택한 연합 행동으로, 이미 전쟁에 참여한 소련과 아직 참여하지 않은 미국은 정치, 경제 그리고 군사 영역 속에서 점차 연합을 이루어갔다.

태평양 전쟁이 일어나고 얼마 지나지 않은 1942년 1월 1일, 26개 국가들이 워싱턴에서 회의를 거행하고 '연합국선언'에 서명했다. 서명국은 자신들의 모든 군사와 경제 자원을 이용해 독일, 이탈리아, 일본 등의 주축국과 그 속국을 반대하기로 했다. 그들은

진주만사변 바로 다음 날, 대일 전쟁을 선포하는 미국 대통령 루스벨트

혼자서 적과 정전협정이나 평화조약을 맺지 않고 서로 협력했다.

'선언'의 발표는 전쟁의 세례를 통해 반파시즘 통일전선이 마침내 형성되었음을 상징하는 것이었다. 반파시즘 연맹은 인구, 자원, 생산력, 민심의 향배와 상호 단결에서 독일, 이탈리아, 일본보다 뚜렷한 우세를 보이고 있었다. 이는 파시즘에 승리를 거두는 데 탄탄한 기초가 되어주었다. 연맹 각국은 사회제도와 이데올로기가 모두 달랐고 전쟁을 치르는 목표도 다 달랐다. 이 때문에 종종 각종 모순과 투쟁이 일어나긴 했지만 파시즘을 무찌르는 것이 바로 그들의 공통목표였다. 바로 이것이 그들을 단결하게 한 것이었고 그들은 줄곧 협력하면서 전쟁에서 승리를 거두었다. 반파시즘 연맹의 성립으로 전쟁 형세에 변화가 왔다. 이 연맹의 성립은 반파시즘 전투가 마지막에 승리를 거둘 수 있었던 결정적인 요인 중 하나였다. 그리고 이는 연합국 성립의 기초를 마련해 주었다.

스탈린그라드 전투 장면

세계적 차원의 전쟁양상

1942년 여름, 독일군이 소련 전장 남쪽을 중심으로 진격을 벌이며 스탈린그라드와 카프카스 탈취를 꾀했다. 독일군이 소련군의 전략 보급선을 끊어버리자 곧 스탈린그라드 방어 전쟁의 서막이 올랐다. 전투는 1942년 7월 17일부터 1943년 2월 2일까지 계속되었다. 그 기간 동안, 독일군은 한때나마 스탈린그라드 시가지로 진격해 들어가기도 했지만 함락에는 실패했다. 전략 방어 단계를 거친 후, 소련군은 11월 9일 독일군을 상대로 전략적인 반격을 퍼부었다. 1943년 2월 2일에는 소련군이 독일군을 전멸시키면서 스탈린그라드 방어전의 승리를 이끌어냈다. 소련군이 스탈린그라드 전투에서 승리를 거둔 것은 소련 전쟁의 전환점이었고 제2차 세계대전의 발전 과정에도 결정적인 영향을 미쳤다. 비록 그 후 독일군이 다시 여름공세를 퍼붓고 소련과 쿠르스크에서 전쟁을 벌였지만 운명을 되돌이킬 수는 없었다. 쿠르스크

미드웨이 해전의 실패로 일본은 전쟁의 주도권을 순순히 넘겨줘야 했다.

전투는 소련과 독일의 전쟁이 근본적인 전환점을 맞았으며 소련군이 전략적인 방위에서 전면적인 전략적인 공격 단계로 진입했다는 것을 상징했다. 독일군은 이때부터 공격 능력을 완전히 잃게 되었고 전략 주도권도 소련군 손에 넘어가고 말았다.

아프리카 전장에서는 이탈리아와 독일이 1940년 여름과 겨울부터 1942년 여름까지 우세를 점했다. 그러나 1942년 10월 23일부터 영국군의 반격을 받기 시작했다. 병력의 차이가 뚜렷했기 때문에 독일군은 엘알라메인 전투 중에 영국에 패했다. 엘알라메인 전투의 승리는 북아프리카 전장의 전환점이었다. 연합군은 이때부터

1942년 6월
미드웨이 해전

1942년 7월 17일~1943년 2월 2일
스탈린그라드 방어 전쟁

1942년 10월
엘알라메인 전투

1943년 9월 3일
이탈리아, 전쟁에서 퇴각

1943년 11월 22일~26일
카이로회담 개최

1943년 11월 28일~12월 1일
테헤란회담 개최

브라운 박사의 인물 탐구

● 몽고메리(1887~1976년), 영국의
총사령관이자 저명한 군사전문가

● 아이젠아워(1890~1969년), 미
국의 총사령관이자 제34대 대
통령. 저명한 군사전문가이자
정치가, 외교가.

주도권을 장악하게 되었고 전략 반공세의 새로운 단계로 진입하게
되었다. 그 후, 영국은 파죽지세로 서쪽으로 진격을 계속해 나갔
다. 같은 해 11월 8일, 미국과 영국 연합군 10만 7000명이 북아프
리카에서 동쪽으로 진격해 서쪽으로 진격한 영국군과 동서 협공의
태세를 이루었다. 한발 한발 물러나던 독일군은 최후의 발악을 하
며 마지막 공세로 전황을 바꿔보려고 꾀했으나 결국 실패하고 말
았다. 5월 13일, 25만 명의 독일, 이탈리아 군대가 모두 투항했고
미국과 영국의 연합군은 북아프리카 전장에서 승리를 거두었다.
북아프리카에서 적군을 소탕한 연합군은 1943년 7월 10일 시칠리
아섬 동남부에 상륙했고 8월 17일에는 섬 전체를 점령했다. 7월 25
일, 이탈리아에서 정변이 일어나 무솔리니가 체포되었고 이탈리아
는 9월 3일 전쟁에서 퇴각했다. 한편 연합군은 엘알라메인 전투와
북아프리카 전체 그리고 지중해 지역에서 승리를 거두어 2차 세계
대전의 또 하나의 전환점을 맞이했다.

1942년 6월, 일본은 일본 본토 '방위권'을 확대하기 위해 미드
웨이 제도와 알류샨 열도 전투를 일으키기로 결심했고 미드웨이
제도를 주요 돌격 방향으로 삼았다. 일본군이 미드웨이 제도로 진
격한 목적은 미국 태평양함대를 유인해 섬멸하고 동시에 이 섬을
점령해 미군을 하와이와 미국 서부 해안으로 퇴각시키려는 것이었
다. 그런데 일본군이 생각지 못했던 것은 미군이 일본 해군의 전보
암호를 풀어내 일본의 미드웨이 제도 공격 작전 계획을 파악했다
는 것이었다. 일본의 습격은 실패로 돌아가고 말았다. 미드웨이 해
전에서 일본은 태평양 전쟁 발발 이래 최초의 참패를 맛보았고 이
패배는 태평양 지역에서의 일본과 미국의 판도를 뒤바꿔 놓았다.

세계사적 성과

1944년, 미국 미생물학자 왁스먼이 스트렙토마이신을 추출해 결핵을 치
료하게 되었다.

전쟁 막판 전장에서 독일군 진지를 맹렬히 폭격하고 있는 프랑스 폭격기들

이때부터 일본은 태평양 전장에서 주도권을 잃기 시작했고 전황은 연합군에 유리하게 돌아갔다. 이어서 미군이 과달카날섬에서 벌어진 일본과의 전투에서 승리를 거두면서 태평양 전쟁의 전황은 완전히 역전되었다. 이때부터, 미군은 방어태세를 버리고 공격태세로 전환했으며 일본은 공격태세에서 방어태세로 변환했다. 전략 주도권이 이미 미군의 수중에 떨어졌던 것이다.

제2차 세계대전이 전환점에 선 가운데 소련, 미국, 영국, 중국 등의 국가들이 차례로 카이로회담과 테헤란회담을 열었다. 카이로회담에서는 전쟁을 가속화하는 문제와 전쟁 이후 세계 안배 등의 문제를 토의했고, 테헤란회담에서는 유럽에서 제2의 전장을 개척하는 문제를 중심의제로 토론했다. 이 외에도 회담을 통해 전후 독일과 폴란드 국경 처리 문제와 일본과의 전쟁에 소련이 참여하는 것과 앞으로 국제 조직 문제 등도 토론했다. 카이로회담과 테헤란회담은 '제2차 세계대전' 역사상 중요한 영향을 미친 회담들로 이 두 차례의 회담은 세계 반파시즘 전쟁의 승리에 긍정적인 작용을 하였다.

세계대전의 종결

1945년 세계의 반파시즘 전쟁이 승리를 거두기 직전, 동맹국들은 그들 사이의 관계를 조정하고 독일과 일본 파시즘 세력을 무찌르기 위한 계획을 검토해야 했다. 또한 전쟁 이후의 세계 질서를 규정해야 할 필요도 있었다. 이에 소련, 미국, 영국 세 나라의 수뇌였던 스탈린, 루스벨트와 처칠이 1945년 2월 4일에서 11일까지 소련의 얄타에서 전쟁 중 두 번째 회의를 열었다. 회의 의제는 주로 4개 부분이었다. 전후 독일 처리 문제에 관해서는 독일이 무조건 투항한 후 소련, 미국, 영국이 독일을 분할 점령하기로 했다. 또 독일의 무장을 응징하고 전범과 독일의 전쟁 배상금 등 일련의 문제들을 해결하기로 했다. 폴란드 문제에서는 주로 폴란드 정부 조직 구성과 국경 구획 문제를 해결했다. 국제연합 창설에 관해서는 전쟁이 끝나면 그 총본부를 샌프란시스코에 두기로 했다. 일본과의 전쟁 문제로는 주로 소련이 일본을 상대로 한 전쟁에 참여하는 문제를 논의했다.

📝 주요 연표

1945년 2월 4일~11일
얄타회담 개최

1945년 5월 7일
독일, 무조건 항복 선언

1945년 8월 2일
'포츠담선언' 발표

1945년 8월 15일
일본, 항복 선언. 9월 2일, 무조건 항복 조인

얄타회담은 2차 세계대전 기간 중에 열린 중대한 국제회의로 전쟁의 승리를 앞당기는 데 긍정적인 역할을 했다. 얄타회담에서 결정된 사항들은 독일 제재와 전후 세계의 평화 유지에도 일정 정도 긍정적인 의의를 남겼다. 그러나 약소국에 관련된 조항에서는 그들의 주권과 이익을 침해하는 결정을 내려 강대국 정치의 단면을 드러내기도 했다.

1945년 봄, 소련과 미국, 영국 등의 연합국 군대가 각각 동과 서 양쪽에서 독일 본토로 진입해 교전을 치렀다. 궁지에 몰린 히틀러

연합군의 노르망디 상륙 작전 장면

는 최후의 발악을 하였다. 하지만 소련, 미국, 영국 세 나라의 강력한 공격 속에서 그에게 남은 것은 투항 밖에 없었다. 4월 26일, 베를린을 포위한 소련군은 여러 방향에서 중심지를 향해 돌격하면서 분할 포위, 섬멸 전술을 폈다. 4월 27일, 소련군이 느닷없이 베를린의 시가지로 진입했다. 4월 29일에는 독일군이 셋으로 나뉜 가운데 소련군은 독일 국회 건물을 공격했다. 격렬한 쟁탈전을 거쳐 4월 30일, 소련군이 승리의 붉은 깃발을 독일 국회 건물의 정상에 꽂았다. 바로 이날, 대역죄인 히틀러가 스스로 목숨을 끊었다. 5월 7일에는 독일 대표가 동맹국 사령부 소재지인 랭스에서 무조건 항복에 서명했다. 이로써 독일 파시즘은 패배했고 유럽의 전쟁도 막을 내렸다.

1945년 7월 17일에서 8월 2일까지 소련, 미국, 영국 세 나라가 베를린 교외의 포츠담

전후 세계를 주재한 세 거두 : 처칠, 루스벨트, 스탈린(왼쪽부터)이 얄타 회담에서 남긴 사진

베를린 공격 소련의 붉은 군대가 그 깃발을 베를린의 국회 건물 위에 꽂았다.

에서 세 번째 회합을 가졌다. 여기서 주로 토론한 것은 어떻게 전쟁 후의 세계를 안배하고 승리의 열매를 나눌 것인가, 어떤 식으로 일본의 파시즘을 무너뜨릴 것인가 하는 문제였다. 그들은 십여 일에 걸친 토론과 협상 끝에 8월 2일 기본 내용이 같은 '소련, 미국, 영국 삼국의 베를린(포츠담) 회의 선언'과 '베를린(포츠담) 회의 의정서' 이 두 문서에 서명했다.

이 두 개의 문서는 포츠담선언으로 통칭한다. 포츠담회담에서 세 나라는 일본 파시즘 격파와 전후 독일과 일본 처리 문제 등 일련의 중대 문제들에 대한 입장을 조율하고 일본의 무조건 항복을 촉구했다. 또한 반파시즘 전쟁의 승리를 공고히 해 전후 세계 평화 수호에 긍정적인 작용을 했다. 그러나 이 회담에서 전후 세계 안배

문제를 놓고 소련과 미국, 영국의 의견이 엇
갈린 부분도 있었다. 이는 전후 국제 관계 구
조에 중대한 영향을 미쳤다.

'포츠담선언' 발표 후, 일본 통치 계층은
두려움에 떨었지만 일본 정부는 이 선언을
받아들일 수 없다고 선언했다. 이에 반파시
즘 연맹국들은 즉각 일본 파시즘을 무찌르
기 위한 최후의 결전에 들어갔다. 1945년 8
월 6일과 9일, 미국은 일본의 히로시마와 나

1945년 5월 마침내 항복에 조인하는 독일 나치스

가사키에 따로따로 원자 폭탄을 떨어뜨렸다. 이 원폭 투하는 일본
의 항복을 이끌어내는 데 중요한 역할을 했다. 이와 동시에 소련은
얄타협정을 실행에 옮겨 1945년 8월 8일 중국 동북지방과 내몽고,
조선 북부에 머물고 있는 일본 관동군을 공격했다. 9월 초까지 소
련군은 전면적인 승리를 거두었다. 그리고 소련의 이 승리는 일본
파시즘의 붕괴를 재촉했다. 중국 본토에서는 국민당과 공산당 양

1945년 9월 9일, 남경의 육군 총본부에서 거행된 중국 작전 구역의 일본 항복 조인식

측이 소련과, 다른 동맹국 군대의 작전에 보조를 맞추면서 8월 초 일본에 전방위 공격을 퍼부었다. 반파시즘 동맹의 굳건한 공격 속에서 일본은 8월 15일 결국 항복을 선언하고 9월 2일 무조건 항복에 조인했다. 제2차 세계대전은 이렇게 반파시즘 동맹국의 승리로 끝을 맺었다.

20세기, 냉전과 데탕트

'제2차 세계대전' 이후 1990년대 초까지는 미국과 소련이 패권을 다투던 시대였다. 양측은 서로 핵을 무기로 삼아 균형을 이루고 있었다. '생존이냐 아니면 괴멸이냐'라는 문제가 인류의 신경을 건드리고 있었다. 동유럽의 격변, 소련의 해체로 그 막을 내린 이 시기, 그러나 세계 평화는 여전히 멀기만 했다.

01 신생 독립국가의 등장

National Independence and Liberation

제2차 세계대전 이후, 아시아, 아프리카, 라틴아메리카에는 거대한 민족 해방 투쟁의 바람이 몰아쳤다. 식민지들은 하나 둘 독립을 하고 식민주의체제도 붕괴되어 와해되었다. 1990년까지 전 세계 180여 개의 국가 중에서 거의 100개에 달하는 국가가 전후에 독립을 선포하고 나섰다. 이런 국가들은 식민의 속박에서 벗어나 세계 역사의 무대로 나아갔으며, 제국주의와 패권주의를 반대하고 세계 평화를 수호할 중요한 역량으로 성장했다. 이것이 이 시대 역사의 두드러진 특징이었다.

브라운 박사의 인물 탐구

- 간디(1869~1948년), 인도의 '마하트마'. 인도 독립운동의 지도자이자 정신적인 지도자
- 네루(1889~1964년), 인도의 초대 총리
- 진나(1876~1948년), 무슬림연맹의 최고 지도자이자 파키스탄 독립 후의 지도자.

인도와 파키스탄의 분화

제2차 세계대전이 일어나자 영국의 인도총독은 인도에서 전시상황을 선언하고 인도인들의 자유·민주적 권리를 제한했다. 동시에 미국은 인도에서 경제력과 군사력을 확대하고 있었다. 인도의 적극적인 참전을 이끌어내기 위해 미국은 전력을 다해 영국이 인도의 독립을 허락해야 한다고 주장했다.

전쟁 후, 아시아에서 반제국주의 투쟁이 최고조에 올랐다. 영국에 속한 식민지들은 독립운동을 활발히 전개했고 인도인들의 반영국 투쟁도 그 유례를 찾을 수 없을 정도로 활발하게 진행되고 있었

다. 1946년, 노동자와 농민운동이 전국으로 맹렬하게 번져가고 있었다. 1945년 848차례 일어난 파업투쟁은 1946년 1629차례로까지 증가했고 참가자는 75만 명에서 196만 명으로 늘어났다. 농민운동도 전국으로 퍼져나갔다. 뭄바이 노동 봉기는 전후 인도 독립운동의 최고봉이었다. 2만 명의 유명 인사들이 이 봉기에 참여했다. 그들은 영국 국기를 찢고 거리로 나서 '영국 제국주의 타도', '혁명 만세' 등의 구호를 외쳤다. 봉기는 신속

1948년 2월, 뭄바이 선창에서 '인도로 통하는 문'이라 불리던 현무암으로 된 거대한 아치형 문 앞, 한 무리의 병사들이 인도를 떠나는 마지막 영국군들을 전송하고 있다.

하게 마드라스, 카라치 등 항구의 수병들에게까지 퍼져갔다. 1946년 2월 21일에는 인도 전체 해군이 투쟁에 참여했다. 뭄바이의 노동자와 학생 20만 명이 파업에 참여하고, 수업을 거부했으며, 수병 봉기를 성원했다.

그러나 인도 민족 운동의 지도권을 장악하고 있던 인도국민회의파와 무슬림연맹은 이러한 봉기를 규탄하고 나섰다. 인도국민회의파 주석 아사드는 봉기를 '일탈' 행동이라고 여겼고 무슬림연맹의 지도자 진나는 사병들에게 무기를 버리고 '합법적이고 평화적인 방식'을 취하라고 요구했다. 결국 봉기는 실패하고 말았다.

전후 인도와 아시아 정세의 변화, 특히 전례 없는 규모로 일어난 인도의 반영국 투쟁으로 영국은 인도에 대한 제국주의 정책을 바꾸었다. 1946년 3월 15일, 애틀리는 영국 의원에서 "낡아빠진 방법으로 지금의 정세를 대처할 수 없다."고 진술했다. 영국 통치 계층은 반드시 인도에 중대한 양보를 해야 인도에서 자신들의 식민 이익을 지켜낼 수 있다는 것을 깨달았다.

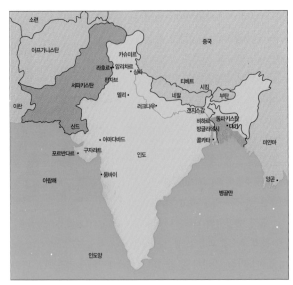

소련
아프가니스탄
카슈미르
중국
라호르·임리차르
펀자브·심라
서파키스탄
티베트
시킴
델리
네팔
부탄
이란
러크나우
갠지스강
신드
비하르
동파키스탄
방글라데시·다카
미안마
·아마다바드
콜카타
포르반다르·구자라트
인도
아랍해
·뭄바이
양곤
벵골만
인도양

인도 독립운동의 결과로 탄생한 것은 하나의 국가가 아니라 힌두교를 믿는 인도(지도의 황색 부분)와 이슬람교를 믿는 파키스탄(지도의 녹색 부분), 이 두 나라였다.

인도국민회의파와 무슬림연맹은 인도의 앞날에 대해서 의견을 달리했다. 인도국민회의파는 자신들이 이끄는 통일된 인도를 세우자고 요구했지만 무슬림연맹은 나누어서 통치하자는 의견을 고집했다. 이는 '파키스탄'을 독립시키자는 것이었는데 인도국민회의파는 즉시 조치를 취해 임시정부와 제헌 의회를 세우자고 요구하고 나섰다. 하지만 무슬림연맹은 영국인들에게 '분리 통치 후 떠나라'고 제의했다. 1946년 7월 베르펠 총독이 임시정부의 국회 의석을 공포할 당시, 인도국민회의파에 6개 의석을 주었고 무슬림연맹에 5개 의석을 배정했다. 이에 항의를 하고 나선 무슬림연맹은 8월 16일을 파키스탄 건립을 실현하는 '실제행동일'로 결정했다. 이날, 콜카타에서 무슬림들이 항의 시위를 벌이면서 이 두 교파 사이

주요 연표

1946년 2월 18일
뭄바이 수병 봉기

1947년 6월 3일
'마운트배튼방안' 등장

1947년 8월 14일
파키스탄, 독립 선포. 15일에는 인도가 독립을 선포.

1948년 1월 30일
간디 피살

에 대학살이 빚어졌고 엄청난 수의 사상자를 냈다. 이렇게 격화된 인도 국내 각 당파, 교파 사이의 모순은 거의 내전 수준으로 발전했다.

1946년 하반기부터 1947년 초까지 인도의 반영국 투쟁은 한층 더 고조되었다. 노동자 파업, 농민운동과 토후국 인민들의 반봉건 왕조 투쟁이 폭풍처럼 거세게 일어났다. 당시 영국 주인도총독의 참모총장이었던 이스마일은 이렇게 말했다. "1947년 3월의 인도는 탄약을 가득 싣고 너른 바다에서 불이 붙어버린 한 척의 배였다."

인도에서 영국의 통치가 완전히 붕괴되는 것을 피하고 인도인들의 혁명이 한층 더 발전하는 것을 막기 위해 영국 정부는 어쩔 수 없이 새로운 대책을 세워야 했다. 애틀리는 인도 정세가 위험해질 것이므로 더 이상 지금까지처럼 인도를 통치할 수는 없다고 주장했다. 그는 영국 정부가 "필요한 조치들을 취해야 하며 늦어도 1948년 6월 이전에는 정권을 인도 책임자에게 넘겨줘야 한다."고 했다. 1947년 3월, 마운트배튼이 인도총독이 되었다. 총독이 된 그는 6월 3일, '인도독립방안'(마운트배튼방안)을 공포했다. 이 방안은 인도를 힌두스탄과 파키스탄, 두 개의 자치령으로 나누기로 결정했다. 인도국민회의파와 무슬림연맹은 결국 이것을 받아들였다.

1947년 8월 14일, 파키스탄이 독립을 선언했고 15일에는 인도가 독립을 선언했다. 그리고 이 두 나라는 영연방 내의 자치령이 되었다. 영국은 인도에서 190년에 달하는 길고 긴 직접 통치를 끝맺었다. 이는 인도인들

1948년 1월 간디가 힌두교 극렬 우파 분자에 의해 피살되자 모든 인도인들이 극한의 슬픔에 빠져들었다. 사진은 간디를 장사지내는 행렬.

이 오랜 투쟁을 거쳐 이룬 결과였다. 또한 전후 아시아와 아프리카 민족 해방 운동이 이룩한 중대한 승리이기도 했다.

그러나 영국이 꾸며낸 인도, 파키스탄 분리 통치는 새로운 분열을 가져왔다. 인도와 파키스탄의 분리 통치 이후 수천, 수만 명에 달하는 힌두교도들과 이슬람교도들이 대행진을 벌이면서 심각한 난민 문제가 일어났다. 교파 사이의 분쟁과 원한으로 살인이 빈번하게 일어났다. 1947년 8월에는 펀잡 대학살로 50만 명이 사망하기도 했다. 간디도 이러한 교파 사이의 살육을 비판했다는 이유로 델리에서 힌두교 광신자에 의해 피살당했다. 더욱이 카슈미르의 귀속이 인도와 파키스탄의 오랜 분쟁의 중요한 쟁점이 되었다.

중국 내전과 중화인민공화국의 건국

항일 전쟁이 승리를 거둔 후, 중국 국내에서는 계급 모순이 다시 주요 문제로 떠올랐다. 국민당, 공산당과 민주당파 사이의 서로 다른 건국방침도 문제가 되었다.

항전 후기, 국민당과 공산당은 전후 '중국이 어디로 가야 할 것인가'를 놓고 각자 자기 주장을 내놓았다. 중국 국민당은 계속해서 일당독재를 고집했고 중국 공산당은 연합정부론을 폈다. 이에 비해 민주당파는 중국을 영국과 미국식의 공화국으로 만들고자 했다. 미국의 도움 아래 국민당은 빠른 속도로 전국의 주요 대도시와 교통의 요지를 점령하고 일본이 남긴 대부분의 물자와 자원을 이어 받으면서 강력한 군사력을 갖추게 되었다. 강력한 실력에 기댄 국민당은 무력으로 공산당을 없애버리겠다는 자신감으로 가득 차 있었다. 하지만 중국 사회는 이미 평화와 민주를 원하고 있었다. 이에 장개석은 정치담판의 방식을 통해 국민당과 공산당 사이의 모순을 해결하자는 희망을 내비쳤다. 그리고 항전이 끝난 후 연이

브라운 박사의 인물 탐구

● 모택동(1893~1976년), 중국 공산당과 중국 민족의 위대한 지도자이자 인민공화국의 창시자

● 장개석(1887~1975년), 중국 국민당과 남경국민정부의 최고 지도자

1951년 유명 화가 동희문(董希文)이 그린 '개국대전(開國大典)'

어 세 차례에 걸쳐 모택동을 초청해 담판을 진행했다.

1945년 가을, 국민당과 공산당의 중경(重慶) 담판과 1946년 1월 정치협상회의를 거쳐 두 당은 합의에 도달했다. 그러나 국민당 반동파는 즉시 협의 사항을 깨고 우세한 군사력과 미국의 원조에 기대 1946년 7월 각 해방구에 군사 공격을 퍼부으며 전면적인 내전을 일으켰다. 인민해방군은 1년 동안의 방어를 통해 국민당군의 전면 공격과 섬서성 북부 및 산동성 해방구 중요 지역에 대한 공격을 막아냈다.

전쟁 첫 해, 국민당 반동파의 군사적 열세와 정치적 기만, 경제 위기의 가중으로 국민당 통치 지역 내에서 인민운동이 고조되었다. 이로 인해 반장개석 노선이 형성되면서 국민당 정부는 온 국민들에게 포위당했다. 몇몇 민주 인사들은 중간노선을 선전하면서 '국민당과 공산당은 화해하고 영국, 미국과 가깝게 지내자'고 주장했다. 그러나 중국의 정치적 향방에는 실질적인 역할을 하지 못했고 중국민주동맹이 국민당에 의해 강제로 해산되면서 중도노선도

주요 연표

1946년 1월
정치협상회의 개최

1946년 6월
내전의 전면적인 발발

1948년 9월~1949년 1월
결전

1949년 4월 23일
남경 해방

1949년 10월 1일
중화인민공화국 성립

신중국의 상징이 된 북경 천안문

철저히 실패했다.

1947년 7월부터 인민해방군은 반격 태세로 들어갔고 공산당은 전국적인 승리를 거두기 위한 강령과 정책을 내걸었다. 해방구의 토지개혁이 깊이 있게 발전하고 있었고 인민민주통일전선도 나날이 확대되고 있었다. 이 시기, 장개석 정부는 '혼란 평정을 위한 총동원'을 실시했지만 이미 실패를 되돌릴 수는 없었다. 1948년 9월부터 1949년 1월까지 인민해방군은 요심(遼沈), 회해(淮海), 평진(平津) 3대 전투에서 국민당 군대의 주력을 섬멸했다. 1949년 초, 장개석은 할 수 없이 평화회담을 열어야 했지만 전범 처벌 등 공산당이 내놓은 8가지 사항을 반대해 버렸다.

1949년 4월, 인민해방군은 도강(渡江) 전투를 일으켰고 4월 23일 남경을 해방시키며 중국에서 국민당 통치를 무너뜨렸다. 해방군은 대륙에서 국민당 잔여 부대를 뒤쫓아 섬멸시켰고 동시에 전국의 민주세력을 초청해 공동으로 건국을 위한 계획을 세웠다. 각 민주당파는 이에 적극적으로 공산당의 호소에 호응하고 나섰고 잇달아 해방구로 들어가 신중국 건설 작업에 참여했다. 같은 해 9월 열린 중국인민정치협상회의 제1회 전체회의를 열고 공동강령을 제정했다. 이어서 10월 1일에는 중화인민공화국 성립을 선포했다. 이로써 중국 인민혁명은 승리를 쟁취했다.

중화인민공화국 중앙인민정부 도장

아프리카의 신생 독립국가들

2차 세계대전 이후, '깊은 잠에 빠진 대륙' 아프리카가 깨어나면서 거대한 민족 독립의 파도를 일으켰다. 식민주의와 제국주의가 몇 세기에 걸쳐 운영해 온 식민체제는 반세기도 지나기 전에 무너져 내렸다. 전후 아프리카 독립운동은 기본적으로 북쪽에서 남쪽으로 발전하는 추세를 보였으며 전체적으로는 크게 4개의 발전단계를 거쳤다.

첫 번째 단계는 전쟁 이후 1950년대 초기에서 중기까지의 시기다. 이 시기 아프리카 민족 해방 운동의 중심은 북아프리카에 집중되어 있었다. 이집트의 독립이 아프리카 민족 해방 운동에 큰 영향을 주었다.

2차 세계대전이 끝난 후, 부패한 파루크 봉건 왕조는 영국의 지지를 이용해 전제정치를 행했다. 1945년, 나세르 등의 청년 장교들이 세운 이집트 자유장교단이 이집트 혁명의 지도자로 성장했다. 1952년 7월 23일 새벽, 이 자유장교단이 무장 봉기를 일으켰다. 봉

브라운 박사의 인물 탐구

- 나세르(1918~1970년), 이집트 자유장교단의 지도자. 1956년 대통령 취임
- 만델라(1918~), 남아프리카 흑인 해방 운동의 지도자. 인종격리정책 폐지 후 남아프리카 대통령으로 취임

 주요 연표

1953년 6월 18일
이집트공화국 성립

1960년
아프리카의 해

1990년
아프리카의 마지막 식민지 나미비아 독립

국내에서 폭넓은 지지를 받는 이집트 대통령 나세르

기를 일으킨 부대는 국왕이 살고 있는 궁의 소재지인 알렉산드리아를 점령했고 파루크 국왕은 해외로 망명했다. 1953년 6월 18일, 이집트공화국이 성립되었고 이집트 민족 독립 투쟁은 큰 승리를 거두었다. 알제리를 제외한 북아프리카 6개국은 1956년까지 모두 독립을 이루었다.

두 번째 단계는 1950년대 중후반부터 1960년대 말에 해당되는 시기다. 이는 민족 독립운동이 온 아프리카 대륙에 폭풍우처럼 휘몰아치던 시기였다. 이 시기에 아프리카 대륙에는 32개의 새로운 독립 국가가 탄생했다. 과거 제국주의의 후방기지였던 아프리카는 반제국주의, 반식민지 투쟁의 전선이 되었던 것이다.

1960년, 아프리카의 정치 판도에는 거대한 변화가 일어나 17개의 국가가 정치적인 독립을 얻어냈다. 바로 이 때문에 이 해를 '아프리카의 해'라고 부른다. 1960년 이후, 아프리카 민족 독립운동은 발전을 계속했고 1961~1968년 15개 나라가 다시 독립을 쟁취했다. 1960년대 말까지 아프리카에는 이미 41개의 신생 독립국이 생겨났고 아프리카에서 영국, 프랑스, 벨기에의 식민체제는 무너져 내렸다.

마침내 실현된 케냐 독립의 꿈. 사진은 영국 필립왕이 조모 케냐타에게 케냐의 독립을 축하하는 모습

세 번째 단계는 1970년대로 주로 포르투갈의 아프리카 식민지가 무너져 내린 역사적인 시기였다. 아프리카 식민지의 투쟁은 포르투갈의 식민 통치 제도에 심각한 충격을 주었다. 1974년 4월 25일, 포르투갈의 카에타누 정권이 쓰러졌고 새로 집권한 정권은 각 식민지에 대해 비교적 느슨한 정책을 취했다. 모잠비크, 카보베르데, 상투메 프린시페, 앙골라가

1980년대, 남아프리카에서는 반인종주의 시위가 드높이 일어났다.

1975년 차례로 독립을 선언했다. 이로부터 그 역사가 500년이나 되는 포르투갈의 아프리카 식민통치가 철저히 붕괴되었다.

네 번째 단계는 1980~1990년으로 이 시기는 아프리카 대륙의 탈식민화 과정이 마지막으로 완성되는 때였다. 짐바브웨와 나미비아가 1980년과 1990년 각각 독립을 선포하면서 아프리카 대륙은 탈식민지화라는 위대한 역사적 임무를 완성해냈다.

아프리카 민족 독립운동의 승리는 몇 세기에 걸쳐 식민노예화에 시달려 온 아프리카인들에게 해방을 가져다주었을 뿐 아니라 국제 사회에 큰 의미를 남기기도 했다. 신흥 아프리카 독립국들은 1/3에 달하는 연합국 의석을 차지하고 국제무대에서 하루가 다르게 중요한 역할을 하게 되었다.

02 냉전과
이념대결

From Confederation to Confrontation

양극화 구조와 양대 진영 대치 국면은 제2차 세계대전 이후 50년 동안 국제관계의 두드러진 특징이었다. 각 진영 안에서도 분열과 모순이 있기는 했지만 전체적으로는 모두 미국과 소련의 이해에 따라 달랐다. 각 진영 내의 맹주로서 미국과 소련은 국제관계에서 주도적인 역할을 수행했다. 이들은 주로 대립하고 대항하면서 각자 진영을 이끌어나갔다. 이런 특수한 현상은 전후 세계의 발전에 지대한 영향을 끼쳤다.

 주요 연표

1943년 11월
미국, 소련, 영국 세 나라의 수뇌, 카이로회담 개최

1943년 11월 28일~12월 1일
미국, 소련, 영국 세 나라 정상, 테헤란에서 회합

1945년 7월 17일~8월 2일
포츠담회담

1945년 10월 24일
국제연합(UN) 정식 설립

얄타체제와 냉전의 개막

2차 세계대전 말, 파시즘 진영의 패배가 이미 확실시되던 상황에서 연합국들은 전후 세계의 안배 문제를 의사일정에 올려놓았다. 그들은 이 때문에 일련의 회의를 열고 공개협정이나 비밀협정을 맺었다. 그 중 가장 중요한 것이 1945년 2월 소련과 미국, 영국의 수뇌들이 소련의 크림 반도 얄타에서 개최한 회의와 이를 통해 발표된 성명, 협정과 밀약이다. 그 전의 카이로회담, 테헤란회담은 얄타회담의 주요 협의를 위한 탄탄한 기초를 마련해 주었다. 얄타회담은 카이로회담과 테헤란회담을 계승하고 발전시켰으며 이에 대한 수정과 조정을 거쳐 법률화시켰다. 얄타체제란 위 회담들을 통해 맺은 협정들을 모두 통틀어 말한다.

얄타체제는 아래 4개의 문제를 주요 사항으로 삼고 있다. (1)어떻게 독일과 일본의 파시즘을 무너뜨리고 패전국을 처리해 파시즘의 부활을 막을 것인가. (2)유럽 국가들의 국경, 특히 독일과 일본, 이탈리아 파시즘 국가들의 국경과 그 점령 지역의 귀속, 경계를 다시 확정한다. (3)국제연합을 건설하여 국제 분쟁을 조정하고 전후 세계 평화를 유지하는 기구로 삼는다. (4)독일과 일본, 이탈리아 식민지 및 국제연맹의 위임 통치 지역을 대상으로 한 신탁통치 계획을 실행에 옮기고 원칙적으로 피압박 민족의 독립권을 인정한다.

2차 세계대전은 반파시즘이라는 정당성을 갖고 있었다. 이 때문에 이 전쟁의 산물인 얄타체제도 역사적인 진보성을 내재하고 있었다. 얄타회담은 소

1945년 5월, 2차 세계대전이 끝났을 때 뉴욕 월스트리트에서 거행된 경축 행사

련, 미국과 영국 등 사회체제가 다른 국가들 사이의 평화적인 공존을 국제관계체제로 편입시켰다. 평화, 민주의 원칙을 제창한 얄타체제는 "전 인류의 평화, 안전, 자유와 보편적인 행복에 힘쓰고", "민주적인 방식으로 인류의 절박한 정치, 경제 문제를 해결한다"고 밝혔다. 그리고 전후 패전국 처리, 파시즘 국가들의 민주화와 피압박 민족, 특히 신탁통치 지역의 독립과 자치 등의 방면에서 이러한 정신을 드러냈다.

그러나 얄타체제도 부정적인 면이 없지 않았다. 이 체제는 미국과 소련의 군사력 균형을 기초로 세워진 것이었다. 미국과 영국, 소련 이 세 나라가 오랫동안 실리를 따져가며 흥정을 벌이고 타협을 해서 얻어진 산물이 바로 얄타체제였던 것이다. 그들은 협력하면서도 서로 충돌을 빚었고 이로 인해 얄타체제는 강대국간의 정

치라는 낙인이 찍혀 버렸다. 그래서 얄타체제는 여러 면에서 약소국의 이익을 무시하는 패권주의 색채를 짙게 깔고 있었다. 미국과 소련 두 나라는 중국의 동의를 얻지 못한 상황에서 비밀리에 외몽고의 독립을 허가하는데 합의했다. 중국 동북지방에 대한 처리 또한 중국의 주권과 영토 완성에 큰 손해를 입혔다. 이 모든 것은 분명히 강대국 정치의 산물이었다.

얄타체제는 세계를 둘로 나누어 놓았다. 세계는 사실상 미국과 소련의 세력 범위로 나뉘어졌다. 거기에 이 두 나라의 서로 다른 사회제도와 국가 이익의 대치까지 더해져 얄타체제의 실시로 독일은 동과 서의 두 나라로 분열되었다. 유럽도 동유럽과 서유럽으로 나뉘어 미국과 소련을 주축으로 하는 양대 진영이 형성되었다. 얄타체제는 전후 국제관계의 구조를 양극체제로 변화시켰다.

국제연합 총본부 건물

사회주의 진영과 바르샤바 조약기구

2차 세계대전 이후, 동유럽과 아시아에서 잇달아 인민민주국가가 등장했다. 그들은 모두 사회주의를 미래의 발전 방향으로 삼았다. 미국을 주축으로 하는 자본주의 진영의 위협 속에서 이들은 같은 이데올로기에 기반해 점차 자본주의 진영과 대립하는 사회주의 진영을 형성하였다.

'트루먼독트린'과 '마셜플랜'에 대응하고 미국의 제국주의 정책과 강력하게 맞서 싸우기 위해 동유럽 국가들은 소련을 위시로 하여 더욱 단결하였다. 이에 소련 정부는 일련의 정치, 군사, 경제정책들을 취한다. 1947년 9월 하순, 체코슬로바키아, 프랑스, 이탈리아 등의 9개국 공산당과 노동당들이 정보국을 세웠는데 이 정보국은 1956년 4월에 끝이 날 때까지 8여 년의 시간 동안 미국 냉전정책에 반격을 가하는 데 일정한 작용을 했다. 그러나 소

모스크바는 바르샤바 조약기구의 총본부 소재지였다.

련은 정보국을 통해 동유럽에 대한 통제와 영향력을 강화했고 심지어 한때는 내부 투쟁을 우선순위에 두기도 했다. 이렇게 되자 정보국은 소련의 쇼비니즘을 추진하고 각국 공산당의 '이단'을 압박하는 도구가 되고 말았다. 1948년 6월, 유고슬라비아가 정보국을 없애버리면서 국제 공산주

오늘날 폴란드 수도 바르샤바의 전경

 주요 연표

1950년 2월 14일
'중소우호동맹상호조약' 체결

1955년 5월 14일
바르샤바 조약기구 창설

1956년 5월 1일 모스크바 붉은광장에서 거행된 열병식

의 운동의 분열에 좋지 못한 선례를 남겼다.

소련과 동유럽 각 인민민주주의공화국의 경제 회복과 발전을 가속화하고 인민민주주의공화국에 대한 자본주의 국가들의 무역금지, 경제봉쇄정책을 무너뜨리기 위해 소련과 동유럽은 1949년 1월 '경제상호원조회의'를 창립했다. 참가국은 소련, 불가리아, 헝가리, 폴란드, 루마니아, 체코슬로바키아, 알바니아와 동독 등 8개 국가였다. 경제상호원조회의의 성립은 회원국들의 경제 발전에 긍정적인 작용을 했으나 문제도 적지 않았다. 소련은 어떤 경우에는 불평등한 무역으로 다른 회원국들에게 손해를 끼쳤다. 또, 이들 8개국은 미국을 주축으로 하는 북대서양 조약기구에 대응하기 위해 1955년 5월 14일에 바르샤바 조약기구를 창설하고 모스크바에 본부를 설립했다. 바르샤바 조약기구는 창설 초기 세계 평화와 사회주의 국가의 안전을 보장하고 자본주의 침략 확대를 반대하는데 긍정적인 역할을 했다. 하지만 바르샤바 조약기구는 또 소련이 동유럽을 통제하고 동유럽 국가들의 내정과 대외정책을 간섭하는 도구이기도 했다.

중화인민공화국은 사회주의 진영의 중요한 회원국이었다. 모택동은 신중국의 건국 직전 '소련일변도'의 외교정책을 명백히 했다. 1950년 2월 14일, 양측은 '중소우호동맹상호조약'을 체결했다. 이 조

초기 바르샤바 조약기구의 움직임은 모두 흐루시초프의 의도에 따른 것이었다. 사진은 1957년 체코슬로바키아를 방문했을 당시 환영받고 있는 흐루시초프

약의 체결은 사회주의 진영의 형성을 상징한다.

이로부터 전후 초기 서로 대립하는 두 경제·정치 체제가 성립되었으며 이에 대응하는 두 진영과 미국, 소련 양극의 냉전 구도를 특징으로 하는 국제체제와 국제질서가 등장했다.

자본주의 진영과 북대서양 조약기구

제2차 세계대전 후, 미국은 막대한 경제력과 군사력을 배경으로 전 세계로 확장해 나갔다. 그러나 소련과 각국 인민 혁명의 역량도 급속히 발전하고 있었고 이로 인해 미국은 소련을 세력 확장의 큰 장애물로 여기게 되었다. 미국과 소련의 동맹관계는 전쟁 이후 빠른 속도로 대치형국으로 변해갔다. 소련과 공산주의의 발전을 억제하기 위해 미국은 일련의 조치들을 취하면서 미국을 위주로 하는 자본주의 진영을 만들었다.

1946년 2월 21일, 미국의 주소련대표 조지 케넌은 한 편의 전문에서 미국이 반드시 군사 포위, 경제 봉쇄, 전복, 국부적인 무장간섭과 지속적인 정치 냉전의 방법으로 사회주의 소련의 발전을 억

브라운 박사의 인물 탐구

📖 **트루먼**(1884~1972년), 민주당 인사, 1945년부터 1953년까지 미국 대통령 역임. 소련을 상대로 한 냉전을 시작했다.

📖 **마셜**(1880~1959년), 민주당 인사, 2차 세계대전 당시 미군 참모총장. 1947년에서 1949년까지 국무장관 역임.

북대서양 조약기구 서방 억제정책의 산물로 1949년에 탄생해 1982년까지 모두 16개 회원국이 되었다.

제해야 한다고 주장했다. '냉전'은 바로 이렇게 처음 세상에 나타났다.

1946년 3월 5일, 영국의 전 수상 처칠이 미국 미주리주의 풀턴에서 '철의 장막' 연설을 발표했다. 그는 이렇게 말했다. "발틱해의 슈체친에서 아드리아해의 트리에스테에 이르기까지 철의 장막이 유럽 대륙을 가로지르며 내려지고 있다. 그 선 뒤로는 중앙 유럽과 동유럽 고대국가의 수도들인 바르샤바, 베를린, 프라하, 빈, 부다페스트, 베오그라드, 부쿠레슈티, 소피아가 자리잡고 있다." 일반적으로 처칠의 이 연설을 '냉전'의 첫 총성으로 본다.

1947년 3월 12일, 트루먼은 국회 상, 하원에서 발표한 교서에서 그리스와 터키에 제공할 4억 달러의 원조금을 요청했다. 원조 목적은 그리스와 터키의 국내 공산당 진압을 도우려는 것이었다. 트루먼은 이렇게 선언했다. "이는 미국 외교정책의 전환점이다. 어느 지방에서든 그것이 직접적인 침략이든 간접적인 침략이든 상관없이 평화를 위협하면 이는 모두 미국의 안전과 관련이 있는 것이다."

여기서도 알 수 있듯 트루먼독트린은 전 세계에서 그 범위를 확장하려는 미국의 소련을 상대로 한 전면적인 '냉전'을 선포한 선언문이었다. 트루먼독트린은 미국 외교정책 변화의 완성이었다. 이는 미국 대외정책이 고립주의에서 완전히 벗어났으며 국부적인 확장에서 전 세계적인 확장의 시대로 변화하기 시작했음을 상징하는 것이었다.

트루먼독트린이 그 모습을 드러낸 지 얼마 지나지 않은 1947년 6월 5일, 미국 국무장관 마셜이 '유럽부흥계획', 즉 마셜계획을 발표했다. 이는 트루먼주의에 영향을 받아 가장 먼저 운용된 대규모 계

📜 주요 연표

1946년 3월 5일
처칠, '철의 장막' 연설 발표, 냉전의 서막이 오름

1947년 3월 12일
트루먼독트린 선언, 마소 냉전 시작

1947년 6월 5일
마셜플랜

1949년 4월 4일
북대서양조약기구 탄생

획이었다. 1948년 4월부터 1952년 6월까지 미국은 정부지출금 131억 5000달러를 서유럽에 원조했다. 마셜 플랜은 서유럽 경제를 안정시키고 사회혼란과 혁명의 발발을 막아냈다. 그러나 원조를 받은 나라들은 미국의 속국으로 전락했고 그 세력 범위에 포함되어 전 세계의 맹주인 미국의 궤도에 편입되었다. 또 경제적으로는 미국 상품과 자본의 수출시장이 되었다.

미국은 마셜계획을 통해 유럽 각국에 경제적인 침투를 감행하는 동시에 정치, 군사적으로 서유럽 각국에 대한 간섭을 강화했다. 서유럽 국가들을 소련 저지를 위한 울타리에 포함시키기 위해 미국 정부는 유럽 군사 동맹 조직 구축에도 착수했다.

소련의 기세등등한 진공에 맞닥뜨린 허약한 서유럽은 군사 동맹 구축을 호소했다. 1949년 4월 4일, 미국, 캐나다, 영국, 프랑스, 벨기에, 네덜란드, 룩셈부르크, 덴마크, 노르웨이, 아이슬란드, 포르투갈, 이탈리아 12개국 외상들이 워싱턴에서 정식으로 '북대서양 조약'을 체결했다. 이 조약은 총 14개 조항으로 되어 있으며 그 주요 내용은 다음과 같다. 각 체결국은 반드시 "단독 저항과 집단 저항 무장 공격

강대한 군사력을 배경으로 사회주의를 억제한다는 것이 북대서양 조약 기구의 근본적인 목적이었다. 사진은 북대서양 조약기구 가입국인 영국의 함대가 순항하고 있는 광경.

능력을 유지하고 발전시켜야 한다." "유럽 혹은 북아메리카 중 하나 아니면 여러 체결국의 무장 공격은 반드시 조약국 전체에 대한 공격으로 봐야 한다." 이런 상황에서 조약국은 반드시 단독으로 그리고 다른 조약국과 함께 무력 사용을 포함한 필요하다고 여겨지는 행동을 취해야 할 것을 명시했다. 8월 24일, '북대서양조약'이 정식으로 효력을 발휘했다.

이렇게 미국의 지도 아래서 미국과 서유럽 그리고 이후 일본까지 합세해 자본주의 진영을 구축하게 되었다.

냉전과 이념전쟁의 격화

두 진영 속에서 각국의 대외전략은 미국과 소련의 지휘를 받고 있었다. 이 때문에 양대 진영 대치의 중점은 미소 양국의 대치와 대항으로 나타났다.

전후 미국은 전 세계의 패권을 장악하고 있었다. 이런 미국에 역량을 갖추고 필적할 수 있는 유일한 나라가 소련이었다. 2차 세계대전 당시의 미국과 소련의 동맹관계는 급속도로 대치상황으로 바뀌어 갔다. 미국은 소련의 세력 확장을 막기 위해 우선 소련과 '냉전'을 벌였고 양국은 곧 국제문제를 두고 격렬하게 대립했다.

냉전체제의 대립을 상징적으로 보여주는 것이 바로 독일의 분할 과정이다. 얄타체제의 결의에 따라 미국, 소련, 영국, 프랑스가 독일을 분할 점령했다. 미국과 소련의 냉전이 시작되고 또 깊어지면서 독일의 분할은 피할 수 없는 것이었다. 1948년 6월 18일, 미국, 영국, 프랑스가 6월 21일부터 독일 서부에서 단독적인 화폐개혁을 실행에 옮겼다. 소련은 이에 항의하면서 날카롭게 대립하며 독일 동부에서도 화폐개혁을 단행했다. 이어서 소련은 6월 24일, 베를린을 봉쇄하고 서쪽 점령 지역과 베를린의 수륙 교통과 화물 운송

브라운 박사의 인물 탐구

💬 흐루시초프(1894~1971년), 1953년 스탈린이 세상을 떠난 후 소련 공산당 제1 서기와 소련 부장 회의 주석 등의 직위에 올랐고 1964년 정권에서 물러났다.

💬 아이젠아워(1890~1969년), 공화당 인사, 1953~1961년 미국 대통령 역임

💬 존 피츠제럴드 케네디(1917~1963년), 민주당 인사, 1961~1963년 미국 대통령 역임

을 전면적으로 끊어버렸다. 이렇게 해서 바로 첫 번째 '베를린 위기'가 출현했다. 갑자기 긴장되기 시작한 국제정세로 2차 세계대전 후 미국과 소련의 냉전이 처음으로 고조되었다.

미국은 독일 분리의 발걸음을 재촉했다. 9월 20일, 독일연방공화국 성립을 선포했고 이로써 미국은 독일 분리의 절차를 끝마쳤다. 10월 7일, 독일민주공화국의 헌법이 효력을 발휘하면서 독일민주공화국이 세워졌다. 이때부터 독일 땅에는 두 개의 독일이 나타났다.

한편, 미국과 소련의 대립으로 몇몇 지역에서 국부 전쟁이 일어났다. 양측은 공개적으로 또는 비밀리에 한국 전쟁과 베트남 전쟁에 관여했다. 그러나 양측의 역량이 균형을 이루었기 때문에 직접적인 미국과 소련의 전쟁으로 이어지지는 않았다.

흐루시초프 집권 시기, 소련은 미국과의 협조를 추진하면서 공동으로 세계를 지배하고자 했다. 이렇게 해서 미국과 소련의 대립은 미·소 패권으로 발전했고 패권 쟁탈을 위해 어떤 경우에는 그 태세를 늦추다가도 또 어떤 때는 격렬한 태세를 갖추기도 했다. 그러나 전체적으로는 소련이 불리한 위치에 처해 있었다.

1961년 8월 13일, 소련과 동독이 '베를린 장벽'을 세우면서 다시 제2차 베를린 위기가 일어났다. 비록 소련이 물러나면서 그 위기가 잠시 해결되기는 하였으나 양국 사이의 긴장 관계가 완전히 사라진 것은 아니었다. 이는 결국 새로운 위기의 씨앗이 되고 말았다.

흐루시초프는 심지어 카리브해 지역에서 미국과 겨루려고까지 했다.

📎 주요 연표

1948년 6월 24일
제1차 '베를린 위기'

1961년 8월 13일
제2차 '베를린 위기'

1962년 9월
쿠바 미사일 위기

쿠바에서 철수하는 공격용 미사일을 탑재한 소련 함정. 흐루시초프와의 첫 번째 대결에서 케네디가 우위를 차지했다.

1962년 8월 말, 미국은 쿠바의 단거리미사일 발사 기지를 발견했다. 케네디 대통령은 9월 4일 즉각 소련에 경고 성명을 발표해 즉시 쿠바에서 미사일을 철거해줄 것을 요구했다. 케네디의 명령에 따라 180여 척의 미국 군함이 카리브해를 순찰했고 핵탄두를 탑재한 B-52 폭격기가 쿠바 상공을 비행했다. 전 세계에 퍼져 있는 미국의 육군, 해군, 공군 부대가 최고 경계 태세에 진입했다. 역사에 그 예가 없는 핵 전쟁으로 번질 위기가 전 세계를 뒤덮고 있었다. 소련이 군사적인 열세에 처해 있다는 것을 스스로도 잘 알고 있었던 흐루시초프가 어쩔 수 없이 후퇴하면서 소련은 쿠바에서 미사일을 철거하기로 결정했다. 쿠바 미사일 위기는 이렇게 끝이 났다. 위기를 모면한 후 미국과 소련은 각자의 이익을 고려해 핵 위협 방식을 피해 양국 관계를 처리할 방법을 강구했다. 미국과 소련은 이렇게 양국 관계와 불안한 국제정세를 완화시키기 위해 노력했다.

1963년 7월 15일, 미국과 영국, 소련이 '부분핵실험금지조약'에 합의했다. 본래 의도는 미국과 소련의 핵 독점을 공고히 하기 위한 것이었다. 그러나 두 나라 모두 목적을 달성하지 못했다. 1960년, 프랑스가 첫 번째 원자탄 제조 실험에 성공했고 1964년 10월, 중국도 첫 번째 원자탄을 폭발시키는 데 성공해 미국과 소련의 핵 독점과 핵 위협 정책에 큰 타격을 주었다.

소련은 미국과의 오랜 경쟁 속에서 결국 무너졌다. 정권을 잡은 고르바초프는 패권 경쟁을 포기하기에 이른다.

03 냉전의 종결, 데탕트의 시대

End of Two Sides

소련은 미국과의 장기전에서 무너지고 말았다. 어려움에 빠진 국내 정치, 경제는 결국 소련 해체를 불러왔다. 소련의 혼란으로 동유럽 각국의 정국이 술렁이면서 연이어 격변이 일어났다. 중국은 1970년대 말부터 개혁 개방을 실시해 중국식 사회주의라는 길을 성공적으로 찾아냈다. 양극 구조가 철저히 무너져 내리면서 세계 다극화 추세는 더욱 뚜렷해졌다.

📝 주요 연표

1958년 1월 1일
유럽경제공동체 창설

미국 주도의 자본주의

전후, 미국은 빠른 속도로 전시 경제에서 벗어나 평화 시대의 경제로 전환했다. 1950년 한국 전쟁이 일어난 후, 미국 경제에는 '전쟁 호황'이 나타났다. 1960년대에 접어들어 경제는 지속적인 고속 성장을 계속해 1961년 2월부터 1969년 10월까지 미국 경제는 104개월 동안 연속 상승을 계속했다. 이런 장기 지속 성장은 미국 경제 발전사에서 보기 드문 일이었다.

1970년대 초 눈부신 번영을 이룬 일본의 상업

현대와 전통이 완벽하게 공존하는 일본

트루먼 정부는 '공정정책(Fair Deal)'이라 불리는 사회경제정책을 실시했다. 정부는 일자리를 늘리고 수많은 저가 주택을 지어 저소득 계층에게 제공했다. 동시에 사회보장제도를 크게 확대했으며 일반 국민들의 급료 수준도 올릴 수 있었다. 오랫동안 뒤로 밀려나 있던 농업도 국가의 재정적인 도움을 받게 되었다. 그러나 트루먼 시기는 정치적으로 극단적인 반공이 나타난 암흑의 시대이기도 했다. 전후 세계적으로 발전하는 공산주의를 목격하면서 국회의 몇몇 상원들의 제의 아래 미국은 대대적인 반공조사를 실시했다. 이 '충성도 조사'로 2000여 명이 해고되거나 강제로 사표를 내야 했다. 국가공무원들은 모두 위험한 상황이라는 것을 직감하고 있었다. 그만큼 두렵고 불안한 때였다. 매카시가 정점으로 올려놓은 반공 정서로 미국 사회에서는 극단적인 반공, 반민주적인 정치 조류가 나타났고 사회는 극한의 공포에 빠져들게 되었다.

트루먼을 이어 대통령이 된 아이젠하워, 케네디와 존슨 모두 중대한 경제개혁을 단행했고, 그 중에서도 존슨의 '위대한 사회(The Great Society)' 계획이 가장 방대하고 복잡했다. 위대한 사회 계획은 정부 재정으로는 지탱할 수 없는 규모로 인하여 결국 개혁의 청사진은 물거품이 되고 말았다.

1950년대 중기부터 미국의 흑인들이 대규모의 인종차별 반대와 민주권리 쟁취를 위한 운동을 일으켰다. 또한 60년대 중반 대대적인 반전운동이 벌어지기도 했다. 반전운동과 민권운동이 하나로 합쳐지면서 미국 사회에 엄청난 충격을 주었다.

전후, 미국은 단독으로 일본을 점령했다. 미국의 도움 아래 일본은 철저한 민주화 개혁을 실행했다. 그들은 메이지유신 이래 정치, 경제 등 각 영역에 남아 있던 봉건 잔재 요소들을 일소해 메이지유신이 완성할 수 없었던 역사적인 임무를 마무리지었다. 이를 통해 일본은 군사적인 봉건성을 내포했던 제국주의 국가에서 자본주의 민주국가로 변화했다. 이는 일본 현대사에서 시대를 긋는 획기적인 의미를 갖고 있었으며 일본 경제의 회복과 발전에서도 추진 작용을 일으켰다.

1955년부터 일본은 국민경제 현대화의 고속 발전 시기에 접어들었다. 1960년대 말까지 일본의 경제가 빠른 속도로 세계 2위의 자리에 올라앉았고 일본은 세계적인 경제대국이 되었다. 외교적인 측면에서도 일본의 역대 정부들은 모두 미일 '안전보장체제'를 고집하고 미국과의 동맹관계를 강화해 안전한 국제환경을 확보했다.

마셜계획의 도움 속에 서유럽 각국 경제도 전후 급속히 회복되었다. 영국, 프랑스, 서독이 모두 정부의 경제 간여를 강화하고 대대적으로 과학 기술 교육을 발전시켰다. 이를 통해 서유럽은 오랫동안 빠른 경제 발전을 지속해 나갔다. 각국의 연계를 강화하고 미국에 대한 의존도를 낮추면서 미국의 통제에서 점차 벗어나기 위해 얼마 지나지 않아 유럽연합의 길로 들어섰다. 1951년 4월, 프랑스, 서독, 이탈리아, 네덜란드, 벨기에와 룩셈부르크 6개국이 파리에서 유럽석탄철강공동체 조약을 맺었다. 유럽석탄철강공동체의 설립은 프랑스와 독일의 화해를 재촉해 이후 서유럽 통합을 위한 굳건한 기

한자리에 모인 유럽 각국의 지도자들

oui à l'avenir

유럽 발전의 새로운 희망, 유럽공동체

초가 되었다.

1958년 1월 1일, 유럽경제공동체가 성립되었다. 공동체의 건립과 발전은 국제 경제와 정치 역량의 대비를 변화시키면서 미국에 맞서는 서유럽의 역량을 강화시켰다. 또한 이는 서유럽의 안정과 초강대국인 미국의 패권주의 반대에 유리했을 뿐 아니라 세계의 다극화 발전을 촉진하기도 했다.

사회주의 국가의 변화

1956년 2월에 열린 소련 공산당 제20차 대회에서 스탈린을 혹독하게 비판한 흐루시초프의 비밀보고는 스탈린에 대한 개인숭배를 무너뜨렸다. 이 사건은 전 세계, 특히나 사회주의 국가에 엄청난 충격을 주었다. 그 후, 흐루시초프는 정치, 경제 영역의 몇몇 방면에서 개혁을 단행했다. 이 개혁은 전통적인 소련 체제의 각종 폐단에 상당한 타격을 주었지만 고도로 집중된 정치, 경제 체제 모델을 근본적으로 바꿀 수는 없었다.

1953년 3월 5일, 뇌출혈이 온 지 나흘 만에 세상을 떠난 스탈린

1964년 정권을 장악한 브레즈네프는 새로운 경제 체제의 건립에 온 힘을 기울였다. 이로 인해 기업들은 비교적 큰 자주권을 손에 넣게 되었으며 경제를 자극하는 각종 수단을 운용하게 되었다. 이에 따라 소련의 공업은 빠른 속도로 발전했고 농업 생산량도 짧은 시간 내에 뚜렷한 증가를 보였다. 하지만 새로운 경제 체제는 원래의 관리 체제에 약간의 수정과 보완을 가한 것에 불과했다. 개

혁 후에도 소련은 여전히 고도로 집중된 계획경제 관리 체제를 고수했다. 1970년대에 들어서 소련 경제 발전 속도는 점차 하락세를 보이기 시작했다.

스탈린을 비판한 소련의 영향으로 개혁의 파도가 동유럽 사회주의 국가로 몰아닥쳤다. 그러나 개혁의 실패와 소련의 간섭으로 유고슬라비아를 제외한 각국의 개혁은 얼마 가지 못해 실패하고 말았다.

유고슬라비아는 과거 소련의 모델에

1955년, 소련과 유고슬라비아의 관계가 비교적 괜찮았던 때, 의장대를 함께 검열하고 있는 흐루시초프와 티토

따라 고도로 집중된 계획경제 관리 체제를 실행했다. 그러나 사회주의 진영에서 나간 후 유고슬라비아는 사회주의 자치제도라는 길로 나아갔다. 유고슬라비아가 고도로 집중된 정치, 경제 체제를 변화시키면서 경제도 급속한 발전을 이룩했다. 하지만 개혁은 여러 민족들 사이의 첨예한 모순과 같은 풀기 어려운 사회문제들도 가져왔다.

헝가리도 인민정권을 세운 후 소련의 정치, 경제 모델을 그대로 모방했다. 그 결과는 심각한 경제적 어려움을 초래하였다. 정치적으로는 대대적인 '티토주의자(노동자 자주관리제)' 숙청 운동을 일으켜 엄청난 정치적 위기를 몰고 왔다. 1956년 소련 공산당 제20차 대회 이후, 헝가리인들은 스탈린 개인숭배를 극복하고 사회민주주의를 확대하며 정치, 경제 개혁을 단행하고자 했다. 그러나 국가의 타당하지 못한 조치로 10월, 전국에서 심각한 폭동이 일어나 엄청난 손실을 보았다. 10월 사건 이후, 헝가리는 정치, 경제 체제에 부분적인 조정과 개혁을 단행했고 이에 헝가리의 정치, 경제도 점차 회복했다. 이렇게 해서 전면적인 경제개혁에 필요한 준비를 하나 갔다.

 주요 연표

1956년 2월
소련 공산당 제20차 대회 개최, 스탈린의 정책이 맹렬한 비판을 당했다.

1956년 6월
폴란드에서 포츠난 사건 발생

1956년 10월
헝가리에서 전국적인 폭동, 즉 '헝가리 사건' 발생

1968년 8월
소련 등 바르샤바 조약기구 국가들의 체코슬로바키아 침략

1968년 봄, 일련의 개혁 조치를 추진해 국민들의 환영을 받은 체코슬로바키아의 지도자 두브체크(왼쪽에서 첫 번째).

브라운 박사의 인물 탐구

- 브레즈네프(1906~1982년), 1964년 소련 공산당 중앙 제1서기에 취임해 사망하기 직전까지 줄곧 소련 최고 지도자였다. 그의 임기 동안 소련은 미국에 맞먹는 군사강국으로 성장했다.

- 두브체크(1921~1992년), 체코 공산당 총서기, 1968년 개혁 단행.

- 티토(1892~1980년), 유고슬라비아의 반파시즘 투쟁 지도자. 정책을 독립자주 신봉한 비동맹 운동의 창시자.

소련 공산당 제20차 대회는 폴란드에서도 강렬한 반향을 불러일으켰다. 1956년 6월, 포츠난의 스탈린 기관차 차량 공장의 노동자들이 급료 인상을 요구했다. 당국이 이를 거절하자 공장의 모든 노동자들이 파업에 참여했고 수많은 군중들과 함께 시위를 벌였으며 이 시위 대열 안에서도 폭동이 일어났다. 그런데 당국이 경찰을 출동시켜 이를 진압하는 바람에 50여 명이 죽고 200여 명이 다치는 결과를 초래하고 말았다. 포츠난 사건 이후 경제적인 어려움에서 벗어나고 사회모순을 완화하기 위해 고무우카는 정치, 경제 체제 개혁에 착수했다. 이 개혁으로 폴란드의 상황은 빠른 속도로 호전되었다.

1968년 3월, 체코가 '프라하의 봄'이라 불리는 전면적인 개혁 단행을 선포했다. 체코의 개혁을 사회주의에 대한 배반으로 본 소련은 체코에 대한 군사적인 간섭을 결정했다. 1968년 8월 20일 저녁, 대량의 소련군을 실은 비행기가 갑자기 프라하의 비행장에 착륙했다. 소련군은 신속하게 프라하를 점령하고 두브체크 등의 지도자를 납치했다. 동시에 소련, 폴란드, 헝가리, 불가리아와 동독의 50여 만 군대가 체코 국경을 넘어와 체코 대부분의 영토를 점거하기에 이르렀다. 소련의 무장침입으로 체코의 개혁 운동은 중단되었고 후사크가 정권을 잡은 후 대규모의 정치적 숙청을 벌였다.

1955년 4월 24일, 아시아아프리카회의에서 '세계 평화와 국제 협력 증진에 관한 선언'을 통과시켰다. 위 사진은 주은래(周恩來)와 아시아아프리카회의 일부 대표단의 대표들과 함께 찍은 사진이다.

제3세계의 비동맹회의

1950년대 중반 이후부터 70년대 초반까지 아시아, 아프리카, 라틴 아메리카의 독립국들이 주축이 된 제3세계가 형성되면서 급속한 발전을 이루어 나갔다. 이는 2차 세계대전 이후 세계 구도에 나타난 중요한 변화이다. 특히 1950년대 중반 아시아아프리카회의 개최와 60년대 초반 이래 비동맹 운동의 부흥은 중요한 이정표이자 상징적인 사건들이다.

전후 독립을 획득한 아시아와 아프리카의 국가들은 서로 유사한 상황에 처해 있었다. 독립 수호, 민족 경제 발전, 식민 패권 반대라는 공동의 요구 사항을 갖고 있었다. 이에 따라 이들은 서로 협력과 연계를 강화하게 되었던 것이다. 1955년 4월, 아시아와 아프리카의 25개 국가들이 인도네시아 반둥에서 아시아아프리카회의를 열었다. 이 회의의 개최는 아시아와 아프리카가 이미 새로운 세력으로 국제 정치 무대에 등장하였음을 상징하는 것이었다.

그러나 각국의 이데올로기와 사회제도가 달랐기 때문에 이 회의는 한때 언쟁에 빠져들기도 했다. 이때 주은래가 의견이 다른 부분은 우선 보류하자는 방침을 제기해 회의는 순조롭게 진행되었다. 아시아아프리카회의는 역사상 최초로 서방 국가들이 참여하지 않은 국제회의였다. 이 회의는 자본주의 세력이 멋대로 아시아와 아프리카를 지배하는 시대가 다시는 돌아오지 않을 것임을 명백히 했다. 아시아아프리카회의로 아시아, 아프리카, 라틴아메리카는 민족 독립을 위한 발걸음을 재촉했고 비동맹 운동도 그 서막을 올렸다.

비동맹 운동은 1960년대에 시작되

주요 연표

1955년 4월
아시아아프리카회의 개최

1961년 6월
'77그룹' 형성

1961년 9월
제1회 비동맹국가 수뇌회의 거행

1971년 10월 25일
중국이 합법적인 국제연합 대표권 회복

비동맹 운동의 영향으로 1962년 알제리가 프랑스의 식민통치에서 벗어나 독립을 획득했다.

었다. 1961년 9월 1일부터 6일까지 비동맹국가 수뇌회담이 베오그라드에서 열렸다. 이 회의는 초강대국의 패권주의를 반대하는 결의를 통과시키고 세계 평화 수호와 전쟁 반대를 호소했다. 바로 여기서부터 비동맹 운동이 정식으로 그 모습을 갖추게 된다. 이후 비동맹 운동은 신속한 발전을 거듭했고 1980년대 초까지 참가국의 숫자가 101개국에 달했다. 비동맹 운동의 발전은 민족 해방 운동을 촉진시켰으며 제국주의 식민체제의 붕괴를 재촉해 초강대국 패권주의에 큰 타격을 입혔다. 이와 함께 제3세계 국가들의 국제 지위를 대폭 상승시켰다.

개발도상국들은 1960년대부터 적극적으로 국제경제질서에 대한 투쟁을 전개했다. 개발도상국은 대부분 지구 남반구에 자리 잡고 있는 반면 대다수 공업선진국들은 북반구에 있다. 이 때문에 개발도상국과 선진국들 사이의 담판이 '남북대화' 또는 '남북담판'

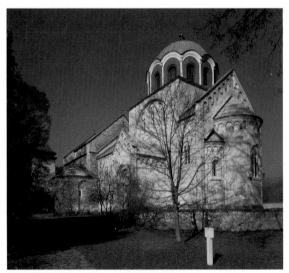

으로 불리게 되었으며 개발도상국들 사이의 협력은 '남남협력' 이라 불린다.

개발도상국의 정치, 경제적 지위가 지속적인 상승을 거듭하면서 그들은 하나 둘 불평등한 국제관계를 변화시키고 새로운 국제경제질서를 수립해야 한다고 요구하고 나섰다. 당시 대다수의 공업선진국들도 개발도상국들과의 관계 개선이

베오그라드 부근에 위치한 스투데니차 성모 성당은 유고슬라비아의 유명한 고대 건축물이다.

자국 경제 발전에 갖는 중요성을 인식하고 있었다.

1961년 6월, 77개 개발도상국들이 '77그룹'을 조직했다. 새로운 국가경제질서를 세우자는 취지로 이는 개발도상국이 국제경제 영역에서 벌인 투쟁이 분산에서 연합으로 변화하고 있음을 상징적으로 보여주었다. 남남협력은 1970년대 다시 한 번 고조되었다. 개발도상국들은 긴밀한 경제적 협력을 통해 불평등한 남북무역 체제

'남남협력'으로 점점 더 많은 국가들이 가난에서 벗어났다. 사진은 브라질 국회 건물의 장관

를 어느 정도 변화시키면서 상당한 진전을 보았다. 비록 여전히 적지 않은 문제들과 난관이 남아 있었지만 이들의 협력은 세계 발전에 부합하는 것이었으며 남북대화와 국제경제질서의 건설을 촉진시켰다.

남북합작은 1970년대에 나타난 새로운 현상이었다. 서유럽국가들이 에너지 위기라는 곤경에서 벗어나기 위해 아시아, 아프리카 그리고 라틴아메리카의 몇몇 국가들과 연속 세 차례에 걸친 경제협력협정을 체결했다. 선진국이든 개발도상국이든 서로 큰 이익을 볼 수 있었기 때문에 이 협정은 한때 남북협력의 모범이 되기도 했다. 그러나 1990년대 초반 국제정세의 변화, 특히 동유럽의 급속한 통일로 남북협력은 다시 부진의 늪에 빠졌다.

국제정치질서를 쟁취하려는 제3세계의 투쟁도 상당한 성취를 이루어냈다. 제3세계 국가들의 전폭적인 지지 아래 1971년 중국은 연합국에서 합법적인 의석을 회복할 수 있었다. 또한 5개 상임이사국 중에서 유일한 개발도상국이다. 이는 국제 정치 무대에서 제3세계가 점점 더 중요한 역할을 하게 되었음을 보여주는 것이었다.

주요 연표

1989년 10월 16일
헝가리공화국 성립

1989년 12월
폴란드공화국 성립

1990년 10월 3일
독일 통일

1991년 8월 19일
'8·19사건' 발발

1991년 11월 15일
불가리아공화국 성립

1991년 12월 26일
소련 정식 해체

1993년 1월 1일
체코공화국과 슬로바키아공화국 분리

양진영의 분화와 충돌

1956년 2월 소련 공산당 제20차 대회에서부터 중국과 소련 공산당이 분열하면서 양국관계는 점차 악화되었다. 소련이 스탈린을 전면적으로 부정하자 중국이 이에 반대하면서 양측의 이데올로기는 엇갈리게 되었다. 소련 공산당은 '종주국'임을 자처하면서 중국 공산당에게 복종을 강요하여 소련 공산당의 입장에 따를 것을 요구했다. 결국 양국의 분열은 1963년 일어난 중소 대논쟁으로 발전했다. 이 일로 양국의 이데올로기 분열이 완전히 공개되었고 다른 사회주의 국가들 사이에도 분열이 나타났다.

중국을 방문한 흐루시초프

중국 공산당에 대한 소련의 쇼비니즘적 정책은 중국의 주권을 멋대로 짓밟았다. 1958년, 소련은 중국에 중국과 소련이 공동으로 소유하고 관리하는 장파방송국과 공동 함대를 세울 생각이었다. 그러나 중국의 주권을 훼손하는 이러한 요구를 중국 측은 즉각 거부했다. 흐루시초프는 심지어 대만 문제에서 무력을 사용하지 말아야 한다고 중국에 요구했으나 중국은 당연히 이를 받아들일 수 없었다. 1959년 9월, 중국과 인도의 국경에서 충돌이 일어났다. 소

브라운 박사의 인물 탐구

📖 드골(1889~1970년) 2차 세계대전 이후 프랑스 대통령 두 차례 역임. 자주독립적인 외교정책을 신봉한 유럽연합의 창시자.

1972년 중국을 방문한 닉슨이 중국 지도자와 회담을 열었다.

련이 공공연하게 인도 편을 들면서 중국과 소련의 대립은 세상에 알려졌다. 1966년 이후, 소련은 중국과 소련의 국경 지대에 지속적으로 군대를 파견해 국경 지대에서 무장충돌을 일으켰다. 이때부터 중국과 소련은 오랫동안 대립하게 된다.

중국과 소련의 논쟁 중 알바니아는 중국을 지지하며 끝까지 소련의 관점과 입장에 반대했고 결국 소련과 공개적으로 결별했다. 루마니아도 분열을 일으키고 심화시키는 소련의 방식에 반기를 들었고 자주독립적인 외교정책을 펴나갔다. 이에 1961년 루마니아는 서독과 정식 수교를 맺었고 1960년대 말에는 이스라엘, 미국과의 관계를 개선했다.

2차 세계대전 이후 심각하게 분열된 약체였던 유럽은 소련과 그 동맹국들의 위협, 미국의 통제에 맞서 강력한 유럽연합을 만들겠다는 계획을 세웠다. 1958년 성립된 유럽경제공동체는 1971년 영국의 가입 이후 빠른 속도로 확대되었고 1995년 고도로 일체화된 유럽연맹으로 발전했다. 유럽경제공동체의 발전은 유럽 경제의 발전을 촉진시켰을 뿐 아니라 전 세계 정치체계에도 깊은 영향을 미쳤다. 또한 다극화의 과정에도 중요한 작용을 했다.

유럽의 국가들은 미국의 정치적 통제에서 벗어나 정치적으로도 점차 자주독립의 길을 걸었다. 프랑스의 드골주의의 실질적인 내용이 바로 자주독립적인 외교정책을 견지하고 유럽연합을 미국의 정치적 통제에 맞서는 기반으로 삼는다는 것이었다. 프랑스는 주동적으로 소련과의 관계를 개선했고 1966년에는 북대서양 조약기구의 군사통합기구에서도 나왔다. 전후 프랑스는 드골주의의 자주독립정책을 줄곧 외교정책의 기반으로

주요 연표

1956년 10월
일본과 소련 정식 수교

1960년 7월~9월
소련이 독단적으로 중국에 머물고 있는 기술 인력들을 철수시킴.

1966년
프랑스가 북대서양 조약기구의 군사통합기구에서 탈퇴

1971년
영국, 유럽공동체 가입

1972년
중미관계 정상화

1979년
중국과 미국, 대사급 외교관계 수립

폴란드의 자주관리노동조합연대의 지도자였던 바웬사가 1990년 폴란드 대통령으로 당선되었다. 이 사진은 바웬사와 교황 요한 바오로 2세가 함께 외국을 방문했을 당시의 사진이다.

했다. 이는 자본주의 진영 분화의 한 형태였다. 독일은 국제사회에서 정치적으로 약체인 상황에서 벗어나기 위해 1970년대에 '신동방정책'을 추진했다. 적극적으로 소련, 동유럽 국가들과의 관계를 완화했고 담판의 방식을 통해 동독과 대화를 해나갔다. 또 몇몇 동유럽 국가들과는 외교관계를 수립하기도 했다. 이는 서독이 국제정치 무대에서 새롭게 중요한 영향을 미치기 시작한 발단이자 상징이었다.

일본 경제가 급격한 발전을 이루면서 미국과 일본 양국의 규제와 반규제 충돌이 점차 그 모습을 드러냈다. 1956년 10월, 일본과 소련은 외교관계를 회복했다. 또 1960년 1월에는 일본의 강력한 요구로 미국이 1951년 체결한 '미일안전조약'을 폐지하고 새로운 미일안전조약에 함께 서명했다. 이에 따라 일본은 더 큰 자주권을 확보할 수 있었다.

사회주의와 자본주의 양대 진영의 분화는 양극 구도의 해체를 가속화했으며 다극화로의 발전을 촉진시켰다.

브라운 박사의 인물 탐구

🔵 **고르바초프**(1931~), 1985년 3월 소련 공산당 중앙서기로 당선되어 '민주화'와 '공개' 그리고 '새로운 사고'를 제창했다.

🔵 **옐친**(1931~), 1991년 러시아 대통령으로 당선되었으며, 1999년 물러났다.

🔵 **차우셰스쿠**(1918~1989년), 1965년 이후 루마니아의 최고 지도자가 되었다. 통치가 교착상태에 빠지면서 민심을 잃었다.

동유럽의 격변과 소련 해체

1985년 3월, 고르바초프가 소련 공산당 중앙 총서기로 선출되었다. 경제 발전을 가속화하기 위해 고르바초프는 경제 구조 전체에 대한 근본적인 개혁을 단행하기로 결정했다. 그러나 개혁은 심각한 통화 팽창으로 난관에 부딪치고 말았다. 1988년 소련은 방향을 바꿔 정치체제 개혁을 단행했다. 개혁을 통해서 '인도적이고 민주적인 사회주의' 모델을 확립시켰으나 소련의 지도 사상과 발전 방향에는 혼선이 빚어졌다.

1990년 7월, 소련 공산당은 다당제 실시를 내걸었다. 이 영향으로 하나 둘 생겨난 각 정당들이 적극적으로 정권 쟁취 활동을 시작

했다. 여기에 몇몇 연방국가들이 독립을 선
포하면서 상황은 더 악화되었다. 1991년 8
월 19일, 소련 부통령 야나예프를 주축으로
하는 '국가비상사태위원회'가 '8 · 19 사건'
을 일으켰다. 이들은 위기에서 신속히 벗어
나고자 했으나 얼마 가지 않아 실패하고 말
았다. 그 후, 러시아 공화국 대통령이 러시아
공산당의 활동 중지 명령을 내렸다. 11월 5
일, 옐친은 소련 공산당과 러시아 공산당이
러시아 공화국 역내에서 활동하지 못하게

독일 총리 헬무트 콜은 동독과 서독의 통일을 목도했다. 이 사건으로 그
는 세계 정계의 중요 인사로 떠올랐다. 위 사진은 헬무트 콜 총리와 옐
친, 부시가 함께 찍은 사진.

하라는 명령을 내렸고 소련 공산당은 이로써 붕괴하고 말았다.

　소련 공산당의 해체와 동시에 연방국가들도 독립의 물결을 일으
켰다. 대다수 연방국가들은 1991년 독립을 선포했다. 1991년 12월
러시아 공화국 등 11개 독립국가가 독립국가연합의 성립을 선언하
면서 소련이 더 이상 존재하지 않음을 분명히 선언했다. 12월 26
일, 소련의 최고 소비에트 회의도 소련이 더 이상 존재하지 않음을
선포했다. 이로써 소련은 지도상에서 사라졌다.

　고르바초프의 '인도적이고 민주적인 사회주의' 사상의 영향으

세계사적 성과　1946년 세계 최초 전자계산기 연구 개발 성공 ➡ 미국, 1952년 11월 1일
에 첫 수소폭탄 폭발 ➡ 1953년 미국의 크릭이 영국의 《네이처》 잡지에 논
문 '핵산의 분자 구조'를 발표하여 DNA(디옥시리브핵산)의 2중 나선형
구조를 밝혀냈다. 이 논문의 발표는 분자 생물학의 탄생을 상징하는 것이
었다. ➡ 1957년 10월 4일, 소련이 인류 최초의 인공위성을 발사해 항공
우주 사업의 시작을 알렸다. ➡ 1961년 4월 12일, 소련이 우주 비행선 '보
스토크 1호(동방 1호라는 의미)'를 발사했다. ➡ 1969년 4월 20일, 미국이
발사한 우주 비행선 '아폴로 11호'가 달 표면에 착륙했다. ➡ 1970년 4월
20일, 중국이 성공적으로 첫 번째 인공위성 '동방훙(東方紅) 1호'를 발사
했다.

로 동유럽 국가에서는 1980년대 말 심각한 혼란이 빚어졌고 이들 국가들은 잇달아 격변을 겪었다. 폴란드, 헝가리, 불가리아와 체코슬로바키아는 기본적으로 평화로운 방식을 통해 사회주의를 포기한다고 선언했다. 체코슬로바키아는 1993년 1월 1일 체코공화국과 슬로바키아공화국이라는 두 개의 독립된 공화국으로 나뉘어졌다. 1989년 12월 16일, 루마니아 서부 도시인 티미소아라의 군중들이 대규모 시위를 벌였고 이 시위 규모는 점차 확대되었다. 21일에는 수도 부쿠레슈티에서 정부와 차우셰스쿠에 반대하는 시위가 일어났다. 그리고 22일, 국방군과 차우셰스쿠의 방위대가 격전을 벌인 결과 차우셰스쿠 부부가 체포되어 사형에 처해졌다. 이로써 루마니아 공산당도 활동을 중지했다. 1990년 5월, 대선을 거행한 루마니아에서는 구국전선당이 상·하의원에서 모두 과반수의 의석을 차지했고 구국전선의 주석인 일리에스쿠가 대통령에 당선되었다.

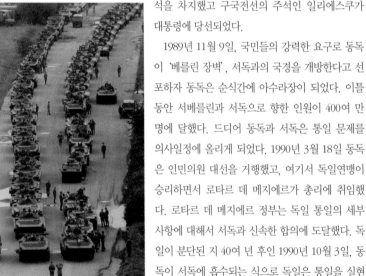

동유럽 정국의 격변으로 이 지역에서 철수하고 있는 소련 군대

1989년 11월 9일, 국민들의 강력한 요구로 동독이 '베를린 장벽', 서독과의 국경을 개방한다고 선포하자 동독은 순식간에 아수라장이 되었다. 이틀 동안 서베를린과 서독으로 향한 인원이 400여 만 명에 달했다. 드디어 동독과 서독은 통일 문제를 의사일정에 올리게 되었다. 1990년 3월 18일 동독은 인민의원 대선을 거행했고, 여기서 독일연맹이 승리하면서 로타르 데 메지에르가 총리에 취임했다. 로타르 데 메지에르 정부는 독일 통일의 세부 사항에 대해서 서독과 신속한 합의에 도달했다. 독일이 분단된 지 40여 년 후인 1990년 10월 3일, 동독이 서독에 흡수되는 식으로 독일은 통일을 실현했다.

소련의 해체와 동유럽의 격변은 국제 공산주의 운동의 크나큰
사건이었다. 그러나 그렇다고 해서 사회주의가 종말을 고한 것은
아니었다.

부록

역사란 무엇인가?

역사란 결국 객관적 사실만을 기록하여 후세에 전하는 일종의 그 시대의 일기를 작성하는 일입니다. 그래서 주관이 개입된 역사는 역사라고 부르지 못합니다. 역사관은 크게 두 가지로 구분하는데 랑케는 객관적 사실로서의 역사를 이야기하였는데 이는 역사를 가능한 한 있는 그대로 밝혀내는 것을 이야기 한 것이고, 이에 반해 카는 사실을 토대로 주관적으로 재구성한 것이 역사라고 생각했습니다.

랑케는 역사서의 내용을 그대로 믿어서 그와 관계된 유적과 유물을 찾으려고 노력한 반면 카는 현실에 도움이 되어야만 역사적 의미가 있는 것이고 역사적 사실 또한 그 시대의 역사가들의 생각이 들어 있는 것이라고 말하였습니다. 즉, 역사는 주관적이면 인정받지 못하지만 이 내용을 사실로 인정받기 위해서 역사가들은 연구를 행하며 유적과 유물을 찾아 헤메곤 합니다. 따라서 유물과 유적이 발굴되고 고서의 내용에 수록되어있는 부분이 밝혀진다면 역사적(객관적)사실로써 모두 믿게 되는 것입니다.

역사가 무엇인가 하는 것은 인간과 밀접한 관련이 있습니다. 인간에 의해서 쓰여졌고 인간에 의해서 해석되는 것이 역사이니 역사란 인간의 역사일 것입니다. 영국의 역사학자 E. H. Carr(1892~1982)는 역사는 역사가에 의해 항상 다시 쓰여진다는 점을 밝히면서, 역사는 역사가와 사실 사이의 상호작용의 계속적인 과정이며 현재와 과거 사이의 끊임없는 대화라고 하였습니다.

토인비는 역사의 기초를 '문명'에 두고 문명 그 자체를 하나의 유기체로 포착하여, 그 생존과 멸종의 과정이 하나의 역사이며, 그 생존과 멸종은 일정한 규칙성, 즉 발생·성장·해체의 과정을 주기적으로 되풀이하는 것으로 보았습니다.

이 두 학자들이 주장하는 것은 결국 역사라는 것은 과거를 통해서 현재를 알 수 있고, 현재를 통해서 미래를 예측할 수 있으며, 이러한 역사라는 것은 유기적인 관계를 유지하고 있다는 것을 이야기하는 것입니다.

역사를 배워야 하는 궁극적인 목적이나 이유는 과연 무엇일까?

우리가 역사를 배우는 주요한 이유를 한마디로 요약하면 우리가 살고 있는 현재는 과거를 통하여 형성되었으며, 앞으로 나아갈 미래는 과거를 통하여 예측할 수 있기 때문입니다.

만약 누군가 "우리가 왜 세계사를 배워야 합니까?"라는 물음을 건네온다면 이에 대한 상응하는 대답은 "우리가 왜 사는가?", "우리가 왜 책을 읽어야 하는가?", "우리가 왜 일기를 써야 하는가?" 등의 문제와 일맥상통하는 질문과 별반 차이가 없을 겁니다.

단순하게 학교공부의 일환이거나 지적 호기심의 충족이라는 일차원적인 관념이라기보다도 현재 한국 사회가 처한 시대상황에 대한 올바른 인식이나 역사적인 좌표상에서의 대안 모색이 더 절실한 당면 과제인 셈입니다. 우리는 역사를 통하여 〈지혜와 교훈〉를 배우게 되고, 〈진리〉를 깨닫게 되고, 〈시시비비를 가리는 판단력〉을 얻게 되며, 또한 〈미래 예측〉을 위한 사전 작업을 하기도 합니다.

《역사는 반복된다》라는 명제에서처럼 그 이유를 한마디로 요약하면 '역사의 반복성'을 통하여 교훈을 얻어냄으로써 인류의 현재와 미래를 위한 지향점을 마련하기 위함입니다.

역사를 다루는 관점은 크게 시간(통사), 공간(주제사), 인간(인물사)의 3요소를 중심으로 이루어집니다. 따라서 6000년 동안의 인류발달 과정을 인물이나 사건 위주로 서술되기도 하고, 또한 그 과정을 통시적(연대기에 의한) 관점에서 인간들의 상호작용을 다루기도 합니다.

최근 현대사회에서의 화두로 제시된 〈세계화〉의 문제는 세기말부터 끊임없이 요구되었던 〈민주화〉로부터 빚어진 불평등 개념이 극한 상황에 놓이게 됨에 따라 혼돈의 시대로의 진입을 부추기고 있을 뿐만 아니라 인류에게 세계 경제의 블럭화, 새로운 민족주의의 태동, 종교적 갈등, 자원의 배분, 환경오염 등과 같은 새로운 양상의 과제를 부여하기에 이르렀습니다.

인간의 역사는 이러한 끊임없는 상호작용을 통하여 안정과 새로운 변화를 암중모색하고 있다고 해도 과언이 아닐 겁니다.

역사에 관한 정의와 담론

세계의 역사를 교육과정의 일부라는 차원에서 암기의 대상으로 바라다보면 너무도 복잡다단하고, 지루할 수밖에 없을 것입니다. 그러나 역사적 관점 하에서 "우리가 어디에서 와서 어디로 가고 있는가?"라는 정체성에 관한 탐구의 차원에서 살펴보면 훨씬 흥미롭다는 사실을 깨닫게 될 것입니다.

우리가 역사를 배우는 이유를 앞에서 제시한 것처럼 역사의 흐름 속에서 세계의 유명한 학자들이 역사를 바라보는 관점이나 인식을 살펴봄으로써 우리가 세계사의 중요성을 깨닫는 계기로 삼아야 할 것입니다.

토인비(Arnold Toynbee, 1825~1883)

"인류의 역사는 도전과 응전의 기록이다."

많은 문화 유형을 연구하여 세계사를 포괄적으로 다룬 독자적인 문명 사관을 제시하였다. 그리스 이후 쇠퇴하였던 역사의 반복성에 빛을 부여함으로써 고대와 현대 사이에 철학적 동시대성을 발견하고, 역사의 기초를 '문명'에 두었다.

카(E. H. Carr, 1892~1982)

역사는 역사가에 의해 항상 다시 쓰여진다면서 "역사는 역사가와 사실 사이의 상호작용의 계속적인 과정이며 현재와 과거 사이의 끊임없는 대화(History is a continuous process of interaction between the historian and facts, an unending dialogue between the present and the past)"라고 정의하였다.

공자(孔子, BC 552~479)
『溫古而知新 可以爲師矣.』
옛것을 알고 새것을 익히면 위대한 선생이 될 만하다.

칼라일(Thomas Carlyle, 1795~1881)
"역사는 모든 과학의 기초이며 인간 정신의 최초의 산물이다."
〈프랑스 혁명〉의 저자이며, 역사가이다.

마르크 블로크(Marc Bloch, 1886~1944)
"역사는 다양한 인간성의 거대한 경험이며 인간간의 오랜 만남이다."
《역사를 위한 변명》에 나오는 글이다.

신채호(申采浩, 1880~1936)
"역사란 我와 非我와의 투쟁이다."
단재 신채호 선생의 「조선상고사」에서 주장한 내용이다.

랑케(Leopold von Ranke 1795~1886)
"역사란 결국 객관적 사실이다."
근대 역사학의 아버지라고 불리는 과학적 역사 연구로 유명하다.

역사에서 우리가
배워야 할 것이 무엇일까?

우리가 모르는 것을 일깨워 간다는 것은 단순한 지적 향수를 뛰어넘어 독자 여러분들에게 교양과 지식의 폭을 넓혀 줄 것입니다. 특히 세계사의 서술은 인류의 발자취를 더듬어 역사적 사실을 객관적으로 밝히는 작업이기 때문에 미지의 세상을 개척한다는 프런티어 정신이나 사명감이 없다면 도저히 불가능하다고 판단됩니다.

거기에 대해 이원복 교수는 이렇게 생각하고 있습니다. "역사를 보면 볼수록 우리는 무엇이 중요한 것인가를 깨닫게 됩니다. 그리고 열린 사고를 하게 되죠. 우리가 가진 것이 모두 옳은 것이 아닙니다. 협소한 자기 자신을 벗어나 진정한 세계인이 되려면 우리 밖의 사람들이 어떤 역사를 지녔고, 어떤 문화를 향유하며, 세상을 어떻게 바라보는지를 알아야 합니다. 타자의 역사를 아는 것이 우리가 가진 독선을 치유할 수 있는 길입니다."

역사학자 E. H. Carr는 역사는 "현재와 과거 사이의 끊임없는 대화"라고 정의하였습니다. 따라서 인류는 역사적인 경험을 토대로 끊임없는 진보를 추구하고 있답니다. 오늘날 인류에게 던져진 불평등의 해소를 극복하는 길은 오로지 "인간성과 신뢰의 회복"만이 유일한 대안이 될 것입니다.

1. 창조적인 인간으로서의 도약

콜럼버스나 마젤란이 미지를 동경하는 것에서 출발하여 식민지를 개척하였던 것처럼 새로운 것들에 대한 동경과 열망은 역사적 산물을 통하여 실현된다고 해도 과언이 아닐 것입니다. 그러므로 인간들의 발명이나 혁명, 우주, 과학 등에 있어서도 끊임없는 도전 정신은 계속될 것입니다.

2. 세계화의 주역과 무대

역사에 대한 올바른 인식이야 말로 독자 여러분에게 가치나 이념을 초월할 수 있는 그 무엇을 제공하게 될 겁니다. 우리가 해외여행이나 유학, 사회·문화적 교류, 정치·경제적 협력 등을 도모할 때 세계화에 대한 균형 잡힌 시각을 제공하게 될 것입니다.

3. 경험의 축적으로 인류발전을 도모

인류의 발자취를 거슬러 올라가면 인류발전의 궤도가 한 눈에 사로잡히게 됨을 알 수 있습니다. 과거에로의 여행은 우리에게 실패에 대한 확률을 감소시킴은 물론 후손들에게 오히려 자신감을 부여하게 될 겁니다.

4. 인간 한계를 극복하는 힘과 불굴의 도전정신

인류는 우주정복을 위하여 우주 정거장을 건설하고 있기 때문에 탈지구화를 위한 작업은 박차를 가하게 될 것이며, 인간들의 우주 정복에 대한 도전은 무한히 계속될 것입니다. 인류문명이 진보되었던 것처럼 미지 세계에 관한 동경이나 탐구는 계속되어야만 합니다.

5. 현재와 미래를 밝혀주는 등불

사람들은 과거와 현재의 인과성이나 연속성을 부정하려는 경향이 있지만 역사의 반복성과 순환성을 살펴보면 금방 해답을 얻게 될 것입니다. 실상 인류의 미래는 이미 설정되어 있는지도 모릅니다. 그렇다고 하더라도 분명히 인류의 역사는 진화하고 있습니다.

6. 인간의 윤리적 규범을 가리는 잣대

철학이나 사상이 그 사회를 지배하여 왔던 것처럼 인간의 윤리적 규범의 잣대 또한 당연히 시대상을 반영하게 될 것입니다. 역사의 주체가 인간인 만큼 역사가 이행되는 한 그 규범은 정당하고 합리성을 내포하여야만 합니다.

7. 진실과 거짓을 규명하는 척도

아무리 진실을 일시적으로 호도하거나 왜곡할지언정 역사에 대한 진실은 반드시 규명되기 마련입니다. 그 이유는 역사는 투명한 거울과도 같기 때문입니다.

8. 교양과 지식을 넓혀주는 원천

역사는 인간만이 지닐 수 있는 것들을 향유할 수 있게 해줄 뿐만 아니라 일반적인 상식의 지평을 열어주고 학문에 대한 통찰력이나 사고력의 깊이를 넓혀주게 될 것입니다.

이 책을 기획한 동기와 접근법

우리가 과거에로의 시간여행을 끊임없이 행하는 것은 과거 역사의 거친 숨결을 통하여 현재와 미래를 훤히 내다 볼 수 있기 때문입니다. 그러나 일반 교양인이나 학생의 입장에서 인류 문명의 발자취를 짧은 기간 내에 제대로 이해하기란 결코 쉽지가 않습니다.

더구나 지금까지 기획된 대부분의 역사책은 인류·문화적 관점에서 서술되어 비교적 접근은 용이한 편이었지만 사회·정치적 관점에서의 통치사를 다룬 책이 드물기도 하거니와 역사 흐름의 복잡다단함과 시대 상호간의 단절성으로 인하여 몇 번을 읽어도 이해가 가지 않는 것이 현실인 점을 고려하여 기획된 국내 최초로 시도된 통치사를 역점으로 기술된 역사책입니다.

이러한 새로운 시도는 기존 역사책이 가지고 있는 단점인 역사적 배경에 관한 미흡함을 대폭 보강하였으며, 역사적 사건이나 업적에 대한 단절성을 극복하는데 중점을 두었습니다.

이 책에서 서술 및 접근 기법은 기전체를 통한 종합적인 관점에서 서술되었으며, 이러한 역사서로 중국에서는 《사기》, 《한서(漢書)》등 25사가 정사로 전해지고, 우리나라의 경우는 《삼국사기(三國史記)》와 《고려사(高麗史)》가 이에 해당합니다.

흔히 인물 중심의 종합적 역사 서술 방식을 〈기전체〉라고 하며, 역사적 사실을 연(年), 월(月), 일(日)처럼 시간 순서로 기록해 나가는 서술 방식을 〈편년체〉라고 하며, 사건 경과 중심의 기록 중심으로 하는 서술 방식을 〈기사본말체〉라고 합니다.

독자여러분께서 이 책을 통해서 지금까지 알지 못했던 역사적 배경이나 문제점을 파악할 수 있는 안목을 기를 수 있다면 더 바랄 것이 없을 것입니다. 바야흐로 세계는 역사의 순환고리라는 관점에서 살펴보면 거대한 "소용돌이"에 휘말려 유럽 공동체, 이슬람문화, 미국문화, 중국문화 등이 서로 교착 상태에 빠져 있다고 보는 것이 더 현명하고 타당하다고 보아야 할 것입니다.

인류 문명의 발자취를 따라서 6000년이라는 유구한 세월과 역사를 횡단하여 그것도 하룻밤에 역사기행을 즐기는 것도 하루를 알차게 즐기는 비결이 될 것입니다.